笔落惊风雨

大唐诗人风华录

包劲松 著

中国出版集团　现代出版社

图书在版编目（CIP）数据

笔落惊风雨：大唐诗人风华录 / 包劲松著. —— 北京：现代出版社, 2021.8
ISBN 978-7-5143-9270-8

Ⅰ.①笔… Ⅱ.①包… Ⅲ.①诗人 – 列传 – 中国 – 唐代 Ⅳ.①K825.6

中国版本图书馆CIP数据核字(2021)第109695号

笔落惊风雨：大唐诗人风华录

作　　者：包劲松
责任编辑：姚冬霞
装帧设计：李　一
出版发行：现代出版社
地　　址：北京市安定门外安华里504号
邮政编码：100011
电　　话：010-64267325 64245264（兼传真）
网　　址：www.1980xd.com
电子邮箱：xiandai@cnpitc.com.cn
印　　刷：三河市中晟雅豪印务有限公司

开　　本：880mm×1230mm　1/32　印　张：18.25　字　数：460千字
版　　次：2021年8月第1版　　　　印　次：2021年8月第1次印刷
书　　号：ISBN 978-7-5143-9270-8
定　　价：78.00元

题徐伯和照雨止本卷

唐太宗纳谏图

太宗尝以天日表纳谏爱言心转小
郑公滨江杜微目抗论输忠陈不挠
赖诉会合一堂上贤范英容屹相幽
波来闲相写真真无介见老尝拳仰
雅范玉常颣面光乌靴槿窗童之装
衍縤上前直读论忠贤义颣摧风霜

唐·佚名一唐太宗立像一现藏台北故宫博物院

1

明·文彭 ｜ 滕王阁序册（局部） ｜ 现藏台北故宫博物院

元·夏永 | 滕王阁图 | 现藏美国弗利尔美术馆

南宋·萧照｜春江花月夜图页（局部）

清·王翚 — 孟浩然诗意轴 — 现藏台北故宫博物院

元 · 王蒙｜仿王维辋川图卷（局部）｜现藏美国弗利尔美术馆

飞泉落十丈立瞰老
松陰雪浸迤屋老翠
聲書之音
此幸仲喬所題

毙瀑漱蒼崖山空響
通遠惟有洗心人行来
不辭晚
晉昌唐寅

明·唐寅—空山观瀑图—现藏台北故宫博物院

南宋·梁楷 — 李白行吟图 — 现藏东京国立博物馆

明·仇英 | 蜀川佳丽图（局部） | 现藏美国弗利尔美术馆

百年地辟柴門迥
五月江深草閣寒
呉郡遜枝

明·孙枝 ─ **杜甫诗意图** ─ 现藏台北故宫博物院

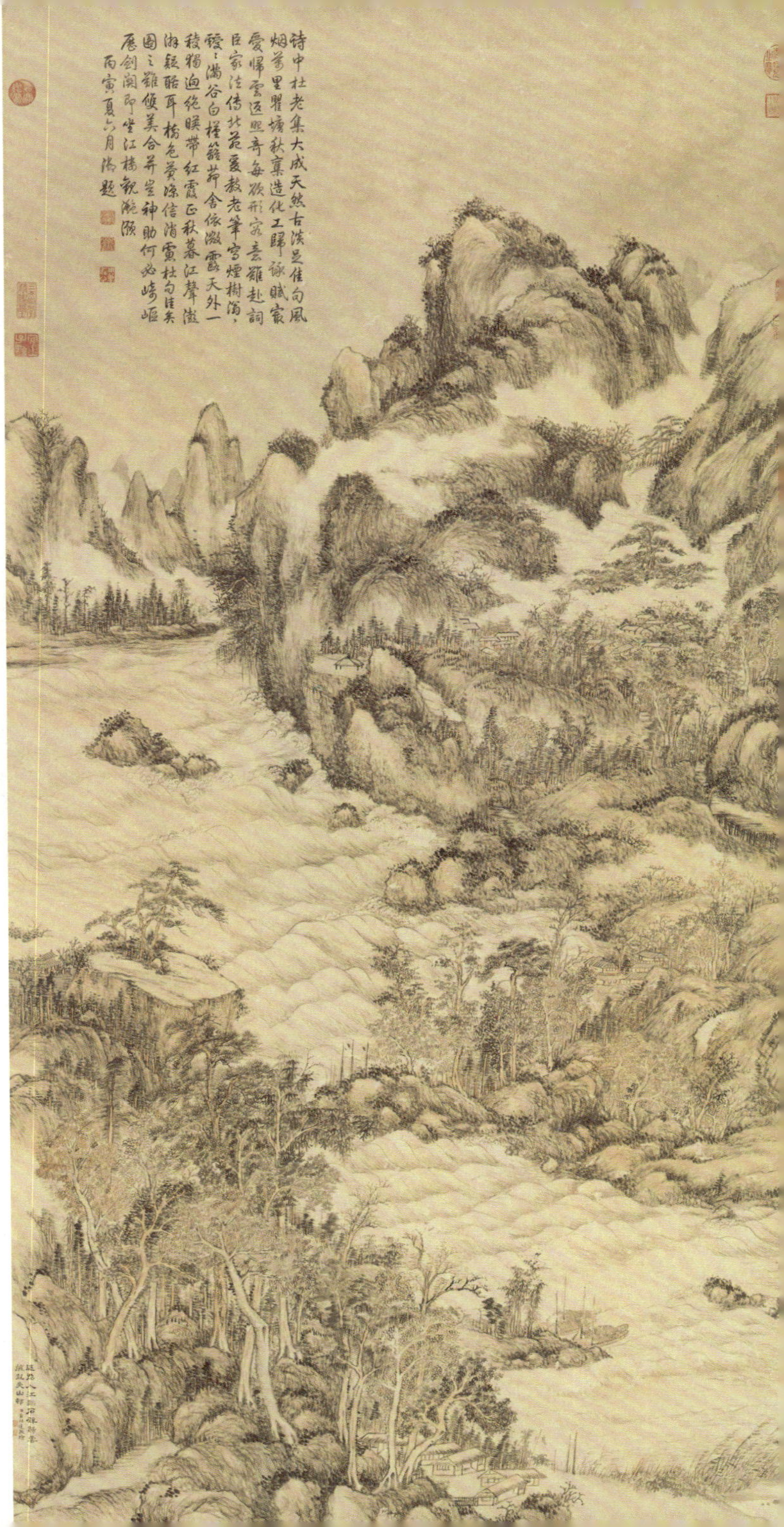

清·董邦达—杜甫诗意图—现藏台北故宫博物院

北宋·李公麟（传）　|　丽人行图　|　现藏台北故宫博物院

红叶题情付御沟 当时叮嘱向西流
无端嫁下人间去 却使君王不信愁

唐寅

明·唐寅（款）—红叶题诗仕女图—现藏美国露丝和舍曼李日本艺术研究所

明·沈周 | 画韩愈《画记》（局部） | 现藏台北故宫博物院

明 · 仇英 ｜ 浔阳送别图（局部）｜ 现藏纳尔逊－阿特金斯艺术博物馆

山應秋深枫葉霜
每樹深紅生淺黃
滿上高樓清入骨
如秋色惱人腸
玉齋畫意人詩
立

明·董其昌—霜林秋思图—现藏台北故宫博物院

明·陆治—寒江钓艇图—现藏台北故宫博物院

远上寒山石径斜白云深处有人家停车坐爱枫林晚霜叶红于二月花

清·超揆 — 杜牧诗意图轴 — 现藏台北故宫博物院

元·佚名 — 寒山拾得像 — 现藏台北故宫博物院

其珠豆手右持
稜等一名一禪
十二九歲几乾
董湘口呵一之
一興廣与廣儂
而是我像介
依照經暨水
石澤水向天
土此是圖清榮
生平持有真桄
完廣席橐壺

明·仇英 | 临贯休白描罗汉图（局部） | 现藏大都会艺术博物馆

推荐序

杜子建

　　诗意不在远方，更不在过去，其实就在我们心底。

　　我国的文学滥觞于《诗经》，这就注定我们在接受文化时，便已浸染于诗意之中，因此，诗意便成了每个读书人的气质基因，所谓"腹有诗书气自华"，即是此理。

　　将诗意展现得淋漓尽致的是大唐的诗人，他们为我们构建了璀璨的诗意星空。置身这片星空之下，感受着美妙绝伦的诗意时，我们不免惊叹：这是一群什么样的人，他们是如何创造神奇的？

　　可惜的是，这个问题并没多少人做全面回答。

　　老同学花了两年多时间，收集大量资料，潜心创作，为大家呈上了精彩的答卷——一本全景式展现大唐诗人挥洒诗意的书。

　　本书融时代背景、人物传记、诗歌鉴赏于一体，那么多文史典故，信手拈来，黏合无痕，难能可贵。更可贵的是，本书以通俗风趣的文笔娓娓道来，使原本艰涩枯燥的内容，能够被轻松阅读、愉悦接受，拉近了大众与唐诗的距离，使唐诗可以被大众亲近。

书中的诗人是活跃的，性格特征明显。我们在品味大唐诗人的"五味"人生时，心中不由得百感交集：为才华横溢却命途多舛的"初唐四杰"惋惜，为淡泊守真而率性旷达的贺知章欢欣，为永不低头且乐观向上的刘禹锡振奋。我们更加为那些备受打击却初心不改的诗人感动，陈子昂、杜甫、元结等人，即便历经再多的苦难，忧国忧民的情怀始终如一，这种文人精神代代相传，是中华文化欣欣向荣的根本。当然，我们也为利欲熏心而道德沦丧的几个诗人愤慨。

掩卷喟叹，静心回味，遐思悠长。

"以铜为镜，可以正衣冠；以古为镜，可以知兴替；以人为镜，可以明得失。"诗人不是伟人，更不是圣人，但也绝不是利己的俗人。他们中的大多数是理想精神压倒世俗欲望的人，是一群理想主义者。他们的生命虽然短暂，但他们构建的诗之美撑起了生命的高度——令人高山仰止！

人，比较现实地生活，无可厚非，但被极端的利己主义思想支配而太过现实，就一定会在物欲的折磨下焦躁苟且，活得无趣且卑微。快乐的生活一定少不了理想精神，因为它使你安心，能让你平静。换句更深刻一点的话来说，那就是，美的生活一定得有点诗意！

诗意在我们心底，如同种子，需要春风催发，这本书便是一缕春风。

愿读过此书的读者，从此诗意萌发，享受诗之美，过上诗意生活！

目　录

第一篇　初唐·风华

前　言

　　这是一本勾勒大唐诗人的人生轨迹，反映唐诗背景的书。

　　为什么写这样一本书？笔者觉得，大多数人同笔者写作此书之前一样，不一定真正读懂唐诗。

　　"众鸟高飞尽，孤云独去闲。相看两不厌，只有敬亭山。"李白的《独坐敬亭山》一诗，清淡得如同王维、陶渊明，不看署名，大多数人不会想到这是那个写"黄河之水天上来，奔流到海不复回"的李白所写。这首诗显然与他"飘逸豪放"的诗风大相径庭。如果不了解李白写这首诗时的背景，读这首诗时除了觉得具有王维一般的禅意，我们可能不会再有其他的感动。但是，等读完笔者所写的"李白"一章，再读这首诗，你可能会有种想哭的冲动。

　　"岐王宅里寻常见，崔九堂前几度闻。正是江南好风景，落花时节又逢君。"杜甫的这首《江南逢李龟年》，字面意思谁都懂，但如果仅仅是字面意思，那就称不上是"诗圣"的千古名篇了。

1

读这首诗时，我们脑海中要有这样一幅场景：衣衫褴褛的半百老人杜甫，抓住一位同样满脸沧桑的老人的胳膊，颤动着花白胡须，始终说不出话来。

为什么"诗圣"会如此百感交集？因为他遇见的这位可怜老人，就是当年红遍京城的歌唱家李龟年，是"红豆生南国，春来发几枝。愿君多采撷，此物最相思"中的那位"君"。

想当年，这位歌唱家是出了王府进相府的人，普通百姓难得一见啊！如今，这位歌唱家竟然流落到潭州这么个小地方，跟诗人一样苍老不堪，靠卖唱养家糊口。

至于两人相逢的地点，读者可以联想到街头或小型宴会，脑中有了这幅场景，我们就会读到这首诗后面的"此处省略一千字"和"此处省略一万个感叹号"。只有这样，才能读懂杜甫"正是江南好风景，落花时节又逢君"这两句诗中，看似轻描淡写，实则沉重无比的内涵，才能说真正读懂了这首诗。

举了两个例子，说明完全读懂唐诗之不易。但是，你能耐着性子读完本书，相信再读唐诗就会容易得多——本书会扫清真正读懂唐诗的所有障碍，让你知其然并知其所以然。

知其所以然的途径并不神秘，其实也就四个字——知人论世。

孟子曰："颂其诗，读其书，不知其人，可乎？是以论其世也。"吟诵他们的诗，读他们的书，怎么可以不知道他们是什么人呢？所以要研究他们所处的时代背景。这是孟子读古人书的心得，适用于我们读唐诗，上面所举的例子，恰恰证明了这一点。

笔者就"知人"与"论世"给大家做点儿事。

知人，就是真正地了解诗人，看清他的人生轨迹，了解他的性格。这是笔者帮大家做的头等大事，目标是让一个真实的诗人活跃在你的脑海中。

这件事很难，难就难在"真实"二字。大唐诗人的人生经历，早就遗落在各种文史趣闻里，很零散，片段化，文学史中关于诗人的生平又多标签化。将这些零散的信息整合在一起，勾画出诗人较完整的人生轨迹，以写小说的手法去写或许不难，可违背了笔者坚持的"真实"初衷。

这很矛盾，笔者解决这一矛盾的方法是，在详细研读史料的基础上，抽取诗人的性格特征，按照性格逻辑，串通事件，形成诗人较为完整的生活轨迹，让诗人鲜活起来。

论世，就是解释清楚社会与文学发展的背景。这都有史料可查，写起来并不难。但是，让复杂的唐史背景和诗歌发展脉络融入书中，要让大家都能读得懂，都有兴趣读，还不能出现误导，这又不容易。

然而，难事才有意义，如果理解了诗人的特性，掌握了唐诗的发展脉络，熟悉了唐史背景，读懂唐诗，还是一件难事吗？为了实现这一目标，笔者花了两年多时间做这件事，结果如何，有待读者评判。

鲁迅先生在致杨霁云信中说："我以为一切好诗，到唐已被做完，此后倘非能翻出如来掌心之'齐天大圣'，大可不必动手。"

这句话道明了大唐以后文人的尴尬，谁再提笔写诗，都有一种"关公面前耍大刀"的胆怯。所以，宋人另起炉灶写词，元人赶紧抢了曲。待到明清，文人一看韵律文字形式都被前人霸占了，便写起了小说。到了 20 世纪初，文人一看没得写了，干脆将文言文一股脑儿推翻，搞出白话文学来。

大唐诗人给后人造成了不好意思写诗的窘境，如此生猛，是什么原因呢？

除了社会和文学发展的基础，最重要的，应该是他们有一位生猛的"带头大哥"。

这位"带头大哥"写诗的水平，就如水泊梁山的宋江之武功，在众好汉中排不上号。但他有号召力，他的号召力比宋江强上百倍。他的一句话，点燃了大唐千万读书人吟诗的激情，甚至为诗痴狂，苦吟白头也无怨无悔。

这位有影响力的"带头大哥"是谁？本书从这位"带头大哥"说起。

第一篇

初唐

贞观年间，春风送暖时节，李世民与一帮开国功臣站在皇城楼上，看着新科进士鱼贯而入。李世民不无得意地对身旁的魏徵等大臣说道："天下英雄，尽入吾彀中矣！"

这本是一句并不刻意的感慨之语，却如春雷，响彻大唐帝国的每一个角落，顿时让大唐学子泪流满面，奔走相告。

为什么？请注意"英雄"二字。将新科进士提到"英雄"的高度，从古至今，除了李世民，还有谁？在当世人眼里，李世民本人是驰骋沙场、叱咤风云的大英雄，从大英雄嘴里说出这句话，说明什么？

对比一下历史上最著名的"煮酒论英雄"桥段，曹操说的是："天下英雄，惟使君与操耳！"在曹操眼里，只有刘备与他曹操才是英雄；在李世民眼里，大唐新科进士可以比肩开国功臣，都是大唐的英雄。

这就是李世民对读书人的态度。这样的态度，怎能不让那些本就具有"达则兼济天下"情怀的学子热血沸腾？晚唐诗人赵嘏（gǔ）有诗曰："太宗皇帝真长策，赚得英雄尽白头。"

"天下英雄，尽入吾彀中矣"这句话，反映了李世民对大唐学子的重视程度，更反映了李世民求贤若渴的迫切心理。

武德九年（626）六月初四，李世民发动了"玄武门之变"，登上太子位，然后成立了弘文馆。弘文馆除了作为政策咨询机构，最重要的一件事，就是修编统一教材。第一任馆主是长孙无忌。弘文馆的学士有魏徵、萧瑀、虞世南、上官仪等。

将这些唐初最有名的文人集中在一起修编教材，目的就是推进科举制度改革，让具备真才实学的人才，无论出身，都能为国效力。

科举制度的始创者是隋朝开国皇帝隋文帝。但隋朝命短，只存在了三十七年，且连年内乱，科举制度在隋朝并没有很好地实行，存在诸多弊端，例如考试时间为三年一次，考试内容只有策论，没有统一教材。

李世民改革科举制度，首先统一了教材，除了"四书五经"等儒家经典，还将道家的《道德经》纳入考试内容。

因为李世民除了信奉儒家思想，还崇道。崇道是因为道祖老子李聃姓李，是他老李家的人。唐朝李家家谱最远追溯到汉朝的李广，虽然联系不上老子，但这并不妨碍唐朝李家对这位传说指李树为姓的道祖的情感。李世民的儿子李治登上皇位后，就直接封老子李聃为"太上玄元皇帝"。这也引起了唐朝修道风气的盛行，为后面出了崇道的李白等大诗人打下基础。

李世民登上皇位时，大唐帝国刚刚结束统一战争，百废待兴，自然是需要各方面的人才。贞观初期，科举考试是每年举行一次，人性化地将隋朝的冬天开考改在春暖花开之际。唐初科举开了很多科，除了继续隋朝的秀才科、进士科、明经科，还开了明算、明法、明书等科。这些新开辟的科，相当于现在的天文历法、法律与文秘专业。

很遗憾，这些科举科只存在于大唐初期，后面估计是人才饱和了，除了进士科与明经科，其他科一律取消了。

秀才科的"秀才"不是后来所称的秀才，秀才科是那时候最难的科。隋朝时，每州只有一个名额参加秀才科考试，录取名额只有三人，秀才科有多难考，可想而知，相当于现在每个地市只能推荐一人参加考试，成百上千人中只录取三人。正因为要求太高，秀才科在贞观后期也取消了。

在这里提一下，李世民还是秦王时，就有著名的"秦王十八学士"辅佐，这些学士中有几个隋朝的秀才呢？

五个！他们是房玄龄、杜如晦、萧瑀、许敬宗、虞世南。

有这么豪华的阵容相助，在"玄武门之变"中，李建成不败才怪。

隋唐采取科举制度选拔人才，那么，隋唐之前的历朝历代是如何选拔人才的呢？

汉魏时期无一定的标准，主要是依赖官员举荐，即所谓的"举孝廉"。

李世民《赐房玄龄》："太液仙舟迥，西园引上才。未晓征车度，鸡鸣关早开。"

曹操就是通过举孝廉走上仕途的。这一点他很自豪，也常常提及。

这种方式真能保证官员的素质吗？事实上，举孝廉形成了"官二代""官三代"，甚至"官十几代"的士族豪门，以至于魏晋南北朝时期，士族把持朝政，庶族寒门永无出头之日。

东晋南北朝时期，诞生了"九品中正制"，以此考查制度来选拔人才。这个制度可靠有效的前提是，品官绝对公正。结果可想而知，还是士族把持朝政。

"王侯将相，宁有种乎？"士族就是高高在上，激化了社会矛盾。隋文帝与唐太宗都是英明的君主，推行科举制，不论出身，有本事就来考，给庶族寒门一线希望，一条可以发达的路。

接着了解"明经"与"进士"科考什么、怎么考。

明经考试就是将"四书六经"（含《道德经》）中某些语句的关键词蒙上，让考生填出来，与现在的填空题一样。这是考试主要内容。此外，摘选典籍中的片段，让考生来解析，这叫"墨义"。

明经考试相对于进士考试，要简单得多，主要是要求熟读"四书六经"，难度并不大，但考中后前途一般，很多人是干一辈子秘书。

进士考试除了解析"四书六经"的片段，增加了策论，策论所占比重最大。唐高宗时期，诗赋替代了解析题，直接引爆了唐人写诗的兴趣。

唐初，进士科每一科录取的人数极少，只有十几名。李世民在位二十三年，只录取了二百五十名进士，可见考中进士有多难。但读书人乐此不疲，尤其是那些自恃才高八斗的才子，更是非进士不考，他们还瞧不起考中明经科的士人。

可是，即便才高八斗，也不一定能考中进士啊！没关系，第一次考不上，那就接着考，结果就出现了"三十老明经，五十少进士"的状况。就是说，三十岁考中明经科的，那你绝对算是太老了，但是你五十岁能考中进士，都还算少年得志呢！

当然，科举制度只是一种相对公正的人才考核办法，并不代表能将所有具有真才实学的读书人囊括进来，换句话说，没有考取进士的读书人不一定不是人才。

贞观五年（631）六月，李世民因天旱下诏，命令文武百官上书议论朝政得失。长安中郎将常何回府后，向门客征集对策。

常何的门客一听说要给皇帝提意见，大多数人吓得不轻。妄议朝政，在一般朝代，弄不好是要掉脑袋的，谁敢提？但端了人家的碗，就要受人管，门客也不能光吃饭不献策呀，没办法，大多数人很聪明地绕着弯子歌功颂德。

有一个门客不知好歹，正儿八经地写了二十多条建议，递给了常何。

常何是常在李世民身边混的人，知道李世民心胸宽如大海，让提意见，你就大胆提，他是不会降罪的。于是，他将这个门客写的二十多条建议全部上呈李世民。

李世民看了常何递交的建议书，大吃一惊，真知灼见呀！

但转念一想，常何一个大字不识几箩筐的武将，怎么会有这般见识？

常何很老实地回答，是他的一个叫马周的门客写的。

李世民大喜过望，这是一个有真才实学的人才呀，立马传旨召见。

皇宫离常何的府邸也有不少路，传旨的宦官骑马疾驰而去。一刻钟过后，那个叫马周的人还未到，李世民着急了，又派一批人去催，一连派了三批人，才将马周带到皇宫之中。

两人交谈时，马周不卑不亢地向李世民谈了很多当时政策上的得失。

李世民通过交谈，确认此人是个货真价实的人才，于是毫不犹豫地任命他为监察御史（专门提意见的官）。

马周是个科举不第的落魄书生，当时为了混饭吃，才混到常何的门客队伍中，终于得到这么一个天大的机遇，被李世民发现。后来，马周官至中书令（宰相之一），是贞观时期著名的诤臣之一。

通过这件事，李世民认识到，还有一些有真才实学的人，科举考试时发挥不好而遗漏了。

为了广揽人才，李世民又准许大臣举荐，当然被举荐的学子也要参加考试，只不过被举荐后，主考官对被举荐的学子有了更好的印象，那么被举荐人就更容易录取。

那时候，科举阅卷是不封姓名的，封姓名阅卷是宋朝以后的事了。

这样，唐朝科举就出现了"行卷"现象。所谓行卷，就是考生在考试前将自己平时写好的诗赋作品汇集成卷，投给朝中名流，让名流大臣了解自己的真实水平，加以引荐。直接投给主考部门礼部的叫"公卷"，"公卷"是要上榜公开评判的，这一过程叫"通榜"。

行卷并不算作弊，就像现在高中生如果获得全国竞赛大奖可以在高考时加分一样。

唐高宗之后，行卷风气大盛，本书涉及的诗人，很多都行过卷，包括李白、杜甫、白居易。比如白居易的《赋得古原草送别》这首诗就是行卷作品之一。

开行卷风气之先河的正是唐太宗李世民。

贞观八年（634），剑南道（今四川）巡察使刘大亮发现了一个天才，七八岁就已熟读"四书五经"，十三四岁就能写诗作赋，于是他向李世民推荐了这位名叫李义府的天才。

李义府终于得见李世民时，李世民正在狩猎，随手射下一只乌鸦，赏赐给李义府，并命他即兴赋诗，想试试李义府的才学。

李义府捧着乌鸦，略作思忖，便赋了一首《咏乌》：

日里飏朝彩，琴中伴夜啼。

上林如许树，不借一枝栖。

▶ 李义府《咏乌》："日里飏朝彩，琴中伴夜啼。上林如许树，不借一枝栖。"

此诗起首借"金乌"神话典故，第二句语出古典名乐《乌夜啼》，前两句借典雅正，三四句表达了对乌鸦的同情，还一语双关地表达了引荐的诉求。这确实是一首不错的即兴诗。仓促间能吟出这么高质量的诗，李义府的才气确实名不虚传。

睿智的李世民，立即听懂了李义府诗中的喻义，为李义府的才气所打动，随即一笑，道："吾将全树借汝，岂惟一枝？"

之后，李义府果然高中进士，而且官运亨通，当上了监察御史。

不过，此人品德卑劣得一塌糊涂。表面上，他卑谦恭让，逢人便笑，路上遇见陌生人，都能让陌生人感觉他像是自己失散多年的兄弟。但背地里，他贬损同僚，投机钻营，贪赃枉法，在高宗时期兴风作浪，甚至将唐太宗的大舅子、唐高宗的舅舅、凌烟阁二十四功臣之首长孙无忌逼自杀了，人送绰号"李猫"。

可见，有才无德之人，不是人才，而是人渣。李世民再怎么英明，也无法预料宵小之心。

李世民上马能打天下，下马能治天下，但骨子里还是具有文艺情怀的。老李家有文艺基因，仅唐朝，大诗人就有李白、李贺、李商隐等，大音乐家有李龟年、李隆基，大画家有李思训、李道昭，大书法家有李邕、李阳冰等。

文艺青年李世民也喜欢写诗，《全唐诗》开卷就录有他的《帝京篇十首》。所以说，李世民其实就是大唐诗人的"带头大哥"。

李世民的诗，总体来看，用词虽然奇崛，但新意不足，平淡无奇，而且大都属于宫体诗。毕竟他的职业是皇帝，日理万机，写诗这种事根本不值得他多花精力。

一般读者可能没读过李世民的诗，我们选几首拜读。

▶ 李邕《题画》："对雪寒窗酌酒，敲冰暖阁烹茶。醉里呼童展画，笑题松竹梅花。"

其一，《赐萧瑀》：

> 疾风知劲草，板荡识诚臣。
>
> 勇夫安识义，智者必怀仁。

"疾风知劲草"并非他的首创，而是源自汉光武帝刘秀，至于后三句，感觉是从"四书"中拼凑出来的，平淡得很。不过，通过这首诗，我们最起码知道了"怀仁堂"名字的来历。

其二，《帝京篇十首》（之一）：

> 秦川雄帝宅，函谷壮皇居。
>
> 绮殿千寻起，离宫百雉馀。

这种写帝京的诗，明显传承了齐梁宫廷诗的绮丽空洞。对比李白"飞流直下三千尺，疑是银河落九天"的气势，就会觉得李世民与职业诗人有很大差距。

再看看他悼念魏徵所作的一首诗：

> 劲筱逢霜摧美质，台星失位夭良臣。
>
> 惟当掩泣云台上，空对馀形无复人。

这首诗感情是有，可惜其比兴不够感人，可以对比李白的《哭晁卿衡》：

> 日本晁卿辞帝都，征帆一片绕蓬壶。
>
> 明月不归沉碧海，白云愁色满苍梧。

同样是悼念友人辞世，李世民写道："天上的台星失位了，我损失了一位良臣啊！"李白写道："你就像那明月沉到碧海里，永不回归。"同样写悲伤心情，李世民写道："我只能在云台上掩面哭泣。"李白写道："白云都伤心得低垂下来，笼罩苍梧之地。"（引用了舜葬之地的典故）

这么一对比，我们是不是感觉，一篇像报告，干巴巴的，另一篇像现代抒情诗，声情并茂？

拿李白的诗来对照，并不是要批判李世民的诗写得平淡无奇，而是想通过对比来说明贞观之后的唐诗比齐梁宫廷风格的诗高在哪里，提高我们对唐诗的欣赏能力。

当然，不能奢望一代明君还要成为一代诗豪，更何况，文艺青年李世民的最大文艺爱好并不是诗赋，而是书法。

李世民酷爱书法，酷爱到痴迷的程度。

太宗时期的弘文馆学士中，有三位在书法史上影响巨大的大书法家——欧阳询、虞世南、褚遂良。这三人与稍晚的薛稷（魏徵的外孙）在书法史上号称"初唐四大家"。欧阳询、褚遂良与后来的颜真卿、柳公权，又并称"唐楷四大家"。

李世民看这三个学士的奏章，有时候就忘记了奏章内容，对照上面的字迹偷偷临摹。

时间一长，李世民的书法水平也大幅度提升，但是，他的"戈"笔怎么写，也没有虞世南写的遒劲有力，这让他很郁闷。一天，他写了一幅书法作品，其中"戟"字的"戈"空着没写，待虞世南来时，让他补上了。

李世民对这幅作品很满意，召来魏徵欣赏，自鸣得意地说："我最近书艺长进了，连'戈'笔都写得不逊虞世南了！"

他的本意是想让魏徵好好拍拍自己的马屁，谁知魏徵端详了半天，冒出一句："陛下这幅作品，除了'戟'字的'戈'笔不亚于虞世南，其他的一般般，还达不到虞世南的水平。"

李世民尴尬得脸都绿了，但他毕竟是心胸宽广之人，绝不会为这种小事迁怒魏徵，只是暗下决心，继续练习，心想，自己的书法即便超越不了虞世南，也要让魏徵之流为之叹服。

要达到虞世南的水平，自然要向比虞世南书法水平更高的人学习。谁的书法水平比虞世南还高呢？答案只有一个：王羲之！

于是，李世民下令收购王羲之的全部书法作品。

好在王羲之所在年代离李世民所在年代还不久远，三百年不到，唐初还有他不少作品原迹存在。帝王一声令下，民间自然是无不响应，乖乖双手奉上。

没用多长时间，李世民就收购了三千多幅王羲之的书法作品。估计是王羲之的存世作品都被他收购绝了，以至于后来民间再无王羲之的书法真迹。

不过，让李世民闹心的是，王羲之最得意的神品《兰亭集序》始终没有寻到。

但朝廷大臣可不是吃素的，多方打听，终于探得《兰亭集序》在一个叫辨才的和尚手里。辨才是王羲之七世孙智永和尚的徒弟，显然这个消息很可靠。

于是，李世民急忙将辨才请进宫，告诉这个和尚，只要你将《兰亭集序》献出来，你要什么，我给你什么。

老和尚头一扭，道："陛下给什么都没用，《兰亭集序》在战乱中丢失了。"

李世民怎么会被老和尚一句话骗过去呢？但人家说丢了，也不能再逼呀，于是李世民就派萧翼去骗。萧翼不辱使命，骗回了《兰亭集序》。怎么骗的，此处不展开叙述。这件事被唐代大画家阎立本画成了《萧翼赚兰亭图》，原本已佚，现存皆为摹本。

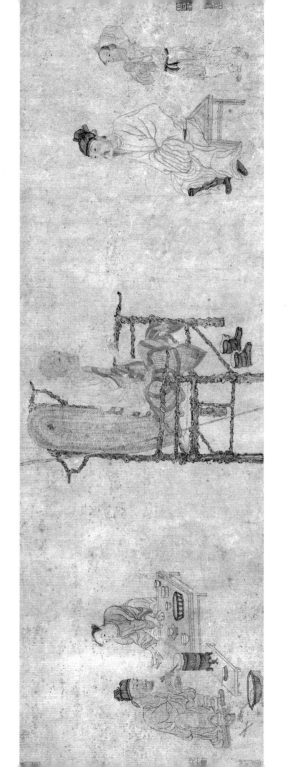

元·钱选（传）｜萧翼智赚兰亭序图卷｜现藏美国弗利尔美术馆

李世民得到《兰亭集序》，自然十分高兴，升了萧翼的官，还给了不少赏赐。

萧翼内心却总是愧疚不安。一年后，他被内心的自责折磨得难受，再度来到越州永欣寺，想向辨才道歉，求谅解。可当他到达时，辨才和尚业已坐化。

萧翼又羞又愧，毅然落发为僧，自称辨才弟子，传承辨才衣钵。

萧翼出家当了辨才弟子，史书并无记载，属民间传说。笔者希望真相就是传说中的结果，好歹给读书人一点儿良知上的光环。

李世民酷爱王羲之的书法，将王羲之推上了书圣宝座。他研习王羲之的书法，得其精髓，从他书写的《温泉铭》等碑帖看，他的书法颇有书圣韵味。

可惜，在书法史上，李世民的字并不被后人推崇。书法是最讲究风格的艺术，不能推陈出新、独具风格的书法家，是难以名垂书史的。

李世民对书法的狂热，到了令人发指的程度。他居然将王羲之的书法真迹，包括《兰亭集序》，甚至他瞧得上的当世欧阳询、虞世南等人的书法作品，一股脑儿带进了昭陵。

那意思是，他死后有空了，可以好好研习书法。

李世民的英明，笔者无须赘述。他开创的大唐盛世，让中国人无比自豪，所以，时至今日，国外的华人聚居区都叫"唐人街"。

李世民以浓浓的文艺情怀，将传统中国文化推上了历史的高峰，好歹他留下了《兰亭集序》的双钩摹本，可供后人观摩研习。

李世民是个好皇帝，也是大唐诗歌与书法繁荣的最重要的推动者。

贞观年间的诗文，主体倾向其实还没有摆脱梁陈宫体诗范畴，只不过是从梁陈宫体诗的珠帘锦帐、朱唇翠袖这种靡靡之音中，逐渐转移到巍峨的宫殿、整齐的仪仗队这种表现自豪的内容上。

唐初宫体诗代表人物是上官仪（608—664）。

上官仪，大家可能不太熟悉，可是他的孙女——上官婉儿，大家必不陌生。上官仪也是弘文馆学士，到唐高宗时升为秘书少监，每有宴会，他都得以参加并且应诏赋诗。上官仪后来高居宰相位。他的诗文广为流传，时人称为"上官体"，纷纷效仿，致使初唐诗坛在相当长时间内应制诗泛滥。

先看看他写的"绮错婉媚"的《八咏应制》："……瑶笙燕始归，金堂露初晞。风随少女至，虹共美人归……残红艳粉映帘中，戏蝶流莺聚窗外……"这些诗句，充满了脂粉气。

写得稍微淡雅的，如《早春桂林殿应诏》："步辇出披香，清歌临太液。晓树流莺满，春堤芳草积。风光翻露文，雪华上空碧。花蝶来未已，山光暖将夕。"

唯一一首清新的诗，是《入朝洛堤步月》："脉脉广川流，驱马历长洲。鹊飞山月曙，蝉噪野风秋。"这首即景诗，写得悠然清虚，获得后人一点儿赞许。

上官仪的应制诗内容空泛，华而不实，但他总结出了一些六朝以来诗中运用对仗的写作技巧，提出了"六对""八对"的规律，应用到诗作中，对提高对仗技巧、推动律诗成熟起到一定作用。

之所以将上官仪的诗拎出来，是因为需要他的应制诗与之后的唐诗做比较，然后阐释之后陈子昂提倡的复古运动，以及白居易等人提倡的新乐府诗是怎么回事。

上官仪是唐朝第一代进士出身，风流倜傥，文采斐然，可是书生气十足，根本没有政治嗅觉。高宗中期，长孙无忌、褚遂良等老臣被迫害，他被提为宰相。可是没几天，唐高宗与武则天闹矛盾，这个书呆子立马劝唐高宗废除武则天，结果得罪了政治手腕强悍得震古烁今的武则天，下场可想而知。

武则天一哭二闹三上吊，终于与唐高宗和好，想出一个一箭三雕的计谋，组织人上奏上官仪与废太子李忠暗中勾结谋反，将上官仪一家男丁诛杀殆尽，女眷全部充入皇宫掖庭为婢打杂。

上官仪的孙女上官婉儿刚出生不久，便随其母郑氏入宫为奴。郑氏出身书香门第，即便整天洗衣倒马桶，累得半死，也精心培养上官婉儿，教她读书吟诗。

上官婉儿天生机敏聪慧，十岁出头，便因文才名动掖庭，在十四岁时，终于被武则天知晓，并立即召见了她。武则天当场出题考较，上官婉儿文不加点，须臾而成，且文意通畅，辞藻华丽，语境优美，是一般文人花很长时间也难完成的佳作。

武则天刚当皇帝，急需一个女秘书，真是踏破铁鞋无觅处，得来全不费工夫，欣喜之余，当即下令免其奴婢身份，让其掌管宫中诏命。

上官婉儿从此走上政治舞台，在朝廷中掀起风浪，她的事稍后叙述。

上官仪的应制体很受当时人追捧，但贞观年间还是出现了几首或隽永、或高古、或散淡的诗篇，与应制体风格迥异，对后代诗人的创作产生了重大影响。

先来看看虞世南的《蝉》：

垂緌饮清露，流响出疏桐。

居高声自远，非是藉秋风。

这是一首托物寓意的小诗，清新隽永，为唐代的咏物寓意寓理诗开创了一个好的风气。

"居高声自远，非是藉秋风"这两句，可以理解为，品格高的人声名远扬，并不是凭借外在的力量。

《蝉》对后世的影响较大，以至于后世以蝉为题材的诗不下数十篇，比较出名的有骆宾王的《在狱咏蝉》、李商隐的《蝉》、梅尧臣的《秋日咏蝉》等。

虞世南（558—638），越州余姚县（今浙江慈溪市观海卫镇鸣鹤场）人，由陈入隋入唐，历经三个朝代，外表懦弱而内心刚强，是秦王府十八学士之一，李世民继位后，他又任弘文馆学士，后入凌烟阁排第二十位。

李世民评价他："世南一人，有出世之才，遂兼五绝：一曰忠谠，二曰友悌，三曰博文，四曰辞藻，五曰书翰。"意思是说，虞世南有五样东西是空前的：一是忠诚正直，二是兄弟友爱及孝心，三是通晓古文，四是诗赋，五是书法。

后来甚至有人评价虞世南是与颜回一般的儒家圣贤。

虞世南确实是典型的儒家君子，年少时与其兄虞世基在硕儒顾野王的门下学习，还拜王羲之七世孙智永和尚为书法老师。年轻时的虞世南勤奋好学，在顾野王的门下学习十几年，经常因惜时而不洗脸、不梳头。二十五岁时，他与兄长虞世基一起考中隋朝比进士还要高阶的秀才。

虞世基在隋朝时很发达，后来显贵非常，他的嫂子都打扮得跟王妃一样，锦衣玉食。虞世南与他们居住在一起，一直不改本色，依然粗茶淡饭布衣裳，清贫节俭。

隋炀帝下扬州时，宇文化及反叛弑君，也将斩杀虞世基。虞世南抱着虞世基，痛号悲泣，请求宇文化及让自己代兄赴死。宇文化及没有答应，依然处死了虞世基，虞世南抱着兄长的尸体哀号了三天三夜，整个人都因此瘦得变了形。

虞世南请求代兄赴死的事迹，感动了无数人，后人经常将这一事迹当作兄弟情深的典型，教诲子女友爱和睦。这也是李世民称赞他"友悌"的原因。

在诗赋方面，虞世南对"上官体"诗泛滥持反对态度。有一次，李世民写了一首"上官体"诗，让虞世南来唱和。虞世南劝谏道："圣作固然工整，但内容并非文雅端正。陛下喜欢的，下面的臣子百姓必然趋之若鹜，甚至过犹不及，臣怕这首诗一旦传出去，天下人效仿，坏了文风，所以我不能遵命唱和！"

贞观年间，除了魏徵，虞世南也是有名的谏臣之一，可惜他当时年龄大了，于贞观十二年（638）就去世了，否则萧翼骗他师弟辨才和尚《兰亭集序》的事也不会发生，"上官体"诗也不会泛滥。

虞世南最大的成就是书法。他师承智永，远习二王，但他的字在晚年自成一体，风格是清丽中透着刚健，被世人称为"虞体"。不仅如此，他的学生兼外甥陆柬之也是唐朝著名的书法大家。陆柬之有个外曾孙，叫张旭，对，就是那个大名鼎鼎的草圣张旭。

虞世南也是大唐文人中的长寿者之一，他活了八十一岁，仅比贺知章（八十五岁）和欧阳询（八十五岁）少活几年。

据查，唐朝的人均寿命只有二十七岁，活过八十岁的很少见。初唐时期这三个活过八十岁的名人有个共同的头衔，那就是书法家。从古至今，要论最长寿的人群，一定是书法家。

弘文馆学士中，除了虞世南，魏徵也是一位优秀诗人。让我们来读其诗《述怀》：

中原初逐鹿，投笔事戎轩。

纵横计不就，慷慨志犹存。

杖策谒天子，驱马出关门。

请缨系南越，凭轼下东藩。

郁纡陟高岫，出没望平原。

古木鸣寒鸟，空山啼夜猿。

既伤千里目，还惊九逝魂。

岂不惮艰险，深怀国士恩。

季布无二诺，侯嬴重一言。

人生感意气，功名谁复论。

魏徵的诗，诗如其人，直抒胸臆，气魄伟岸，格调高古，为后来的陈子昂、张九龄及李白的古风诗开了先河。

魏徵其人其事，大家都很熟悉，不做赘述。

上官仪也好，魏徵也罢，他们都是当朝权贵，能够被记入唐史，不因诗文，而因政治。因诗文名气被记入唐史的贞观年间诗人，是王绩。

王绩（585—644），字无功，号东皋子，绛州龙门（今山西河津市）人。王绩自幼好学，博闻强识，十一岁时就来到长安，拜见隋朝宰相杨素，被在座公卿称为"神童仙子"。

隋末唐初，绛州龙门县，文武气运大爆发。"文"出了王家"三棵树"：王通、王绩、王勃。王通是王绩的兄长，是隋朝闻名遐迩的大儒，否则杨素也不会见王绩这个十一岁的小孩儿。王勃，就是那个写《滕王阁序》的大才子，是王通的孙子，王绩的侄孙。"武"出了个薛仁贵（614—683），就是《说唐全传》中那个"应梦贤臣"，是个家喻户晓的人物。薛仁贵的出生地现在划为山西河津市，与三王出生地通辽镇已经不是一个县市了。

王绩取字"无功"，清楚地表明自己是个实实在在的道家信徒。王绩曾为《老子》《庄子》作注。受道家散淡思想的影响，他性情简傲，行为率真疏放，一生都在追寻魏晋隐士遗风。

王绩的代表作是《野望》：

> 东皋薄暮望，徙倚欲何依。
>
> 树树皆秋色，山山唯落晖。
>
> 牧人驱犊返，猎马带禽归。
>
> 相顾无相识，长歌怀采薇。

这首诗表现的景象很细致，清新却不失高古。前面写景，最后一联"相

王绩《夜还东溪》："石苔应可践，丛枝幸易攀。青溪归路直，乘月夜歌还。"

顾无相识，长歌怀采薇"将眼前的景，与晋代"竹林七贤"隐居长歌，以及商周时期的伯夷采薇而食，饿死在首阳山的典故，联系在一起，含蓄地表达出追怀古代隐士的思想。

这首诗很具陶渊明田园诗的风格，只不过陶渊明写得更散淡，有怡然自得的情怀，而王绩写得有些消沉，"徙倚欲何依"显得畏畏缩缩，没有陶渊明"悠然见南山"的淡然。

王绩最崇拜的人就是陶渊明。陶渊明写了自传《五柳先生传》，他写了自传《五斗先生传》。

陶渊明在《五柳先生传》中说自己最感兴趣的三件事是读书、饮酒、写文章。王绩无疑也继承了这三方面的志趣。他读的书不比陶渊明少，但写文章比不过陶渊明，所以他想在饮酒上胜过陶渊明。"五斗先生"听着就能把人醉死，可王绩五斗酒下肚，头脑依然清醒，吟诗作文根本不耽误。

王绩是个大酒徒，专门写过《酒经》《酒谱》。这位老先生一生将"酒徒"精髓发挥得淋漓尽致。无论是达官显贵，还是贫贱百姓，只要叫他去喝酒，他都会以风驰电掣的速度去赴宴，一场酒下来，别的人全都趴下了，他还优哉游哉。

隋炀帝大业元年，他通过推荐考试中进士，吏部想留他在京城做官，可他知道自己的德行，心想：在京城做官，哪能随便喝酒呢？于是，他自愿到六合县当了个县丞。

他当县丞时，整天只知道喝酒，正事不干，结果被顶头上司弹劾了。当时正值天下大乱，他一听说上司弹劾了他，也不等处分下来，就直接辞官不干了，还愤愤不平地道："到处都是天罗地网般的束缚，还不如回家喝酒去！"

他跑了回去，恰好躲过了隋唐更替的灾难。

李渊建唐之初，朝廷征召前朝官员。王绩的名气不小，又被推荐去当门下省待诏。门下省待诏就是在门下省等候，随时听候皇上调遣。

按照门下省的惯例，每天可供给待诏三升美酒。待诏是人才啊，吏部须了解他们的思想动态，便派人问他："你在这当待诏，快不快乐呀？"王绩皱眉道："只有这里的美酒还让我有点儿留恋啊！"意思是，这里如果没有免费提供美酒的待遇，他就要拜拜了！吏部官员一听，知道这位大爷是个酒徒，赶紧命人每天供他一斗美酒，所以同僚都称他为"斗酒学士"。

就这样，王绩老先生在门下省待了几年。可李世民上台时，他又不干了，称病辞官回家喝酒去了。过了几年，李世民又征召隐士贤人，当地刺史不敢怠慢，又将他推荐到朝廷去。

这次吏部本打算安排他到六部二十四司去当差，但他听说太乐署史焦革特别会酿酒，于是毫不犹豫地要求去太乐署当太乐丞。吏部官员不解道："你现在的品级比太乐丞要高呀，这么安排怎么行呢？"王绩说你别管，这是我自愿的。七磨八泡，吏部只好同意了王绩的请求，派他当了太乐署太乐丞。他这哪里是要当官啊，分明是哪里有酒去哪里嘛！

到了太乐署，王绩是耗子掉到米缸里了，整天不是喝酒就是跟焦革学酿酒。这是他最快乐的时光，他挥笔写下了不少与酒有关的诗。

醉后

阮籍醒时少，陶潜醉日多。

百年何足度，乘兴且长歌。

独酌

浮生知几日，无状逐空名。

不如多酿酒，时向竹林倾。

可惜好景不长，没几年，焦革死了，他悲伤得又要辞官。但焦革的妻子说："你还是留下来吧，我送你酒便是。"因为这句话，他才留了下来。

　　没几年，王绩这位老先生又毅然决然地辞官回家去了。

　　贞观十八年（644），王绩病重，写下自己的碑文后溘然长逝。

　　王绩仿佛是活在唐代的晋代隐士，恃才放旷，任性不羁，永远活在自我理想中。正因为如此，他的诗独树一帜。他是唐代山水田园诗的先驱，同时对唐代五言律诗的成熟起到了推动作用。他是后世公认的五言律诗奠基人，在"上官体"泛滥的时代，尤其显得弥足珍贵。

骆宾王

我，生不苟且

鹅，鹅，鹅，曲项向天歌。

白毛浮绿水，红掌拨清波。

看到这首诗，想必大家都知道是谁了，不错，就是那个让中国父母羡慕了一千多年的神童——骆宾王。

如果你以为他是千年不出的神童，那就大错特错，因为与他同一时代，一下子就冒出四个神童，另外三个叫卢照邻、杨炯、王勃。

四大神童并没有江郎才尽。成年后，他们共同崛起，打破了唐初诗坛被"上官体"笼罩的局面，为唐诗的迅猛发展吹响了号角，被后人称为"初唐四杰"。

"初唐四杰"排名是"王杨卢骆"，为什么先写"骆"呢？因为他在"四杰"中经历最坎坷，"文青"味最足。

1

骆宾王（约638—约684），字观光，婺州义乌（今浙江义乌市）人。

他的名与字取自《易经》中的观卦："观国之光，利用宾于王。"所以他名宾王，字观光。观卦这句话的意思是，为了观国之风光，宜于做国王的宾客，就是说要置身事外。

可是，这位大才子似乎忘了他名字的真义，晚年一腔热血，投入反武则天称帝的起义中，兵败后不知所终，令人痛惜。

骆宾王并非名门大户出身，其父只是个小吏。童年时代的他，是在义乌度过的。《咏鹅》这首诗，是在他七岁那年，家里来客人戏谑他时，他随口而吟。

那位客人无疑也是读书人，震惊之后，将这首诗传遍天下，为他博得了"江南神童"的美誉。次年秋天，县里举办童子科考试。骆宾王再次艳惊四座，写出了《玩初月》：

忌满光先缺，乘昏影暂流。

既能明似镜，何用曲如钩。

如果说《咏鹅》是一幅童趣满满的画卷，《玩初月》则是一篇富含人生哲理的格言。一个八岁的孩童能够写出寄兴哲理的诗，谁不叹服？关键是，"既能明似镜，何用曲如钩"这两句，不是他随意拼凑的，而是他认定的一生的行为准则。既然做人如明镜，又何必曲意逢迎？几十年后，李白高呼"安能摧眉折腰事权贵，使我不得开心颜"，是不是很像？

这孩子思想太早熟了，毋庸置疑，以后会命运多舛。

之后，他的父亲到青州任博昌县令，全家迁居博昌。十多岁的时候，父亲死在任上，骆宾王只好带着母亲、弟弟辗转至瑕丘县亲戚家落户，在贫困落拓的生活中度过了少年时代。

骆宾王在山东期间，受唐朝社会风气及当地传统的影响，迷恋上了豪侠风范，舞枪弄棒、打架斗殴的事也没少干。母亲与亲戚也不能由着他胡来呀，毕竟他是神童，是读书的好苗子啊，读书人不考功名，不做官，能做甚？一家人日子不好过，还指望着他当官领俸禄，养家糊口呢！

　　于是，在母亲与亲戚的敦促下，骆宾王赴京城赶考去了。

　　在唐朝，考进士之前，考生行卷已经成为当时的社会风气。可是，骆宾王自恃才学精博，再加上出身低下，也没钱，根本没搞这一套，而是在考试前逛京城风光去了。

　　在他的自传体长诗《畴昔篇》的开头，他写到这次考试的想法：

少年重英侠，弱岁贱衣冠。

既托寰中赏，方承膝下欢。

遨游灊水曲，风月洛城端。

且知无玉馔，谁肯逐金丸！

　　我少年时期看重的是英雄豪侠之士，看不起权贵，考功名是为了养一家老小。到京城，我先好好逛逛风景，因为我认为，没有拿得出手的东西，谁会去考进士啊！简言之，我满腹经纶，找权贵干吗？

　　然而，考试的结果是，名落孙山。他从飘飘然的高空一下子跌到羞愧穷愁的低谷。诗和远方是美好的，可是对没钱没闲的人来说，那就是扯淡。

　　从梦想回到现实，落榜的羞耻先不说，一家人的日子怎么过？进京赶考的盘缠还是老母亲向亲戚借的，七拼八凑才凑齐，回去怎么办？让人奚落没关系，最起码要将借来的钱还上吧！几番思量，几番挣扎，骆宾王决定先返回义乌，向族里亲友求助。

　　南下途中，他写下了《途中有怀》：

眷然怀楚奏，怅矣背秦关。

涸鳞惊照辙，坠羽怯虚弯。

素服三川化，乌裘十上还。

莫言无皓齿，时俗薄朱颜。

　　这首诗读起来佶屈聱牙，唐初时候近体诗还未成形，文人用典生僻。"楚奏"典故源于《春秋左传》，原指囚人，被囚的人都十分怀念故乡，这里指思念故乡。"涸鳞惊照辙"典故出自《庄子集释》。"涸辙之鲋"指在干涸的车辙里的鲫鱼。"乌裘十上"典故出于《战国策·秦策》，说的是苏秦说秦王，上了十次书，待的时间长了，连乌裘都掉毛了，百两黄金也用完了，结果秦王还是不理他，这里指失落失望。

　　整首诗，前两句说眷然怀念故乡，怅然离开秦关南下。三至六句说自己像涸辙之鲋，像落毛的凤凰，穿着素衣从三川（京城）出来，失望得像苏秦一样返回故乡。最后两句的意思是，别说我没有洁白的牙齿，这个世道看不起我这样"颜值"高的人。

　　好在回到故乡族里，族人对他还是非常关怀，同情他的遭遇，给了他不少资助，让这位曾经享誉江南的才子渡过难关，安然回到瑕丘。

　　瑕丘的亲戚也不忍心看着他待在家里，又托人找关系，在京城右卫军中给他谋了份差事。这份差事相当于服兵役，他虽然是读书人，但也习过武。

　　在右卫军当差期间，骆宾王结识了来京城的卢照邻。

　　卢照邻十岁起就学习经史及《雅》《苍》等，也是享誉一方的神童。卢照邻当时是邓王李元裕府上的典签（处理公文的小吏），邓王很看重他，说他是自己的"司马相如"。

　　这两人都是才高八斗的才子，一见如故，一个说我十岁就博览群书，一个说我七八岁就诗出惊人呢，好在卢照邻比较谦逊，于是两人惺惺相惜，结成朋友。卢照邻得知骆宾王的遭遇，安慰他："出仕当官也不只考进士一条道嘛，给王爷或节度使当幕僚，也是一条出路嘛！"

一语点醒梦中人，不错，在大唐还有一条出仕当官的路可以走——当幕僚。时间一长，得到长官推荐，照样可以被吏部考核后录用，尽管升迁慢，但好歹有俸禄呀！可是，当幕僚也要找关系啊，卢照邻自告奋勇地托邓王为骆宾王引荐。

别看卢照邻年龄比骆宾王大不了多少，但人家有大哥风范，眼高于顶的杨炯后来都不得不服他，说出"愧在卢前，耻居王后"的话。

在卢照邻的运作下，骆宾王终于被推荐到道王李元庆的麾下，当了王府录事，也是负责记录和起草公文的差事。

这差事对骆宾王来说是小菜一碟，妙笔生花的奏章递上去，皇帝看了都龙颜大悦呀，于是道王对骆宾王另眼相看了。

得到重视的骆宾王终于开心起来。"文青"的一个重要特征是，钱给少一点儿没关系，只要你将我当个人物，我就很开心地跟着你干。

可唐制规定，在亲王府谋事的佐僚，任职时间不能过长，一般不超过四年。骆宾王任职三年之后，道王特意下了一道手谕，让他"自叙所能"。其实，道王的目的是希望骆宾王给自己写一份天花乱坠的自荐信，好向上推荐他。

现实一点儿的人还不奋笔疾书？可骆宾王大概是觉得自尊心受到伤害，写了一封这样的书信："若乃旨韦其迹，乾没其心；说己之长，言身之善；腼容冒进，贪禄要君；上以紊国家之大猷，下以渎狷介之高节；此凶人以为耻，况吉士之为荣乎？所以令炫其能，斯不奉令。谨状。"

简言之，"自举用人"这个方法让人觉得不齿，我不会这样做，谢谢。留下书信，骆宾王直接回家去了，弄得道王一脸尴尬。

2

离开道王府，回到瑕丘家中，骆宾王过上了耕读自娱的生活。一开始感觉还不错，写下了《冬日宴》一诗，一派把酒言欢、逍遥快活的样子：

> 二三物外友，一百杖头钱。
>
> 赏洽袁公地，情披乐令天。
>
> 促席鸾觞满，当炉兽炭然。
>
> 何须攀桂枝，逢此自留连。

读书人务农为生，谈何容易？陶渊明种地种得"草盛豆苗稀"，估计骆宾王也好不到哪里去。没几年，他家里已经是"糟糠不赡，审算无资"了。

生活所迫，骆宾王只得写信给认识的权贵，诉说困情，期求引荐。这些年，骆宾王折腾来折腾去，但好文章、好诗赋没少写，《帝京赋》《畴昔篇》等引起了巨大反响。

骆宾王发出请求信不久，麟德元年（664）冬，唐高宗李治要到泰山封禅，让沿途各州举贤。鉴于在文坛上的声誉，齐州各界推举骆宾王献赋。骆宾王写了《请陪封禅表》，将李治好好吹捧了一番。

文章递上去，李治一看，写得好呀，一高兴就封了骆宾王奉礼郎这么一个职务。

再高傲的"文青"，为了活着，也不得不低下头颅。当然，唐高宗李治本就是个厚道人，比李世民更具有文人情怀，骆宾王吹捧他也不伤自尊。

奉礼郎是太常寺掌管礼仪的小官，从九品，好歹有俸禄可领。骆宾王干了一段时间，估计是他的文章名气太大，吏部又重新安排他去东台当了详正学士。

东台即门下省，详正学士就是纠正公文文字的文官，也是人尽其才了。

骆宾王从这时起才算真正当上了吏部在册的官。

不过，"文青"味比较足的人，在官场上很难混得开，因为他预设的自尊底线太高。别人一句不经意的话，对他来说有可能是伤及自尊的话。

骆宾王有侠义心肠，遇到他认为不对的事，不但要说，甚至要出面主持公道。他这样的人又哪能不得罪人呢？于是，吏部一纸调令将他调到了他最适合的地方——戍守边关。

骆宾王去的第一个边关是西域，有幸的是，他跟随的人是薛仁贵。

这时候，骆宾王写下《从军行》《在军登城楼》《于易水送人》等边塞诗，为盛唐时边塞诗的兴起开了先河。这些诗写得豪气勃发，"此地别燕丹，壮士发冲冠"，让人读得热血沸腾。

在西域，骆宾王目睹了薛仁贵"三箭定天山"的英雄壮举。这一亲身经历，激发了他的英雄主义情怀，为他最后毫不犹豫地参加徐敬业的起义奠定了思想基础。

薛仁贵平定西域，骆宾王又来到四川，参加了平定"蛮族"的战争。

从军这段时间，骆宾王充分发挥笔杆子的作用，军中的战斗檄文都是他的杰作。

在四川的时候，他无意间碰到一位郭氏女子。郭氏听说骆宾王之前在京城当过官，像遇到救星一样，向他痛哭流涕地诉说起来。

说的就是一个男子在四川当官时与她好上了，发誓对她不离不弃，她还为那个男子生了个孩子。那个男子要去长安参加"典选"，不得不与她分别。分别的时候，男子承诺一回来就娶她。可是，男子一去两年，音信皆无。而这两年，郭氏无依无靠，孩子也夭折了，望穿秋水也不见男子的影子。你说可不可悲？

骆宾王听罢，剑眉倒竖，怒问："那个'渣渣'叫什么？我若遇见他，一剑劈了他！"

骆宾王《在军登城楼》："城上风威冷，江中水气寒。戎衣何日定，歌舞入长安。"

郭氏哽咽道："那个男人叫……卢照邻！"

骆宾王一听，差点被一口气噎死，天晕地眩了好一阵子才缓过神来。

愣了一阵子，骆宾王咬了咬牙，心想：朋友归朋友，正义归正义，我虽然不能一剑劈了你，但我也要让你为"忘情负义"付出沉重代价。

于是，骆宾王"愤"笔疾书，写了《艳情代郭氏答卢照邻》一诗，寄给了卢照邻。

然而，事实不是他所想象的那样。卢照邻没有忘情负义，因为他正在经历"痛不欲生"的苦难，不想让自己心爱的人分担痛苦，所以才不给郭氏书信，本意是想让她忘却他。

卢照邻从四川回长安，想考个进士出身，结果没考上，情绪自然低落。可这才是苦难的开始，卢照邻因诗入狱，父亲因惊恐去世，他到太白山下为父守丧。守丧还没结束，卢照邻又患上了"风疾"。这种病发作起来相当厉害，疼痛难当，连卢照邻所拜的医药老师，有"药王"之称的孙思邈都束手无策。

卢照邻病得越来越厉害，最终不堪病痛折磨，投入颍水，自溺而亡。

卢照邻肯定收到了骆宾王的诗，但面对死亡的人，自然不会再在意这些，所以没有回复。

在边关混了十来年，有功劳，更有苦劳，按照吏制，吏部将骆宾王调回京城，先是补长安主簿职位，后又调任御史台侍御史一职。这个职务只是从六品，但权力不小，可以直接弹劾除中书省、门下省、尚书省三省长官外的文武百官。但是，担任这么大官的骆宾王，已经以天下大事为己任了，他感觉只弹劾官员解决不了问题。

于是乎，骆宾王对当朝"二圣"之一武则天发起猛烈抨击。

一两次武则天还可以忍，可是一而再再而三，武则天再也忍受不了。一个"侍御史"哪来的权力妄议朝政？

一项"僭越礼制"的罪名落在骆宾王头上，他被定罪关入大牢。

狱中的骆宾王是悲愤交加，写下了著名的《在狱咏蝉》：

西陆蝉声唱，南冠客思侵。

不堪玄鬓影，来对白头吟。

露重飞难进，风多响易沉。

无人信高洁，谁为表予心。

诗句甚是悲凉，发出"谁为表予心"的哀叹，为什么没谁"表予心"呢？因为你总是有意得罪人，无意交朋友嘛！

纯从诗的文字角度看，这首诗的风格与他之前的诗相比，有了较大的转变，没有生僻的典故，通俗易懂，情真意切，将托物寓志的寄兴技巧发挥得淋漓尽致。

他的诗风发生重大转变，是因为"初唐四杰"这时已经有了明确的文学主张，冲破初唐的"绮错婉媚"文风，展现文人风骨，追求表达真情实意的实用性。

骆宾王在狱中关了一年，心生绝望之际，恰逢朝廷改元（680 年，唐高宗改元永隆），大赦天下，他被放了出来。

虽被释放，但不是平反，官复原职是不可能的，保留官员身份已经是格外开恩，吏部给他安排了个临海县丞（从八品）的职位，让他悔过自新去了。

684 年底，唐高宗病逝，唐中宗李显即位，武则天被尊为皇太后，独揽朝政。两个月后，武则天又废唐中宗为庐陵王，幽禁于别所，立相王李旦为皇帝，称为睿宗。

武则天将老李家人欺负得一愣一愣的行径，大多数人敢怒不敢言，但是，有一个人旗帜鲜明地跳出来打抱不平，揭竿而起，决定以武力征讨武则天。

这个人叫徐敬业。看过《隋唐演义》的人，肯定都知道李世民的狗头军师徐茂功——程咬金口中的"牛鼻子老道"。现实中的徐茂公叫徐世勣，字懋功，是唐王朝开疆拓土的主要战将之一，因功勋卓著，被李世民赐姓李，后来叫李世勣。李世民上位后，李世勣被封为英国公，入了凌烟阁。在唐高宗李治时期，因避李世民讳而改为李勣。

徐敬业就是李勣的孙子，名将之后、功勋之孙。

骆宾王在临海当了二年县丞，愤愤之下，辞去官职，去"远方"了。

684 年，已经四十六岁的骆宾王所到的"远方"，恰巧是徐敬业揭竿而起的大本营——扬州。两人是一拍即合。骆宾王大笔一挥，代徐敬业写了一篇战斗檄文《代李敬业传檄天下文》，传告天下。一时间，天下响应，纷纷来投，徐敬业很快就聚集了十万大军。

骆宾王写的这篇檄文，与三国时期陈琳写的《为袁绍檄豫州文》，并称史上最强檄文，又与王勃的《滕王阁序》并称"骈文二绝"。

这篇檄文好到什么程度呢？据《新唐书》载，武则天初观此文，嬉笑自若，当读到"一抔之土未干，六尺之孤何托"句，惊问是谁写的。有人说是骆宾王，武则天感叹道："有如此之才，而使之沦落不偶，宰相之过也！"

被骂的人说骂她的人屈才了，可见这篇檄文的煽动性：

……班声动而北风起，剑气冲而南斗平。暗鸣则山岳崩颓，叱咤则风云变色。以此制敌，何敌不摧；以此图功，何功不克！

……一抔之土未干，六尺之孤何托？倘能转祸为福，送往事居，共立勤王之勋，无废旧君之命，凡诸爵赏，同指山河。若其眷恋穷城，徘徊歧路，坐昧先几之兆，必贻后至之诛。请看今日之域中，竟是谁家之天下！

气吞山河，义正词严，令人拍案叫绝。

然而，檄文写得再好，毕竟不能撒字成兵，在武则天派来的三十万大军镇压下，不到两个月，义军兵败，徐敬业与骆宾王不知所终。

十几年后，宋之问从贬谪之地返朝，途中下榻杭州灵隐寺。当夜，月光明媚，宋大诗人诗兴大发，吟出"鹫岭郁岧峣，龙宫锁寂寥"一联，不知怎么卡壳了，始终想不出合适的下联。他在寺内摇头晃脑地吟来吟去，不知不觉，晃悠到了一间禅房前。

禅房内一老僧正在长生灯下坐禅，忽然睁眼，问道："年轻人做甚？"

宋之问答道："我想在寺院内题首诗，想出上联，卡壳了，吟不下去了。"

老僧哂然一笑，道："你将上联吟给我听听！"

宋之问将上联吟了一遍，老僧皱眉道："何不接'楼观沧海日，门对浙江潮'呢？"

宋之问一听，茅塞顿开，急忙返回房间，写出了完整的《灵隐寺》：

> 鹫岭郁岧峣，龙宫锁寂寥。
>
> 楼观沧海日，门对浙江潮。
>
> 桂子月中落，天香云外飘。
>
> 扪萝登塔远，刳木取泉遥。
>
> 霜薄花更发，冰轻叶未凋。
>
> 夙龄尚遐异，搜对涤烦嚣。
>
> 待入天台路，看余度石桥。

写完，他发现就是老和尚说的两句最大气、最精彩，如果没有这两句，整首诗就显得单薄。

宋之问人品不怎么样，但在写诗方面，也是个大才子呀！他心想，这位老和尚才情比我还高呢，我吭哧了半天，也没吭哧个好句子，他怎么随口一说就如此精彩呢?

待到天明,宋之问急忙再去那间禅房,想找那位老僧问个究竟。

可是人去房空。宋之问找到扫地僧询问。扫地僧答曰:"此人乃骆宾王也!"宋之问倒吸一口凉气,心想,原来是他老人家啊。

以宋之问的德行,他本想立即去告密,但一想到告密之后,"楼观沧海日,门对浙江潮"这么好的诗句版权就不属于自己了,只好作罢。

骆宾王,正史说他被杀,民间传说他成为得道高僧,这或许是人们对一代"文青"的最好祝福。

王勃

烟花绽放星空，虽然短暂，请记住我的美

骆宾王七岁吟诗，被人惊为神童，初唐"四杰"中还有一个比他更牛的神童，这个人就是王勃。

1

王勃（650—676），字子安，绛州龙门（今山西河津市）人。他是王通的孙子，王绩的侄孙。放下他写的那些耳熟能详的诗句不说，先看看这位能让诸位神童都汗颜的神童"神"了哪些事。

王勃六岁便能作诗，诗文构思巧妙，词情英迈，被其父好友杜易简称为"王氏三株树"。九岁时，王勃读颜师古注的《汉书》，撰写了《指瑕》十卷，指出颜师古的著作错误之处。《汉书》是很多进士都难读懂的书，颜师古是初唐弘文馆大学士之一，公认大儒（其曾孙颜真卿更了不起）。九岁的孩童能揪出一代大儒注解《汉书》的错误，天下读书人被震惊得"呆若木鸡"。

王勃十岁时，就能将六经倒背如流。十二岁后，王勃觉得儒家、道家经典没得学了，跑到长安跟曹元学医，先后学了《黄帝内经》《难经》《周易》，对"三才六甲之事，明堂玉匮之数"，均有所得。

如果说他只是个学霸，那又错了。十四岁（663年）时，王勃回到家乡，立即写了《上绛州上官司马书》，要求上官司马推荐自己去当官。上官司马以手抚额，惊叹道："我的天啊，你是天降英才不假，可是你还没有案几高啊，长大一点儿再申请推荐好不？"

王勃也没说什么，第二年就直接上书当时吏部的刘祥道，直陈政见，表明自己积极用事的决心。刘祥道惊呼"此神童也"。但是他年龄太小，吏部也不敢推荐录用。

王勃一看还不行，在麟德二年（665），通过皇甫常伯向唐高宗献上了《乾元殿颂》。这篇颂文，文采绮丽，词美义壮。唐高宗看完，龙颜大悦，又听说是未及弱冠的神童所作，惊叹不已："奇才，奇才，我大唐奇才！"

从此，王勃文采名扬天下。

666年，十七岁的王勃行卷礼部李常伯《宸游东岳颂》，接着参加唐高宗开设的幽素科科举考试，不出意外及第，被授朝散郎。

王勃实际上是不满十六周岁就当官了，成了大唐最年轻的官员。如此璀璨夺目，就问你服不服？当时的大唐学子都很服气，包括之前的神童骆宾王与卢照邻。

但是，还真有一个人对他不服，甚至有些鄙夷。这人是谁啊？就是另一位神童杨炯。

杨炯与王勃都是650年出生的。杨炯比王勃更牛的是，在十一岁（659年）时，就应弟子举及第，被当作神童举荐至弘文馆待制。就是说，他十一岁就进入弘文馆学习，有了预备公务员身份并且领俸禄了，比王勃进入公务员队伍还早六年。

杨炯自认自己写的文章并不亚于王勃，听人将"初唐四杰"排序为"王杨卢骆"，他不屑地道："愧在卢前，耻居王后！"

事实上，杨炯的文采还是赶不上王勃的，只是他更狂一些而已。另一位神童卢照邻就有君子风范，很谦虚地说："愧在骆前，喜居王后！"

这里说明一下，王勃与杨炯参加的科举都不是进士科，并不是正儿八经的进士出身，所以他们并不能立马担任重要职务。王勃被授的朝散郎是文散官，是领俸禄的职级，并不是实职。

唐朝的文散官职级共二十九级。开府仪同三司居从一品，特进居正二品。自从二品至从五品下都以"大夫"为名，分别是光禄大夫、金紫光禄大夫、银青光禄大夫、正议大夫、通议大夫、太中大夫、中大夫、中散大夫、朝议大夫、朝请大夫、朝散大夫。自正六品上到从九品下，分别是朝议郎、承议郎、通议郎、通直郎、朝请郎、宣德郎、朝散郎、宣义郎、给事郎、征事郎、承奉郎、承务郎、儒林郎、登仕郎、文林郎、将仕郎。

王勃被授予的朝散郎为从七品上，与中小县令同一级别，当官的起点还不低。吏部给他安排的实职是沛王府修撰，工作内容就是陪沛王读书。

与骆宾王出身寒门不同，王勃出生在典型的名门望族。祖父王通是隋至初唐的大儒，叔祖王绩是初唐著名诗人，父亲王福畴为雍州司功参军，族兄族弟也都通过科举入仕，全家族男丁没有一个不是官员。

出身诗礼簪缨之家，王勃自然带着世家子弟特质——风流倜傥，很得同龄人沛王李贤的欢心，读书游玩，沛王总是将王勃带在身边。这时候的王勃，感觉仕途坦荡，意气风发，以至于在送同科老乡杜同学去蜀地出任县尉一职时，写下了这首慷慨激昂的送别诗《送杜少府之任蜀州》：

城阙辅三秦，风烟望五津。

与君离别意，同是宦游人。

海内存知己，天涯若比邻。

无为在歧路，儿女共沾巾。

诗中的"少府"是县尉的雅称，唐朝文人将县令称为"明府"，将县尉称为"少府"。三秦之地指长安附近，也有人雅称现在的陕西为"三秦"。五津是蜀中长江段的五大渡口，代指蜀地。"无为"就是"不要"的意思。

"海内存知己，天涯若比邻"已经成为千古名句，是人们赠别时引用最多的诗句。

能将送别诗写得情绪高昂，恰恰反映了王勃当时朝气勃勃的精神状态。

受挫后的王勃，再写离别诗时，就显得迷离了，于朦胧中传达出淡淡的忧伤。如《江亭夜月送别二首》其二："乱烟笼碧砌，飞月向南端。寂寂离亭掩，江山此夜寒。"

再如《别薛华》："送送多穷路，遑遑独问津。悲凉千里道，凄断百年身，心事同漂泊，生涯共苦辛。无论去与住，俱是梦中人！"这应该是在他第二次受打击后写的，显得异常悲伤。

三首同一主题的诗，色彩风格大相径庭，表现出诗人不同处境时的不同心情，成为"诗为心声"最好的佐证。

王勃写诗有一个重要特点，就是"烟雾"意象出现较多，除了前面所举诗文中出现的"风烟""乱烟"，在《秋日别王长史》中有"野色笼寒雾，山光敛暮烟"的名句。王勃之后，写"烟"的名句层出不穷，如王维的"大漠孤烟直，长河落日圆"。笔者认为将"烟"写得最好的诗句是"喜看稻菽千重浪，遍地英雄下夕烟"（毛泽东《七律·到韶山》）。

世家子弟，一帆风顺时，难免轻狂。王勃显然继承了王绩狂放不羁的秉性。少不更事的王勃在十九岁时就以文章开了个小玩笑，结果命运便拿他开了个大玩笑。

当时皇宫中风行一种斗鸡游戏，诸皇子之间以斗鸡取乐。一次，沛王李贤与英王李哲玩斗鸡，王勃也许是被一根"文筋"扯住了，居然兴致勃勃

王勃《早春野望》："江旷春潮白，山长晓岫青。他乡临眺极，花柳映边亭。"

地写了一篇《檄英王鸡》的檄文，用以讨伐英王的鸡。

这本来就是少年之间开玩笑的事，谁知他的文笔太好，名气太大，这篇檄文一出，立即被人传播，七传八传，就传到了唐高宗那里。

唐高宗读罢此文，气得吹胡子瞪眼，骂道："歪才！歪才！二王斗鸡，勃身为王府修撰，不知劝诫，反而作檄文夸大事态，着实轻浮，此人应立即逐出王府！"

原本温文尔雅的唐高宗为何对这么一件小事大发雷霆呢？要知道，檄文是两国至少是两军交战才用的公文，沛王与英王兄弟俩斗鸡，你弄篇檄文是什么意思？事实上，此事还触动了皇室内兄弟相斗的疮疤。唐太宗就是通过兄弟内斗上台的，唐高宗也是在两个哥哥（李承乾与李泰）相斗，两败俱伤后，才得以上位的。

斗鸡的两位主角沛王李贤与英王李哲，是高宗与武则天所生的第二与第三子，李贤后来被立为太子，后又被废。李哲后来改名为李显，也就是之后的唐中宗。想在官场上混的人，绝对不会开这种犯大忌的玩笑。只能说王勃少不更事，显摆文采显摆得不对路。

被逐出王府，官职也一捋到底，王勃凭才情和苦心经营刚打通的仕途，就这样毁在一个玩笑中。郁闷的王勃在长安待不下去，也无脸回山西老家，只好赴熟人比较多的蜀地漫游散心去了。

王勃在蜀地游玩了三年多，写下了三十多首"入蜀纪行诗"，然后回到长安，准备参加科选。此时的王勃花光了积蓄，生活捉襟见肘，急需俸禄供养自己。

朋友凌季友在虢州当州司法，虢州药物丰富，王勃恰好懂医识药，凌季友在虢州为王勃谋了个参军之职，王勃便毫不犹豫地去了虢州。

到虢州没几年，这位大才子又干了件让所有的人都觉得无脑的事，招来了杀身之祸。

2

王勃私藏了一名叫曹达的官奴逃犯，怕走漏风声，又杀了曹达，以了其事。后人没谁相信，新旧《唐书》里都将这件事归结为王勃恃才傲物，为同僚所嫉，是被人故意设计陷害。

笔者认为，曹达逃到王勃居所，有设计陷害的嫌疑，但杀了曹达这件事是坐实的，否则王勃也不会认罪。那时候的法制，没有那么不堪，何况王家是官宦之家，想凭空诬陷，也不容易。

犯了这么严重的罪行，按唐律那是死罪。王勃父亲王福畤请求顶罪。结果是王福畤从雍州司功参军贬为交趾（今越南河内）县令，而王勃死罪得免，收在监狱等待发配。

恰逢唐高宗改元（674 年），大赦天下，王勃捡回了一条小命，被释放出狱。唐高宗在位受武则天影响，改元二十多次，拯救了不少人的性命。

王勃出狱后，在家待了一年多时间。其间朝廷宣布恢复他的旧职，但他是一朝遭蛇咬，十年怕井绳，拒绝出仕。

王勃是个大孝子，想到父亲被自己连累得发配到那么偏远的地方，心中羞愧，常常自责。675 年，王勃毅然南下，前去探望老父亲。这次南下，让他在中国文学史上树起了一座丰碑。

675 年重阳节，洪都都督阎伯玙为重建完工的滕王阁举办开阁仪式，宴请天下名流。

滕王阁是滕王李元婴在洪都时候修建的，但修了一半，就被调到苏州当刺史去了，因此留下了烂尾楼交由阎伯玙收拾。滕王是李渊第二十二个儿子，生于 630 年，他是李渊当太上皇的第四个年头出生的。李渊被逼当太上皇后，无所事事，一下子给李世民生出二三十个弟弟妹妹来，给李世民添堵。

滕王阁落成，总要写篇文章纪念吧？阎都督请来各地名流，除了共同见证、庆贺滕王阁落成，最重要的目的是通过写滕王阁记来推介自己的女婿孟学士。孟学士颇有文采，按照老丈人的安排，提前多天搜肠刮肚，写好了一篇滕王阁记，就等着阎都督酒过三巡，出来当场宣读，制造轰动效应。

举办宴会的时候，一位风流倜傥的公子翩翩而至。守门的士卒不认识，挡住了他，让他出示请帖，这位公子哂然一笑，道："我自长安来，路过洪都，与阎大人是旧识，恰逢阎大人举办盛会，故特来参加，你通禀一声便是！"

守卒赶紧上去通禀，阎都督探头瞧了一眼，发现根本不认识，但那公子气质俊雅，又自报来自京城，心想：此人说不定是哪家官宦子弟呢，他这个地方都督也不好得罪京官，况且他这是大宴宾客，多个人也就多双筷子的事，何必不让他上来呢？

于是，阎都督点头示意守卒请他上来。

这位不速之客不是别人，正是路过洪都来滕王阁观光、顺便蹭吃蹭喝的王勃。

酒过三巡，菜过五味，阎都督站起身，朗声笑道："诸位名流，值此盛会，我想请位才子当场作文记之，以助酒兴，不知哪位肯赏光？"

参会的宾客心知肚明，都在闷头大吃，积蓄体力，以便孟学士宣读文章，报以最热烈的掌声。阎都督话音刚落，有位俊雅公子也不知是三杯酒下肚的原因，还是听到"作文"二字的原因，双眼发亮，蓦然站起身，应道："在下既然叨扰了都督，理所当然作文答谢！"

众人顿时"石化"，阎都督尴尬得揉了揉眼，问道："恕老夫眼拙，不知这位公子尊姓大名？"

俊雅公子长揖道："在下绛州龙门王勃是也！"

此话一出，那是一石激起千层浪啊，掌声雷动——众人突然间将积蓄的准备给孟学士的热烈掌声提前释放，弄得阎都督只好跟着鼓掌。

可怜的孟学士脸色发白，不由得将抽出来的文稿捏了捏，塞进袖袋里。王勃是谁，他孟学士岂敢班门弄斧？

阎都督心里五味杂陈，怨也不是，喜也不是，干咳一声，讪笑道："既然王博士大驾光临，那就劳烦作赋一篇，本都督年纪大了，不胜酒力，暂时小憩片刻，待你成文后，我再来欣赏！"说完，他大袖一挥，躲到隔壁厢房里去了。

　　来的宾客兴奋啊，能目睹天下第一才子现场作赋，也是修来的福分啊！有人磨墨，有人斟酒，有人抱来被子。

　　王勃作文，有人抱来被子干吗？因为大家都知道王勃写文有个习惯，先饮一壶酒，然后躺倒在床上，拿被子蒙上头，酝酿片刻。酝酿好了，就会揭被而起，奋笔疾书，文不加点，须臾而成。拿被子蒙头到揭被而起这一过程，王勃称为"打腹稿"。

　　宴会大厅里没床，王勃也不在乎，饮了壶酒，就地卧倒蒙头，不到一刻钟，果然一跃而起，提笔疾书。

　　王勃在这边大厅里写一句，立马有人抄一句，跑到隔壁厢房向阎都督报告。

　　"'豫章故郡，洪都新府'，这是起首两句。"

　　"也无新意嘛！"阎都督眼睛都没睁，继续闭目养神。

　　"接下来是'星分翼轸，地接衡庐。襟三江而带五湖，控蛮荆而引瓯越。物华天宝，龙光射牛斗之墟；人杰地灵，徐孺下陈蕃之榻。雄州雾列，俊采星驰。'"

　　阎都督忽然睁开眼，一掌拍在椅扶把上，大叫一声："好！"

　　禀报的幕僚吓了一大跳，阎都督自言自语："王子安当真是天纵英才，名不虚传，名不虚传啊！"

　　幕僚苦笑着刚要离开，阎都督忽然站起身，说道："不必再传了，如此瑰丽文章，老夫若不亲眼见证，岂不引为终身憾事！"

　　当阎都督现身大厅时，王勃正写到"落霞与孤鹜齐飞，秋水共长天一色"。

　　见到此句，阎都督浑身战栗，泪流满面，因为他知道，自己也将与这篇文章一道千古流芳。

写到此处，王勃刚刚激情大爆发，笔走龙蛇，一连串经典名句扑面而来："渔舟唱晚，响穷彭蠡之滨；雁阵惊寒，声断衡阳之浦……关山难越，谁悲失路之人？萍水相逢，尽是他乡之客……嗟乎！时运不齐，命途多舛。冯唐易老，李广难封。屈贾谊于长沙，非无圣主；窜梁鸿于海曲，岂乏明时？所赖君子见机，达人知命。老当益壮，宁移白首之心？穷且益坚，不坠青云之志。"

当写到"……敢竭鄙怀，恭疏短引；一言均赋，四韵俱成。请洒潘江，各倾陆海云尔"时，众人目瞪口呆：你这么瑰丽的文章写完了，还要写诗？难道你的才情真如那滔滔江水，连绵不绝？

王勃点头一笑，有伶俐的幕僚赶紧换纸。

王勃提笔挥洒，接着写下了这首《滕王阁诗》：

> 滕王高阁临江渚，佩玉鸣鸾罢歌舞。
>
> 画栋朝飞南浦云，珠帘暮卷西山雨。
>
> 闲云潭影日悠悠，物换星移几度秋。
>
> 阁中帝子今何在，槛外长江　自流。

写完这首诗，王勃长吁一口气，将序与诗一并呈给阎都督，讲了几句客气话，便飘然离去。

这首诗的最后一句少了一个字，不是笔者遗漏，委实是王勃当时干的。他就是将最后一句弄成了填空题，留给阎都督、孟学士及现场宾客去做。

阎都督忘情地吟诵《滕王阁序》去了，待吟诵完序，再一看诗，顿时傻了眼：噫，这么好的诗，怎么就留了个空呢？

在座宾客也都是社会贤达，纷纷来做填空题。有人填"水"，有人填"独"，也有人填"近"，纷纷扰扰，一时争论不休。

阎都督也算是个行家啊，听了这些填空答案，觉得与原诗都不十分契合。揣摩王勃留空的缘由，他恍然大悟，莫不是这个王子安没路费了吧？既然这样，何不好人做到底？

于是他急忙命幕僚带上纹银千两，去寻王勃，让他将这个空填上。

幕僚带着钱赶上王勃时，王勃正慢悠悠地牵着马前行，似乎正在等人。

幕僚也是个聪明人，心想阎都督所料不假，这个王子安不就是在等自己送钱来嘛！

于是他急忙上前，奉上千两纹银，干笑道："阎大人十分感谢王博士能在洪都留下《滕王阁序》与《滕王阁诗》这样的美文，特命我奉千两纹银答谢，还望博士笑纳！"

王勃假意推辞道："阎大人盛情款待了在下，再收费又怎么好意思呢？"

幕僚见王勃推辞，便说道："阎大人吩咐，如果王博士推辞不受，就以此金买一个字！"

王勃故作吃惊状道："买什么字？"

幕僚干笑道："就是诗的最后一句少了的那个字！"

话说到这个份上，王勃只得恭敬不如从命，收了银子。不过他什么话也没说，只在上马后才哈哈大笑道："告诉阎大人，我并没有少字，空就'空'嘛！"说完，扬鞭策马而去。

幕僚愣了半晌，一拍脑袋也哈哈大笑道："原来就是'槛外长江空自流'啊，哎哟哟，太妙，太妙！"

这件事传为千古美谈，并造就了"一字千金"的成语。

《滕王阁序》写得太瑰丽，如烟花绽放星空，妙词美句飘洒漫天，让人目不暇接，名气远远盖过了《滕王阁诗》。其实，序与诗都是绝无仅有的巅峰之作。

《滕王阁序》景象描写得美，还用了二十多个典故，无一不妥帖自然，抒发的情怀亦昂扬向上，所以成了中国文学史上最瑰丽的篇章，可以被模仿，从未被超越。

《滕王阁序》入选高中语文课本，这里不再解析其典故。需要补充的是，"渔舟唱晚，响穷彭蠡之滨；雁阵惊寒，声断衡阳之浦"这两句，催生了中国两大古典民曲《渔舟唱晚》和《平沙落雁》。

《渔舟唱晚》好理解。《平沙落雁》从"雁阵惊寒，声断衡阳之浦"这一句演化而来，让人颇为费解。事情是这样的，明朝朱元璋第十七子朱权被封贤王，所封属地即洪都（南昌）。朱权是个"文青"，读了王勃的《滕王阁序》，被"雁阵惊寒，声断衡阳之浦"这句话吸引，很想验证这句话的真假。

一个寒秋的早晨，朱权看着从南昌上空飞过的大雁，突然决定追随大雁，一探究竟。就这样，他徒步跟随雁阵，一直从南昌走到衡阳。在衡阳回雁峰前，朱权果然发现南飞的大雁至此便纷纷回头，落在附近的湖中小岛上。那座小岛有平缓的白色沙滩，大雁在那里嬉戏鸣唱。

面对如此美景，朱权抱琴而立，心潮澎湃，一首抒情的旋律在他脑际回萦。于是，他急忙取出纸笔，将脑海中的音律谱写了出来，形成了一首极优美的曲子。

这首曲子就是《平沙落雁》。

王勃写下了那篇千古传诵的《滕王阁序》后，南下广州。上元二年（675）十一月，他又为广州宝庄严寺（今六榕寺）写下碑文《广州宝庄严寺舍利塔碑》，然后转道至防城，乘船出海。

上元三年（676）初，王勃到达交趾，见到了生活困顿的父亲。父亲王福畤与王勃做了长时间的交谈，鼓励王勃振作起来，继续为国效力。

八月，王勃带着父亲的期盼，从交趾起程回家，不料遭遇风暴，落入大海，溺死于北部湾海域。

唐初文坛一代天骄就此殒落。王勃如一颗流星划过天际，时间虽短暂，却点燃了无数读书人吟诗作赋的梦想。

上元三年（676）冬，《滕王阁序》在长安城内争相传诵，有人抄送一份，送到唐高宗手中。高宗读完，拍案叫绝："此乃千古绝唱，王勃真天才也！"

读罢序，又读诗，高宗更加赞叹不绝："好诗，好诗！作了一篇长文之后，还能作如此好诗，岂非强弩之末尚能穿七扎乎！真乃罕世奇才，罕世奇才啊！当年朕因斗鸡文逐斥他，是朕之错也！"

赞罢，高宗问左右："现在王勃何在？朕要召他入朝！"

宦官吞吞吐吐："王勃已落水而亡矣！"

唐高宗愣了好长时间，喟然长叹道："天妒英才，可惜了，可惜，可惜！"

后人将唐高宗的喟叹称为"惜才三叹"。

据说此后南昌城外的赣江江面上，一到晚上，就有人高声吟诵："落霞与孤鹜齐飞，秋水共长天一色。"过往客人都疑是王勃灵魂未散。

一次，一客船路过，逢吟诵声大作，有位游客对空高喊："这句好是好，就是有点儿啰唆，要是将上句的'与'与下句的'共'去掉，岂不更加简洁？"

游客话音刚落，江面上的吟诵声随之而息，从此赣江水面上再也没有吟诵声出现。

杨炯与卢照邻

　　杨炯（650—695），华州华阴（今陕西华阴市）人，十一岁就入弘文馆待制，让那些考试考白了头的人十分羡慕。

　　也别太羡慕，这位神童在弘文馆居然待制了十六年才应制举，后被补为秘书省校书郎，一个九品小官。他所谓的弘文馆待制，就是边学习边等候吏部考试。估计唐高宗忙得忘了有位神童叫杨炯，也没哪位大臣给唐高宗提个醒。

　　为什么会这样？因为杨炯恃才傲物呗。不服王勃，最多只得罪王勃。可他讥讽一些朝官为"麒麟楦"，就将一朝臣子得罪光了。

　　杨炯说："每见朝官，目为麒麟楦。"这句话让人费解，人家问他：怎么就像麒麟楦呢？他回答："就像戏里的麒麟，哪里是麒麟，只不过是头驴，刻画头角，修饰毛皮，看起来像麒麟，脱了马甲还是一头驴嘛！"觉得这话还不过瘾，他又补了一句，"那些没有德行学识的家伙，披着朱紫色的朝服，和驴身覆盖麒麟皮有什么区别呢？"

　　活该他待制十六年，又在九品小官上郁沉三四年。

　　杨炯在官场上磨砺了三四年，棱角被磨光了一些，懂了点人情世故，终于在 681 年经中书侍郎薛元超的推荐，晋升为崇文馆学士。一年后，他又跃升为太子詹事司直。这个太子就是斗鸡时被王勃写下《檄英王鸡》的英王李哲，现已改名李显，也就是后来的唐中宗。

杨炯从九品小官，一下子窜升至七品官，担任颇为重要的职务，当时的心情自然大好，于是写下了《庭菊赋》。这首赋与《滕王阁序》及《代李敬业传檄天下文》没法比，名不见经传。

好日子没过两年，杨炯的族兄杨神让跟随徐敬业讨伐武则天，兵败后被杀，他受到牵连，被贬至四川梓州担任司法参军。

690 年贬放期满，杨炯回到洛阳，被武则天安排到习艺馆当老师。

这时候的杨炯，棱角已被磨平，虽然内心对武则天安排的职位郁闷不满，表面上却向武则天大献殷勤，献上《盂兰盆赋》，为武则天歌功颂德。可惜这时候有个宋之问，比他更会拍马屁，将他比了下去。

692 年，杨炯出任盈川（今浙江衢州市）县令。他为政一方时，亲政爱民，恪尽职守。他在任上死后，当地百姓建了座杨公祠，祠内有杨炯塑像，并刻对联"当年遗手泽，盈川城外五棵青松；世代感贤令，泼水江旁千秋俎豆"。

相传杨炯任盈川令后，每年农历六月初一，必到附近二十八都（相当于行政村）六十八庄（相当于自然村）巡视。杨炯所到之处，庄稼地里的害虫都会被一种白鸟吃掉，因此这些地方都会粮食丰收，六畜兴旺。拥有如此神奇功能的县令，自然受到当地百姓的拥戴。

传说唐证圣元年（695），盈川遭遇罕见大旱，田地龟裂，庄稼枯焦，百姓求神拜佛，旱情未解，杨炯心急如焚。当年农历七月初九，杨炯仰天长叹："吾无力救盈川百姓于水火，枉哉焉！"为求甘霖，杨炯遂纵身跳入盈川潭中，以身殉职。他跳潭之后，电闪雷鸣，暴雨如注，旱情顷刻解除。当地百姓感其恩泽，为其建祠塑像，尊为城隍，长年祭拜。

杨炯在盈川县令任上去世，在 695 年前后。

从此，当地百姓为求丰衣足食，四季平安，每年农历六月初一，都要举行"杨炯出巡"祭祀仪式，代代延续。年代越久，后来的仪式愈加隆重，参加祭礼的包括原属二十八都六十八庄的百姓，所有参加祭祀活动的人都要沐浴更衣，以示敬重。

据《龙游县志》载，浙江省衢州市原盈川故址，现为盈川村，村边建有杨公祠一座，也称城隍庙，内有杨炯塑像，千百年来香火不绝。传说该祠几经搬迁，地址有三处：第一处在盈川村西，位于大觉寺古庙边，建于宋代，毁于元初；第二处在盈川村东，傍衢江，划归龙游，于1940年拆除；第三处为现庙，于1986年6月倒塌，现仅存部分建筑。

作为"初唐四杰"之一的杨炯，一生所写的诗都为五言，最出名的一首是《从军行》：

> 烽火照西京，心中自不平。
>
> 牙璋辞凤阙，铁骑绕龙城。
>
> 雪暗凋旗画，风多杂鼓声。
>
> 宁为百夫长，胜作一书生。

这首诗写得慷慨激昂，"宁为百夫长，胜作一书生"一联，更是激发了众多读书人投笔从戎，到边关建功立业的激情。这首诗也是边塞诗的引领之作，成为后来边塞诗人学习的样板。

杨炯前半生狂傲，但后半生很务实。他年轻时说过"耻居王后"，但王勃去世后，他在给《王子安集》作的序中盛赞王勃"思革其弊，用光志业"，赞誉王勃的诗文"壮而不虚，刚而能润，雕而不碎，按而弥坚"。

"初唐四杰"中的王、杨、骆的经历，已经够坎坷，可以说是很不幸了，卢照邻更甚，他的一生只能用悲苦来形容。

卢照邻（约636—695），字升之，号幽忧子，幽州范阳（今河北涿州市）人。与王、杨、骆三人六七岁能写出让人传诵的诗相比，他十岁左右博学能文就显得不太出彩，但他跟王勃一样，曾拜在孙思邈门下学过医，精通医药。

他自号幽忧子，似乎就注定了忧郁悲苦的一生。

654年，卢照邻经推荐，任邓王李元裕府典签，很受邓王器重，被邓王称为"吾之相如（司马相如）也"。668年，卢照邻被贬任益州（今四川成都市）新都县尉。被贬期满，卢照邻寓居洛阳，写下了名动一时的长诗《长安古意》。

《长安古意》中最出名的两句是"得成比目何辞死，愿作鸳鸯不羡仙"，被后人合成为名句"只羡鸳鸯不羡仙"。

《长安古意》奠定了卢照邻在当时文坛的地位，又给他带来横祸。有小人拎出诗中"梁家画阁中天起，汉帝金茎云外直"两句，当作把柄，告发他讥讽当时不可一世的武三思。武三思当时刚好被武则天封为梁王，于是当地府尹将卢照邻抓进了监狱。

后经友人营救，卢照邻被放了出来。可这时候，他的父亲因他入狱，惊恐而逝。卢照邻悲痛万分，在太白山守孝三年，结果染上了"风疾"。

这种病折磨得他痛不欲生。三年守孝期满的时候，朝廷因他的诗文名气征他入朝为官，但他的病情越来越重，双脚萎缩，一只手也残废了，所以他根本无力应召出仕。最终，不堪病痛折磨的卢照邻，在写下《五悲文》后，投颍水而亡。

"王杨卢骆"社会地位低微，命运坎坷，但他们为唐诗做出的贡献，让后人顶礼膜拜。

郑振铎评论王勃："正如太阳神万千缕的光芒还未走在东方之前，东方是先已布满了黎明女神的玫瑰色的曙光了。"

"初唐四杰"将诗歌题材从宫廷、台阁的狭小范围解放出来，逐步走向

卢照邻《浴浪鸟》："独舞依磐石，群飞动轻浪。奋迅碧沙前，长怀白云上。"

广阔的社会人生。

"初唐四杰"的诗歌题材广泛，写过激昂的边塞诗，写过揭露社会现实、同情妇女不幸遭遇、抒发怀才不遇愤慨的诗歌，以迥异于宫廷诗的"骨气"和"兴寄"开启了盛唐之音。

"初唐四杰"都有政治理想，都希望做出不平凡的事业。聪颖早慧、少负才名，使他们信心爆满，对自己建功立业的期望很高，可是他们恃才傲物，注定不为当权者所容，所以他们的共同命运是遭遇坎坷。

对理想的期望与对现实的感伤愤慨交融在一起，成为"初唐四杰"诗歌中呈现出的"骨气"与"兴寄"。他们诗歌的"骨气"具备刚健充实的气势和慷慨激昂的情怀。而这种"骨气"是那些没有经历命运坎坷的高官所不具备的，高官所作的应制诗"纤丽婉媚"，只知粉饰太平，根本没有真情实感。"兴寄"因物起兴、托物喻志（比如骆宾王的《在狱咏蝉》），使"初唐四杰"的诗有很深刻的寓意。

除了诗歌题材与内涵，"初唐四杰"还在诗歌体制上做出过重大的贡献。"初唐四杰"的诗歌，各体皆备，最突出的是五言律诗和七言歌行。

五律以王、杨最为擅长，骆宾王也有不少佳作。在"初唐四杰"之前，初唐五言古诗比较板滞，缺乏流畅圆美的声韵。"初唐四杰"注意在偶句中掺入散句，适当运用虚词连贯上下句文气，使声调更加谐畅圆转，比如"与君离别意，同是宦游人"，"那堪玄鬓影，来对白头吟"。

在这里，我们也找到了王勃的"落霞与孤鹜齐飞，秋水共长天一色"句中加"与"及"共"两个虚词的答案。

王勃的《送杜少府之任蜀川》及杨炯的《从军行》，从平仄声律、文字对仗，以及起结作法来看，都已经是符合格律要求的五言律诗。

七言歌行则以卢、骆成就最高。他们在南北朝乐府民歌的基础上，扩展篇幅，学习辞赋的写作手法，通过反复排比、勾连，使这类诗歌获得更大的表现生活的能力。卢照邻的《长安古意》及骆宾王的《帝京篇》《畴昔篇》等，就是这类诗歌的代表。

"初唐四杰"处在古体诗向律诗（又称近体诗）的转型期，所作的五言律诗趋于成熟，不过，当时的七言律诗还未成熟，所以后来也有人脱离当时的发展背景，讥笑"初唐四杰"的诗粗鄙。盛唐时，杜甫写下《戏为六绝句》，为"初唐四杰"正名：

王杨卢骆当时体，轻薄为文哂未休。

尔曹身与名俱灭，不废江河万古流。

时至今日，一千三百多年过去了，我们只知写出"海内存知己，天涯若比邻""落霞与孤鹜齐飞，秋水共长天一色"的王勃，只知写出"白毛浮绿水，红掌拨清波""一抔之土未干，六尺之孤何托"的骆宾王，只知写出"宁为百夫长，胜作一书生"的杨炯，只知写出"得成比目何辞死，愿作鸳鸯不羡仙"的卢照邻，谁还知道那些对他们讥笑、攻讦之人呢？

"初唐四杰"是促使唐诗兴盛的先驱，是唐诗的"黎明女神"。

武则天

原来，石榴裙上的泪可以转化成铁血

一首诗改变了大唐国祚，是不是耸人听闻呢？还真不是，如果没有这首诗，中国历史上或许就不会出现这位女皇帝，大唐帝国也不会中间插了个十五年的武周时期。

这首诗，让本已出家当了尼姑的武则天，第二次走进皇宫，一步步走上权力的巅峰。她废除了儿子的皇位，亲自登上了皇帝宝座。这首诗，就是武则天写给唐高宗李治的《如意娘》：

> 看朱成碧思纷纷，憔悴支离为忆君。
>
> 不信比来长下泪，开箱验取石榴裙。

因为想念你，想得面容憔悴、精神恍惚，我甚至得了色盲症，将红的看成了绿的，如果你不相信我长时间泪流满面，可以开箱查验我石榴裙上的泪痕。

情真意切，哀怨动人啊！一个女人为自己写这样的诗，任何一个有点儿浪漫情怀的男人看了都会动情，更何况情感本就丰富的唐高宗李治！这首

诗从长安感业寺转至唐高宗手上，唐高宗百感交集，马上去感业寺私会武则天，然后让武则天蓄发还俗，并授意王皇后将她接回皇宫。

这首诗原本没有诗名，因落款是"如意娘"，后人直接取名《如意娘》。如意娘是武则天的乳名，她显然很喜欢这个乳名，登上皇位后，曾改纪元"如意"。

不熟悉唐史的人可能有点儿蒙，武则天怎么当过尼姑呢？

武则天（624—705），祖籍并州文水（今山西文水县），自名为瞾。为什么说自名呢？因为那时在一般情况下，父母是不给女子取正式的名与字的，只取乳名，她的乳名叫"如意娘"。

这个乳名很"乳"，一开始叫"武如意娘"也没关系，可人家后来当上皇帝了，发个诏书什么的，署名"武如意娘"显然不合适，就是署名"武如意"也不符合她那千古唯一女皇帝的身份，所以她将"日月当空照"合成一个字"瞾"，以它为名，这个字就读如"照"。至于后人称"武则天"，那是因为她死后尊号"则天大圣皇帝"和"则天大圣皇后"。

武则天的父亲武士彟（yuē），原本是个大木材商，李渊起兵时，他给予很大帮助，李渊建唐后封他为都督，并封应国公的爵位。武则天的母亲杨氏是豪门贵女，有个堂哥杨师道曾为李世民的宰相，杨师道的夫人是李世民的妹妹桂阳公主。

武则天就是在杨师道及桂阳公主的推荐下，十三岁时入宫。唐太宗见她长得确实水灵，就赐号"武媚"，封为五品才人。

才人在唐后宫排在什么位置呢？当时皇帝的女人编制有一后、四妃、九嫔、四美人、五才人、八十一御女。养尊处优、无所事事、只等皇帝临幸的是嫔妃以上的贵妇，才人是要打理后宫事务的，所以刚入宫的才人要接受严格的教育和宫廷事务培训。

武则天在才人位置上待了十一年，文章辞赋、琴棋书画被培训得样样精通。后来，她又调到李世民身边做贴身侍女，跟着学习了很多帝王之道。可以说这十一年，武则天为自己今后登上皇位，打下了坚实的素质基础。

才人一般很难被皇帝注意到。为了吸引李世民的注意，武才人曾经自荐驯服烈马"狮子骢"，请求皇上赐予铁鞭、铁锤、匕首这三样东西。李世民疑惑，问她为何，她说先用铁鞭抽打马，如果它不温顺听话，就用铁锤锤它脑袋，再不行就用匕首宰了它。美貌如花的小姑娘说出如此凶狠之策，就连李世民听后都觉得毛骨悚然，愣了半晌，才木然夸她有胆量。

这件事其实暴露了武则天性情刚烈、果断、不允许被忤逆的强悍个性，李世民是个极睿智的人，通过这件事发现了武则天的强悍禀性，此后一直对武则天比较冷淡。

后来，民间"女主武王"的传言传到了宫里，李世民听到后，召来李淳风相询。李淳风说夜观天象，看到了太白星，预示女主天下，还说已推算出"女主"已在后宫。

唐太宗听后，便动了杀后宫女子之心，但李淳风以天命不可违相劝，使李世民打消了念头。恰巧武将李君羡说自己乳名叫"五娘子"，唐太宗大惊。李君羡虽不姓武，却是武安人，又任职左武卫将军，还守卫玄武门，现在得知他居然有这么一个女子乳名，唐太宗内心便认定李君羡就是"女主武王"，没多久便找了个罪名将李君羡除掉了。

估计李世民再有想象力，也不会想到一个后宫小才人会有夺取皇位的那一天。

贞观二十三年（649），李世民得了中风病。已经被立为太子的李治天天守在他身边照料。作为李世民贴身侍女的武则天，自然也是天天守在李世民身边。李治与武则天天天待在一起。

唐太宗驾崩，按照礼制，未生育子女的后宫嫔妃一律到感业寺出家，为唐太宗祈求冥福，所以武则天被迫到感业寺当了尼姑。

李治刚登上皇位，自然是日理万机，时间一长，估计也将武则天忘了。

性格强悍、精通谋略的武则天岂会甘心一辈子独守枯灯？所以，一首小诗表心迹，两行长泪诉衷情。

李治想娶"继母"这种事，即便是在大唐，也会遭遇极大的阻力。但老李家的传承理念是，你只要足够强大，就没有想拿却拿不到的东西。所以，性情温和的李治也敢走这一步。

促成武则天顺利进入后宫的，恰恰是李治的原配王皇后。

王皇后是个端着架子的冷美人，整天板着脸，毫无风情，整天被大臣弄得头昏脑涨的李治在她那里根本得不到温情慰藉。萧淑妃活泼温情，让李治比较依恋，所以李治一下朝，就躲进萧淑妃的房间里。

王皇后受到冷落，想出"驱狼赶虎"的策略，想将武则天接进宫对付萧淑妃。她的想法没错，武则天进宫后，三下五除二就将萧淑妃干掉了。关键武则天不是狼，而是一种让虎都害怕的"彪"。可怜的王皇后以为干掉萧淑妃，她就有好日子过，谁知道除掉了萧淑妃，自己是羊入"彪"口。她的那点儿伎俩，在武则天面前根本不值一提，没多长时间，王皇后的位子就被武则天取而代之。

武则天比李治大四岁，有主见，又会体贴人，将李治伺候得幸福满满。朝廷上的政事，他难做决断时，说给武则天听，武则天总能提出非常正确的建议。一来二去，李治干脆将一些政事推给武则天处理。时间一长，武则天剪除了那些反对她亲政的老臣，走上了政治前台，形成了所谓的"双圣临朝"的局面，朝臣也不得不接受这一现实。

武则天走上政治巅峰经历的艰辛，以及政局的诡谲风波，这里不表。

武则天当政后，对诗歌的发展起了很大的促进作用。她是诗歌爱好者，直接将诗歌定为进士科举考试的主要科目之一。将写诗与仕途紧密联系，让写诗与切身利益相关，她是开创者。她还开创了中国的武举科考。

正是她的大力提倡，盛唐诗歌的创作迎来了井喷时代。

说完了情真意切的《如意娘》，再来看令人心酸的《黄台瓜辞》：

种瓜黄台下，瓜熟子离离。

一摘使瓜好，再摘令瓜稀。

三摘犹自可，摘绝抱蔓归。

这首《黄台瓜辞》的作者就是王勃当时伴读的那位沛王——李贤，也就是唐高宗与武则天所生的第二个儿子。李贤作了这首歌辞，令乐工歌唱，目的是期望母亲武则天听到，能够省悟，心生哀怜，不要再杀害自己剩下的三个亲生儿子了。

读这首《黄台瓜辞》，比读曹植的《七步诗》还让人心寒。曹植的"本是同根生，相煎何太急"，好歹是哀求兄长的，可这首辞是哀求亲生母亲的。争夺皇权，兄弟相残，这是常有的事，可是母子相残，确实让人不寒而栗。难道母子之情在权力面前都显得微不足道？

武则天是中国历史上唯一的女皇，为了权力，她一连杀死了一个亲生女儿、两个亲生儿子，另外两个亲生儿子也差点被她吓死。也就是说，这首《黄台瓜辞》并没有感动武则天，为了至高无上的权力，她才不管"再摘令瓜稀，四摘抱蔓归"呢！

武则天一连给唐高宗生了两个女儿、四个儿子。

武则天生的第一个孩子是位公主，李治特别宠爱，可是为了嫁祸王皇后，在王皇后探看后，武则天悄悄将她用被子蒙死了。这个可怜的小公主以她的小生命换来了母亲的皇后宝座。后面武则天又给李治生了四个儿子——李弘、李贤、李显（李哲）、李旦，最后生了个小女儿太平公主。

当上皇后的武则天理所当然地废了李治长子李忠的太子位，并将李忠以谋反罪处死。然后，理所当然地将自己所生的长子李弘推上了太子宝座。

成年后的李弘很有才干。唐高宗上年纪后，疾病缠身，便经常让李弘监国。李弘将政事处理得井井有条，让武则天失去了插手政事的借口。

可怜李弘至死都没想到，就因为能干，居然遭到母亲的忌恨。675年，李弘被人毒死于合璧宫。武则天显然是选择性地遗忘了李弘是自己的亲生儿子。

这年六月，这首《黄台瓜辞》的作者，武则天的二儿子李贤，被立为太子并监国。谁知她的二儿子在文学和治国能力上，比大儿子还强。于是，680年，武则天找了个借口，将才华横溢的李贤废了，又派左金吾将军丘神勣逼迫李贤自杀。

683年末，唐高宗驾崩，武则天的三儿子李显理所当然地被推上了皇位，是为唐中宗。

李显虽然害怕母亲，但还是没有汲取足够的教训。当上皇帝，他居然有点儿迫不及待地想拥有权力，培植朝廷亲信，还将自己的老丈人从一名七品小官提升为豫州刺史。而他的皇后韦氏还不满足，又要求他将老丈人提升为宰相之一。时任宰相裴炎劝谏，李显愤怒之下说了句："我以天下与老丈人，有何不可？何况一个宰相位呢？"

第二天，武则天驾临乾元殿，宣布废中宗为庐陵王。不够聪明的唐中宗只做了四十多天皇帝便遭废黜。也不知武则天是不是觉得瓜藤上的瓜不能再摘了，居然没有处死李显。

684年，武则天的小儿子李旦登基，是为唐睿宗。睿宗李旦充分汲取了三位哥哥的教训，上朝时安安静静地待着，一言不发，所有事务皆由母亲发号施令。

李旦传承老李家文艺青年的特质，对当皇帝毫无兴趣，只对书法和文学感兴趣，所以他是小心翼翼地戴着皇帝的帽子，潇潇洒洒地过他书生的日子。对这个听话的儿子，武则天很满意，也给予这个小儿子更多的关怀，比如将李旦的儿子封为亲王，以彰显李旦的帝王之尊。

690年，做够了傀儡的李旦干脆献表，请求母亲登基。该年九月九日，武则天登上皇位，改唐建周，以"证圣"年号纪元。

698年，七十六岁的武则天终于感到累了，想找接班人，可是找谁接班呢？她大概是中国历史上唯一受传位于哪一姓子弟困扰的皇帝。一开始她想传位于侄子武三思，可宰相狄仁杰道："臣只知世间是儿子给母亲守孝的，从没听说还有侄儿替姑姑守孝的事。"

武则天听从了狄仁杰的建议，又将李旦召了回来，想将皇位传给他。可李旦竭力推辞，请求将皇位传给哥哥庐陵王李显。

699年，武则天又召回李显，重立李显为太子。705年，以张柬之为首的一帮大臣发动宫变，杀死武则天的面首张易之、张宗昌兄弟，逼迫八十二岁的武则天退位，让唐中宗李显继位。

唐中宗李显复辟成功，不料又有两个女人想效仿武则天，临朝称制。这两个女人，一个是李显的皇后韦氏，一个是李显的女儿安乐公主。为了掌权，这两个李显最亲的女人居然将他毒死了。

唐中宗一死，韦皇后与安乐公主自然想除掉武则天的小儿子李旦和小女儿太平公主。

李家皇族被一个女人欺负了这么多年，怎能再容忍被别的女人欺负？于是，太平公主联合李旦的儿子李隆基发动政变，一举扑杀了韦皇后及安乐公主。

这次政变中，政治上非常投机的上官婉儿也被诛杀了。当时上官婉儿是李显的昭仪（九嫔之首），主动与太平公主交好，协助太平公主发动了这次政变。李隆基是个杀伐果断之人，不愿意留下这个同样具备政治手腕的女人，他不顾太平公主劝阻，毅然诛杀了上官婉儿。

这次史上所称的"唐隆政变"成功后，李隆基又将父亲李旦请上皇位。这位不想当皇帝的书生又被迫当上皇帝，恢复了睿宗称号。唐睿宗李旦当了两年多皇帝，于712年第三次禅让皇位，将皇帝宝座让给了自己的第三个儿子李隆基。

"沈宋"、刘希夷及"文章四友"

诗啊，不能承受功利之熏

李隆基登上皇位，成为唐玄宗。唐玄宗结束了初唐时期皇权混乱的局面，开启了"开元盛世"，将大唐王朝推上了发展的巅峰。

比"初唐四杰"稍晚一点儿，名气较大的诗人，有宋之问、沈佺期、刘希夷，以及"文章四友"李峤、苏味道、崔融、杜审言。

宋之问（656—712），字延清，汾州隰城（今山西汾阳市）人。沈佺期（656—714），字云卿，相州内黄（今河南内黄县）人。两人同年出生，同年中进士。同年中进士的还有宋之问的外甥刘希夷（651—679）。他们中进士的那一年，是高宗上元二年（675）。

能够考取进士，三人的才气毋庸置疑，当然，这也与武则天当权后进士扩招有关。这时候的进士科虽改为每三年举行一次，但每次录取的进士达一千多人，比太宗、高宗前期的录取比例高许多。

这时候的进士含金量也下降了，考中进士并不会立马被授予官职，而是要再参加吏部的"释褐试"，方得授官。"释褐"，就是脱下布衣，换官服。

宋之问、沈佺期、刘希夷三人虽为同科进士，但刘希夷没有通过"释褐试", 只得回家待制。宋之问文采出众, 人又长得高大英俊, 不出意外, 通过了"释褐试", 同"初唐四杰"之一杨炯一起被分配到文艺馆当老师。

沈佺期也通过了吏部考试, 被授予协律郎一职。这个职务是干什么的呢? 其实就是诗赋格律的专门研究人员, 同时作些应制诗, 歌颂时世。通过他的职务, 我们可以得出两点结论: 一是当时朝廷十分重视律诗, 有专人研究诗的格律; 二是沈佺期诗赋的造诣极高, 足以为诗的格律制定规范。

事实上, 谈唐诗就绕不过"沈宋", 不是因为他们的诗写得多好, 而是因为他们是律诗规范的确立者。

就诗赋方面的才华及对诗歌的贡献而论, "沈宋"其实并不亚于"初唐四杰", 但是, 这二人为何不怎么为人称道, 也无多少名句让人传诵呢? 实是这二人的人品让人不齿。

这二人将写诗当作仕途的垫脚石、官场的敲门砖, 在本来是"兴寄"的诗中注入了功利动机, 如何能体现"诗言志, 歌咏怀"的诗歌精神呢? 他们的诗歌没有诗人应有的风骨, 与"初唐四杰"诗歌的格调相比, 简直是云泥之别。

以宋之问与沈佺期的人品, 即便写出好的诗句, 后人也耻于吟诵。像宋朝的蔡京, 其书法水平高妙无比, 直比书圣王羲之, 可后人不愿提及他, 更没人将他的字当作法帖。

我们来看看宋之问与沈佺期的人品差到什么程度。

宋之问是刘希夷的小舅舅, 刘希夷没被授官, 回家后很失落。他写了一首诗, 兴寄自己对人生有限、富贵无常的感伤与惆怅。这首诗就是唐诗名篇之一《代悲白头翁》:

洛阳城东桃李花, 飞来飞去落谁家。

洛阳女儿惜颜色，坐见落花长叹息。

今年花落颜色改，明年花开复谁在。

已见松柏摧为薪，更闻桑田变成海。

古人无复洛城东，今人还对落花风。

年年岁岁花相似，岁岁年年人不同。

寄言全盛红颜子，应怜半死白头翁。

此翁白头真可怜，伊昔红颜美少年。

公子王孙芳树下，清歌妙舞落花前。

光禄池台文锦绣，将军楼阁画神仙。

一朝卧病无相识，三春行乐在谁边。

宛转蛾眉能几时，须臾鹤发乱如丝。

但看古来歌舞地，惟有黄昏鸟雀悲。

这是一首古乐府体诗，运用南朝乐府诗中的排比、对偶、蝉联、回文等修辞手法，以洛阳女子与白头翁的感慨来兴寄作者对人生的惆怅。

"年年岁岁花相似，岁岁年年人不同"两句，成为传诵千年的名句。刘希夷也因这首诗而闻名于世。

刘希夷对这首呕心沥血的诗作很满意，便拿去与自己的小舅舅宋之问交流。谁知宋之问一见这首诗，惊叹不已，爱不释手。他是行家呀，知道这首诗必将流传千古，居然要求外甥将这首诗的署名权转让给自己。

刘希夷先是同意，但第二天就反悔了。

宋之问恼羞成怒，命家丁用沙袋将自己的外甥活活压死了。这就是诗坛上的"因诗杀亲"传说公案。很多人并不相信这件事，但《全唐诗》中收录了一首几乎一模一样的诗，题目是"有所思"，署名则是宋之问。所有人都知道宋之问以五律见长，一直致力于律诗的写作，又怎会突然写出一篇七言乐府长诗呢?

如果说这件事有点捕风捉影，那么再看看别的事。

宋之问长得高大英俊，又能说会道。为了得到武则天的宠幸，他先是献媚武则天的面首张易之，得到进入后宫的机会后，立即写了一首艳诗献给武则天，表达自己想要在生活上侍奉女皇的热切愿望。此诗让武则天赞不绝口，但她就是不表态让宋之问留下。待宋之问很失望地离开后，武则天对张易之说出真相："此人确是难遇之才，只是口臭熏人。"

张柬之发动宫变，逼迫武则天退位，唐中宗李显复辟，诛杀了张易之、张宗昌兄弟，而宋之问作为张氏兄弟的党羽被贬为泷州（今广东罗定市）参军。由于难以忍受岭南蛮荒之地的生活，他刚到贬谪之地，就偷偷溜回了洛阳，藏匿于好友张仲之家中。

当时武则天虽死，但武三思仍然声势显赫，让诸多忠于李唐的大臣愤恨不已，于是包括张仲之在内的大臣，在张仲之家密谋杀掉武三思。

这事让躲在张仲之家的宋之问知晓，他居然派自己的侄子偷偷去告密。结果，包括张仲之在内的大臣全部被杀。而他因为依附了武三思，告密有功，不但没被追究擅自从岭南逃回之责，还被提升为鸿胪主簿，后又改任考功员外郎。

考功员外郎是管理贡生招生的官员。宋之问担任这一职务后，大肆收受贿赂。其间，他先是投靠太平公主，后见安乐公主更漂亮，更有实权，又转投安乐公主。

太平公主一怒之下，告发了宋之问受贿之事，于是他再被贬为越州长史。

中宗驾崩后，太平公主与李隆基联手发动政变，消灭了韦皇后与安乐公主的势力，拥护睿宗复辟。这时候的宋之问，落得个被赐死的下场。

沈佺期与宋之问因是同科进士，关系密切，曾与宋之问一道谄事权贵张易之，也曾因受贿入狱。但是，他没有卖友求荣，被贬驩州（今越南北部）十五年后，他最终返回了长安，担任中书舍人的要职。

沈佺期与宋之问人品不好，但被贬之后所写的诗，在格律和情感内容上，都具有较高的水准。因为这些诗，他们才在云蒸霞蔚的诗坛上占有一席之地。

以下选二人的代表作进行赏析。

渡汉江（宋之问）

岭外音书断，经冬复历春。

近乡情更怯，不敢问来人。

独不见（沈佺期）

卢家少妇郁金堂，海燕双栖玳瑁梁。

九月寒砧催木叶，十年征戍忆辽阳。

白狼河北音书断，丹凤城南秋夜长。

谁谓含愁独不见，更教明月照流黄。

这两首诗严格遵循了五绝与七律的规范，是五绝和七律最早的标杆。

律诗的成熟，除了"沈宋"的贡献，同时期的"文章四友"李峤、苏味道、崔融和杜审言也起了很大的推动作用。

杜审言在诗坛不太出名，但他的孙子在诗坛太出名了，那就是"诗圣"杜甫。

杜审言（约645—708），字必简，祖籍襄阳，迁居巩县（今河南巩义市）。唐高宗咸亨进士，曾受武则天恩宠。唐中宗李显复辟后，他因与张易之兄弟交往，被流放峰州（今越南富寿省越池东南）。后来，他又被召回，担任国子监主簿、修文馆直学士。

杜审言很狂傲，狂傲得不着边际。他说过："我的文章当使屈原、宋玉为手下杂役，我的书法当使王羲之称我为老师！"不像杜甫他爷爷，倒有几分像李白他爷爷。

苏味道出任天官侍郎时，有一次召集大家共同写判词。杜审言写完出来，对人道："苏味道必死！"

同僚吓了一跳，急忙问怎么回事。杜审言一本正经地道："因为他见了我的判词，会羞愧而死！"

有一次病重，宋之问与武平一一道去看望他。杜审言对二人说："造化这小儿害苦了我，还有什么可说的！不过我活着，老是压着你们抬不起头，我要是死了，你们应该感到大大的宽慰，只可恨我找不到接替的人啊！"

杜审言当吉州司户参军时，顶头上司周季重与他的同僚郭若纳合谋诬陷他，将他定了死罪。但是，杜审言的二儿子杜并（杜甫的叔叔）是个烈性子，听说自己父亲被陷害，才十三岁的他，居然袖里藏刀，直接闯入公堂，当场刺杀了周季重。杜并被侍卫当场杀死。

周季重临死前叹息道："杜审言有孝子，我不知道，是郭若纳害了我啊！"

这件事震惊朝野，刑部介入调查，查明冤情后，还了杜审言清白。杜并的孝烈也名扬天下，后来有"燕许大手笔"之称的许国公苏颋（tǐng），亲自为杜并写了墓志铭，以彰显他的孝烈。

可就是杜审言这样的狂傲之人，后来也巴结武则天的面首张易之兄弟。可见，有些文人的骨气在权势面前，也不得不化为自我安慰、独自酌饮的浊酒。

除了应制诗，杜审言吟咏山水、赠别怀人的诗写得真实自然、清新可喜，如《和晋陵陆丞相早春游望》：

独有宦游人，偏惊物候新。

云霞出海曙，梅柳渡江春。

淑气催黄鸟，晴光转绿蘋。

忽闻歌古调，归思欲沾巾。

这首诗对仗工整，平仄协调，语言清新流丽，在形式上完全符合律诗要求，立意新颖，通过景象描写让一股欣欣生气洋溢于诗中。杜甫自豪地说过"吾祖诗冠古"（杜甫《赠蜀僧闾丘师兄》），也不算吹嘘过头。

苏味道与杜审言一样，自己在文坛上不太出名，但后代在文坛上是太出名了。他最出名的后代是谁呢？就是中国历史上的第一大文豪苏轼。

苏味道是个老滑头，好在这一点并没有遗传到苏轼身上。成语"模棱两可"就是由他而来。

苏味道当上武则天时代的宰相（同凤阁鸾台平章事）后，为了不得罪人，他出言谨慎，什么事情都不轻易表态。

苏味道上任第一天，就有下属汇报事项，请他解决。他听完汇报，东扯西拉，说了一大通废话，就是不说解决的办法。

下属被说得头昏脑涨，最后不解地问道："宰相大人说了很多，可卑职愚钝，还是没有听出您说的解决办法啊！"

苏味道恼怒道："没有悟出办法来，那是你自己的事了！"说完，他手摸椅棱，抬头望房顶，不再搭理这位属下。

这位属下自认倒霉，心想，可能是宰相才上任的缘故吧。可是，之后所有人汇报工作，碰到的情景都与他遇到的差不多，这位宰相大人从来就不明确说出自己的意见。

时间一长，朝臣都在背后称他为"模棱宰相"，也有人干脆称他为"苏模棱"。再后来，有人讥笑苏宰相的话从来正确，因为"模棱两可"，这一成语由此诞生了。

苏味道做事模棱两可，写诗却不含糊，如《正月十五夜》：

> 火树银花合，星桥铁锁开。
>
> 暗尘随马去，明月逐人来。
>
> 游伎皆秾李，行歌尽落梅。
>
> 金吾不禁夜，玉漏莫相催。

诗中的"金吾"是指京城禁军，前文提到的"左金吾将军"就是禁军首领。"玉漏"是指计时器。这首诗真实地描绘了大唐都市正月十五之夜的繁华景象，通篇语句清丽，完全符合格律，是为初唐律诗名篇。"火树银花不夜天"所用的典故，就出自这首诗。

武则天去世后，由于巴结过张易之兄弟，苏味道被唐中宗贬至四川眉州任刺史，死于任所。他死后葬回栾城苏邱村，但其一子留在了四川眉山，宋朝"三苏"就是这一支的后代。

经过"初唐四杰"的推动，至"沈宋"时，五言律诗终于定形。沈佺期与宋之问"回忌声病，约句准篇，著定格律，遂成近体，如锦绣成文，学者宗尚"（元·辛文房《唐才子传·沈佺期》）。王世贞在《艺苑卮言》中说："五言至沈、宋，始可称律。律为音律、法律，天下无严于是者。知虚实平仄不得任情，而法度明矣。"

七律成熟稍晚一点儿，但从这时起，律诗（近体诗）与古体诗有了更明确的划分，之后律诗成了唐朝诗人运用最多的形式。

陈子昂

登上黄金台，才知孤

悲无人能懂

前不见古人，后不见来者。

念天地之悠悠，独怆然而涕下！

第一次读到这首《登幽州台歌》，笔者脑海中就自然而然出现一幅画面：那个吟咏着"路曼曼其修远兮，吾将上下而求索"的人，戴着高冠，款款走来。

一看作者是陈子昂，笔者有点蒙，再一看陈子昂是唐朝人，更加震惊。

笔者的第一感觉，作者即便不是屈原本人，最起码与高唱"大风起兮云飞扬。威加海内兮归故乡。安得猛士兮守四方"者是同年代的人。

可作者确确实实是初唐诗人，只不过高举复古大旗，呼唤"建安风骨"而已，所以他的诗，风骨雄健，古韵盎然。

这首诗，短短二十二个字，却使一种千年的孤独、万年的悲怆扑面而来。

寒秋时节，落叶纷纷，独处高台，轻轻吟诵这首诗，你一定会有一种悲天悯人的忧伤和历史沧桑的感慨。

作者究竟要表达什么样的孤独、什么样的悲伤？是表达才高命蹇、壮志难酬的悲哀，还是表达人生渺渺、何去何从的茫然？

笔者认为，作者要表达的，其实就是千百年来中国文人特有的东西——骨子里的孤独与悲伤情怀。

中国文人绝大多数是理想主义者，理想主义者的最终理想，是让现实社会走向理想中的状态，然而，现实中的社会又岂是一介书生所能左右的？这不是一个人的悲哀，而是这个群体连绵不绝的悲哀。每一个中国文人读到这首诗时，都会产生强烈的共鸣。

是什么原因促使陈子昂喊出古往今来所有文人的心声？又是什么原因让陈子昂被后人尊称为"诗骨"？就让我们走进他的人生，寻找答案。

陈子昂（约659—700），字伯玉，梓州射洪（今四川射洪市）人。陈子昂是个富家子弟，虽然很聪明，但一开始并不喜欢读书，而喜习武搏击，想当一名笑傲江湖的大侠。十七八岁的时候，在一次群斗中，他伤了自己的同伴，而后幡然醒悟，弃武从文，慨然立"济天下"之宏志。此后，他钻研经史，不几年便学涉百家，尤其是诗文，居然有司马相如的遗风。

682年，学有所成的陈子昂进京参加科考，但他没有名气，也没有去行卷，因无人推荐而落榜。

陈子昂痛定思痛，决定留在京城搏出名气再参加科举考试。可是，他一个外乡人，虽然有钱，却没有官场背景，要想闯出名气，真的很难。

一天，他在长安街头漫无目的地闲逛，忽然发现一群人围住一位老者，正在叽叽喳喳地议论，于是，他也挤进人群想看看热闹。

挤进人群，他才知道原委。原来那位老者正在兜售一把破旧的古琴。据老者说，这把古琴乃东汉时期大文豪、大书法家蔡邕制作的焦尾琴，音色古朴，是难得的稀世珍品。不过，老者兜售的价格是一万两白银。

围观的人议论，这个老头不是疯子，就是个骗子。总而言之，除非碰到傻子，否则老者的这把琴不可能卖得出去。

陈子昂听清原委，忽然灵机一动，走到老者跟前说："这把琴我买了！"说完，他也不还价，直接掏出一万两银票，钱货两讫。

围观的人惊呆了，心想，这世上还真有钱多人傻的人啊？但一看这位买琴者，气宇轩昂，气度不凡，也不像个傻子呀！于是，有懂风雅却无银子的人说道："这位仁兄，既然能一掷千金购买这把古琴，想必是位绝代琴师吧？能不能现场奏一曲，让我们见识一下古琴不同凡响的音色和您高超的琴技，也不枉我们凑了这场热闹？"

陈子昂慨然应允道："既然诸位有雅兴，不妨明日到宣阳里客栈一聚，我设宴招待大家，然后抚琴为大家助兴！"

有钱就是豪爽，不但花大把的银子买琴，还花钱请素不相识的人吃饭喝酒。于是乎，第二天的宣阳里客栈，人山人海，将大厅挤得满满当当。

众人没有失望，来者皆可落座，好酒好菜伺候得舒舒服服。

就在众人嚷嚷着那个钱多人傻的人咋还不出来弹琴助兴时，陈子昂翩然出场。来到大厅中央，他神情激昂地道："我是四川的陈子昂，自幼苦读诗书，写了诗文百卷，怎奈庶民出身，无人赏识，弹琴不过是雕虫小技，又怎么和我的诗文相比呢？"

话音未落，就听得砰的一声，陈子昂将那把花了一万两银子买来的古琴当场摔得粉碎。

众人目瞪口呆之际，陈子昂迅速拿出早就准备好的诗卷，一一分发，然后诚恳地道："如果觉得写得不好，请当场批评指正；如果觉得写得好，请大家予以传诵！"

众人打开诗卷，当即诵读，有文化的人觉得那是字字珠玑、满纸云霞啊！于是，陈子昂的诗名在京城大噪。

陈子昂的诗卷终于传到时任京兆府司功参军王适的手中。王适官虽不大，却是京城中名气很大的诗品家。他读完陈子昂的诗卷，惊叹道："此人必为海内文宗矣。"于是，他热忱地向礼部推荐陈子昂。

第二年（684年），陈子昂不出意外高中进士。

中了进士的陈子昂，还没参加吏部的"释褐试"时，唐高宗李治就在洛阳驾崩。武则天诏令驻东都洛阳的军队与文武百官护送高宗灵柩，回京都长安安葬。

这种事劳民伤财，还是一介布衣的陈子昂，觉得大张旗鼓地护送高宗灵柩回京的做法不对，斗胆向武则天递上《谏灵驾入京书》。

武则天细心阅读了谏书，发现写得有理有据、分析透彻、言辞犀利、政见卓越。武则天不接受谏书的意见，但还是觉得写谏书的陈子昂文采斐然，是个不可多得的奇才。于是，她召见了陈子昂，授予他"麟台正字"的官职。

这个官职就是中书省中的校书郎，阶位低，不过，武则天亲自授予，就彰显了破格的恩宠。陈子昂借此顺顺当当地走上了仕途。

与大多数读书人不同的是，陈子昂出仕，"达济天下"的理想更真实些。他本是富甲一方的豪门子弟，根本没有生计上的担忧，如果没有一腔热血报效国家的理想驱动，他完全可以待在老家，安安逸逸地做一辈子富家翁。

既然决心济天下，那么对于当权者不顾民生的做法，就要犯颜直谏。陈子昂在京做小官时，一连给武则天上了七八封谏书，陈述时弊，希望革新。可惜他的谏言虽然忠直，但受盘根错节的利益掣肘，武则天只能束之高阁。

见自己的谏言石沉大海，陈子昂知道走谏臣这条"济天下"的道走不通，于是改走"从军"这条路，以实际行动践行报国理想。公元686年，陈子昂跟随乔知之北征突厥。征讨胜利后，陈子昂回京复职。

687年，武则天准备派兵前往蜀地，开辟山道，从雅安进攻羌人，再征伐吐蕃。陈子昂听到消息，毅然呈上《谏雅州讨生羌书》，反对穷兵黩武，认为强国必先富民，主张与民休生养息，提倡族群之间和睦相处。

谏议书议论透辟，情理兼赡，武则天看后，接受了陈子昂的谏议，取消了这次战争。

693 年，登基后的武则天基本平定了天下动乱。九月，她带领一班文武大臣游龙门山，别出心裁地搞了一场"宫廷赛诗会"，目的当然是点缀太平，接受歌功颂德。

这种诗会，诸如沈佺期、宋之问之流，自然心领神会，谁敢不大肆吹捧？

赛诗会上吹捧得最卖力的当数宋之问。第一个完成诗作的是左史东方虬，武则天命上官婉儿将锦袍赐予东方虬。待宋之问献上诗，武则天仔细一看，赞叹不已，又命上官婉儿取来披在东方虬身上的锦袍，赐予宋之问。

众臣哈哈大笑，其乐融融。武则天欣赏宋之问文采的同时，不忘还有一个同样文采飞扬的陈子昂，命上官婉儿取来陈子昂的献诗诵读。

上官婉儿刚读完陈子昂献诗的第一联，武则天的脸色就阴沉下来。待这首诗读完，诗会现场一片静寂，连空气都紧张得像要爆炸似的。

这首诗是这么写的：

> 圣人不利己，忧济在元元。
>
> 黄屋非尧意，瑶台安可论？
>
> 吾闻西方化，清净道弥敦。
>
> 奈何穷金玉，雕刻以为尊？
>
> 云构山林尽，瑶图珠翠烦。
>
> 鬼工尚未可，人力安能存？
>
> 夸愚适增累，矜智道逾昏。

这首诗是说，圣人不是考虑一己利益的人，而是忧虑关心百姓的人。金碧辉煌的宫殿不是尧这样的圣君所住的，更别说瑶台了。我听说西方佛教以清净为宗旨，为什么花费金玉雕刻塑像来表达尊敬？建个大寺庙，要砍尽山上所有的树木，建个瑶台搞得珠光宝气的，很烦人。这样的庙，鬼斧神工都不一定能完成，何况人力？夸示宗教排场，足以造成无穷的后患；玩弄聪明的结果，徒然劳民伤财，使政治更加昏乱。

这是歌功颂德的献诗？这明明是对武则天劳民伤财兴建佛寺的批判嘛！

武则天的脸，阴沉得能滴下水来，宋之问之流的谄媚文臣早就被吓得冷汗湿透了衣裳。好在这时宰相狄仁杰站起身，大声道："陈学士敢于为民请命，为苍生社稷着想，其言发自肺腑，忠诚可表！"

武则天当上女皇，国家治理得井井有条，遵循的是李世民的"贞观治国"理念，所以对于谏臣也还能宽容，听到自己最信任的狄宰相说出这种话，武则天趁机下台阶，道："陈爱卿敢于忠言直谏，实在难得！"说完，武则天还当众下旨擢升陈子昂为右拾遗，主管劝谏和举荐官员。

696年，东北契丹骚扰边境，武则天下令派兵征讨。这次讨伐的主帅是建安王武攸宜。陈子昂慨然应征，担任军事参谋。

武攸宜兵至河北蓟州，却不敢主动出击。陈子昂热情进谏，并自告奋勇地请求带兵数万人作为先锋，迎击敌军。但武攸宜认为陈子昂不过一介书生，根本不予理睬。

陈子昂再次进谏请求，武攸宜被彻底激怒，将陈子昂贬为军曹。结果，唐军错失了歼灭契丹军队的机会，眼睁睁看着契丹军队载着从大唐掠夺的财物溜走了。

在这种情况下，满怀悲愤的陈子昂登上建在蓟州的幽州台，想起幽州台的历史由来，不由得悲愤交加，感慨万千，手抚幽州台那苍古的石栏，泫然而泣，吟出了本文开头所写的震撼人心的千古绝唱。

幽州台又称黄金台，是战国时期燕昭王为招贤纳士而修建的拜将台。当时燕国与齐国交战，被齐国打得一败涂地。为了招徕天下英豪，燕昭王下令建此台，以示礼贤下士。战国名将乐毅，就是见到燕昭王此举才投效燕国。

燕国在乐毅的率领下，终于击败了齐国。

这一事件发生后，陈子昂"达济天下"的梦想彻底被扑灭。心灰意懒的他，愤然辞官回家，准备隐居山林，聊度余生。

可是，陈子昂的举动已经彻底得罪了权势熏天的武攸宜。陈子昂回家不久，武攸宜便密令射洪县令段简，罗织他的罪名，并将他逮捕入狱。

陈子昂并不知内情，还以为县令只是贪图他的财产，便命家人纳送县令铜钱二十万缗，以期县令放过自己。可是县令收了钱，依然对陈子昂施刑逼供，将身体羸弱的他杖得奄奄一息。

悲愤交加的陈子昂在狱中为自己起了一卦，卦象出现后，他仰天长叹："天命不佑，吾殆死矣！"

之后，他绝食三天，无言而亡。

这一年刚好是700年，只有四十二岁的陈子昂，就这样在屈辱中含恨离世。

陈子昂是武周时期最具理想主义色彩的诗人。其人豪侠仗义，刚直忠烈，是这一时期少有的不谄媚奸佞的铮铮诗人，其诗风骨峥嵘，寓意深刻，苍劲有力。

除了千古传诵的《登幽州台歌》，陈子昂还写有"感遇三十八首"等一百二十多篇诗作。他的诗高雅冲淡，一扫六代之纤弱，"横制颓波，天下翕然，质文一变"（唐·卢藏用《唐右拾遗陈子昂文集序》）。陈子昂的诗风与人品，皆傲骨铮铮，后人尊崇他为"诗骨"。

初唐到盛唐诗风发展转变的过程中，陈子昂起了相当大的作用。

事实上，初唐时期，无论是李世民，还是武则天，虽然都崇尚诗文，但出于歌功颂德、粉饰太平的需要，他们倡导的还是"上官体"之类的宫廷诗。早期以王勃为代表的"初唐四杰"，就指责宫廷诗是"骨气都尽，刚健不闻"（唐·杨炯《王勃集序》）。陈子昂继承了他们的主张，更一针见血地指出初唐宫廷诗人奉为偶像的齐梁诗风是"彩丽竞繁，而兴寄都绝"（《修竹篇序》）。他还明确提出诗歌创作应继承汉魏风骨，应具有真情实感的内容、慷慨激昂的气魄。

陈子昂这种倡导复古，实现诗歌内容的真正革新的文学主张，得到后来诗人的积极响应。所以，初唐之后，诗人创作的诗歌，形式百花齐放，内容也呈包罗万象之势，终于将唐诗推向了文学史的巅峰，孕育出"唐诗"这颗璀璨夺目的文学明珠。

后人对陈子昂推崇备至，杜甫赞他"千古立忠义，感遇有遗篇"，白居易将他与杜甫并列称赞："杜甫陈子昂，才名括天地！"

张若虚

月夜里做了一个梦，
美了几千年

我们经常碰到一个尴尬的情况，说起某首唐诗，几乎无人不晓，可是说起那首诗的作者，除了姓名，其生平事迹一无所知。

唐诗名篇《春江花月夜》就是这种状况。其作者张若虚，我们只知他活跃于武周时代，与贺知章、张旭、包融合称"吴中四士"。除此之外，其生平事迹，我们无据可考。就连专门记录唐朝名士的《唐才子传》都没有他的记载。

既然要说唐诗，《春江花月夜》这首诗就不能翻篇。它有"孤篇压全唐"之誉，闻一多先生称它"诗中的诗，顶峰中的顶峰"。就让我们来解读这首《春江花月夜》：

> 春江潮水连海平，海上明月共潮生。
>
> 滟滟随波千万里，何处春江无月明。
>
> 江流宛转绕芳甸，月照花林皆似霰。
>
> 空里流霜不觉飞，汀上白沙看不见。
>
> 江天一色无纤尘，皎皎空中孤月轮。

江畔何人初见月，江月何年初照人。

人生代代无穷已，江月年年只相似。

不知江月待何人，但见长江送流水。

白云一片去悠悠，青枫浦上不胜愁。

谁家今夜扁舟子，何处相思明月楼。

可怜楼上月徘徊，应照离人妆镜台。

玉户帘中卷不去，捣衣砧上拂还来。

此时相望不相闻，愿逐月华流照君。

鸿雁长飞光不度，鱼龙潜跃水成文。

昨夜闲潭梦落花，可怜春半不还家。

江水流春去欲尽，江潭落月复西斜。

斜月沉沉藏海雾，碣石潇湘无限路。

不知乘月几人归，落月摇情满江树。

　　这是一首七言歌行体古诗。《春江花月夜》原本是乐府中的旧题，相传为陈后主创制，后隋炀帝曾作此曲，但每首只四句二十字。而这首诗长达三十六句，已非原来曲调。

　　这首诗四句一韵，通俗易懂。根据内容，这首诗实际上可以像词那样分为上下阕：上阕从起首"春江潮水连海平"至"青枫浦上不胜愁"，下阕自"谁家今夜扁舟子"至"落月摇情满江树"。

　　上阕起首"春江潮水连海平，海上明月共潮生"，将我们带入了视野开阔、气象磅礴的景象之中。接着写月下的江流、月下的芳甸、月下的花树、月下的花汀等，将一幅朦胧神秘、清淡幽雅的画卷展现在我们眼前。

　　置身这种月光澄澈、如梦如幻的意境中，诗人的浪漫主义情怀不由得喷薄而出，发出"江畔何人初见月？江月何年初照人"的疑问。这是个杞人忧天的幼稚问题，但又是一个比肩"我从何处来，我到哪里去"的哲学终极思考的问题。

答案是什么？诗人没有思考透彻，所以没有答案，只有感慨："人生代代无穷已，江月年年只相似。不知江月待何人，但见长江送流水。"这种感慨不同于"逝者如斯夫"这样理性的总结，而是一种"青山依旧在，几度夕阳红"那样浪漫的咏叹。

接着，诗人写出"白云一片去悠悠，青枫浦上不胜愁"这样一句结束语，表达出一种无可奈何的惆怅，但这种惆怅并不凄凉，只如月空中的白云，悠悠淡淡。

读完上阕，整个人都沉浸在江天一色、物我相契、含意蕴藉的意境中。一股淡淡的忧伤、浓浓的惆怅萦绕于心间，至于那沉沉的思考，也只能随着长江流水东逝而去。

唯美！这是将所有文人的浪漫情怀渲染到了极致的意境。诗若至此戛然而止，也不失为一首极品，至少不亚于王勃写的"阁中帝子今何在，槛外长江空自流"，更不亚于崔颢写的"黄鹤一去不复返，白云千载空悠悠"。

但是，这时候，一叶扁舟顺江而下，闯入了张若虚的思绪中，于是诗人大笔一挥，"谁家今夜扁舟子，何处相思明月楼"，又开启了一阕对思妇的描绘。

下半阕由一叶扁舟的游子推及倚楼望月相思的少妇，将人思乡思亲的忧伤再次融入本就弥漫着淡淡忧伤的意境中，忽然提高了诗中忧伤的浓度。

"玉户帘中卷不去，捣衣砧上拂还来"，将思妇因相思而恍惚的精神状态写得惟妙惟肖，而"此时相望不相闻，愿逐月华流照君"表达的浓烈情感更是感人。由景及人，加进了人的月下苦相思景象，这首诗的内容及思想顿时扩张开来。

但是，这首诗的游子与思妇，真的仅仅是那个代表人生苦短的形象吗？

唐朝诗人喜欢写"怨妇""思妇"类的题材，比如李白、杜甫、王昌龄、李贺、李商隐，其中最著名的当数白居易写《琵琶行》。因为有所指，他们要通过怨妇、思妇的描写，兴寄自己的怀才不遇。

张若虚在这首诗里树一个思妇的影子，是不是也有所指呢？这首诗的思妇正是作者自己，而"扁舟子"隐喻的是作者的理想。揭开这一隐喻，再读这首诗的下半阕，你就会感到这首诗的境界又上了几个台阶。

诗人的理想如月下的"扁舟子"，隐约飘忽，但诗人"卷不去""拂还来"，此时相望不相闻，诗人愿"逐月华流照君"，可惜的是鸿雁不度、鱼龙不解。诗人做梦都想着理想实现的那一天早日到来，可是直到斜月西沉，也不见"扁舟子"的影子，理想如"碣石潇湘无限路"。

看着月华恋恋不舍地离开满江树，我们仿佛听见了诗人的咏叹声。

《春江花月夜》写于初唐，毋庸置疑，张若虚是思妇自拟第一人，他所隐喻的理想与现实难以契合，比借"怨妇""思妇"的嘴诉说自己怀才不遇的苦闷，格调要高。

一首诗将意境写得如此优美，蕴含的哲思如此深邃，兴寄的情怀如此高尚，可谓前无古人，后者寥寥。清末学者王闿运谓之"孤篇横绝，竟为大家。李贺、商隐抱其鲜润，宋词、元诗尽其支流，宫体之巨澜也"（《论唐诗诸家源流》）。

这样的评价并不言过其实，这首诗也无愧于"盖全唐"的美誉。

解读完《春江花月夜》，笔者不由得想起宋朝大文豪苏东坡所写的《水调歌头·明月几时有》：

明月几时有，把酒问青天。不知天上宫阙，今夕是何年？我欲乘风归去，又恐琼楼玉宇，高处不胜寒。起舞弄清影，何似在人间？

转朱阁，低绮户，照无眠。不应有恨，何事长向别时圆？人有

悲欢离合，月有阴晴圆缺，此事古难全。但愿人长久，千里共婵娟！

苏轼喜欢翻唱自己喜欢的诗歌，并且是翻唱高手。苏轼《水调歌头·明月几时有》的起首四句，显然是化用了《春江花月夜》里面的精髓，但他紧接着的遐思，不是张若虚似的浅吟低唱，而是李白似的放旷飘逸，飘飘荡荡，直上重霄九，旷达得让人叹服，显然在文风上比张若虚更胜一筹。

诗词翻唱，只要你唱得好，唱出新意，唱出高度，后人也许只记得翻唱者，并不记得原唱者。在张若虚之前，南朝宋的谢庄就写过一篇《月赋》，其中就有一句"隔千里兮共明月"，张若虚也好，苏轼也罢，都只是化用。

实际上，《春江花月夜》这首诗，从唐至元，无人看重，直到明清才被人推崇。

此外，还应提及中国著名的民族乐曲《春江花月夜》。这首乐曲原名"夕阳箫鼓"，又名"浔阳琵琶"，原本是一首琵琶独奏曲。1925 年，上海大同乐会的两名民乐家将这首曲子糅合了《春江花月夜》和《琵琶行》的意境，改编成了民族管弦乐，定名为"春江花月夜"。乐曲与诗所表达的意境有所相似，但并不完全契合，不要将两者混为一谈。

初唐篇至此结束，我们有必要梳理一下初唐诗歌发展的脉络。

一、唐太宗有文艺情怀，偏好诗歌、书法，唐高宗李治继承了这种偏好，武则天有过之而无不及。他们将诗赋作为科举考试的主要科目之一，形成了读书人都苦心学习并创作诗歌的社会风气。

二、唐人喜欢吟诵诗，可是吟诵古诗时发现有的句子很拗口。不朗朗上口的诗，自然就不方便吟诵，于是，他们在写诗时会自觉或不自觉地做些改变，有人专门找原因，朝廷甚至在文艺馆设立专门的研究职位，研究解决办法。沈佺期与宋之问是研究这方面问题的集大成者，他们在继承前代文人研究成果的基础上，找出了原因，总结并制定了平仄、对仗、押韵方面的规范。这样，唐朝近体诗（律诗）终于形成。

需要说明的是，唐朝的普通话是以东都洛阳地方音为标准的，所以，我们以现代普通话读唐诗时，有时也会觉得拗口。比如《春江花月夜》中有一句"江潭落月复西斜"，当中的"斜"字，在洛阳音中读如霞（xiá），与"家"（jiā）为同声韵，之后杜牧的《山行》也用了这个韵。

初唐，近体诗出现并发展成熟，成为之后唐诗创作的主要形式。此处顺便提一下唐诗中经常出现的"古体诗""乐府诗""近体诗"。

古体诗是相对近体诗而言的，是近体诗形成前，除楚辞外的各种诗歌形式。古体诗也称古诗、古风，有"歌""行""吟"三种体裁。古体诗格律自由，不拘对仗、平仄，押韵较宽，篇幅长短不限，句子有四言、五言、六言、七言体和杂言体。

古体诗既可以押平声韵，又可以押仄声韵。在仄声韵当中，要区别上声韵、去声韵、入声韵。一般而言，不同声调是不可以押韵的。古体诗用韵，比律诗稍宽，一韵独用固然可以，两个以上的韵通用也行，但通用也必须是邻韵。

乐府诗，是汉魏六朝文学史上出现的一种能够配乐歌唱的新诗体，是继《诗经》《楚辞》之后的一种新的诗体。两汉乐府诗是由朝廷乐府系统或相当于乐府职能的音乐管理机关搜集、保存而流传下来的汉代诗歌，为中国古代诗歌新的范本。两汉乐府诗中有叙事诗、抒情诗，以叙事诗的成就更为突出。乐府诗简言之，即可以歌唱的古体诗。

近体诗格律要求严格，除了要求只能用平声韵，平仄、对仗都必须符合标准要求。近体诗形式包括五律、七律、五绝、七绝。

在唐朝，古体诗与近体诗是共同发展的，比如李白更喜欢写古体诗，杜甫是古体诗与近体诗并重，白居易的新乐府诗取得的成就最大。但盛唐之后，近体诗的比重明显增大。

三、初唐时期，李世民、李治、武则天都喜欢诗歌，但最喜欢的是给自己歌功颂德的诗，所以以"上官体"为标本的宫体诗笼罩诗坛。这种诗，追求形式，内容空泛，毫无真情实感。

这时候，以"初唐四杰"为代表的社会底层的诗人，不满诗歌局限于宫廷楼阁、朱唇翠袖的狭小范围，将边塞风光、壮丽河山及送别离愁等内容，引作歌咏对象，大大扩展了诗歌的应用范围。边塞诗、送别诗、寓物言志诗及哲理诗都开了先河，诗歌已经走向广阔的社会人生，为盛唐诗歌的大繁荣铺垫了基础。

在诗歌风气方面，"初唐四杰"提倡刚健充实的气势和慷慨激昂的情感，提倡诗人追求"骨气"，扫除当时以歌功颂德为主的空洞诗风，提倡以因物起兴、托物喻志为表现手法来表达自己的真情实感。陈子昂更是高举复古大旗，呼应了"初唐四杰"的主张，并号召运用朴质无华的古体诗形式，抒写真情实感，表现时代气息。

总之，初唐诗人的诗歌成就算不上辉煌，但他们发挥了勇于探索创新的精神，为之后盛唐诗人的创作指明了方向，为盛唐诗歌形成万马奔腾的壮景开通了坦途。

第二篇

盛唐

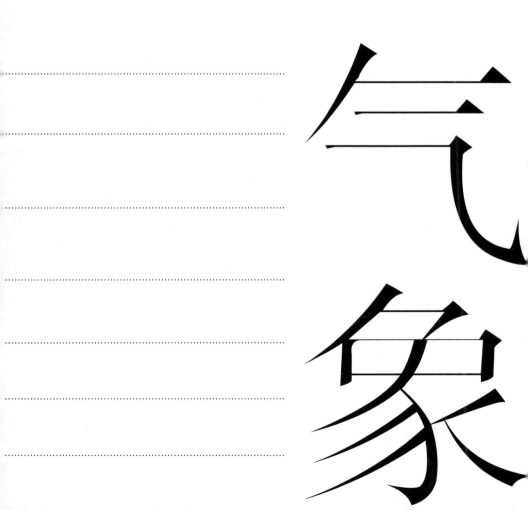

气象

史书中，大凡开创了太平盛世的帝王，皆被赞为明君，大凡引起战乱民变的帝王，皆被骂为昏君。可就有这么一位帝王，既开创盛世，又引来战乱。

大唐建国近一百年的时候，迎来了史上最令人无语的皇帝——前半生英明得不亚于唐太宗，后半生昏庸得不亚于隋炀帝——一生充满矛盾，最难以让人评价的唐玄宗。

唐玄宗李隆基（685—762），又称唐明皇，通过"唐隆政变"，于712年登上皇位。在剪除帮自己发动政变的姑姑太平公主后，李隆基开始了长达四十四年的执政生涯。

李治也好，李显、李旦也罢，都只遗传了李世民的文艺基因，风雅有余，英武不足。唯独李隆基文艺基因强大，气魄胆识超群。

李隆基自小便胆识出众，具有大气魄。在他七岁那年，大周王朝举行祭祀宗庙社稷仪式，作为皇孙的李隆基也带着随从去参加这次仪式。走到半道，李隆基遇到了时任金吾大将军（禁军大统领）的武懿宗。

武懿宗是武家宗亲，历来嚣张跋扈，平时对李家的人就很不客气。突然遇到皇孙的车队挡在前面，他火冒三丈，便大声呵斥李隆基的随从，命人捉拿他们。这时，年仅七岁的李隆基跃马上前，大声呵斥武懿宗："此乃李家朝堂，你一个外戚居然敢对皇家车队呵斥，难道想犯上作乱不成！"堂堂的金吾大将军被七岁孩童那沉着刚毅的气势震慑，一时间瞠目结舌，眼睁睁地看着李隆基带领着一行人从容而去。

正是具有这种胆气与沉着应变的能力，李隆基长大后才敢联合太平公主发动九死一生的宫廷政变，一举剿灭韦后与安乐公主势力。同样，也因有这种胆气与能力的支撑，他在与只手遮天的太平公主的争斗中，一举胜出。

在政变与斗争中，李隆基杀伐果决的性格也暴露无遗。比如，上官婉儿其实在他发动政变之前，对他与太平公主是提供过帮助的，但李隆基对墙头草绝不姑息，所以即便太平公主与禁军将领出面求情，他亦不为所动，坚决诛杀了上官婉儿。

在与曾经的盟友、自己的亲姑姑太平公主的争斗中，李隆基谋略更高一筹，将太平公主的势力逐渐瓦解。在太平公主准备殊死一搏前，他果断地发兵围剿了公主府，不顾父亲的劝阻，将太平公主赐死。

李隆基在斗争中表现出来的英武果决的气质，不亚于李世民。而在文艺方面的天赋，李隆基甚至算是李家最出色的人。他诗文写得好，书法也称得上大家，还具备无人能及的音乐天赋。他六岁能歌舞，十六岁时为祖母武则天表演唐代歌舞大曲《长命女》。他还会演奏多种乐器，如琵琶、横笛等，其中羯鼓的演奏技艺尤为高超，他练习时敲坏的羯鼓就有四大柜。唐玄宗一生作曲无数，闻名于世的有《紫云回》《龙池乐》《凌波仙》及五十六岁时遇上杨贵妃后作的《得宝子》等，他谱写的最著名的乐曲是《霓裳羽衣曲》。

旧时戏班子每逢演出，都要在后台立个牌位供香点烛。戏班子供拜的是谁呢？就是大名鼎鼎的唐明皇李隆基。李隆基是"梨园"开创者，被后人尊为"梨园神"。

李隆基具有浓浓的浪漫主义情怀，但登基之初，他展现的是政治家所应具备的冷峻的现实主义精神。

唐玄宗能够开创出"开元盛世"，最关键的一点是，他早期能够发扬唐太宗"知人善任、从谏如流、兼听则明"的明君品格，任用了一大批能臣、贤臣。

唐太宗有名相房玄龄、杜如晦、魏徵、褚遂良等，唐玄宗有名相姚崇、宋璟、张说、张九龄等。在这些贤臣名相的辅助下，唐玄宗在位前三十年，政治清明，经济空前繁荣，人口剧增，整个社会呈现出一派昌盛富强的面貌。

杜甫在《忆昔》中充分展现了开元盛世的盛况：

忆昔开元全盛日，小邑犹藏万家室。

稻米流脂粟米白，公私仓廪俱丰实。

九州道路无豺虎，远行不劳吉日出。

齐纨鲁缟车班班，男耕女桑不相失。

开元盛世经济繁荣、人民富足，外交、军事、文艺等各方面也盛况空前。这一时期的大唐，声誉超过了贞观时期，成为大唐乃至整个封建社会发展的最高峰。

社会发展至巅峰，唐人的家国自豪感和优越感也达到了顶峰。一批有报国热情的文人士子投笔从戎，爱国的边塞题材诗大爆发，形成边塞诗派，而以李白为代表的豪放激昂的诗歌，更是唱出了盛唐时代的最强音。

然而，开元盛世终究逃不过盛极而衰的规律。自开元二十四年（736）李林甫担任宰相起，大唐社会开始衰退，至742年后呈现断崖式下跌。安史之乱爆发，直接将大唐推向了民不聊生的灾难深渊，从此，大唐一蹶不振，最终在衰败中走向灭亡。

《新唐书》说："罢张九龄，相李林甫，则治乱固已分矣。"意为张九龄被罢相，"口蜜腹剑"的李林甫把持朝政，成了大唐由盛转衰的分水岭。不过，笔者认为，大唐由盛转衰，完全是李隆基的矛盾性格造成的。

李隆基在前期励精图治，奋力开创了"开元盛世"。但之后这位具有浪漫情怀的皇帝，贪图享乐的思想开始蔓延，好大喜功，荒于政务，导致李林甫独揽大权。此时，李隆基的多情性格又作祟，他在武惠妃去世后，忽然觅得杨玉环这么一个才色俱佳的美人，便一头扎进温柔乡，将江山抛于脑后，结果是任由奸佞杨国忠胡闹，将一片大好河山折腾得支离破碎。

755年冬，比杨贵妃大十八岁，却被她收为义子的安禄山，打着"清君侧"的旗号，在范阳起兵造反。被杨贵妃远房堂兄杨国忠折腾得人心惶惶的大唐王朝，抵挡不住叛军的进攻。东都洛阳很快就被攻陷。接着，守潼关的名将哥舒翰被杨国忠逼迫，在不利情况下出关应战，导致二十万唐军全军覆没，潼关失守。

唐玄宗带着杨贵妃等逃离长安，朝蜀地逃命。逃到离长安不远的马嵬坡时，护行的羽林军发生哗变，斩杀了杨国忠，逼迫唐玄宗赐死杨国忠的后台杨玉环。李隆基为了保命，命大宦官高力士缢杀了那个"回眸一笑百媚生"的杨贵妃。

经过马嵬坡事变，李隆基继续逃向四川，太子李亨留下收拾人马北上。到达朔方灵武时，李亨被一帮大臣拥戴即位，是为唐肃宗，而李隆基被遥尊为太上皇。

李亨很快任命郭子仪为兵部尚书，统筹平叛。在郭子仪、李光弼等人的统领下，唐军与叛军进行了长达八年的战争。在安禄山与史思明两个家族内乱之后，唐军于763年彻底打垮了叛军，平息了这场内乱。

762年3月，唐肃宗因病去世。4月，从蜀地回长安只三年的唐玄宗，也在落寞中去世，享年七十七岁。此时，唐代宗李豫即位，大唐也由盛唐时期转入了中唐时期。

安史之乱虽然平息，但由此带来的恶劣影响，犹如一颗肿瘤在大唐体内孕育蔓延，让随后的大唐王朝一直在痼疾难愈的病态中挣扎。自此，藩镇的权力被推向极致，藩镇割据的局面不可收拾。而朝廷内宦官专权的现象也从此愈演愈烈，朝臣与宦官之争成了中晚唐的政治常态。受这场战乱影响最大的，自然还是平民百姓。整个黄河流域，人烟断绝，千里萧条，变得一片荒凉凄惨。杜甫有感而发："寂寞天宝后，园庐但蒿藜。我里百余家，世乱各东西。"（《无家别》）

在这种历史大背景下，盛唐诗人经历了怎样的奇特人生，为我们奉献出了怎样的华丽诗篇呢？

盛世歌剧开场之前，以一个李隆基与小诗人的故事为序幕。

这个小诗人叫薛令之，于唐中宗神龙二年（706）就考中了进士。可他在仕途上一直不顺，直到唐玄宗当朝才当上右补阙兼太子侍讲这么一个小官。看着同科进士一个个都平步青云，自己始终难以出人头地，在又急又觉憋屈的情况下，薛令之在太子府的题诗壁上题了《自悼》一诗：

朝日上团团，照见先生盘。

盘中何所有，苜蓿长阑干。

饭涩匙难绾，羹稀箸易宽。

只可谋朝夕，何由保岁寒。

诗的意思是，初升的太阳圆又圆，照着我的饭菜盘。盘子里有什么呢？横七竖八的煮苜蓿。饭粗糙得勺子都舀不动，汤水清得令筷子都显得粗壮。当个这么小官，只能混个早晚饭吃，可到了寒冬年关时，叫先生我怎么过啊？

这首像早期打油诗一样的诗，牢骚话连篇，夸张讥刺意味十足。

在古代，著名的景点及一些官宦人家都建有题诗壁，供文人墨客即兴题诗。那时候没有报刊，题诗壁成了文人发表诗文的最重要平台。所以，很多我们耳熟能详的诗其实都是在题诗壁上发表的。

薛令之题完这首诗不久，唐玄宗忽然来东宫巡视，看见了此诗。唐玄宗读过之后，心里很不高兴，但不好为这首诗兴师问罪，于是，提笔在薛令之的诗旁题下了《续薛令之题壁》：

啄木觜距长，凤皇羽毛短。

苦嫌松桂寒，任逐桑榆暖。

题完了诗，他特意署上姓名：李隆基。

这首诗的意思是，你像啄木鸟一样嘴长，自认为凤凰，可惜羽毛短了，你若嫌松桂林中清寒，就到桑榆林中取暖去吧！这显然是一首发脾气骂人的诗，但李隆基写得典雅，可见其诗文才情确实名不虚传。

唐玄宗写完这首诗，没再为难薛令之。薛令之见到后，吓得冒出一身冷汗，赶紧写了辞职报告，连夜回老家去了。

据说后来太子李亨即位，想起这位东宫旧人，准备起用他，可是诏书刚下，薛令之就于老家病逝了。

仅从诗的影响力来说，张说（yuè）的名气确实不大。可事实上，张说是唐朝开元前期一代文宗，执掌文坛三十年。他被封为燕国公后，与被封为许国公的苏颋被人们尊崇为"燕许大手笔"。这里的"大手笔"，指的是二人所写的骈体文，而非诗歌。

近体诗发展至开元前期，五言律诗、五言绝句、七言律诗都已成熟，唯独七言绝句"多为对偶所累，成半律诗"（明·杨慎《升庵诗话》），而张说恰恰在七言绝句这一体裁上起到了促成熟、树标杆的作用。

例如，张说的名作《送梁六自洞庭山作》：

> 巴陵一望洞庭秋，日见孤峰水上浮。
>
> 闻道神仙不可接，心随湖水共悠悠。

这首诗神韵悠然，耐人寻味，通体散行，风致天然，言尽意尽，完全克服了"半律诗"的毛病，成为后人写七言绝句的典范。

张说（667—730），字道济，一字说之，洛阳人。传说其母曾梦到一只玉燕自东南飞来，投入怀中，因而有孕，生下了他。后人便以"玉燕投怀"作为降生贵子的祝颂语。

日后张说果然成为不可多得的能臣之一，文可治国，武可安邦，与姚崇、宋璟、张九龄并称"开元四大名相"。

689 年（永昌元年），二十三岁的张说在科举殿试时，以策论第一名的成绩高中进士，授任太子校书，后任左补阙。699 年，张说等四十七名学士受命编修《三教珠英》一书。此书于 702 年编成，张说即被武则天升任为右史、内供奉，不久又提拔为凤阁（中书省）舍人（正五品上），成为武周时期的政治明星。

就在崭露头角的时候，张说遇到了人生的第一次大考验。

703 年，张昌宗、张易之兄弟与时任宰相魏元忠（中书令，张说上司）发生权争。张昌宗构陷魏元忠谋反，找到张说，许以高官厚禄，让他在朝堂上做证。

上朝之时，武则天询问张说。张说还未答话，一旁的魏元忠急了，责问张说："你想和张昌宗一起害我吗？"

张说怒道："你身为宰相，怎么说出这种陋巷小人之语！"

张昌宗一听，以为张说肯定会做证魏元忠谋反，催促他赶快说出证词。

谁知张说道："陛下看到了，张昌宗在陛下面前还这么逼我，何况在外面呢？我没听说过魏元忠要谋反，张昌宗这是在逼我做伪证！"

张昌宗听罢，气急败坏叫道："张说与魏元忠共同谋反！"

武则天追问详情，张昌宗道："张说曾经说魏元忠是当今的伊尹和周公，而伊尹流放太甲，周公做了周朝的摄政，这不是想造反又是什么？"

张说正色辩道："张昌宗兄弟是孤陋寡闻之人，他们只听说过有关伊尹、周公的只言片语，又怎懂得伊尹、周公之德行？魏元忠刚当宰相时，我确实在祝贺时说过'您承伊尹、周公之责，可喜可贺'，伊尹、周公，自古以来都是受人称颂的大忠臣，我祝贺宰相要像伊尹、周公那样忠诚，何错之有？我难道不知道依附张昌宗兄弟就能立即获取宰相高位，依附魏元忠就有可能满门抄斩？可是，我若冤枉魏元忠，最终冤魂也会向我索命，所以我绝不敢做诬陷的勾当！"

一番义正词严的话，说得在场的大臣肃然起敬。这时候的武则天还不昏庸，听了这番话，自然知道是非曲直，但总得给自己宠爱的面首几分面子吧？于是，她呵斥张说是"反复无常的小人"。

罪证不足，魏元忠的命保了下来，只被贬为高要尉，张说因此流放岭南。但是，这一行为给张说挣得了直臣的清誉，在李家皇室和众大臣之中留下了良好的口碑。

神龙元年（705），唐中宗复位，张说立即得到重用，先被征拜为兵部员外郎，后又升任为工部侍郎，这是从三品的朝廷要员了。

这时候，张说的才能得以充分发挥，唐中宗欣赏，众大臣也心悦诚服，所以连他在为母亲服丧时，中宗都急着要征调他为黄门侍郎，但他坚守礼制，并没有应召。这一坚守孝道的举动又受到了满朝文武的称赞。服丧期满，他立即被起用为兵部侍郎，加弘文馆学士。

唐睿宗即位（710年），张说改任中书侍郎（副宰相位），兼雍州长史。同年秋，中宗之子谯王李重福谋夺皇位失败，其党羽数百人被捕，东都留守审讯好几个月，都不能定案，睿宗派张说前去审理。张说只用了一个晚上便查清此案，将主谋张灵均、郑愔定罪，其余误捕下狱的一律释放。

睿宗赞叹他："不冤枉善良，不遗漏罪犯，如果不是像你这样的忠正之人，又怎能做得到！"

随后，张说被任命为太子李隆基的侍读。711年，张说进封同中书门下平章事，第一次登上相位。此时，太平公主图谋朝政，欲废李隆基，但张说坚定支持李隆基，并最终扶持李隆基登上皇位。

712 年，唐玄宗李隆基登基。但是，太平公主势力过于庞大，张说还是被太平公主从相位上撵了下来，被贬为尚书左丞、东都留守。其间，张说一直鼓动李隆基要果断铲除太平公主。

713 年，李隆基终于诛杀了太平公主及其党羽，张说被拜为中书令，并被封为燕国公。

在唐朝，由于三省分权，实际上有三个宰相位子，即中书令、门下侍中、尚书左右仆射（因唐太宗担任过尚书令，故贞观之后，尚书令一直空缺）。但尚书左右仆射一般是由德高望重的功臣兼领，不问具体事务，而是由尚书省左右丞承担具体事务，可尚书左右丞职级（正四品上）低于中书令及门下侍中，所以中书令与门下侍中成了掌控实权的宰相。

当唐朝皇帝看中某人才干，而某人职级又不够怎么办？那就封为"同中书门下平章事"，即可以与中书令及门下侍中共同处理政务的官，这一官位实质上是皇上最信任的宰相。

唐玄宗几经权争，好不容易才坐稳皇位，自然不允许朝臣专权。除了三省分权，他还不允许宰相在位子上待的时间太长。在稳定朝局后，唐玄宗准备起用他所看重的姚崇担任同中书门下平章事，与张说共同执掌朝政。

张说与姚崇不和，千方百计阻挠此事，可唐玄宗并没被张说左右，仍然任命姚崇为兵部尚书、同中书门下平章事。

姚崇任相后，抓住张说的把柄，将他贬为相州刺史，充任河北道按察使。

几年后，苏颋任宰相。张说与苏颋的父亲是故交，在苏颋的进言下，张说改任荆州刺史，不久出任右羽林将军，兼检校幽州都督。文官改任武将，这对张说来说是一次考验。然而，在军中任职的张说，再一次展示了他的武略。

721 年，突厥降将康待宾反叛，唐玄宗命王晙（jùn）率兵讨伐，命张说参与军机。张说率一万人马出合河关，袭击康待宾叛军。唐军用兵得当，大破叛军，乘胜追击，逼迫叛军内部反戈，一举平息了叛乱。这一场大胜后，唐玄宗起用张说为兵部尚书、同中书门下平章事。

722年，张说担任朔方节度使，巡查边城五城时，追讨康待宾余党康愿子，活捉康愿子，一举平息了北方的纷乱。这之后，张说又成功地进行了府兵体制改革，裁撤边军二十万人。

723年，张说再次升任中书令，而后主持泰山封禅一事。按照惯例，封禅之后，三公以下所有官员都要迁升一级。可是，张说利用职权，将本是九品小官的女婿郑镒（yì）提升至五品，赐绯色朝服。

唐玄宗大宴群臣时，看到郑镒，惊讶地问他为什么升得这么快。郑镒无言以对，一旁的黄旛绰戏言道："这都是泰山的功劳啊！"一句暗指戏言，造就了将岳父称为"泰山"的流行语。

晚年的张说，估计是自恃劳苦功高，变得刚愎自用，脾气暴躁，动不动就呵斥谩骂同僚，结果被同僚联名弹劾。唐玄宗派人审查，发现张说确实存在徇私舞弊、收受贿赂的罪行，于是将他关进大狱。

张说的哥哥左庶子张光，在朝堂之上割掉耳朵，为他鸣冤。唐玄宗有所感动，再派高力士入狱探望，了解情况。张说认罪态度良好，承认了一些徇私、受贿的罪行。例如，违规提拔女婿，可他女婿确实能干，受贿则主要是他写墓志铭的润笔费。高力士回去汇报后，唐玄宗感念他的功劳及才能，赦免了他，仅罢了他中书令的官职。

随后，在政敌不断的中伤下，唐玄宗不得不逼迫张说致仕（退休）。受此打击，张说从此潜心著书，不再过问政事。但是，没几个月，习惯了张说卓越才能的唐玄宗，又起用张说为尚书右丞，凡军国大事都询问张说的意见。

730年，张说病逝，享年六十四岁。唐玄宗在光顺门为他举哀，亲自撰写神道碑文，并罢元旦朝会，追赠太师，赐谥文贞。

张说的一生，可谓跌宕起伏，但他总能以超凡的能力证明自己，不断得到唐玄宗的倚重，真正诠释了"是金子总会发光"的含义。

张说是"初唐四杰"之后又一骈体文巨擘。开元年间的重要公文，如唐玄宗泰山封禅的《封禅坛颂》，就出自他手。朝廷功臣去世，能请动张说写墓志铭，那是这个家族的最大荣耀。

说到写墓志铭，张说还给后人留下了"死姚崇算计活张说"的趣事。

721年秋，姚崇病重，临死前对儿子们道："张说与我积怨很深，但他是'大手笔'呀，我死之后，希望你们请他给我写篇墓志铭！"

儿子们面面相觑，心想：这个遗嘱要完成，几乎不可能呀！

姚崇道："我死之后，出于礼节，他必来吊丧，你们将我生前收藏的古玩字画全部陈列出来，他最喜欢这些东西。如果他进来后，看都不看这些东西，说明你们将有灭顶之灾，那你们办完丧事就赶紧辞官回家。如果他看了这些东西，你们就赶紧将他喜欢的全部送给他，并请他给我写墓志铭。得到墓志铭后，你们马上呈报皇上，并立即刻上石碑。几天后，他若以修改铭文为托词收回墓志铭，你们就说已报皇上批准，并将刻好的石碑给他看，他肯定无可奈何，这样你们就可以安然无恙了。"

姚崇死时，张说第二次为相，虽然对姚崇有怨恨，但死者为大，他堂堂一个宰辅不能落下记仇的口实，所以仍然前来吊丧。

进了灵堂祭拜之后，看到旁边陈列的古玩字画，张说双眼冒光。姚崇的儿子赶紧真诚地道："张大人，家父生前嘱咐我们，这些古玩字画只有张大人才能慧眼识珠，令我们全部送给张大人您！"

张说吃惊道："这怎么好意思呢？无功不受禄呀，我怎么能平白无故地收这些东西呢？"

姚崇的儿子道："家父生前仰慕大人文采，希望大人能为他写篇墓志铭，这些都算作润笔费，也不毁大人清誉呀！"

张说听罢，搓了搓手，高兴地接受了这笔润笔费，连夜给姚崇写了一篇墓志铭。在这篇墓志铭中，妙笔生花的他，将姚崇的功绩、品德夸上了天。据说，这成了唐朝最出色的一篇墓志铭。

姚崇的儿子们拿到这篇墓志铭，赶紧请唐玄宗定夺。唐玄宗看了，直夸张说气量宏大、同僚情深。于是，姚崇的儿子们连夜将之刻上了石碑。

过了一天，张说果然差人来取墓志铭，说是要重新修改。姚崇的儿子们赶紧拿出石碑给来人看，说这篇墓志铭已经由皇上定夺了，还将皇上夸张说的话传达了一遍。

张说听后，懊恼不已。这样一来，所有人都知道他与姚崇和好，他就再也不好为难姚崇的后人了。他只得叹息道："死姚崇还能算计活张说，直到今天，我才知道我的才能其实比不上姚崇啊！"

张说有才干，却称不上完人，但他对唐朝社会的发展做出了贡献。在诗歌方面，除了完善七绝，他还提携了张九龄、贺知章及王湾等人，让他们在诗坛上大放异彩。

王湾名气不大，但有两句诗至今为人推崇："潮平两岸阔，风正一帆悬。"据说张说非常赞赏这两句诗，把它写在政事堂上，引为朝中大臣扩展胸襟、提升境界的警句。

张九龄

身处荒野，依然芳泽千里

《唐诗三百首》的第一篇，是张九龄的五言古诗《感遇二首》。编者蘅塘退士在编五言律诗时，所选的第一首诗，依然是张九龄的名篇《望月怀远》，可见蘅塘退士对张九龄推崇备至。

张九龄（678—740），字子寿，一名博物，韶州曲江（今广东韶关市）人，是继张说之后又一位宰相诗人。从诗的影响力来说，张九龄的名气大过张说，他所写的"海上生明月，天涯共此时"更成为千古传诵的名句。

张说出生时有"玉燕投怀"的传说，张九龄的出生也有一个神奇的传说。相传张九龄的母亲卢氏，在韶州始兴县怀孕满十月仍未分娩。其父见妻身体粗大、面黄体弱，疑她得了黄肿病，于是请一个看病兼算命的老先生来诊治。经诊断，老先生告诉张九龄的父亲："腹中胎儿乃非凡之物，因这个地方太小，容其不下，恐须到大地方方能出生。"

张家立即迁往韶州城。到了韶州，张九龄顺利出生。

张九龄出生后，果然天资聪慧，才智过人，五六岁时便能吟诗作对，一时被称为神童。

七岁那年，张九龄随家人游韶州宝林寺，遇太守进香。殿前游客纷纷回避，张九龄并不慌张，随手摘了一朵寺前桃花，藏于袖中，然后若无其事地看着太守摆供品进香。

太守见张九龄天真活泼，又像是读书的蒙童，就想试试他的才气，于是笑道："看你的样子像读过书，我出个对子，你若能对上，便赏你供果吃，可好？"

张九龄听说有此好事，急忙点头。

太守先前看见了张九龄摘桃花藏袖中的一幕，即景出题："白面书生袖里暗藏春色。"

张九龄接口应道："黄堂太守胸中明察秋毫。"

太守一惊，知道这小孩反应机敏，又出一联："一位童子，攀龙攀凤攀丹桂。"

张九龄抬头瞥见大殿三尊佛像，便应道："三尊大佛，坐狮坐象坐莲花。"

太守及随从无不惊叹，认为此子日后定非等闲之辈。

更有趣的是，张九龄拿了供果去后院玩耍时，被一和尚撞见，以为他偷了供果。张九龄不慌不忙地解释了一遍，和尚难以置信，问张九龄所对何联。张九龄说出太守所出的"一位童子，攀龙攀凤攀丹桂"上联后，和尚急忙问他是如何应对的。张九龄眼睛眨了眨，笑道："我对的是：满寺和尚，偷猪偷狗偷青菜。"和尚哭笑不得，只好放任小张九龄玩耍去了。

张九龄其实也算出身仕宦之家，其祖父张子虔曾任窦州参军，其父张弘愈担任过卢县县丞。张九龄从小就接受良好的教育。

十三岁时，张九龄以书信干谒广州刺史王方庆。王方庆看了张九龄的书信，赞叹："此子必将大有作为！"

武则天长安二年（702），二十四岁的张九龄参加科举考试，高中进士。时任考功郎，与宋之问并称"沈宋"的沈佺期，对他非常赏识，授予他校书郎官职。

但这之后，张易之、张昌宗兄弟擅权，张九龄并没有像宋之问之流巴结张氏兄弟，所以一直没有得到提拔，以至于他萌生了退出官场的想法。

这时候，张说因得罪了张氏兄弟被流放岭南。过韶州时，张说得阅张九龄的文章，即写信夸奖他的文章"有如轻缣素练"，能"济时适用"。

张说是当时的文坛领袖，又是朝中多有建树的重臣，这对刚入仕途的张九龄起到了巨大的鼓舞作用。

张九龄得到张说的鼓励后，打消了归乡的念头。"神龙政变"后，唐睿宗即位，太子李隆基举天下文藻之士，亲自策问。张九龄凭着真才实学，对策优等，升为右拾遗。李隆基即位后，张九龄改任左拾遗。

此处解释一下拾遗这个职位。唐朝很多诗人都担任过这一职位，如陈子昂、杜甫。拾遗，在汉朝为官制用语，指大臣补救皇帝遗失之谏，到唐朝则为官名，掌供奉讽谏，实质上就是谏官。左拾遗属门下省，右拾遗属中书省，左右拾遗都是从八品。这个官职品位不高，但也属于皇帝近臣，所以文人很乐意担任这一职务。

张九龄在担任左拾遗期间，与时任宰相姚崇意见不一致，招致姚崇的不满。开元四年（716）秋，张九龄辞官归养。

回到岭南的张九龄，并没有闲居，而是干了一件"利在当代，功在千秋"的事。当时所有行人出入岭南都须经过大庾岭，而大庾岭梅关"人苦峻极"，张九龄归养后，向朝廷上书开辟大庾岭路。得到批准后，张九龄自任主管，趁着农闲征集民夫，亲自到现场踏勘，披荆斩棘，不辞劳苦，指挥施工。

历时一年，张九龄在大庾岭开凿出三四十里长、六丈多宽的梅关驿道。驿道成为连接南北交通的主要通道，南北交通因此大为改观，后人誉之"古代的京广线"。张九龄做实事的举动，赢得了岭南人民的尊崇。

开元六年（718）春，张九龄再次被召入京，拜左补阙，主持吏部选拔人才事务。从这时起，张九龄的学识才干逐渐被朝臣认可。开元七年，张九龄升任礼部员外郎，次年又升任司勋员外郎（从六品上）。

张九龄《答太常靳博士见赠一绝》："上苑春先入，中园花尽开。唯馀幽径草，尚待日光催。"

开元九年（721），张说又被唐玄宗召回朝廷，再次被拜为相。张说一直赏识张九龄，回京后特意与他排谱论宗，结为宗族兄弟。得到张说的提携，张九龄于开元十一年（723）被任命为中书舍人。

好景不长，开元十四年（726）四月，宇文融和李林甫等人弹劾张说，张说被罢相。张九龄因此受牵连，被调任外官，在冀州、洪州、广州、桂州等地辗转任职。

开元十七年（729），张说又被唐玄宗起用为尚书左丞、集贤院学士。但此时的张说，身体状况堪忧，已经感觉到力不从心，于是，他多次向唐玄宗推荐张九龄出任集贤院学士。

可是，开元十八年（730），张说病逝时，张九龄仍然被外放，并未被唐玄宗召回。直到开元十九年（731）三月，唐玄宗才排除宇文融和李林甫的干扰，将张九龄召回京城，任命为秘书少监兼集贤院学士副知院事。张九龄奉旨代撰敕文，对御而作，无须拟草稿，援笔立成，深为唐玄宗倚重。

开元二十一年（733）十二月，几经升迁的张九龄终于被唐玄宗拜为中书侍郎同中书门下平章事兼修国史，正式为相，主理朝政。

张九龄主理朝政期间，正值大唐全盛时期，但唐玄宗已经开始出现自满昏聩的迹象。张九龄以睿智的目光洞察了隐伏的种种社会危机，提出了以"王道"替代"霸道"的从政之道：强调保民育人，反对穷兵黩武；主张省刑罚，薄征徭，扶持农桑；坚持革新吏治，选贤择能，以德才兼备之士任为地方官吏。

张九龄的施政方针，缓解了社会矛盾，对巩固中央集权，维护"开元盛世"，起到了重要的作用。他因而被后世誉为"开元之世清贞宰相"三杰之一。

张九龄的才干不输张说，比张说更刚直无私。他任宰相时，敢于向唐玄宗直言进谏，规劝玄宗居安思危，整顿朝纲。玄宗的宠妃武惠妃，欲谋废太子李瑛而立己子时，命宫中宦官游说张九龄。张九龄斥退宦官，及时同武惠妃严词力争，平息了宫廷内乱，稳定了政局。

张九龄还有识人之道，明察秋毫。当安禄山入京拜见他时，他立即察觉出安禄山的奸诈，对侍中裴光庭道："乱幽州者，必此胡也！"

开元二十四年（736），安禄山任平卢将军讨伐契丹失败，又犯了军法，被监军押送京城，请朝廷判决。张九龄毫不犹豫地在奏文上批示：为严肃军纪，将安禄山斩首。可惜唐玄宗为示皇恩，将安禄山释放，最终导致了安史之乱。

安史之乱后，唐玄宗逃亡巴蜀，想起张九龄的远见卓识，痛悔不已，特意遣使至曲江悼念已病逝的张九龄，追赠他为司徒。

张九龄为相时，另一位"名相"李林甫在唐玄宗的支持下，迅速崛起。与正直敢言且忧国忧民的张九龄相反，李林甫"口有蜜，腹有剑"，视天下百姓如草芥，着力于玩弄权术，堵塞言路，打击异己。

对于柔佞狡诈的李林甫，刚正不阿的张九龄痛斥其非，坚决斗争。但张九龄怎是诡计多端的李林甫的对手？更何况此时唐玄宗已经昏聩。

经不住李林甫哄骗的唐玄宗，在张九龄与李林甫的斗争中，逐渐倾向李林甫。开元二十五年（737），担任了五年宰相的张九龄，因为举荐的周子谅乱讲吉凶而遭受牵连，被李林甫与牛仙客联手挤下相位，降任荆州大都督府长史。

开元二十八年（740）春，张九龄请求回乡扫墓，因体衰染病，于五月七日去世，终年六十八岁。

张九龄是读书人眼中典型的儒家君子形象，举止优雅，风度不凡，一直为后人崇敬、仰慕。唐玄宗都为他的风度所折服。张九龄罢相后，每当有人推荐宰相，唐玄宗都要问"风度得如九龄否"。

张九龄耿忠尽责，直言敢谏，不徇私枉法，不趋炎附势，敢于同邪恶势力做斗争，为"开元之治"做出了积极的贡献。

在即便遭受打击的情况下，张九龄不忘为家乡人民谋福祉，备受岭南人民热爱，被誉为"岭南第一人"。岭南人民自觉保护好他的墓地，修缮他的故居，修建了以他名字命名的"张九龄公园"，还编了"解鼠过江""动天墨砚"等传说。

传说，张九龄小时在保安县城外的大鉴寺读书，用的墨砚有汤盆大，不料某天竟被一只大老鼠拖走。他一怒之下，捉来老鼠钉在木板上，写上："张九龄，解鼠上朝廷，若然解不到，山神土地不安宁！"然后，他将载着老鼠的木板放于江中。说来奇怪，木板一下水，不是顺流南漂，而是逆流北上。刹那间，只闻得锣鼓声自江中响起，又见木板去处旌旗飘飘，好像真有兵马押鼠上京一般。

传说，有一年韶州大旱，当地人从早到晚都去大鉴寺求雨。正在大鉴寺读书的张九龄，目睹田地干裂，禾苗枯萎的惨状，心中难过，问前来求雨的人："你们这样能求得到雨吗？"求雨人道："求得多了，老天爷就会感动的。"张九龄叹道："老天爷也不一定能靠得住啊！"求雨的人听这孩子说出亵渎神灵的话，怒道："有本事，你降些雨来！"

张九龄一听这话，不声不响地将他的墨砚放到地上，双手捧着墨棒磨了起来。求雨人奇怪，问他要干什么，张九龄认真地说道："我要写状子告老天爷！"

求雨的人以为小孩子在说气话，也不理会。谁知，随着墨砚里的水越磨越黑，天空也越来越黑。待他将一整条墨磨完，天空已乌云密布，电闪雷鸣。这时，张九龄猛然拿起墨砚往天上一泼，只听哗啦一声，那墨水顿时化作倾盆大雨落了下来。

这便是"解鼠过江""动天墨砚"的神奇传说。可见，在岭南人民的心目中，张九龄几乎是下凡神仙般的存在。

岭南人民至今喜欢饮用的凉茶，据说也是张九龄发明的。相传张九龄返回故里，患上瘴疠，他根据药性，将金银花、淡竹叶、罗汉果、甘草等中草药配在一起泡茶，日饮两碗，治愈了自己的瘴疠。而后，他将这一药方在岭南一带推广，使岭南人民从此摆脱瘴疠的折磨。后人为了纪念张九龄的功德，将此方泡出的汤汁称为"张九龄凉茶"。

张九龄能够名垂青史，除了因为他是一代名相，更重要的是，他在诗坛同样占有重要的地位。他是继陈子昂之后，力排齐梁颓风，追踪汉魏风骨，打开盛唐诗歌百花齐放局面的重要之人。

张九龄与陈子昂有过接触，两人算是意气相投。在《答陈拾遗赠竹簪》中，张九龄写道："与君尝此志，因物复知心。遗我龙钟节，非无玕瑶簪。幽素宜相重，雕华岂所任？为君安首饰，怀此代兼金。"

从这首诗中可知，比张九龄大十八岁的陈子昂对他极为看重，赠他竹簪以示文人关爱，而张九龄对这份情意十分珍惜，称陈子昂赠送的竹簪为"龙钟节"，比玕瑶簪、金簪更加珍贵。

张九龄的诗歌，风格雅正而素淡，洗尽铅华，积极践行了陈子昂的诗歌革新精神。其代表作《感遇》十二首和《杂诗》五首，以兴寄为主，托物言志，沉郁感人。

如《感遇·其一》：

> 兰叶春葳蕤，桂华秋皎洁。
> 欣欣此生意，自尔为佳节。
> 谁知林栖者，闻风坐相悦。
> 草木有本心，何求美人折？

这首诗说春兰、秋桂这两种植物，在不同的季节欣欣向荣，并非为了博取美人的欣赏，而是出于本身高雅的本性，兴寄自己洁身自好、不谄媚于小人的高洁品格。这首诗可以说是托物言志的唐诗典范。

张九龄的感遇诗与杂言诗，注重比兴，与陈子昂的古朴不同，凸显出温雅蕴藉的特色，所以，他的诗继承了陈子昂复古革新的精神，又独具自己的风格。

张九龄的感遇诗与杂言诗属于五言古诗体裁，其五言律诗同样卓尔不凡。编在《唐诗三百首》五律第一首的《望月怀远》，境界十分开阔壮丽：

> 海上生明月，天涯共此时。
> 情人怨遥夜，竟夕起相思。
> 灭烛怜光满，披衣觉露滋。
> 不堪盈手赠，还寝梦佳期。

这首诗起联气势博大，继而情韵悠悠，表达出一种清新幽远的意境，将张九龄"清淡优雅"的诗风表现得淋漓尽致。

而在《湖口望庐山瀑布水》一诗中，张九龄借景抒情，展示出开阔的盛唐气象：

> 万丈红泉落，迢迢半紫氛。
> 奔飞流杂树，洒落出重云。
> 日照虹蜺似，天清风雨闻。
> 灵山多秀色，空水共氤氲。

总之，张九龄的诗开启了清淡诗风流派，对孟浩然及王维的山水田园诗派有着直接的影响，更对宋、元、明清出现的"岭南诗派"有着启迪之功。

张九龄才华横溢、品德高尚，深为当时的诗人敬仰，王维、杜甫都有颂美他的诗篇，他也对当时崭露头角的诗人多有提携，如任荆州都督时起用布衣身份的孟浩然为幕僚，当宰相时提拔王维为右拾遗。

后人将张九龄称为"诗中君子"，纵观其一生，名副其实。

贺知章

守真才能快乐

大唐诗人大多命途多舛，不是怀才不遇，就是官场被贬，甚至被人迫害致死，很少有活得称心如意的。唐朝究竟有没有诗人能平安幸福地度过一生呢？

有，这个诗人还平安地活了八十六岁，在那个平均寿命三四十岁的时代，绝对是一个奇迹。这个人当官后，从来没有被贬，平安长寿过一生，那是因为，此人"人见人爱，花见花开"。

这个可爱的人儿，就是贺知章。贺知章传世的诗作只有十九首，但是名气不小。中小学课本上有他的两首诗：

回乡偶书

少小离家老大回，乡音无改鬓毛衰。

儿童相见不相识，笑问客从何处来。

咏柳

碧玉妆成一树高，万条垂下绿丝绦。

不知细叶谁裁出，二月春风似剪刀。

通过这两首七绝，我们读出了贺知章那旷达无碍的情怀——没有悲愁，没有激越，更没有牢骚，有的只是一种亲切，一种童趣，一种对大自然童真般的热爱。

贺知章（约659—约744），字季真，晚年自号"四明狂客"，越州永兴（今浙江萧山市）人，与张若虚、张旭、包融并称"吴中四士"。

武则天证圣元年（695），武则天登基那年，三十六岁的贺知章考中进士科状元。他是浙江历史上第一位有史料记载的状元。中状元后，贺知章被授国子四门博士，后迁太常博士，就是先担任朝廷官办学校国子监四门馆的教授（从七品），又到掌管礼乐的太常寺担任博士（从七品上，掌管礼仪）。

唐玄宗登基的第十年（开元十年，722年），在张说的推荐下，贺知章转入丽正殿修书，参与撰修《六典》《文纂》。书没编完，他又转任太常寺少卿（正四品上）。开元十三年（725），贺知章转任礼部侍郎、集贤院学士（从三品）。唐朝礼部所管的事务相当于现在教育部、外交部的事务，礼部侍郎相当于副部长。

开元二十六年（738），贺知章改任太子宾客、银青光禄大夫兼正授秘书监。太子宾客（正三品）是太子的老师之一，职责是侍谏太子。银青光禄大夫是拿俸禄的职级（从三品），正授秘书监就是秘书省的最高长官（从三品），掌管国家的图书与修史，这个职位是读书人梦寐以求的最清贵的职位。前文提及的薛令之的故事，就发生在贺知章当太子宾客的任上。

唐朝的三省（中书省、门下省、尚书省）长官（三宰相）都是正三品，这时候的贺知章，职级已经与宰相同等。

贺知章崇道修道，为官淡然，但绝对不是个一声不吭的懦弱书呆子，更不是性情怪僻的隐士。相反，他生性旷达豪放，谈笑诙谐，好饮酒，又风流倜傥，引得当时无数贤达人士对他倾慕不已。

例如，时任中书令（宰相之一）陆像先对人说："贺兄言谈清雅风趣，真可谓是风流之士，我与自家子弟阔别，都不十分想念，唯独一日不见贺兄，就会感觉自己粗鄙吝啬了！"

陆像先是贺知章的表弟，可能言过其实，我们可以通过下面的故事来佐证。

唐天宝元年（742），四十一岁的李白来到长安，想在长安扬名立万，谋求功名。可他举目无亲，又想不出陈子昂那么高妙的炒作办法，只想着找个德高望重的名宿推荐自己。经过多方打听，李白得知贺知章是个可亲可近的人，便打起了主意。

贺知章崇道，李白也崇道，某日，二人于长安紫客道观巧相逢。李白长揖，自我介绍一番，贺知章见眼前之人英气逼人，风流潇洒的气质一点儿都不亚于自己，心生欢喜。他一高兴，就拽着李白到旁边酒馆喝酒去了。

喝酒之前，李白将诗作《蜀道难》献给贺知章雅正。

贺知章接过诗篇一读，大吃一惊。一口气读完，他站起身绕着李白转了三圈，将李白转得发蒙，忐忑不安问道："贺大人，您这是做甚？"

贺知章盯着李白问道："你是不是仙人被谪下凡？"

李白先是摇头，之后又点头道："是不是仙人被谪，我不知道。我只听我娘说，生我之前梦见太白金星坠入怀中，所以为我取名李白，字太白。"

贺知章一拍脑袋，叫道："我就说嘛，不是谪仙人，又如何能写出这样的诗来！"

于是，李白的"谪仙人"称号不胫而走。

接下来自然是酒逢知己千杯少了，两个酒徒凑在了一起，岂能不喝个天昏地暗？

待真的天昏地暗的时候，贺知章终于想起来要回家，可是一摸口袋，尴尬了，没带钱。贺知章的豪爽之名在外呀，总不能让一个初来乍到的后辈付钱吧？一急之下，贺知章摸到了随身佩戴的金龟袋，于是，解下金龟袋丢给掌柜，当酒钱。

掌柜接过金龟袋，吓得一哆嗦。为什么呢？因为这是皇上赐给朝廷三品以上大员的饰品呀！

掌柜结结巴巴地道："老大人，您的酒钱就免了呗，要不就……先记着？"

贺知章一摆手道："当我吃霸王餐呢？我不是那号人！只是今天忘了带钱而已，以后记得带钱赎回来就是了！"

李白感动得直搓手，连声道："这怎么好意思……这怎么好……"

贺知章哈哈大笑，道："这有什么，这有什么，'人生得意须尽欢，莫使金樽空对月'嘛，你我是朋友，走，到我家继续喝酒去！"

就这样，一个八十多岁的文坛大佬，与一个四十来岁的晚辈后生，结成了忘年交。这就是贺知章创造的"金龟当酒"佳话。当然，这一场酒局也让李白从此名满天下。

之后，贺知章与玉真公主联合将李白推荐给唐玄宗，让李白当上了翰林待诏。应该感谢贺知章为后人发掘出诗坛上最闪亮的那颗星。

这件事传为美谈，让后世许多才子倾慕得恨不逢时。晚唐诗人张祜在被元稹几句话毁了前程时，自嘲："贺知章口徒劳说，孟浩然身更不疑。"宋代刘望之在《水调歌头·劝子一杯酒》中将此用作典故："谪仙人，千金龟，换美酒。载与君游，流水曲觞且赓酬……"

据说贺知章修道，修的是"真"字，从不说假话。比如，"金龟当酒"事后，贺知章从此出门都要检查口袋里揣没揣钱。

有一次，他老人家到郊外游赏，发现了袁氏别墅，林清木秀，跑进去游玩，还在题诗壁上题诗《题袁氏别业》（一作《偶游主人园》）：

主人不相识，偶坐为林泉。

莫谩愁沽酒，囊中自有钱。

贺知章《偶游主人园》："主人不相识，偶坐为林泉。莫谩愁沽酒，囊中自有钱。"

这老头太有意思了，还记得上次喝酒没带钱的糗事，于是在这里写诗说，别愁我没钱买酒啊，我口袋里有的是钱。

贺知章晚年自号"四明狂客"，因为他的家乡在四明山下。所谓"狂客"，绝不是他行为狂放，也不是因为诗风狂放，而是因为他的书法至晚年后，风格大变，一手章草，豪迈狂放，为了怼好友——有"草圣"之称，外号"张颠"的张旭——他给自己取了这个外号。

有人根据他的自号称他为"诗狂"，纯属想当然，因为贺知章的诗自始至终都没有半点儿狂意，而是清新自然，带着返璞归真的意味。

贺知章晚年喜欢走街串巷。据说是因为当初他住宅对面的巷道里住着个道法高深的老人。他请教道法后，受益匪浅，后来再想请教，老人已不知所终。而贺知章走街串巷的目的，是想找到那个神秘的老人。

贺知章走街串巷走累了，看见酒馆就进去饮酒。长安大街小巷早就流传贺知章的传说，于是他每到一家酒馆，掌柜一律免单，只请他写几张字抵酒钱。贺知章也从不客气，喝完酒，大笔一挥，走人。而这些酒馆得了贺知章的字，无不欣喜若狂，当作珍宝收藏。

贺知章的书法水平极高，李白就称赞贺知章比肩王羲之："山阴道士如相见，应写黄庭换白鹅。"可惜他的墨宝流传下来很少，只有一本章草体的《孝经》，现藏日本。

天宝三年（744），八十六岁的贺知章因病昏迷了三天三夜，就在家人以为他仙逝时，他忽然醒了过来，然后上书玄宗告老还乡。

唐玄宗同意了，还为他举行了一个极其隆重的送别仪式，在京的达官贵人一律参加。长安南郊，为他送行所搭的帐篷有十几里路长，王爵以下的官员都对他施行礼拜。送行的人中，有李白、王维等。

唐玄宗带头给贺知章赋诗两首，还将他老家的鉴湖（又称镜湖）赐给他做放生池。一千多年后，秋瑾自号"鉴湖女侠"，让鉴湖再度载入史册。

唐·贺知章｜草书孝经（局部）｜现藏日本宫内厅三之丸尚藏馆

贺知章回到家乡，写了《回乡偶书》两首，除了"少小离家"这首，另一首同样脍炙人口：

　　　　离别家乡岁月多，近来人事半销磨。

　　　　唯有门前镜湖水，春风不改旧时波。

　　回到老家没多久，贺知章就溘然长逝了。当初的太子李亨（唐肃宗）继位后，加封老师贺知章礼部尚书的头衔。

　　李白在唐玄宗身边当翰林待诏当腻了，乞金辞官。不久，他赶去越州看望贺知章，谁知他到时，贺知章已然驾鹤西去。李白潸然泪下，写下了怀念贺知章的诗《对酒忆贺监二首》：

其一

　　　　四明有狂客，风流贺季真。

　　　　长安一相见，呼我谪仙人。

　　　　昔好杯中物，翻为松下尘。

　　　　金龟换酒处，却忆泪沾巾。

其二

　　　　狂客归四明，山阴道士迎。

　　　　敕赐镜湖水，为君台沼荣。

　　　　人亡余故宅，空有荷花生。

　　　　念此杳如梦，凄然伤我情。

　　之后杜甫也满怀敬仰地写下《饮中八仙歌》，起首就写"知章骑马似乘船，眼花落井水底眠"，将贺知章的酒后憨态写得活灵活现。

贺知章从武则天登基起就一直在朝廷为官，历经武则天、唐中宗、唐显宗、唐玄宗四朝。这中间皇权更迭，发生了那么多的权力斗争，而他没受波及，安然无恙，直至六十四岁开始受唐玄宗重用，不得不说是个奇迹。

创造这样的奇迹，成为人生的大赢家，并非运气使然，而有其独特的原因。

开元十年（722），唐玄宗结束皇权争斗之前，贺知章一直默默无闻。贵为状元的他，二十八年都在做着教书育人及掌管礼仪的清要之职。这对学问深厚的贺知章来讲，是小菜一碟，不费吹灰之力就能干好。但以他状元之才，一直在七品位置上混来混去，二十八年默默无闻，换作别人，恐怕早就怨天尤人了，比如薛令之。

以贺知章的才干与名气，稍微有人提携，不说早就站上权力巅峰，混个四品、五品官，多拿些俸禄，应无问题吧？可是，如果找人提携，就要站队。真是这样的话，无论站在哪一边，贺知章恐怕早就被贬了。

他能看清当时权力斗争的凶险，不依附任何一方政治势力，置身事外，也没有像其他才子那样急吼吼地上书表达自己的政治观点，展示自己的才华，而是甘于沉寂。这说明贺知章是个极其睿智的人。

另一个重要的原因是，贺知章一生信奉道教，修道有成，"无为"思想对他影响比较大，他没有攫取权力的欲望，没有政治上的野心，也没有"达则兼济天下"的抱负。

干着教书育人、掌管礼仪的事，他就很满足了，并且尽职尽责。这么一个不问政事，只做学问，勤勤恳恳发挥才干的人，自然没有任何一方政治势力将他当作敌人。

贺知章能够人见人爱，当然是他的性格使然。所谓旷达豪放，就是说他从不计较得失，从不亏待别人，从不端架子。能有这么好的性格，说到底还是他追求"真"字，修出了让人敬仰的修养。贺知章以一生经历告诉我们，看开些，不被欲望左右，好人可以一生平安。

孟浩然

入不了庙堂，逛逛江湖也无妨

　　从初唐到盛唐，那些誉满天下的大诗人，几乎都是天资非凡、才华盖世，并且经历坎坷、富有传奇人生的官宦名流，一介布衣似乎始终与大诗人的头衔无缘。直到孟浩然走进我们的视野，我们才知道，布衣诗人一样可以名传千秋。

　　同之前的大诗人相比，孟浩然的才气与出身都显得极其平凡。他没有显赫的家族背景，也没有天资聪慧的传说，更没有跌宕起伏的仕途人生，唯一可以肯定的是，他的家境似乎还算富裕，可以供他四处漫游、结交朋友。

　　然而，就是这么一位才不惊人的布衣书生，为后人留下了《春晓》《过故人庄》《岁暮归南山》等二百六十多首脍炙人口的诗篇，备受世人推崇。他更因诗仙李白的《送孟浩然之广陵》而成为至今家喻户晓的文化名人。

　　孟浩然（689—740），名浩，字浩然，号孟山人，襄阳（今湖北襄阳市）人，世称孟襄阳。

　　孟浩然出身襄阳城中一个薄有恒产的书香之家，十岁起与弟弟一起读书学剑。十七八岁时，他轻松通过县学考试，取得府试资格，并有幸拜访了他的偶像张柬之。

张柬之是孟浩然同乡，在宰相位时逼退了武则天，对李唐续兴功莫大焉。然而，中宗复辟后，张柬之被韦后贬至襄阳。孟浩然拜见张柬之之后，张柬之又被朝廷流放岭南，病死途中。

闻此消息，孟浩然心碎一地，发出"读书明智不为仕"的怒吼，直接罢考府试。父母苦口婆心地劝说，也无济于事。被说烦了，他索性与张子容跑到鹿门山隐居去了。

鹿门山是个隐居名地，西汉末年名士庞德公就在此隐居。庞德公是诸葛亮的老师，是庞统的伯父，司马徽与徐庶也是他的门下常客。他不受刘表的聘请，归隐鹿门山，一心修道，风骨闻名天下。

在孟浩然之后，晚唐诗人皮日休也曾归隐鹿门山，为鹿门山赢得了"鹿门高士傲王侯"的赞誉。

孟浩然年纪轻轻就隐居山林，据说还有一个不得已的苦衷。因为他遇到了一见钟情的韩襄客。韩襄客何许人也？一位有才艺的歌女。

孟浩然给韩襄客写了一首情诗："只为阳台梦里狂，降来教作神仙客。"（《赠韩襄客》）

韩襄客回复："连理枝前同设誓，丁香树下共论心。"（《闺怨诗》）

孟浩然获取美人心后，立马跑回去要求父亲明媒提亲。孟老爷子气得七窍生烟，孟家虽非豪门，也是书香门第，怎能容忍歌女嫁入？孟老爷子发话："如果你执意要娶，就滚出家门，永远别回来。"

孟浩然脖子一梗，一跺脚，跑到郢州韩襄客家里，与她直接拜了天地。

生米煮成熟饭，韩襄客不久就怀上了孟浩然的孩子。孟浩然心想，看在孟家有后的分儿上，老爷子该接纳儿媳了吧？可是，孟老爷子死活不肯让二人进门，孟浩然只好带着韩襄客隐居鹿门山，"发小"张子容也去与他做伴。

一年后，孟老爷子在悲愤抑郁中离世。孟浩然在忏悔中为父守孝三年。

其间，张子容出山考中了进士。这两件事动摇了孟浩然的隐居执念，他也开始思考出山入仕，给九泉之下的父亲一个交代，也为自己的妻儿谋个名分。

如何入仕？除了考科举，还有一条路叫"终南捷径"。

唐代文人以信佛崇道为时尚，道家崇尚自然，提倡返璞归真，佛家倡导空寂静净，修行必往幽静之所。远离尘世的山林便成了文人向往的地方。同时，唐代用人不拘一格，不仅通过科举考试选拔人才，也通过征辟推荐招揽人才，让隐士名流出仕成为可能。

唐高宗与武则天就经常访道山林，遇到隐士高人即聘请入仕。最著名的故事就是初唐文人卢藏用，在举进士后未能授官，遂隐居终南山，身在山中，心冀征召。后来武则天下令征召天下隐士高人，卢藏用遂被地方官以"高士"之名举荐入朝，担任要职。

一天，卢藏用与大道士司马承祯同过终南山，卢藏用指着终南山说道："此山中大有好去处，道长可曾见到？"司马承祯笑道："依我所见，就是有条通往仕途的捷径而已！"

司马承祯显然是在暗讽卢藏用假隐居、真谋仕的行为。后世遂以"终南捷径"一语，比喻谋求官职或名利的捷径。

隐居山林，既可以安静修行读书，又有可能被朝廷以"高士"之名征召，所以初唐、盛唐时期，文人对隐居是趋之若鹜。但只隐居却无人知晓又不行，于是，为了扩大影响，造就"高士"声誉，文人还必须漫游天下，结交名流，干谒权贵，以博取赏识和推荐。

孟浩然守孝期满，再度隐居鹿门山，显然是选择了"终南捷径"这条路，以期达到尽快入仕的目的。两年后，二十五岁的孟浩然开始辞亲远游，漫游于长江流域，干谒公卿名流，以求进身之机。

唐开元五年（717），孟浩然游洞庭湖时，恰逢张说路过洞庭，于是作《岳阳楼》诗，干谒张说。可是，张说这时候是被贬黜，难以推荐他，孟浩然的这次干谒无果而终。

唐开元十二年（724），三十六岁的孟浩然结交了时任襄州刺史的韩思复及襄阳县令卢馔。在他们的介绍下，孟浩然前往当时唐玄宗所在的东都洛阳求仕，依然一无所获。

开元十三年（725），李白游洞庭襄汉，遇孟浩然，两人结为好友，成了莫逆之交。在孟浩然的引荐下，李白得到故宰相许圉（yǔ）师孙女的青睐，入赘许府。

第二年，孟浩然出游扬州，途经武昌，又遇李白。告别时，李白为他写出了千古名篇《送孟浩然之广陵》：

> 故人西辞黄鹤楼，烟花三月下扬州。
> 孤帆远影碧空尽，唯见长江天际流。

开元十五年（727），三十九岁的孟浩然在"终南捷径"走不通的情况下，决定赴长安参加科举考试，结果科举不第，只好留在长安再求举荐。

在长安期间，孟浩然与王维结交。王维与孟浩然意气相投，他用丹青妙笔为孟浩然画了一幅画像，使孟浩然"骨貌淑清、风神散朗"（唐·王士源《孟浩然集序》）的形象流传于后世。

滞留长安期间，孟浩然参加了一次太学雅集。在这次集会中，他写出的诗句"微云淡河汉，疏雨滴梧桐"，惊艳四座，令所有集会的人都搁笔倾倒，不敢再提笔赋诗。从此，孟浩然诗名大噪，让一些达官显贵愿意与他结交。

然而，孟浩然以诗博得名气的同时，又因诗自毁了前程。

贬放外任又被唐玄宗调回京城任中书令的张说，因与孟浩然之前有过交往，便时常召他入府相聚。据说有一次张说私邀孟浩然入内署谈论诗文，唐玄宗忽然驾临，孟浩然吓得赶紧躲到床底下去了——那时候，布衣之身不允许觐见皇上。

唐玄宗进门之时，瞥见了孟浩然的身影，追问张说刚才闪避的是何人，张说不敢隐瞒，据实奏闻。

唐玄宗听罢，微微一笑，说我也听说过这个人的诗名，就让他出来见见我吧。于是孟浩然被请了出来。

唐玄宗命他献原创诗文，孟浩然吟诵了那首《岁暮归南山》：

> 北阙休上书，南山归敝庐。
>
> 不才明主弃，多病故人疏。
>
> 白发催年老，青阳逼岁除。
>
> 永怀愁不寐，松月夜窗虚。

这首诗写得不错，可惜"不才明主弃"一句有怨叹之意，整首诗表达的意境凄凉，与大唐盛世显得格格不入。

唐玄宗听后，不高兴地道："朕从不弃才，是你自己不求进取，反而写出这样的诗句来埋怨朕？"说罢，唐玄宗拂袖而去。

天大的机缘就这么让孟浩然弄丢了，弄得张说也很尴尬。张说责怪道："你刚才怎么不吟诵'气蒸云梦泽，波撼岳阳城'这样的诗句？"

孟浩然挠头道："那是献给您的诗呀！"

受此打击，孟浩然对入仕心灰意懒。这之后，孟浩然漫游吴越之地，与曹三御史泛舟太湖。曹三御史拟推荐孟浩然时，孟浩然作诗婉言谢绝。

开元二十三年（735），韩朝宗为襄州刺史，十分欣赏孟浩然，于是约定好日子，邀请他参加饮宴，并说拟向朝廷举荐他。但在约定日时，有几个朋友来到孟浩然家，孟浩然与朋友饮酒谈诗，其乐融融。家人提醒他："你与韩公有约在先，不赴约而怠慢别人，恐怕不好吧？"

孟浩然不高兴地道："我已喝了酒，身心快乐了，又何必在意其他的事？"

与刺史大人的约定都没当回事，显然此时的孟浩然对举荐入仕已经彻底失望了。

这一年，李白来到襄阳，在孟浩然家盘桓数月，两人游山玩水，饮酒赋诗，放浪于形骸之外，忘情于山水之间，共度了一段美好时光。

受李白的鼓动，二人分别后，孟浩然西上入蜀，往游于广汉之间。

开元二十五年（737），张九龄任荆州长史，召孟浩然为幕僚。然而，年过半百的孟浩然再也没有步入仕途的兴趣，没干多长时间便辞职返乡。

第二年，孟浩然患背疽，病卧于襄阳，病情逐渐加重。一直到开元二十八年（740），孟浩然的病才逐渐好转。

就在背疽将愈的时候，遭贬途经襄阳的王昌龄登门拜访。两位大诗人相谈甚欢，孟浩然好客率性的特质再次爆发，与王昌龄纵情饮宴，结果因食用河鲜，导致背疽再度发作，不久便溘然长逝，享年五十二岁。

孟浩然显然不是一位真正的隐士，在五十岁之前，他一直都在谋求入仕机会，他"为学三十载，闭门江汉阴"（《秦中苦雨思归，赠袁左丞、贺侍郎》），就是为入仕做准备。无奈因性格缺陷，抑或时运不济，他一生未仕，布衣终老。

"皇皇三十载，书剑两无成"（《自洛之越》），孟浩然对自己的遭遇也发出无奈感叹。但他肯定没想到，那些曾经被他羡慕的达官贵人早已化作尘埃，泯灭于历史长河之中，而一首《春晓》让他成了妇孺皆知的历史文化名人：

春眠不觉晓，处处闻啼鸟。

夜来风雨声，花落知多少。

孟浩然《春晓》："春眠不觉晓，处处闻啼鸟。夜来风雨声，花落知多少。"

所以说，有才华的人不必太在意眼前的显贵，历史会尊重你的才华，为你立一座屹立不倒的丰碑。后人称孟浩然为"诗星"。

孟浩然是唐朝第一个倾注全力写山水诗的诗人，是将表达意境美作为诗歌根本追求的第一人。这是他诗歌的第一个特点。

山水景物也是南朝诗歌的重要题材，取得较高成就的诗人有陶渊明、谢灵运、谢朓等。但南朝的山水诗是为了写景而写景，用语言描述景象，与情感关联不大。而孟浩然将山水诗提升到了新的境界：诗中情景交融，展现一种完美的诗歌意境。这一表现手法被后世诗评家定义为"兴象"。

如孟浩然的小诗《宿建德江》：

> 移舟泊烟渚，日暮客愁新。
>
> 野旷天低树，江清月近人。

诗中将一缕淡淡的乡愁融于烟水朦胧的江面，意境清幽而又明净开阔，因景生情，情景相融。读罢，会让人沉浸于悠淡的乡愁之中，挥之不去，回味无穷。

孟浩然诗歌的第二个特点是"语淡而味终不薄"（清·沈德潜《唐诗别裁》）。如他最著名的《过故人庄》：

> 故人具鸡黍，邀我至田家。
>
> 绿树村边合，青山郭外斜。
>
> 开轩面场圃，把酒话桑麻。
>
> 待到重阳日，还来就菊花。

这首诗语言朴素，寥寥数语，将田园风光展现无余，一种淳朴的农村生活气息在诗句中荡漾。没有半个字写喜悦与赞美的心情，但读罢此诗，谁都能体会到诗人对怡然自得的田园生活充满了喜爱与向往，其中闲适的意味，让浮躁的心随之安宁。

笔者认为，这首诗完全可以比肩陶渊明的"采菊东篱下，悠然见南山"（《饮酒·其五》），而且更具生活气息，更耐人寻味。

但孟浩然写得最多的还是独自隐居生活的闲情逸致，如《夏日南亭怀辛大》：

> 山光忽西落，池月渐东上。
>
> 散发乘夕凉，开轩卧闲敞。
>
> 荷风送香气，竹露滴清响。
>
> 欲取鸣琴弹，恨无知音赏。
>
> 感此怀故人，中宵劳梦想。

这首诗写夏夜水亭纳凉的闲适清爽，抒发孤独怀友的情绪。整首诗文字清淡，为表现夏夜的清幽，诗人只写了月色、荷香、竹露几种景物，但这些景物不是辞藻华丽的描写，而是看见、嗅到、听见的具体感受，因此将幽静的意境烘托得无比生动。在这种意境中，诗人怀思故人的情绪涌现自然而然。这也是孟浩然写诗情景交融的高妙之处。

能代表孟浩然的生活情趣，又表现其艺术风格的诗歌，还有《秋登兰山寄张五》《宿业师山房期丁大不至》及七言名作《夜归鹿门歌》等。这些诗用清淡的语言，描绘了清幽绝俗的意境，"诵之有泉流石上、风来松下之音"（明·陆时雍《唐诗镜》）。

语言清淡，诗意无穷，需要很高妙的写诗技巧，一般的诗人很难达到这一境界。当然，作为一位名传千古的大诗人，孟浩然的诗不可能只有一种风格。除了占多数的清淡诗篇，他也写过意境壮阔的诗。如《望洞庭湖赠张丞相》：

> 八月湖水平，涵虚混太清。
> 气蒸云梦泽，波撼岳阳城。
> 欲济无舟楫，端居耻圣明。
> 坐观垂钓者，空有羡鱼情。

这首诗将洞庭湖波澜壮阔的景象烘托得无比壮观，表现出盛唐气象。类似的作品还有《与颜钱塘登樟亭望潮作》《彭蠡湖中望庐山》。所以，也有人评价孟浩然的诗"冲淡中有壮逸之气"（明·胡震亨《唐音癸签·吟谱》），指的就是他的这类诗篇。

孟浩然的诗第三个特点是追求自然，"一气挥洒，妙极自然"（清·施补华《岘佣说诗》），在形式上不受近体格律的束缚。

《孟浩然诗集》有诗二百六十七首，其中五言古诗六十三首，七言古诗六首，五言律诗一百三十首，七言律诗四首，五言排律三十七首，五言绝句十九首，七言绝句八首。除了六十九首古风，全是近体诗，而五言律诗又最多。孟浩然可以说是盛唐诗人中第一个大量写近体诗之人。

但是，这些诗大都不算严格合律的近体诗。如《舟中晓望》《洛中送奚三还扬州》，皆与五言律诗对偶不合。近体诗的律式，尤其是五言律诗，在孟浩然之前已然成熟，他不可能不知道。这显然是孟浩然在追求自然美，也是他对初唐诗歌过多追求形式美的矫正。

孟浩然将古风与近体诗进行了一次整合，将近体诗的格律精神与古风的自然平和有机地结合起来，达到"一切为表达诗的意境服务"的高上境界。不过，由于他生活在"太平盛世"，又终生未仕，没有经历过重大社会变故，没有卷入过激烈的政治斗争，对社会现实缺乏深刻认识，所以他的诗歌仅限于以山水意境寄托个人情怀。

孟浩然一生不如意，却并不颓废。其率真热情以至有些迂腐的性格，至死未改，在这种性格的支配下，他所表现出的清淡诗意，越发令人推崇。

李白赞他："吾爱孟夫子，风流天下闻。红颜弃轩冕，白首卧松云。醉月频中圣，迷花不事君。高山安可仰，徒此揖清芬。"（《赠孟浩然》）杜甫亦赞其诗"清诗句句尽堪传"（《解闷十二首·其六》）。

孟浩然的山水诗，语言纯净，格调高雅，意境优美，余味无穷。他是唐代山水田园诗派的最著名代表人物之一，与王维合称"王孟"。山水田园诗派对后世的诗歌创作产生了重大的影响。

王维

才华是最大的财富，却成了心中永远的痛

开元三年（715）的某一日，岐王得到一幅画，邀请吴道子、李龟年等一群文化名人前来鉴赏。岐王将那幅画展开，吴道子等人一看，发现是一幅宫廷奏乐图。这幅画的画工极妙，人物栩栩如生，引得众人啧啧赞叹。

宫廷第一乐师李龟年见是奏乐图，勾起了职业好奇心，问道："这画里的人物在演奏什么曲子呢？"

画卷上没有题记，这一问顿时将众人难倒。吴道子虽是画圣，可并不精通音律，一时也讲不出个所以然。

李龟年端详了一会儿，自言自语道："莫非奏的是《秦王破阵乐》？"

有人插话道："不对，我看好像是《南诏奉圣乐》。"

一时间众说纷纭。

这时候，有个白衣飘飘、风神俊朗的年轻人站了出来，缓声道："奏的是《霓裳羽衣曲》第三叠第一拍。"

说得如此肯定，连画卷人物演奏到第几叠第几拍都说得一清二楚，真正是语出惊人。

李龟年受王维启发，思忖了片刻，一拍大腿道："果然如此！"

岐王大为诧异，连吴道子和李龟年一时都看不透，这个年轻人怎么能一眼就识别了呢？

为了验证，岐王立即命府上乐工演奏《霓裳羽衣曲》。演奏至第三叠第一拍时，岐王大叫一声："停，别动！"

各乐师遵命，保持姿势不动。众宾客拿画卷人物的姿态与现实乐师的姿态一一比较，结果一模一样，分毫不差。

这一下，满座哗然，一齐看向这位年轻人，心想：这位公子莫非天人临凡？

这位被众宾客惊为天人的公子，是谁呢？正是被后世称为"诗佛"的王维。

王维借此声名大噪，李龟年等人也立即与之结交。多年后，王维与李龟年于江面相逢，写下了千古绝唱《江上赠李龟年》（又名《相思》）。安史之乱后，李龟年流落江南，在江南伶楼内专唱王维的《相思》等名篇，让王维的诗歌流传千古。

1

将山水田园诗推向最高峰的，就是与孟浩然并称"王孟"的王维。后人评价盛唐诗坛有三大天王级的人物，除了"诗仙"李白、"诗圣"杜甫，还有一位便是"诗佛"王维。

单论诗歌方面成就，王维确实逊于"李杜"，但若论才华之全面，别说盛唐，恐怕从古至今，除了苏东坡，再无人可与之相提并论了。

王维还被尊为南宗山水画之祖，与唐朝北宗山水画之祖李思训齐名，钱锺书先生称他为"盛唐画坛第一把交椅"。除了诗画是顶尖水平，王维的书法及篆刻也是顶级水平，更过分的是，他还精通音律，曾创古筝曲《郁轮袍》。他自弹这首曲子时，让玉真公主（九公主）为之倾倒。王维还有另外一个身份——状元。

集万千才华于一身的王维，与李白同生于701年，同卒于761年前后。

两人有共同的好友，如孟浩然、王昌龄、晁衡等，与这些人都有诗歌唱和，遗憾的是两人并无诗歌唱和，甚至无任何来往记录。这件事，成了诗坛千古之谜。也许是"文人相轻"吧？

笔者揣测，王维对李白的习气瞧不上眼。王维在李白到长安之前就已高中状元，名动京城。更何况，王维出身当时十大家族之一山西太原王氏。这一家族是簪缨世族，在王维之前已经出了王绩、王勃等名动天下的文坛才俊。李白虽说与李唐同宗，但李唐宗谱并没有将他这一支列入。在王维眼里，李白不过出身偏僻蜀地的庶族子弟，与他这个出身名门望族的子弟不可同日而语。

最关键的应该是，王维与李白的性情不同。王维是典型的名门望族子弟性格，才华横溢，风流倜傥，清高而懦弱。而李白个性豪放不羁，傲视权贵，敢爱敢恨。一个内敛自恃，一个外放狂傲，两人才才气盖世，相互瞧不上眼。

王维与小他一岁的弟弟王缙，幼年均聪慧过人，才华早显。十五岁时，王维来到长安，由于文采俊逸，同时工于书画，精通音律，一到京城，便受到王公贵族的追捧。在岐王府看画辨曲，又使他才名大噪。

王维来京城的目的，不仅是博取声誉，更重要的是想通过行卷得到权贵推荐，以考取功名。虽然受到岐王赏识，但心高气傲的他居然执意非头名状元而不考。然而，令他沮丧的是，据说这一届科举的头名状元已被九公主举荐了。

九公主是谁？是当今皇上唐玄宗的胞妹（玉真公主）。她的举荐可比岐王力度大得多。好在九公主本来就是个女"文青"，乐意与才子交往，所以，岐王硬着头皮领王维来找九公主，希望说服九公主也举荐王维。

来到公主府，岐王介绍完王维，让王维弹琴助兴。王维落座抚琴，琴声悠扬，乐曲凄婉，九公主听得意动神迷。

一曲终了，九公主幽然问道："此曲何名？我之前怎么从未听人弹过？"

王维站起身，躬身答道："此乃在下新作《郁轮袍》。"

岐王趁机道："此人不只精于音律，其诗亦被世人称为第一啊！"

王维赶紧将行卷呈给九公主，九公主看过之后，惊讶地道："这些诗，我曾吟诵过，原以为是古人所作，竟是你这么个年轻人所创啊，真是俊才！"

九公主见王维白衣飘飘，风姿俊美，赶紧请王维上座。

岐王见时机成熟，轻声道："可惜他今年不愿去考进士，真是国家损失啊！"

九公主再次吃惊道："那是为何？"

岐王道："听说公主您已经向主考推荐张九皋为状元，摩诘志在头名，只好下次再考了。"

九公主看着王维，微笑道："公子只管尽力去考，只要你有真才实学，我担保没人敢埋没你。"

有了九公主这句话，王维高高兴兴地参加了这年的科举考试，果然一举夺得了头名状元。这一年是开元九年（721），王维年方二十一。

岐王所说的"张九皋"，其实就是张九龄的亲弟弟。日后，张九龄由于欣赏王维的诗词，不但没有记仇王维，反而刻意提携他，这也从侧面反映了张九龄的气度。

李白来到长安，也经常出现在九公主府，还写了《玉真仙人词》献给九公主。后人推测王维与李白互不待见，可能是为九公主争风吃醋。

或许是精通音律的缘故，王维中状元，被授予太乐丞一职。但因为伶人舞黄狮子，犯了禁忌（黄狮子只能舞给皇帝看），他被贬为济州司仓参军。

其实中状元之后的王维是有积极的政治抱负的，很想在政治上有所作为，可这次犯禁被贬对他打击很大，他的情绪趋于消沉。这也是豪门弟子的通病——经不起打击。与庶族出身的张九龄等人相比，他的意志力差得不是一星半点儿。像他这样的人，即便有才干，也难以委以重任。

开元二十二年（734），张九龄执政，拔擢王维为右拾遗。这次提拔再次激起了王维的政治热情，他作诗献给张九龄："侧闻大君子，安问党与仇。所不卖公器，动为苍生谋。"[《献始兴公（时拜右拾遗）》]

由于工作卖力，王维次年调任监察御史，然后奉命出塞，担任凉州河西节度幕判官。在担任监察御史期间，王维做了一件让人称道的事。

宁王（就是不肯当皇太子，让位给三弟李隆基的唐睿宗长子李成器）看上了一个饼师的妻子，花钱将这个女子买进了府。这女子进府后，终日闷闷不乐。

这一天，宁王请客，见这女子仍苦着脸，不由得怒道："你那个饼师现在肯定另觅新欢了，你整天想着他，他早已忘了你，又有什么意思？不信，我就让他过来，你看看他还想不想你！"

过了一会儿，那位饼师果然端着一筐饼出现在王宫之中。饼师见到自己的妻子，顿时愣住了，二人相对无语，泪如雨下。

作为客人的王维见此情景，动了恻隐之心，叹息着，吟出一首诗："莫以今时宠，难忘旧日恩。看花满眼泪，不共楚王言。"（《息夫人》）这首诗借"息夫人"的典故婉转地批评了宁王。息夫人是春秋时息国国君的妻子，以美貌驰名天下。楚王灭了息国，将她据为己有。但息夫人始终不肯跟楚王说一句话，以此作为无声的抗议。

王维当时的身份是监察御史，他的批评对宁王当然有触动作用。宁王也是有文化的人，气度很大，很聪明，听了王维的诗，当然明白其中含义。于是，他很大度地对饼师夫妇道："以前的事是手下人干的，既然你们如此恩爱，本王就成全你们，你二人现在就可以回去了，好好过日子吧！"

饼师夫妇大喜，拜谢宁王，就此脱身而去。他们以为是宁王突发善心，却不知是王维即兴吟诵的一首《息夫人》救了他们。

开元二十五年（737），张九龄罢相，李林甫执掌朝政，这是唐朝的分水岭，也是王维一生的分界线。王维当然知道"口蜜腹剑"的李林甫的厉害，他是李林甫的政敌张九龄一手提拔的，所以终日提心吊胆，担心遭到李林甫的迫害。他悄悄给族弟写信说"既寡遂性欢，恐招负时累"（《赠从弟司库员外綝》），说明他不敢抗争，想明哲保身、远祸自全。

从开元二十八年（740）起，王维虽有官职，却过着半官半隐的生活。他先在长安边的终南山隐居，后又在蓝田购得宋之问的别业，远离政治中心避祸。

天宝十五年（756），安禄山攻破长安，王维同一大批官员一齐被俘。王维服药佯称喑哑，但由于他文名远播，安禄山仍授他给事中职位。王维不愿任职，却没有勇气辞授。得知宫廷乐师雷海青因不愿为安禄山奏乐而被处死，他含泪写下了《凝碧池》：

> 万户伤心生野烟，百僚何日更朝天。
>
> 秋槐叶落深宫里，凝碧池头奏管弦。

没想到，这首《凝碧池》救了王维一命。唐肃宗平叛回京，对接受安禄山伪职的原官员一律问罪。王维被捕入狱，被判死罪。

王维的弟弟王缙一直跟在唐肃宗身边参加平叛，立了功勋。王缙奏请唐肃宗，愿自革官职俸禄救兄长王维一命，并拿出王维所作《凝碧池》证明他是"身在曹营心在汉"的忠臣。唐肃宗读了这首诗，见有"百僚何日更朝天"一句，最终应了王缙的请求，免了王维的死罪，仅做降职处分。

之后，王维从太子中允迁给事中，最终做到了尚书右丞这一职位。但王维自感失节，情绪更加消沉，抱着"一生几许伤心事，不向空门何处销"（《叹白发》）的心情，在京城度过了几年"焚香独坐，以禅诵为事"（《旧唐书》）的生活。

上元二年（761），王维自感时日不多，作书向亲友辞别，然后安然离世。

王维才华惊世，长得也俊逸潇洒，但用情专一。据记载，王维三十多岁时，夫人因病离世，之后三十多年，他一直未娶妻纳妾，孑然一身，度过了后半生。

王维还是个大孝子，他的一生受母亲崔氏影响较大。崔氏是个虔诚的佛教徒，所以给他取字"摩诘"，号"摩诘居士"。母亲去世时，他守孝三年，孝满后，整个人都消瘦得脱了形，自此他彻底皈依佛教，潜心修禅，以完成母亲的心愿。

如果选最能代表古代文人形象的诗人，毫无疑问，笔者选王维：他才华惊世，却不恃才狂傲，一副谦谦君子模样。但王维显然是个具有理想主义精神、浪漫主义情怀的文人。有位现代文人说："理想主义文人要想与这个世界和解，只有两种方法：一是磨平自己的棱角，学会将人情冷暖分门别类，随世沉浮；一种是再造一片江湖，一壶浊酒，独自清醒。"由于具有典型的悲剧色彩性格，当理想与现实格格不入时，王维选择了妥协，选择了独自清醒的道路，一辈子过得郁郁寡欢，年老后只有在佛学世界里寻得内心安宁。

就骨气与情怀而言，王维远远不及陈子昂，更比不上杜甫。但正是这样的经历，使他创作的山水诗歌充满了禅意，独树一帜，成为唐诗中又一座难以逾越的高峰。

2

王维一生所创诗文颇丰，可惜十不存一，被《全唐诗》收录了三百八十二首诗，《唐诗三百首》收录了王维诗二十九首，数量仅次于杜甫，与李白一样多，排名第二。

王维的诗，题材广阔，内容丰富。除了山水诗，其他如政治感遇、边塞、游侠以及送别、怀念类的诗也写过不少，取得了很高的成就，留下了诸多脍炙人口的名句。

这类题材的诗，大多是王维早期所作，其中如《不遇咏》《济上四贤咏》《洛阳女儿行》等，抨击权贵，反映社会腐化现象，抒发怀才不遇的怨愤。其中《少年行》写长安少年纵酒豪饮的浪漫性格和赴边杀敌的英雄气概，充满了青春少年的热情和活力，是盛唐游侠诗的代表作。《老将行》使用大量的典故，反映老将悲壮的一生，也是以边关将士为题材的写实诗名篇之一。

王维的边塞诗中，《使至塞上》是描写塞上风光的巅峰之作：

单车欲问边，属国过居延。

征蓬出汉塞，归雁入胡天。

大漠孤烟直，长河落日圆。

萧关逢候骑，都护在燕然。

此诗为王维以监察御史身份赴边宣慰将士时所作。中间两联写塞外风景的辽阔苍莽，极具特色。"大漠孤烟直，长河落日圆"两句，勾勒出一幅开阔壮丽又苍凉的画面，让人身临其境，备感震撼。结尾用汉代窦宪燕然勒石的典故，表达了诗人对守边将士的歌颂和对立功报国的向往。整首诗格调高昂，具有感人的慷慨之气。

送元二使安西

渭城朝雨浥轻尘，客舍青青柳色新。

劝君更尽一杯酒，西出阳关无故人。

《送元二使安西》是王维所作的送别诗里首屈一指的名篇，也是唐诗七绝中的顶尖作品之一。《送元二使安西》又名《阳关三叠》，后人根据这首诗的情意，谱写了一首古琴曲《阳关三叠》，成了十大古典民乐之一。

九月九日忆山东兄弟

独在异乡为异客，每逢佳节倍思亲。

遥知兄弟登高处，遍插茱萸少一人。

王维写给弟弟王缙的这首思亲诗，也是千古传诵的名篇，"每逢佳节倍思亲"成了现在逢年过节引用最多的诗句。

君自故乡来，应知故乡事。

来日绮窗前，寒梅著花未？

　　王维写给妻子的这首杂言诗，选用窗前梅花这一角度，表达思念之情，婉转含蓄，典雅别致，越回味越动人。

红豆生南国，春来发几枝？

愿君多采撷，此物最相思。

　　这首诗名《相思》，又名《江上赠李龟年》，王维选择"红豆"这一具有典型象征意义的植物，用极朴素直白的语言，将人人都能感受到的情感体会说出来，引起广泛共鸣，传唱千年不衰。

　　但是，最能体现王维风格的诗，还是他创作最多的山水诗。山水诗是他取得最高成就的诗歌类别，也是他对唐诗做出的最大贡献。苏轼曾评价："味摩诘之诗，诗中有画；观摩诘之画，画中有诗。"（《东坡志林》）苏轼道出了王维山水诗最突出的艺术特色。

　　所谓"诗中有画"，即用文字代替绘画所用的线条色彩来表现具有诗意的画面，诗情与画意达到高度统一。通俗地讲，王维诗中所表现的景，并不是普通的景，而是那些可以与自己的情怀相映衬的景。这样的景，需要诗人以独特的眼光去发现，并用高超的语言来表述其特征。

　　这就对诗人的艺术素养有极高的要求。寻找与自己的情怀相映衬的景并不难，但提炼出景的特征就比较难了。这是山水画家孜孜以求的艺术素养。再用诗的语言表达出来，让人一读即在脑海中产生画面感，通过画卷再让人感受到诗人的情怀，这就不是一般人所能为的了。

　　王维恰恰是个大画家，有极高的画家素养，有独特的艺术眼光。他能一眼看出景象的特征，再加上他的文学素养，所以描绘的山水诗画面感很强，意境深幽，让人沉醉。

如"大漠孤烟直，长河落日圆"这两句，诗人抓住大漠炊烟的"孤"与"直"，抓住长河夕阳的"落"与"圆"两个特征，直截了当地勾勒出塞外黄昏的景象，让读者脑海中立刻出现一幅画卷。诗句描述这幅画卷，没有用主观感情词，但读者都会被脑海中的画面震撼，体会到一种塞外壮阔苍凉的意境，从而产生一种悲壮的美感。

这两句诗，十个字，多一个字嫌多，少一个字不行，既让人体会到大漠的辽阔苍茫，又涂抹出夕阳西下的明亮色彩，所表达的内容是多么丰富啊。这就是诗的艺术，诗的魅力。

王维的山水诗不局限于对山水形象的勾摹，而是抓住了山水的精气神，进行简洁的表达，耐人寻味。这一点比南朝谢灵运山水诗的刻画工致特征，又提高了一个层次。

如《汉江临泛》中的"江流天地外，山色有无中"，写汉江浩渺宽阔，没有具体描绘汉江多长多宽，而是说江水都流到天地之外了，对面的山色看得似有似无。既有画意，又有韵味，将汉江浩荡的精气神直截了当地展现在读者面前。

再如《山中》："荆溪白石出，天寒红叶稀。山路元无雨，空翠湿人衣。"通过写山中翠岚清新湿润之感，来表现人与自然相融的情趣，蕴含笔墨未尽之意。

王维还是个音乐家，山水在他眼里，除了有画意，还有音律。他以画家的独特眼光抓住山水的精气神，还以音乐家独有的敏感，以声表现山水的动感，使山水不仅成为意象映射在读者的脑海中，更有声音的烘托让读者身临其境。

王维既写了声势浩大的交响乐，"万壑树参天，千山响杜鹃"（《送梓州李使君》），也弹奏嘀嗒悠扬的小夜曲，"雨中山果落，灯下草虫鸣"（《秋夜独坐》）。他甚至在诗中对诗句读音的节奏快慢、声调高低都精心安排，将音律隐于诗歌吟诵中。如《山居秋暝》：

> 空山新雨后，天气晚来秋。
>
> 明月松间照，清泉石上流。
>
> 竹喧归浣女，莲动下渔舟。
>
> 随意春芳歇，王孙自可留。

这首诗描写了秋夜山中的清新静谧之美。颔联上句"月"字是入声，"照"字是去声，声调由低敛趋向高放，下句前四字全为齿音，末尾"流"是舌音，发音由细碎至婉转，暗合泉流石上的潺潺之声。

除了以声带色，王维有时又会以色带声。如《送邢桂州》中的"日落江湖白，潮来天地青"两句，让读者感到排空而来的潮声隐隐轰鸣。至于"野花丛发好，谷鸟一声幽"（《过感化寺昙兴上人山院》）则以动显静，"声喧乱石中，色静深松里"（《青溪》）的动静相映，都是表现山水动态的传神之笔。

晚年的王维，身心沉浸于佛理之中，其山水诗转向空灵清澄的风格，禅趣盎然。如"空山不见人，但闻人语响。返景入深林，复照青苔上"（《鹿柴》），如"木末芙蓉花，山中发红萼。涧户寂无人，纷纷开且落"（《辛夷坞》），如"人闲桂花落，夜静春山空。月出惊山鸟，时鸣春涧中"（《鸟鸣涧》）。这些诗寓禅于景，写得空灵，但不枯寂，"动中有静，寂处有音，冷处有神"（清·吴雷发《说诗菅蒯》），读之"身世两忘，万念俱寂"（明·胡应麟《诗薮》），不仅融入了诗人主观领悟到的"空""寂"禅理，也传达了客观存在的澄清幽静之美。

总之，王维的诗，集中体现了他一生的才华，他是将画意、音律、禅理融为一体入诗的第一人。在山水诗方面，如果将谢灵运的山水诗比成工笔

王维《竹里馆》："独坐幽篁里，弹琴复长啸。深林人不知，明月来相照。"

画，那王维的山水诗就是写意画，形散而神不散，具有浓浓的文人画意味。如果说孟浩然的山水诗写的是意境，那王维的山水诗写的就是神韵，所有的情怀蕴含其中，越读越让人回味无穷。

读王维的山水诗，必须有浪漫主义情怀，有独处幽谷的经历，有向往空灵的雅趣，一个非常现实的人，处于喧闹的环境中，心情浮躁，别读王维的诗为好。

3

盛唐时期的山水田园诗，除了孟浩然与王维倾力创作，取得令人瞩目的成就，还有一大批诗人致力于这方面的创作，使山水田园诗在这一时期兴盛成派。这一时期，储光羲、常建和祖咏等人在山水田园诗领域，各有建树。

储光羲（706—763），润州延陵（今江苏丹阳市）人，开元十四年（726）进士，官至监察御史，是王维的好友。储光羲在安史之乱中被俘，被迫接受伪职，唐肃宗平乱后被贬，客死岭南。

储光羲最著名的田园诗是《钓鱼湾》：

> 垂钓绿湾春，春深杏花乱。
>
> 潭清疑水浅，荷动知鱼散。
>
> 日暮待情人，维舟绿杨岸。

常建（708—765），长安人。他中过进士，但仕途坎坷，只在天宝年间当过盱眙县尉，后来辞职隐居。常建的山水诗往往以山林寺观为描写对象，最著名的是《题破山寺后禅院》：

> 清晨入古寺，初日照高林。
>
> 曲径通幽处，禅房花木深。

常建《三日寻李九庄》："雨歇杨林东渡头，永和三日荡轻舟。故人家在桃花岸，
直到门前溪水流。"

山光悦鸟性，潭影空人心。

万籁此俱寂，惟馀钟磬音。

祖咏（699—746），洛阳人，与王维友善，情趣相投。

其山水诗具有语言简洁、含蕴深厚的特点。如《终南望馀雪》：

终南阴岭秀，积雪浮云端。

林表明霁色，城中增暮寒。

据《唐诗纪事》记载，这首诗是祖咏在开元十二年（725）考进士时的应试作品。按进士考试规定，本应写成六韵十二句的排律，但他只写了这四句便交了卷。监考问他原因，他坦然道："意尽矣！"意尽即止，不为文造情，正是盛唐诗人的典型作风。

主考官看完这首诗，心中赞叹不已。这首诗并不符合考试要求，但考虑到确实意境完美，继续写下去就有狗尾续貂之嫌，主考官斟酌再三，还是录取了祖咏。由此可见，祖咏是个性情孤傲之人，所以在仕途上毫无作为。他最终隐居汝水边的庄园里，渔樵终老。

寄兴山水田园，是魏晋之后中国文人的传统。盛唐之前，陶渊明开创了田园风光的描写，谢灵运、谢朓等人开创了山水幽胜探寻的描写，山水田园便走入了诗歌的领域。盛唐时期，以"王孟"为标杆的山水田园诗兴起，使这一题材蔚然成风，成了唐诗中最盛行的题材。

山水田园诗的共同特点是：其一，描写的都是自然风光，表现的是一种回归自然、向往闲适安静的隐居思想；其二，诗的风格优美，不同于边塞诗的雄浑；其三，山水田园诗人都擅长五言，多用五古、五律、五绝几种形式，与边塞诗多歌行、七绝不同。

王昌龄

风沙吹老了岁月，却吹不走执念

开元年间，某年冬天，瑞雪飘飘，长安城某旗亭下的酒肆内，忽然走进三位气宇轩昂的年轻人，掌柜一见，急忙引导三人至一雅间落座。

掌柜格外热情，因为这三人是熟客，更因为这三人是名扬天下的大诗人王昌龄、高适和王之涣。

这一年，三人同时来到长安，因时运不济，谋仕艰难，相互闻名而结交。闲时，三人经常相约来旗亭下的酒肆饮酒。今日飘雪，适合行饮酒赏雪之雅事，于是三人再次来此。

这家酒肆有伶人表演助兴，三人正在饮酒，一阵歌声传来，婉转动听。三人仔细一听，原来唱的正是王昌龄的诗《芙蓉楼送辛渐》：

寒雨连江夜入吴，平明送客楚山孤。

洛阳亲友如相问，一片冰心在玉壶。

王昌龄听罢，心中窃喜，嘿嘿笑道："兄弟们都以诗闻名于世，据说酒肆到处传唱我们三人的诗句，不如我们打个赌，看今天这班伶人唱谁的诗句最多，唱得少的算输家，这顿酒钱就由输家付，如何？"

高适与王之涣一听此话，立即来了兴致，齐声附和。

待这首曲子唱完，王昌龄得意地道："第一首我的！"说完，他在身边墙上画了一横记数。

第二位歌女出场，又婉转而歌：

> 千里黄云白日曛，北风吹雁雪纷纷。
> 莫愁前路无知己，天下谁人不识君？
>
> 六翮飘飖私自怜，一离京洛十余年。
> 丈夫贫贱应未足，今日相逢无酒钱。

这歌女居然一气唱了两首，唱的却是高适的《别董大二首》。高适听罢，哈哈大笑道："两位兄台，不好意思，鄙人占先了！"说完，他在墙上连画二道横线。

接着出场的歌女，忽然声调高亢，唱得慷慨激昂：

> 青海长云暗雪山，孤城遥望玉门关。
> 黄沙百战穿金甲，不破楼兰终不还。

荡气回肠的歌声引来一片叫好声，王昌龄更是激动得站起身鼓掌，因为这是他的诗《从军行》（其四）。王昌龄鼓完掌，在墙上重重画了一笔，还斜瞥了一眼王之涣。

高适与王昌龄的诗已各被唱了两首，而王之涣的诗还没唱及，显然王之涣落后了。其实三人之中，王之涣年龄最大，成名也最早，歌女唱了四首都没唱他的诗，他脸上确实有点挂不住了。

王之涣故作淡定，道："喀喀……这几个歌女都是下里巴人，岂唱得了阳春白雪之诗？"他用手一指歌女中最漂亮的那位，说道，"听她唱什么，如果这位最漂亮的美女唱的不是我的诗，我愿连请三顿。"

王昌龄与高适觉得王之涣有些自大，但一想后面两顿酒又有着落了，便齐声应道："一言为定。"

那位绝色歌女登场，开口唱道：

> 黄河远上白云间，一片孤城万仞山。
> 羌笛何须怨杨柳，春风不度玉门关。

人长得最漂亮，歌声也最动听，宛若天籁之音，听得所有人如痴如醉。

压轴美女唱完，余音袅袅，高适与王昌龄还没回过神来，王之涣忽然轻咳一声，傲然道："如何？"

高适与王昌龄这才反应过来，这位美女唱的正是王之涣的《凉州词》。二人也是豁达文人，又是鼓掌，又是拍桌子，齐声叫道："好诗，好诗！"

他们这一闹不要紧，王之涣得意扬扬自不必说，楼下的歌女也被吓得不轻。待掌柜向伶人说明三位的身份，她们呼啦一下涌了上来，拉着他们下去，又是求诗，又是劝酒，闹得众人一醉方休。

这就是盛唐时广为流传的诗坛佳话"旗亭画壁"。"旗亭"一词并非酒楼名称，而是唐代管理市场的办公场所，叫市楼，因上面插着旗子，雅称"旗亭"。

"旗亭画壁"佳话中的三位主角，正是大唐"边塞诗派"最重要的三位代表人物。下面，我们就来追踪边塞诗人的人生轨迹，领略他们所展示的大唐雄风。

首先解读有"七绝圣手"之称的王昌龄。

► 王昌龄《观猎》："角鹰初下秋草稀，铁骢抛鞚去如飞。少年猎得平原兔，马后横捎意气归。"

王昌龄与高适、岑参及王之涣，被后人称为盛唐"边塞四诗人"。从边塞诗取得的成就来讲，王昌龄并不是边塞诗派执牛耳者，取得最高成就的边塞诗人，是高适及岑参。但是，王昌龄来到边塞，写出传唱天下的边塞诗时，高适与岑参尚未到过边塞，他甚至早于比他年长的王之涣，所以后人称王昌龄为盛唐边塞诗派的先驱。

事实上，王昌龄最让后人称道的，并不是开边塞诗先河之举，而是他对七言绝句的贡献。王昌龄存世一百八十余首诗，七言绝句占了七十四首，初唐的七言绝句总计七十七首，盛唐四百七十二首，王昌龄的七绝诗数量占了盛唐七绝诗总量的六分之一。王昌龄在盛唐诗人中年辈较长，写作七绝时间也早，独以七绝成为名家，因而获得"七绝圣手"的称号。

因为王昌龄与李白等人的努力推广，七言绝句逐渐成为唐代流行的体裁，就七绝这一体裁上所取得的成就而论，王昌龄是与李白并肩齐名的存在。

王昌龄（698—757），字少伯，出身山西太原王氏家族，与王维同宗。开元八年（720），二十三岁的王昌龄居嵩山学道。开元十二年（724），二十七岁的王昌龄，一腔热血，过河陇，出玉门，赴边塞谋求建功立业的机会，寻进身之途。其著名的边塞诗大约作于此时。

在边塞，王昌龄没有获得重用，建功立业的期望化为泡影。两年后，王昌龄隐居于京兆府蓝田县石门谷，潜心学习经略，准备走科举入仕之途。

开元十五年（727），三十岁的王昌龄参加科举考试，进士及第，被授秘书省校书郎一职，可不久便因被人诽谤而贬为龙标尉（在今湖南省怀化市一带），从此获得"王龙标"的雅号。

开元十九年（731），三十四岁的王昌龄回长安，参加了吏部主持的博学宏词科考试，以超群绝伦的成绩登科，被改迁河南汜水县尉，并于开元二十二年（734）迁升为江宁丞。

然而，在四十一岁（开元二十六年）时，王昌龄因事获罪，谪赴岭南。

开元二十七年（739），王昌龄遇赦北还，在巴陵（今湖南岳阳市）遇李白，与之结交，写下了《巴陵送李十二》一诗。

开元二十八年（740），王昌龄北归途经襄阳，拜访孟浩然。孟浩然高兴过了头，饮酒吃河鲜，导致快痊愈的背疽复发，溘然长逝。

回到长安的王昌龄，与已成名的岑参结交，他再度赴任江宁丞时，岑参作《送王大昌龄赴江宁》诗送别。

天宝三年（744），王昌龄因事回长安，与辛渐、李白、王维等过从甚密。

天宝七年（748），五十一岁的王昌龄又从江宁丞被贬为龙标尉。李白闻讯，作《闻王昌龄左迁龙标遥有此寄》诗，抒发感愤，安慰王昌龄：

杨花落尽子规啼，闻道龙标过五溪。

我寄愁心与明月，随风直到夜郎西。

这首诗表达了李白与王昌龄之间的友谊如月长存且清高纯洁，写得凄楚感人却孤傲凛然，有"挥斥八极，凌属九霄"（明·胡应麟《诗薮》）之意，是李白最负盛誉的七绝之一。

安史之乱爆发后的第二年（756 年），五十九岁的王昌龄担心家中亲人罹难，离开龙标，北上还乡探亲。757 年，王昌龄途经亳州，被亳州刺史闾丘晓杖杀。

至于被闾丘晓杖杀的原因，有人说是"妒才被杀"。其实，真正的原因是"刀火之际，归乡里"（元·辛文房《唐才子传》），作为朝廷命官，在战乱之际擅离职守，被闾丘晓抓住把柄，加罪处死。

后来，张镐奉命解宋州之围，令闾丘晓率兵支援，闾丘晓怕打败仗，"祸及于己"，故意拖延，致使宋州陷落。张镐遂以贻误军机罪，判处闾丘晓死刑。行刑前，闾丘晓求饶道："有亲，乞贷余命！"意思是，家有老母需要赡养，恳求饶命。张镐一句话怼了回去："王昌龄之亲，欲与谁养？"闾丘晓哑口无言，羞愧受刑。

从有限的资料中管窥王昌龄的一生轨迹，可以得出结论，他活得很憋屈，仕途坎坷，命途多舛，下场悲惨。

论学识，王昌龄是才高八斗之人，考进士，说考就能考上，仕途不顺时，参加博学宏词科考试，超群绝伦。但为何他在仕途毫无建树，还屡遭贬谪呢？

说白了，还是因为他孤傲不羁的个性。这一点他与李白很相似，可以说是"臭味相投"，所以二人惺惺相惜。李白听到他被贬，内心难受得如同自己被贬一样，恨不能化作明月，随风伴随王昌龄到夜郎西。

孤傲不羁是有才气的文人的通病。有才气的文人大多是理想主义者，他们善于独立思考，能形成对这个社会的独特见解。理想主义者最大的愿望是对照理想，改变社会。可惜除了一些有能力、毅力的人，能够改变社会的人少之又少，社会并不以他们的意志为转移，所以这些理想主义者总会与现实产生巨大的矛盾，内心始终处于愤懑与痛苦之中。

如果要轻松地活下去，理想主义者就必须与现实和解，要么与世妥协，随波逐流，要么远离尘世，独自沉醉。偏偏纯粹的理想主义者并不能自觉地与世和解，于是特立独行，鸷（zhì）鸟不群，注定活得很不轻松。

王昌龄显然是这种人，《唐才子传》说他"晚途不矜小节，谤议腾沸，两窜遐荒，使知音者喟然长叹，至归全之道，不亦痛哉"。王昌龄一直在九品小官的位子上，时间长了，感觉郁郁不得志，所以变得狂傲不羁，与世格格不入，结果得罪了很多人，引起诸多人对他的诽谤，致使他两度被贬，让知音（如李白）为他喟然长叹。王昌龄最后被杖毙的惨遇，更是让人痛惜不已。

王昌龄在现实生活中活得很挣扎，但他是"位卑而名著"的大诗人，对唐诗的发展做出了重大的贡献，是唐诗天空中又一颗永远闪耀的星辰。

"王昌龄七绝，如八股之王济之也。起承转合之法，自此而定，是为唐体，后人无不宗之。"（清·吴乔《围炉诗话》）王昌龄的诗被后人推崇，绝不仅是因为其七绝体裁的娴熟，更是因为无论在题材上，还是在表现技巧上，他的诗都有引领开创之功。

王昌龄的边塞诗代表作有《出塞》《塞下曲》及《从军行七首》组诗等。这些诗，都是短小的绝句形式，凝练地表现了边塞将士的情怀，既有"不破楼兰终不还"的豪情壮志、"已报生擒吐谷浑"的胜利喜悦，也有"更吹羌笛关山月，无那金闺万里愁"的思乡愁绪。他的边塞诗多方位地展现了边关将士的情绪，含蓄深沉，真实感人。

王昌龄所写的宫怨诗及送别诗，也独树一帜，以《长信秋词五首》《春宫曲》及《闺怨》为代表。这些诗，撷取妇女生活场景的某一片段，表达她们对幸福的憧憬和对现实生活的失望，委婉地展现了妇女的悲惨命运。这种在失望中交织着希望的复杂心理，或许正是诗人内心的写照。

送别诗，王昌龄一生写了四十多首，但都不落俗套，用不同的艺术构思表现诚挚深厚的友谊。他的送别诗不重在写当前的离别，而着意写别后的情景，不写伤感，而以宽慰为主，无应酬，以抒情写人见长，以《芙蓉楼送辛渐》最具代表性。

王昌龄的诗最突出的艺术特点，是善于捕捉生活场景，用简洁含蓄的语言揭示人物复杂、深刻的内心世界，表现出兴象玲珑的多重意境，将一切无关的景物与情思删汰净尽。

以《从军行》（其一）为例：

烽火城西百尺楼，黄昏独坐海风秋。

更吹羌笛关山月，无那金闺万里愁。

这首诗的前两句，只撷取黄昏时分烽火台下独坐将士的场景，气氛苍凉，

王昌龄《西宫秋怨》："芙蓉不及美人妆，水殿风来珠翠香。谁分含啼掩秋扇，
空悬明月待君王。"

以此烘托将士内心的思乡愁绪。但紧接着一句"更吹羌笛关山月"，将诗意从哀怨中转折而出，昂扬向上，以"关山月"衬托出雄浑意境，表达出守关将士"无那金闺万里愁"的报国决心。可是细一品味，"金闺万里愁"又那么哀伤，一转三折，造就全诗既雄浑苍凉又孤单哀伤的意境，深沉感人。

王昌龄是个醉心诗歌创作技法的人，他曾创作论诗专著《诗格》，提出"诗有六式"，强调"诗有三境：一曰物境，二曰情景，三曰意境"。他反对意与景分离，说："若一向言意，诗中不妙及无味。景语若多，与意相兼不紧，虽理通亦无味。"他认为"凡诗，物色兼意下为好。若介有物色，无意兴，虽巧亦无处用之"。后人认为《诗格》系托名伪作，不过，其所述理论与王昌龄的诗风相符。

王昌龄是个自觉践行意与景相融合的诗人，这一点，与孟浩然和王维是相呼应的。如果说孟浩然所展现的意境以清淡为骨，王维展现的意境以空灵为魂，那么，王昌龄展现的意境就是以深沉雄浑为魄。

如《出塞》：

秦时明月汉时关，万里长征人未还。
但使龙城飞将在，不教胡马度阴山。

诗的起首句"秦时明月汉时关"，囊括了悠长的历史时代、辽远广阔的空间，简洁却透着历史的厚重与沧桑。"万里长征人未还"一句蕴含了无尽的喻义，既有千秋遗恨的意思，又有征人思妇愁绪的暗寓，还有思念良将、呼唤和平的生活愿望。接下来诗意转折，开辟新的境界，"但使龙城飞将在，不教胡马度阴山"既表达了守护国土、报效国家的慷慨壮志，又隐含对现实的批判，展示了诗人沉郁的情怀。

一首诗二十八个字，所展现的意境之深远，所表达的意思之复杂，令人叹为观止，所以《出塞》成为七绝中传诵不衰的千古名篇。

再如王昌龄的宫怨诗《闺怨》：

> 闺中少妇不知愁，春日凝妆上翠楼。
> 忽见陌头杨柳色，悔教夫婿觅封侯。

这首诗也是一波三折，从"不知愁"到通过"见陌头杨柳色"，勾起少妇悔意，来表达少妇思夫之情，比直接写少妇如何相思，来得更加哀怨动人。结合诗人的经历，这首诗显然也在映射诗人对自己劳碌一生追求功名的后悔之意。王昌龄的送别诗，情感真挚，婉转深沉，是历代送别诗中的极品。除了《芙蓉楼送辛渐》，我们再来欣赏《送魏二》：

> 醉别江楼橘柚香，江风引雨入舟凉。
> 忆君遥在潇湘月，愁听清猿梦里长。

"橘柚香"其实是化用了屈原《橘颂》中的典故，不着痕迹，巧妙地表明季节，又歌颂了友人的品德，接着以"江风引雨入舟凉"的场景烘托离别时诗人的心情。关切的话难以表达，一片深情寄梦中。诗人梦里都在想念友人的踪影，这种情感多么真挚、多么深沉。

综上归纳出王昌龄诗歌的三大特点：语言简练而内涵丰富，文辞平易但句意险峻，意兴相兼而沉中见清。王士贞说："七言绝句，少伯与太白争胜毫厘，俱是神品。"（《艺苑卮言》）也就是说，王昌龄的七言绝句与李白的七言绝句比肩，代表了盛唐七绝的最高成就。清代文学家潘德舆也有言："七绝第一，其王龙标乎？右丞以淡而至浓，龙标由浓而至淡，皆圣手也！"（《养一斋诗话》）《唐才子传》更是称王昌龄为"诗中夫子"。

高适与王之涣

背对黄沙万里，高歌黄河入海

若论唐朝诗人中谁的诗风最雄浑，高适称第二，便无人敢称第一。

高适（704—765），字达夫，渤海蓨（今河北景县）人，迁居宋州宋城（今河南商丘市睢阳区）。他家境贫寒，年少时落拓不羁，不事生业，但胸怀大略，对自己的才能非常自信，有着强烈的功名进取心。

二十岁时，高适曾入长安求仕，失意而归。三十岁左右，他又北上蓟门，往信安王幕府寻求进身之路，不成功。此后，他返回梁宋，漫游吴越、赵齐一带，过了一段"混迹渔樵"的生活。

开元二十三年（735），高适赴长安参加进士科举，依然不第，失望而归。其间，他结识了李白、杜甫及岑参，与李白、杜甫结伴同游齐鲁，三人结下深厚友谊。

一直到天宝八年（749），高适受到迁居地宋州地方长官张九皋的推荐，参加有道科考试，才中第，然后被授封丘县尉一职。

混了大半辈子，弄了个九品芝麻官，显然与自己的理想相去甚远，一直胸怀大志的高适难免失望，故在《封丘县》这首诗中写道："拜迎官长心欲破，鞭挞黎庶令人悲。"不久，他毅然辞官。

天宝十一年（752），难以泯灭功名进取心的高适，又应聘入河西节度使哥舒翰的幕府，充任掌书记，得到哥舒翰的信任。

天宝十四年（755），在哥舒翰的推荐下，高适被任命为左拾遗，转监察御史。安史之乱爆发，他协助哥舒翰守潼关。

潼关失守，高适从小路追上逃往四川的唐玄宗，陈述军事形势，受到唐玄宗的赏识，被任命为谏议大夫。这年十一月，永王李璘借口平叛谋反，高适被任命为淮南节度使，讨伐永王李璘。至唐肃宗至德二年（757），平定永王叛乱。

令高适意想不到的是，李白居然就在永王李璘的阵营中。李白被捕后，高适没有营救从前的好友，是平叛功臣郭子仪仗义执言，才使李白免了死罪，只被流放夜郎。高适与李白的友谊小船，也就此翻沉。

高适随后转战各个战场。在平乱中，他有所建树，最终在唐代宗广德元年（763）被任命为剑南节度使。这时候，流落在成都的杜甫向他求助。他出面帮助，让地方官员为杜甫建了个草堂，使杜甫不至于穷困得流落街头。

广德二年（764），高适从剑南节度使的位置上调回京城，任散骑常侍（从三品大员），封渤海县侯。

永泰元年（765）正月，高适病逝，朝廷追赠礼部尚书。

高适虽然当官比较晚，但他是唐代著名诗人中官职最高者之一，《旧唐书》说："有唐以来，诗人之达者，唯适而已。"同样是心高气傲的诗人，为什么成名更早的王昌龄活得那么憋屈，而高适逆袭成功，最后功成名就呢？

看起来是运气使然，但略作思考，我们发现其实并非如此。

高适年轻时也是个理想主义者，但世上没有纯粹的理想主义者，如果有，必然是常人眼中的疯子。相反，世上纯粹的功利主义者比比皆是。诗人具备理想主义精神、浪漫主义情怀，但绝大多数同时具有建功立业的功利主义思想。也就是说，诗人是理想主义与功利主义相结合的产物，他们不是俗人，更不是疯子，他们其实是一群内心很挣扎的人。

高适《听张立本女吟》："危冠广袖楚宫妆，独步闲庭逐夜凉。自把玉钗敲砌竹，清歌一曲月如霜。"

没有理想与现实的矛盾，诗人的诗就没有灵魂，也不会感动人，更不会传诵千古，因为传诵者都是"既活在苟且的当下，又不能释怀诗和远方"的人。

高适能够功成名就，是因为他在五十岁之后，终于将理想与功利相调和，向现实妥协，主动与社会和解，将自己的抱负融入时代潮流。

与王昌龄不同的是，高适出身寒门，有强烈的建功立业决心与信心，所以遇到挫折后，虽曾愤懑，却没有自暴自弃，而是看准了安史之乱这个机会，投身平叛，实现了自己建功立业的梦想。

王昌龄出身名门望族，年轻时学道，建功立业之心并不坚决，遇到挫折后，更容易产生怨天尤人的消极情绪。安史之乱爆发后，他不是积极投身朝廷的平叛事业，而是"刀火之际，归乡里"，被人抓住把柄，惨遭杀害。

高适与王昌龄不同的人生结局，再一次向世人证明：才气固然重要，但不是命运的主宰；有抱负不要轻易放弃，将才华融入时代浪潮中，即便不能掀起浪花，也会活得顺心。

高适的诗多创作于早年落拓时期，安史之乱后，他鲜有诗歌创作。显达后的他，浪漫情怀泯灭，完全以政治人物的面目出现。由于害怕受牵连，遭到政治对手李辅国的打击，在诗友李白被捕后，他不但不出面援救，还将之前与李白唱和的诗歌销毁殆尽。

高适是边塞诗派最具代表性的诗人，与岑参合称"高岑"。《全唐诗》中收录了高适二百四十二首诗。从内容上看，高适的诗除了反映边塞场景的边塞诗，还有反映民生疾苦、讽时伤乱及咏怀送别的诗。

高适最为人尊崇的，还是他的边塞诗，其代表作有《燕歌行》《蓟门行五首》《塞上曲》《塞下曲》等。其诗最大的特点是写实性较强，诗风雄浑刚健。

如《燕歌行》：

汉家烟尘在东北，汉将辞家破残贼。

男儿本自重横行，天子非常赐颜色。

摐金伐鼓下榆关，旌旆逶迤碣石间。

校尉羽书飞瀚海，单于猎火照狼山。

山川萧条极边土，胡骑凭陵杂风雨。

战士军前半死生，美人帐下犹歌舞。

大漠穷秋塞草腓，孤城落日斗兵稀。

身当恩遇常轻敌，力尽关山未解围。

铁衣远戍辛勤久，玉箸应啼别离后。

少妇城南欲断肠，征人蓟北空回首。

边庭飘飖那可度，绝域苍茫更何有。

杀气三时作阵云，寒声一夜传刁斗。

相看白刃血纷纷，死节从来岂顾勋。

君不见沙场征战苦，至今犹忆李将军。

"燕歌行"是汉乐府歌行体的一个题目，最早由曹丕开创，后人以此题及形式创作的诗作不少，但史上作《燕歌行》最出名的，除了曹丕二首，当数高适的这一首。

这首诗是有感于当时的御史大夫兼河北节度副使张守珪军中事而作，但又并非专指一时一地的具体事件，而是融合了他在边塞的见闻，高度概括了当时征战生活的各个方面，具有深刻的现实性。

在高适之前，包括王昌龄在内，所有写边塞题材的诗，都只撷取场景片段，情景多，写实少。能够全方位地写边塞军营生活及将士情绪的，只有高适，所以高适的诗才成为唐代边塞诗的巅峰。

在艺术上，此诗善于用错综交织的笔法来表现复杂的思想内容，风格苍凉悲壮、慷慨雄浑。语言既精练整饬，又平易流畅。大量运用对偶句，不仅增加了音韵美，也增强了表现力。"校尉羽书飞瀚海，单于猎火照狼山""战士军前半生死，美人帐下犹歌舞""少妇城南欲断肠，征人蓟北空回首"等句，宛如一幅幅画面，互相照应对比，引起读者的联想、思索，揭示出比画面本身更丰富的内容。

读高适的边塞诗，让人以为是武将所作，气势豪放粗犷，视角也完全是从将领的角度出发，生活与战斗场面逼真，达到了一般诗人不易达到的高度。这与他的经历有关，他曾送兵亲赴蓟北军营，也经历过北方边塞战争。

当然，这更是他的性格使然。高适生性豪放，年轻时就"喜言王霸大略，务功名，尚节义"（《旧唐书》），在面临战乱时，他临危受命，成为大唐少有的能够领兵打仗的诗人。

豪放的性格成就了高适雄浑的诗风，连送别诗这种伤感的题材，他都写得豪气万丈。王维送元二道"劝君更尽一杯酒，西出阳关无故人"，凄婉动人。高适别董大却说"莫愁前路无知己，天下谁人不识君"，慷慨激昂，豪情万丈。

当然，这是早年的诗人高适，显达之后的政治人物高适，不是本书讨论的范畴。

"旗亭画壁"的另一个人物王之涣，让人觉得非常可惜。从诗的质量来说，他无疑是个顶尖大诗人，其诗存世仅六首，其余亡佚殆尽，让人难以对其诗文成就做全面分析。他的人生轨迹，新旧《唐书》无任何记载，《唐才子传》记录得也极简略。好在新中国成立后，《王之涣墓志》从北邙山出土，该墓志被考证为盛唐草圣张旭所书，原石现存国家博物馆。这为我们了解王之涣的生平事迹提供了一些依据。

根据现有的资料可知，王之涣生于 688 年，卒于 742 年，字季凌，祖籍晋阳（今山西太原市），祖上做官时移居绛郡（今山西新绛县）。由此可知，王之涣出身十大家族之一太原王氏。

王之涣年少时有侠气，飞鹰逐犬，放荡不羁，常常纵酒击剑悲歌。成年后转而习文，花了十多年时间，使自己文名日振。这时候，他耻于困守祖业，遂结交名仕，谋求功名。

王之涣为人以孝、义著称，又"慷慨有大略，倜傥有异才"。但他在科举考试中一无所获，直到开元十二年（724），三十七岁的王之涣得到了冀州衡水县令李涤的青睐，将三女儿嫁给了他，而后在岳父的帮助下，他才于开元十四年谋得冀州衡水县主簿一职。但紧接着由于有人控告他"重婚"（在娶李县令三小姐之前，他其实已有家室），他愤而辞官。

这之后，他举家迁移至蓟门，并在边塞一带活动，写出了《九日送别》《登鹳雀楼》《凉州词》二首等诗。

天宝元年（742），在亲朋好友的帮助下，王之涣又补任文安县县尉，可惜刚上任不久便因疾卒于任上，享年五十五岁。

王之涣存世六首诗，有两首极负盛名：《登鹳雀楼》是千百年来妇孺皆可诵的不朽名作，《凉州词》更被后人誉为唐诗七绝的压卷之作。

登鹳雀楼

白日依山尽，黄河入海流。

欲穷千里目，更上一层楼。

这首三岁儿童都能背诵的诗，气势连贯，厚重有力，虚实相生，意境雄浑。诗句简洁明了，但含义深远，表达了积极向上的盛唐情怀，所以成为唐诗中不朽名作。

有人根据唐诗影响力搞了个排行榜，王之涣的《登鹳雀楼》排名高居第四位。王之涣的《登鹳雀楼》也让鹳雀楼声名鹊起，鹳雀楼由此与武昌的黄鹤楼、岳阳的岳阳楼及南昌的滕王阁，并称为中国古代"四大名楼"。

凉州词

黄河远上白云间，一片孤城万仞山。

羌笛何须怨杨柳，春风不度玉门关。

这道诗写得悲壮苍凉，却没有颓丧的情绪，表现出盛唐诗人的广阔胸怀，成为"盛唐之音"的代表作之一。

相传，清朝末年的慈禧太后非常喜欢这首《凉州词》，便让一位书法极好的大臣将这首诗题写在她常用的团扇面上。这位大臣领命后，不敢怠慢，认真书写，也不知是紧张还是别的缘故，他居然漏写了一个"间"字。

慈禧太后拿过团扇一看，发现少了一个字，勃然大怒，道："你是不是欺负我没读过《凉州词》？怎么少写了一个'间'字？"

这个大臣吓得冷汗直流，但他才思敏捷，急中生智道："老佛爷，我哪敢漏字，只是觉得将王之涣的这首诗改成一首词，其意境和韵味会大大增加！"说完，他急忙念道："黄河远上，白云一片，孤城万仞山。羌笛何须怨？杨柳春风，不度玉门关！"

慈禧听罢，跟着他的节奏诵读了几遍，觉得确实别有一番韵味，而且新意盎然，于是转怒为喜，不但没有惩罚这位大臣，反而给了赏赐。

这个故事有些牵强附会，但也从侧面说明王之涣这首《凉州词》的影响力。

还有一位比王之涣年长的诗人王翰，也写过《凉州词》：

葡萄美酒夜光杯，欲饮琵琶马上催。

醉卧沙场君莫笑，古来征战几人回。

这首诗也久负盛誉，是盛唐边塞诗中的名篇。

岑参

愿是一棵树，让塞北的雪妆成一树梨花

边塞诗派的另一位代表人物，是岑参（715—770），荆州江陵（今湖北江陵县）人。

岑参的"参"读音为"shēn"还是"cān"呢？有人从宋诗韵律中考证读"cān"（全宋诗中收录两首写到"岑参"的诗句，皆押"an"韵）。

岑参曾祖岑文，本在唐太宗时期任过宰相。其伯祖岑长青，曾任唐高宗的宰相。其伯父岑羲，曾任唐睿宗的宰相。他的父亲岑植，曾做过仙、晋二州刺史。按说岑参是个标准的官宦子弟。

但是，岑长青因为反对武则天立武承嗣为皇太子，被武家诬陷杀害。岑羲由于归入太平公主阵营，其一脉全部被唐玄宗处死。这两件事都是在岑参出生前发生的。岑参十五岁时，其父也不幸早逝，之后家道中落，他只得依附兄长生活。

岑参天资聪慧，五岁开始读书，九岁就能赋诗写文，是个神童。十五岁之后，岑参隐居嵩山读书。二十岁时，岑参赴长安行卷求仕，但无结果。此后"蹉跎十年"，奔走于长安与洛阳之间，有时漫游交友，有时隐居读书。

天宝三年（744），三十岁的岑参参加进士科举考试，终于以第二名的

成绩高中进士，被授右内率府兵曹参军（九品）。天宝八年（749），岑参调任安西节度使高仙芝幕府掌书记，初次出塞，但并未取得功绩。天宝十年回长安，与杜甫、高适同游齐鲁。

天宝十三年（754），岑参又充任西北节度使封常清判官，再次出塞。他的边塞诗名作大多成于此时。

安史之乱爆发后，岑参东归勤王，杜甫等推荐他为右补阙。由于"频上封章，指述权佞"（唐·杜确《岑嘉州集序》），岑参得到唐肃宗认可，于乾元二年（759）升任起居舍人（从六品上），可惜不满一个月，因出言不逊，被贬为虢州长史，后又出任太子中允、虞部、库部郎中。

唐代宗大历元年（766），岑参出任嘉州（今四川乐山市）刺史，因此人称"岑嘉州"。后来岑参因事罢官，准备回家时，路遇亡命之徒拦劫，只好转至成都，于770年客死成都，享年五十六岁。逝前，岑参曾作《招北客文》自悼。

青少年时期的岑参，家道中落，但他并不忧郁沉沦，而是个积极开朗的阳光少年。他读书习剑，一心要恢复家族的荣光，不仅怀揣以文治国的志向，更具有以武安邦的雄心。他曾豪言："丈夫三十未富贵，安能终日守笔砚"（《银山碛西馆》），"功名只向马上取，真是英雄一丈夫"（《送李副使赴碛西官军》）。

这种强烈的从军建功的雄心壮志，最终促使他坚定地远赴边塞。也恰恰是这份雄心壮志成就了盛唐一位最重要的边塞诗人。

远赴边塞之前，岑参也写过不少山水诗，其意境优美明净，情调从容闲适，形式以五言律诗和七言律诗居多。

如《暮秋山行》：

疲马卧长坂，夕阳下通津。

山风吹空林，飒飒如有人。

苍旻霁凉雨，石路无飞尘。

千念集暮节，万籁悲萧辰。

鶗鴂昨夜鸣，蕙草色已陈。

况在远行客，自然多苦辛。

再如《春梦》：

洞房昨夜春风起，遥忆美人湘江水。

枕上片时春梦中，行尽江南数千里。

这些诗风格清丽，与其边塞诗风大相径庭。自从出塞以后，岑参的诗风大变，体裁以七言歌行为主。但他的七言歌行与高适的整饬凝练的风格不同，句式极多变化，尚散不尚偶，有时句句用韵，有时两句、三句或四句一转，显示出奔腾跳跃、错落参差的语言美。

如《走马川行奉送封大夫出师西征》：

君不见走马川行雪海边，平沙莽莽黄入天。

轮台九月风夜吼，一川碎石大如斗，随风满地石乱走。

匈奴草黄马正肥，金山西见烟尘飞，汉家大将西出师。

将军金甲夜不脱，半夜军行戈相拨，风头如刀面如割。

马毛带雪汗气蒸，五花连钱旋作冰，幕中草檄砚水凝。

虏骑闻之应胆慑，料知短兵不敢接，车师西门伫献捷。

全篇三句一转韵，奇句豪气，风发泉涌。为表现边防将士的豪气，诗人用反衬手法，极力渲染、夸张环境之恶劣，来突出大唐士兵不畏艰险、勇于奉献的爱国精神。

岑参游齐鲁时，遇杜甫、高适，但他是李白的"迷弟"，对未能与李白谋面深表遗憾。其诗夸张奇异的写法，估计多多少少受到了李白的影响。"一川碎石大如斗，随风满地石乱走"写得雄奇而又生动，让人叹为观止。

《白雪歌送武判官归京》是另一首千古名篇：

> 北风卷地白草折，胡天八月即飞雪。
>
> 忽如一夜春风来，千树万树梨花开。
>
> 散入珠帘湿罗幕，狐裘不暖锦衾薄。
>
> 将军角弓不得控，都护铁衣冷难著。
>
> 瀚海阑干百丈冰，愁云惨淡万里凝。
>
> 中军置酒饮归客，胡琴琵琶与羌笛。
>
> 纷纷暮雪下辕门，风掣红旗冻不翻。
>
> 轮台东门送君去，去时雪满天山路。
>
> 山回路转不见君，雪上空留马行处。

这首诗名为送别诗，实则全方位描写了塞外军营的生活场景，奇丽豪放，表现出一种浪漫乐观的英雄主义情绪。尤其是"忽如一夜春风来，千树万树梨花开"两句，是千年以来描述雪景的名句。

此诗入选初中课本，无须再做解读。

岑参一生所写的边塞诗，多达七十多首，是边塞诗人中描绘边塞风光最多的诗人。这些诗，每一首都"雄奇瑰丽"，形成了他"语奇体峻，意亦造奇"的独特风格，岑参更成为盛唐之音的代表之一。

岑参天生好奇，在他的边塞诗中，除了描写军营生活及场景，还有一些直接记录了西域异事及奇异风光，如《优钵罗花歌》《热海行》，这些诗具有开拓唐诗内容新领域的意义。

另外，岑参写过一篇怀土思亲的名作《逢入京使》：

故园东望路漫漫，双袖龙钟泪不干。
马上相逢无纸笔，凭君传语报平安。

这首诗语浅情深，既缠绵悱恻，又不流于哀怨，不愧为千古传诵的名篇。

不同于高适的冷峻，岑参是个重情义之人。他与王昌龄、杜甫、颜真卿等人都是好友。

对王昌龄的不幸遭遇，岑参深表同情，在《送王大昌龄赴江宁》一诗中，岑参安慰道："惜君青云器，努力加餐饭。"诗的最后一句，让笔者大吃一惊，这是将《古诗十九首》之《行行重行行》中的最后一句俚语直接引用了，唐诗也可以这么写？岑参真的是"语奇"之诗人。

杜甫对他有推荐之恩，在杜甫落难后，岑参在战乱中多次打听杜甫的下落，可惜两人在蜀地失之交臂。

岑参的诗歌，题材广泛，在当时就广为流传，"每一篇绝笔，则人人传写，虽闾里士庶，戎夷蛮貊，莫不讽诵吟习焉"（唐·杜确《岑嘉州集序》），可见他的诗雅俗共赏，还受到各族人民的喜爱。

最有趣的是，岑参还写过一首非常诙谐的诗《戏问花门酒家翁》：

老人七十仍沽酒，千壶百瓮花门口。
道傍榆荚巧似钱，摘来沽酒君肯否。

岑参如此幽默风趣，也是盛唐诗人中的唯一存在。

还有一大批边塞诗人，留下了许多不朽的诗篇，比较出名的有李颀、崔颢、刘湾和张渭。

岑参《春山晚行》：“洞口桃花带雨，溪头杨柳牵风。鸟度残阳上下，人随流水西东。”

李颀（约690—约751），颍阳（今河南登封市）人。他家境富有，为人狂放任侠，少年时与世家纨绔子弟交往，后来被这些世家子弟欺辱，一气之下发奋读书，一心要出人头地。

李颀闭户读书十年，于开元二十三年（735）登进士第，授新乡县尉。因久未升迁，殊不得意，遂于开元二十九年（741）辞官归隐。

李颀后半生性格散淡，不喜涉及人间世务，一心寻仙问道，与王维、高适、崔颢、王昌龄等诗人都有交往。

李颀诗中成就较高的有三类题材：边塞诗、赠别诗以及描写音乐的诗。其中以边塞诗写得最好，如结合游侠题材写少年豪杰渴望去边关建功立业的《古意》，以及具有反战思想的《古从军行》。

李颀的送别诗《送魏万之京》，被认为是格律严谨、韵味醇厚的顶尖七律作品：

> 朝闻游子唱离歌，昨夜微霜初渡河。
>
> 鸿雁不堪愁里听，云山况是客中过。
>
> 关城树色催寒近，御苑砧声向晚多。
>
> 莫见长安行乐处，空令岁月易蹉跎。

李颀专门写音乐的诗篇《听董大弹胡笳声兼寄语弄房给事》和《听安万善吹觱篥（bì lì）歌》，是开了专门写音乐题材之先河，给后世的白居易、韩愈、李贺等人描写音乐以启发，备受后人称道。

崔颢留下来的诗篇仅六首，其中三首与边塞有关，但他以一首写景抒情诗《黄鹤楼》而名闻天下：

> 昔人已乘黄鹤去，此地空余黄鹤楼。

黄鹤一去不复返，白云千载空悠悠。

晴川历历汉阳树，芳草萋萋鹦鹉洲。

日暮乡关何处是，烟波江上使人愁。

　　李白来到黄鹤楼，看见这首诗题在题诗壁上，狂傲的他居然停笔叹息："眼前有景道不得，崔颢题诗在上头。"

　　这首诗确实不同凡响，有人甚至评此诗为"唐人七言律诗第一"。笔者认为，这只是一家之言，过誉了。因为这首诗并不完全协律。要说它是七言律诗第一，那也只能是在杜甫的七律《登高》出来之前。

　　李白在黄鹤楼看到崔颢的诗，自信心受到打击，似乎与崔颢杠上了，所以在金陵写下了《登金陵凤凰台》：

凤凰台上凤凰游，凤去台空江自流。

吴宫花草埋幽径，晋代衣冠成古丘。

三山半落青天外，二水中分白鹭洲。

总为浮云能蔽日，长安不见使人愁。

　　这首诗虽然不错，依然有崔颢《黄鹤楼》的影子。人们最钦佩的当然是首创，尤其是诗词，即便化用得巧妙，可人们一旦弄清来龙去脉，还是将赞赏的眼光投向首创。但是，李白受崔颢的启发，创作的《行路难》《长干行》，将崔颢的《行路难》《长干行》比了下去，以至于后人极少提到崔颢的这两首诗。

　　刘湾与张渭的边塞诗，以揭露战争给百姓带来的苦难为主题，具有一定的现实意义，但艺术成就不太高。

李白

我是一片云，天空是我家

　　从古至今，写李白的文字太多，却不一定就能描述出一个真实的李白，因为李白太复杂了。既然如此，我们就从李白的复杂性说起。

　　李白的出生就很复杂——出生在哪里，祖籍是哪里，与大唐皇室究竟有无关系——众说纷纭，莫衷一是。

　　好在李白的生卒时间比较确定，生于 701 年，卒于 762 年。至于出生，一说出生在当时西域的碎叶城（今吉尔吉斯斯坦托克马克附近），一说出生在四川广汉，一说出生于长安。

　　至于李白的祖籍，他在《与韩荆州书》和《赠张丞相稿》中称"本家陇西人"，自称汉代名将李广的后代。李白的族叔李阳冰及李白的儿子李伯禽在书文中皆称李白是"陇西成纪人"，是凉武昭王李暠九世孙。

　　如果此说成立，那么李白与李唐皇室就是同族同宗了。可是，在唐高宗时期，李唐皇室专门修立宗庙，追封了陇西成纪李氏一宗，并没有将李白这一脉吸纳。于是，有人猜测李白一脉可能是大唐首位太子李建成的后代，为避祸逃至西域荒僻之地。

　　还有一种说法，说李白是山东人，说得也是有理有据。

造成这种胡乱猜测的原因是，李白在所有诗文中对自己的身世总是讳莫如深，也不知是有迫不得已的苦衷，还是有别的原因。不像杜甫在诗文中将自己的身世交代得一清二楚。

至于李白姓名的由来，也有两种有趣的说法。

第一种说法，那是李白七岁时，父亲李客要给儿子起个正式的名字。李白的父母亲酷爱读书，他们要培养儿子做个高雅脱俗的人。父亲平时喜欢教孩子看书作诗，在酝酿起名之时，同母亲商量好了，就在庭院散步时考考儿子作诗的能力。

父亲看着春日院落中树木葱翠，繁花似锦，开口吟道："春国送暖百花开，迎春绽金它先来。"母亲接着道："火烧叶林红霞落。"李白知道父母吟了诗句的前三句，故意留下最后一句，希望自己接续。他走到正在盛开的李树花前，稍稍想了一下，说："李花怒放一树白。"

"白"——不正说出了李花的圣洁高雅吗？父亲灵机一动，决定把妙句的头尾"李""白"二字选作孩子的名字，便为七岁的儿子取名为"李白"。

第二种说法，李阳冰的《草堂集序》说："逃归于蜀，复指李树而生伯阳。惊姜之夕，长庚入梦。故生而名白，以太白字之。"范传正在《唐左拾遗翰林学士李公新墓碑》中写道："公之生也，先府君指天（李）枝以复姓，先夫人梦长庚而告祥，名之与字，咸取所象。"

以上文献说明，李白的姓名是其父回到蜀中，给自己恢复了李姓后，为后来出世的李白取的名字，李母梦到太白金星，有了身孕，在阵痛难忍中生出李白，李白的名字就是根据这一梦境得来的。

两种说法都很玄，都有演绎的成分。然而，"李白，字太白"这样的名字确实惊艳，尤其是和"太白金星"联系起来，让神话中的太白金星名头大振，让人以为太白金星就姓李。事实上，神话中的太白金星虽然是老子李聃的学生，但并不姓李，在《西游记》之前，是没有姓氏的，只是吴承恩在写《西游记》时，估计受到李白姓名的影响，硬是给他取了个"李"姓，还弄了个本名"李长庚"，导致现代人将李白与神话中的太白金星混为一谈。

李白与太白金星的联系，还有一个被写进小学课本的"铁杵磨成针"的神话传说，那个以实际行动点化李白的老婆婆，传说就是太白金星的化身。

传说归传说，还是回到现实，了解真实的李白。

1

毫无疑问，如果说李白不是神童、不是天才，那会挫伤后人的自信心。因为，后人再怎么学李白，也学不到他的风采，只能自我安慰"那个人是神仙下凡"，不是凡人所能追寻、比肩的。

李白在《上长安裴长史书》中，自称"五岁诵六甲，十岁观百家，轩辕以来颇得闻矣"，五岁就开始背诵大唐规定的六种经书，十岁时就学习诸子百家典籍，确实是妥妥的"神童"，更是现代人口中"别人家的孩子"的典型。

"轩辕以来颇得闻矣"的意思是，有史以来的书，我差不多都读过。虽有自夸之嫌，但至少告诉我们，李白在少年时博览群书，学识渊博。

李白在家族中排在同辈的第十二，所以有个别称"李十二"。

李白居住巴蜀，少年时最崇拜的人是汉代大文豪司马相如。司马相如是巴蜀大地的骄傲，备受当地人的尊崇。他凭几篇文赋，便做了大官，受到汉武帝的倚重。关键他还凭着自己的才气，拐跑了巴蜀最有钱人家的才女卓文君。这样的人物何等风光？简直太完美了，他李白要做就做这样的人。

于是，少年李白一口气写下了《明堂赋》《大猎赋》《拟恨赋》等，每篇赋都是洋洋洒洒数千言，恨不得自己明天就成为司马相如。可惜，没有多少人看得懂他的这些赋，因此也就没有博得多少人赞赏。倒是他在七八岁时写过的一首小诗，为他博得了不少赞誉：

雨打灯难灭，风吹色更明。

若飞天上去，定作月边星。

这首描写萤火虫的小诗，应该算作李白的处女作，比之骆宾王七八岁时写的《鹅》及《玩初月》，只好不差。

少年李白虽然聪慧，但绝不是"好孩子"典范。好读书不假，但他绝不是一个规规矩矩的孩子。一下课，他就一溜烟跑到野外掏鸟捉虾，否则也不会在溪流边遇到那个磨针的老婆婆。

或许是在家排行老幺的缘故，父母似乎不太管束他，或者是管束不住，养成了他任性的性格。十五岁时，李白觉得自己该读的书都读得差不多了，转而习剑。大唐尚文，也崇武，在这样的社会风气下，李白想做个文武全才，自然也不会受到父母的反对。据说，李白的父亲亲自教导他习武，教导他高超的剑术。如此说来，李白的祖上是北凉武昭王李暠，应该说得通，所以李白在文学方面颇有家学渊源，在武学方面也有家族传承。

李白在剑术上是有一定成就的，据说他曾经为打抱不平而"手刃数人"（唐·魏颢《李翰林集序》），据说后来他的剑术甚至被排名大唐第二，估计也不是凭空捏造的。如果没有一定的武术防身，喜欢东游西荡并身揣巨资的李白，安全是怎么保障的？

书读得差不多，剑术也练得不赖了，李白又忽然对道术大感兴趣，于是又和隐士东岩子学起了道术，还结识了喜谈纵横术的名士赵蕤，练就了嘴皮子功夫。出道后的李白，几杯酒下肚，要不随口吟诗，要不就与人清谈，谈得你头晕目眩、天昏地暗。朋友崔宗之描述他："清论既抵掌，玄谈又绝倒。

分明楚汉事，历历王霸道。"（《赠李十二白》）

迷上道术的李白，与东岩子一起跑到当时的岷山（今青城山）隐居，不回家，连城市集镇都不涉足。一隐三五年，除了学道，他还与东岩子驯养了一大群珍稀飞禽。这些飞禽被他们驯养得只要叫一声，各个现身，从他们手中领食。这件事挺神奇的，惊动了当时的广汉太守。太守觉得他们一定有本事，招呼他们出山参加道府考试，二人拒绝了。

不过，李白终究不是个耐得住性子的人，隐居一段时间后，就跑到峨眉山、戴天山等巴蜀名山大川游玩访道去了。其间，他写了几首录入其诗集的诗，如《访戴天山道士不遇》（这是他保存下来的最早的作品）、《登锦城散花楼》《听蜀僧濬弹琴》等，写得最好的当数《峨眉山月歌》：

> 峨眉山月半轮秋，影入平羌江水流。
> 夜发清溪向三峡，思君不见下渝州。

开元八年（720），二十岁的李白自信满满地去见时任渝州刺史李邕。李邕是当时名震朝野的大文学家、大书法家。毛头小伙子李白见李邕，居然高谈阔论，大谈特谈王霸之道，让李邕觉得这小子狂傲无边，遂对他冷淡。李白不满，旋即写了一首《上李邕》回敬：

> 大鹏一日同风起，扶摇直上九万里。
> 假令风歇时下来，犹能簸却沧溟水。
> 世人见我恒殊调，闻余大言皆冷笑。
> 宣父犹能畏后生，丈夫未可轻年少。

李白《峨眉山月歌》："峨眉山月半轮秋，影入平羌江水流。夜发清溪向三峡，思君不见下渝州。"

这首诗写得豪情冲霄，让原本好结交天下名士的李邕尴尬无比，以至于多年以后，李邕转任北海太守时，李白与杜甫同游济州，李邕只见杜甫，不见李白。

李白在蜀地到处浪荡，这一浪荡，就浪荡到了二十四岁。父母与家人着急呀，好不容易将他找回来，结果闹得非常不愉快。李白决定出川闯天下，发誓不闯出同司马相如一样的名气，绝不回家。李白出川后，再也没有回川，甚至都没有书信来往，在之后的诗文中也很少提及家人。

开元十二年（724），李白腰缠万贯，带着一个小道童（他为之取名叫丹砂），出川成就他的梦想去了。

追寻李白足迹之前，先来解决一个读者都十分关切的问题：李白长得如何？给李白画肖像，当然不能凭空想象。一切依据李白自己的诗和他当时朋友的描述。

李白身材并不高大，他在《上韩荆州书》中描述自己"身不满七尺，而心雄万夫"，"身不满七尺"，按现在的尺度计量，不到一米七。

李白最大的特征就是双目炯炯有神，目光似电。根据李白的"迷弟"——追他三千里就为见他一面的魏万记载："眸子炯然，哆如饿虎。"（《李翰林集序》）朋友崔宗之描述他"双眸光照人"（《赠李十二白》）。

李白最喜欢穿的不是白袍，而是紫袍。他曾在金陵脱下紫皮袍当酒，"解我紫绮裘，且换金陵酒。酒来笑复歌，兴酣乐事多"（《金陵江上遇蓬池隐者》），"草裹乌纱巾，倒披紫绮裘。两岸拍手笑，疑是王子猷"（《玩月金陵城西孙楚酒楼达曙歌吹日晚乘醉》）。

李白随身携带佩剑，剑不离身。崔宗之的诗里就说他"袖有匕首剑"，他自己写"高冠佩雄剑"，"拔剑四顾心茫然"，剑在他诗中出现的频率很高，这与他剑术高超及大唐尚武的社会风气有关。

一个身材不高，略显清瘦，双目射电，身着紫袍，腰悬佩剑的书生，朝我们走来，朝历史的风雨中走去，他将接受俗世的煎熬，接受梦想破灭的洗礼。一个意气风发的大诗人，一个放荡不羁的富二代，"仗剑去国，辞亲远游"（《上安州裴长史书》），会开启什么样的传奇呢？

2

李白复杂，最主要复杂在他的思想。他前期一会儿想当司马相如，一会儿又想当道士成仙，一会儿又玄谈王霸立业，一会儿又练剑渴望当侠客。在他的思想中，政客、羽客（寻仙人）、侠客是交织在一起的，哪个"客"都想当，哪个"客"都要当，因为他是李白，是那个自信无所不能的李白。

当然，李白不是疯子，也不会想着同时成为这三种角色。他的理想是先当政客，建功立业，完成"平天下"的梦想，也完成家族"光宗耀祖"的嘱托，然后功成身退，去寻仙踪，能成仙更好，不能成仙，当除暴安良的侠客也不赖，这样的人生岂不美哉、快哉！

当政客必须有进阶之路，要么参加科举考试，要么走"终南捷径"。自认已经"词赋凌相如"的李白，根本不屑于参加科举考试。一个绝世高人又怎么会让俗人来考核自己呢？姜尚是考出来的吗？乐毅是考出来的吗？诸葛亮是考出来的吗？绝世高人都是请出来的。

但是，要被请，就得有贤名。贤名怎么来？靠朋友传。出川时，李白并没有急吼吼地干谒求官，而是一路游玩，一路交朋友，慢悠悠地出了巴蜀三峡。

来到荆门，李白写了一首好诗《渡荆门送别》：

> 渡远荆门外，来从楚国游。
> 山随平野尽，江入大荒流。
> 月下飞天镜，云生结海楼。
> 仍怜故乡水，万里送行舟。

李白恣肆豪放的风格，在这首诗里初见端倪，尤其是"山随平野尽，江入大荒流"两句，气魄宏大，视野开阔，仿佛站在云端看人间。

来到江陵，李白忽然听闻当时最有名的大道士司马承祯在此，赶紧去拜谒这位大道士。大道士司马承祯之前可是武则天跟前的大红人，经常出入皇宫，"终南捷径"一词就是出自他口。

司马承祯接见了李白，与之玄谈。李白玄谈功夫了得，估计这一谈，也将司马承祯谈得头晕目眩，让这个大道士夸他是"神仙中人"。李白心花怒放，随即挥笔写下了《大鹏遇稀有鸟赋》，将自己比作大鹏，将司马承祯比作稀有鸟。

大道士一句"神仙中人"的夸奖，改变了李白出川时的初衷。原本想着先是干谒谋官、功成名就再寻仙，现在被大道士点醒，李白干脆直接朝"羽客"这条路奔去。如果能直接成为仙人，还当什么政客、侠客？

神仙哪里有？听说天姥山有神仙出没。李白立即决定将这次出行的最终目的地定为天姥山。为什么要加"最终"二字？因为李白觉得既然身上揣着许多线，就先好好享受人间快乐，听说成仙之后都很寂寞。

李白决定先去人间最繁华的都市扬州。

李白天性乐山好水，在赴扬州的途中，流连忘返于沿途的风光。鄂州的赤壁、武昌的黄鹤楼、巴陵的洞庭湖，这些水域风光都是在巴蜀大地难得一见的。大开眼界的同时，他心潮澎湃，大笔一挥，一口气写下了《游洞庭》《长干行》《江上望皖公山》等诗篇。

在黄鹤楼，李白碰到了第一首让他叹服的诗——崔颢写的《黄鹤楼》。

在游洞庭湖时，随他一路同行的巴蜀朋友吴指南，不幸染病身亡。他守着朋友的尸体痛哭，以至于老虎来了，都不曾离开。最终在丹砂的劝慰下，他用佩剑在湖边挖了个坑，将吴指南草草安葬。三年后，他定居安陆时，又跑来寻到吴指南的葬地，将其尸体挖出，清理干净，硬是背到鄂城之东山丘上重新安葬。这件事在当地传为美谈，也为他博得了侠义的名声，多多少少也圆了他的侠客梦。

在江汉一带滞留一段时间后，李白顺江而下，于开元十三年（725）来到了庐山，目睹秀峰瀑布的壮观，他为我们留下了一首千古名篇《望庐山瀑布》：

日照香炉生紫烟，遥看瀑布挂前川。

飞流直下三千尺，疑是银河落九天。

写完这首诗，他飘然离去，飘到当涂，留下一首千古名篇《望天门山》，然后飘到了金陵。在金陵凤凰台，他写下叫板崔颢的《黄鹤楼》的《登金陵凤凰台》，便一头扎进了繁华如梦的扬州。

大唐时期的扬州，那是仅次于长安的繁华大都市，灯红酒绿，纸醉金迷，是有钱人的天堂。在长安，有钱人遇到达官贵人，就得低声下气。但在扬州，有钱就是大爷，因为在这里碰见达官贵人的概率非常小，所以土豪都喜欢到扬州扎堆。当然，土豪多了，吃大户的无赖也就纷至沓来。

李白到了扬州，出手阔绰，俨然一个土豪，他的身边呼啦一下围了一群朋友，争先恐后地与他称兄道弟。这些人中，这个是诗人，那个是侠客，剩下的都是可怜的落魄公子。兄弟们和他交往，都有一个共同点，那就是陪他一起吃喝玩乐，然后由他买单。

李白义气啊，诚信交友嘛，朋友说啥都有理。于是乎，斗鸡走马逛妓院，忽而浩浩荡荡游杭州，忽而浩浩荡荡逛越州，一年内，我们的大诗人李白花掉了三十万金。"三十万金"是什么概念？是当时一个五品大员的三年俸禄。

但李白并不在乎，这时候他什么都缺，就是不缺钱，他豪迈地说："千金散尽还复来。"（《将进酒》）可他身边的丹砂受不了啦，带出来的钱用得差不多了，再这么闹下去，两人岂不是要流落街头？他好说歹说，硬是将自家公子劝得清醒了一些。

李白冷静一想，该玩的都玩得差不多了，是该干正经事的时候了，于是大袖一甩：走，找神仙去。可怜的丹砂只得陪着李白屁颠屁颠地跑到浙江天姥山寻找神仙去了。

天姥山方圆几百里，几十座山峰，还处在原始状态，荆棘遍地，杂木丛生，攀峰都得剑砍斧劈才能前行。但这点儿困难是难不住执着的李白的，一想到能与神仙会面，李白那并不强壮的身躯就会迸发出无穷的力量。披荆斩棘，手脚并用，爬了一峰又一峰，可惜就是不见神仙的影子。

最后，风餐露宿的李白因精疲力竭而病倒了，丹砂只得将他背下山，坐着马车回扬州客栈休养。这时候的李白，兜里的钱所剩无几，丹砂只好通知他在扬州的那帮朋友，指望他们前来接济一下自家公子。一连通知了十几个人，那帮人突然玩起了神仙一般的把戏，彻底隐身了。

李白终于尝到了人情冷暖，明白自己这个外乡人来到扬州，其实就是当了回冤大头。又气又急的李白，病情加重，差点死掉。好在这个瘦小的男人精神力量异常强大，凭着坚强的信念，在丹砂的精心照料下，又挺了过来。但此刻他们真的落魄了，住的客栈从高级到低级，从上房到通铺，最后还被店主恶语相加，差点被赶出客栈。

一轮寒月升起的时候，李白终于想家了，写下一首童孺皆知的短诗：

静夜思
床前明月光，疑是地上霜。
举头望明月，低头思故乡。

那时候，也不知是因为家里人与他断绝了来往，还是因为路途太过遥远，书信难以送达，在巴蜀的李氏家族再也没给他寄过钱。

李白病好后，与丹砂一商量，变卖了一些衣裳，又由水路逆江而上，似乎有回川的意思。可是到了江汉一带，李白结交了一个姓孟的朋友，这个朋友在安陆当县尉，孟少府（县尉雅称少府）对李白很友善，估计因为是他的家族中也有个放荡不羁的大诗人。

孟少府热情地邀李白到安陆做客，将族叔孟浩然请来与李白相见。大诗人见大诗人，李白对孟浩然是佩服得五体投地，孟浩然对这个比他小一轮的后生也是刮目相看。

一番交谈，得知李白目前的处境，孟浩然与孟少府唏嘘之余，决定帮助李白纾困。孟少府有个好主意——让李白入赘安陆许府。

安陆许府即高宗时宰相许圉师家，许家有个孙女许氏，容貌出众，知书达理，二十多岁尚未婚配。原因当然不是嫁不出去，而是许家小姐眼光太高，非看得上眼的俊才不嫁。

孟少府征询李白意见，李白当即乐开了花。能入赘许府，那可是一举多得的事，反正他本就羞于回川，有这样的好事，何乐而不为呢？

于是，孟少府与孟浩然带着李白的几首诗稿，赴许府保媒。许氏小姐看到李白的诗，长吁一口气，心想，我终于等到了要等的人。就这样，李白成功入赘许府，这一年，他二十七岁。

入赘许府，李白又有钱了，但老宰相已故，许氏家族已是明日黄花，没有能量举荐他入朝为官。

可李白是干大事的人哪，寻仙不成，至少也得匡扶社稷吧？李白明白以他现在的名气，还是不足以让朝廷来请，怎么办？正常的科举考试是一条路，但这个眼高于顶的人，怎么会走这条路呢？再说，当初广汉太守邀他参加道府考试，他直接拒绝了，现在要考进士，还必须先过道府考试才有资格。参加道府考试显然有伤自尊，他根本不屑。那剩下的一条路，唯有干谒了。

经过在扬州的一番折腾，李白也明白了一些人情世故，要干谒，就要放低身段去求人。于是乎，李白在安陆一会儿请裴长史，一会儿请李长史。

盛唐·气象

长史是什么官呢？是州府刺史的佐官，正六品，不承担具体事务，属于一种养老性质的官。

请裴长史请了八九次，银子没少花，可是待李白提出举荐请求，此人一脸冷笑，不理不睬。为什么？光请吃，不孝敬，谁给你办事？关键是，李白老兄写求荐信，还捎带上"何王公大人之门，不可以弹长剑乎"（《上安州裴长史书》）这样的话。

找裴长史不行，他又盯上了李长史。许氏夫人通过关系请出马都督，由马都督出面联系李长史。但是，我们的大诗人偏偏在这时喝醉酒，骑马冲撞了李长史的大驾，这可是犯了大不敬之罪啊！许家人担惊受怕，让李白赶紧写了一封悔过书，恳请马都督转呈李长史。这封悔过书，就是《上李长史书》，其中说："白，孤剑谁托，悲歌自怜。迫于凄惶，席不暇暖……若浮云而无依……"一副惶恐不安、痛哭流涕的样子。

这封悔过书让李白免受了责罚，却成了安陆官场的笑话，有人拿到酒桌上朗读，佐酒取乐。后来宋朝文学家洪迈对李白的这段经历感叹道："神龙困于蝼蚁，可胜叹哉！"（《容斋四笔》）

李白也感到憋屈，但干谒这件事还得做啊，他认定的事，绝不会轻易放弃。安陆官场走不通，他又跑到离安陆不远的荆州，拜谒韩荆州。这个韩荆州就是准备推荐孟浩然，却被孟浩然放了鸽子的韩朝宗。韩朝宗推荐人挺靠谱的，据说经他推荐提拔的人，无不官运亨通。

李白写了一封《与韩荆州书》，称"生不用封万户侯，但愿一识韩荆州"，竭尽全力地猛夸韩荆州。但真的与韩荆州见面时，李白是"高冠佩雄剑，长揖韩荆州"。初看这两句诗，似乎觉得李白还挺懂礼貌的，躬身长揖。可仔细一看，他还戴着个高帽子，佩了柄雄剑。

不言而喻，李白干谒韩荆州毫无结果。韩荆州愿意推荐孟浩然，但不一定愿意推荐李白。一无所获的李白，很郁闷地回到安陆，整天喝酒，还写诗

李白《赠内》："三百六十日，日日醉如泥。虽为李白妇，何异太常妻。"

自嘲："三百六十日，日日醉如泥。虽为李白妇，何异太常妻。"（《赠内》）

李白折腾一通，有点心灰意懒，又想起隐居博名这茬子事，便举家迁往安陆的寿山。这时许氏已替他生了个女儿，他取名平阳。不久，许氏又替他生了个儿子，他取名伯禽。

李白在许家的这番折腾，也让当初保媒的孟少府心生不满，写信责怪他。李白写了一篇《代寿山答孟少府移文书》答复孟少府。他系统地阐述了自己的大鹏之志，让孟少府闭嘴。可怜的许氏一句怨言也没有，因为她真心相信李白，相信他能给许家带来荣耀。

李白"酒隐安陆，蹉跎十年"，除了练出了好酒量，挖出吴指南尸首重新安葬，一事无成。在入赘许府的第二年，送孟浩然去扬州时，他写出了一首千古绝唱《送孟浩然之广陵》。其他诸如《上李长史书》及《与韩荆州书》等文，不忍卒读，让后人产生李白人格卑微之怀疑。

折腾了几年，李白又幡然醒悟，在安陆这么个小地方隐居，恐怕隐居到死，朝廷也不知道他李白吧？要隐就隐到皇帝的眼皮子底下去。这个念头一上来，李白按捺不住兴奋，二话不说，卷起铺盖朝长安进发。

3

"隐士不到终南山，隐上千年无人管"，这是唐朝当时的一句顺口溜。

终南山位于长安之南，是秦岭诸峰之一，又名太乙山。自从卢藏用走了"终南捷径"之后，这里成了隐士的乐土。山中离宫别馆随处可见，人影绰绰，热闹非凡。隐士多了，经常发生矛盾，吵嘴打架、相互残杀的事件时有发生，所以在终南山占地盘隐居，绝非易事。

李白于开元十八年（730）来到终南山，迅速站稳了脚跟。因为他剑术了得，双眼冒光，连豺狼虎豹都退避三舍，那些文绉绉的隐士又岂敢惹他？他学阮籍长啸山林，舞剑挥毫，还将自己的大作晾在路旁。李白的书法，

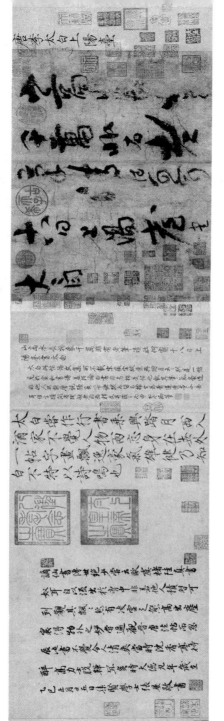

唐·李白｜上阳台帖（局部）｜现藏故宫博物院

尤其是草书，堪称一绝，其《上阳台帖》现存北京故宫博物院。

还别说，李白这一闹腾，真闹腾出了名堂，一位崔姓京官主动与他结交，并将他引荐给当朝宰相张说。前文说过，张说是当时的文宗，提携过张九龄、贺知章等诗人。可惜李白上门时，张宰相病重，后于这年底病故。

张说的儿子张垍（jì）官居三品，是驸马爷，也喜欢写诗。李白找张驸马，张驸马却推荐李白去终南山玉真公主别馆找玉真公主，说玉真公主读过他的诗。言下之意，玉真公主很注意他。李白一听，一蹦三尺高，不顾连日秋雨，直奔终南山。

可到了终南山玉真公主别馆一看，李白傻眼了。这座别馆一片荒芜，就像一座废园，显然很久没人居住。李白犯嘀咕，去信问张驸马，张驸马捎信让他耐心等下去。

于是，在凄雨寒风中，李白痴痴地等。一位看园子的老农陪着他，每天粗茶淡饭，守着枯藤老树，守了一个多月。他一点儿也不觉得苦，反而心中充满了幻想，诗意更是喷薄而出，一连写了《玉真公主别馆苦雨赠卫尉张卿》二首，《乌夜啼》及《酬崔五郎中》等诗篇。

《乌夜啼》这首乐府诗，将他苦等玉真公主的情绪渲染得缠绵悱恻：

黄云城边乌欲栖，归飞哑哑枝上啼。

机中织锦秦川女，碧纱如烟隔窗语。

停梭怅然忆远人，独宿孤房泪如雨。

据说这首诗不仅让贺知章拍案叫好，也深深感动了玉真公主。当然，这是后话，此时的玉真公主其实是在华山修道，对李白苦等一无所知，更遑论读到这首诗了。李白信息闭塞，并不知道玉真公主一直在华山，否则一定会不顾一切地直奔华山。他知道这一消息时，已经在老树枯藤下苦守了一年。

年轻的李白就这么痴傻，但是傻人自有傻福，不是如此傻等，也就不会有玉真公主后来的倾心相助。在此，我们联想起王维，对这两位大诗人互不来往的原因有点数了。

得知玉真公主远在华山这一消息，李白哪怕再没心没肺，心灵也备受伤害，无缘无故被冷落了一年，这是人干的事吗？精神遭受打击的李白无力报复驸马爷，自甘沉沦，跑到长安城内与市井流氓混在一起，斗鸡走马，醉生梦死。没有钱了就让丹砂回安陆去取，许夫人卖房卖田，供他在这边胡闹。

胡闹的结果是，他与城内的纨绔子弟起了争执，还差点被打死。幸好有个陆姓名门公子救了他。多年以后，李白在洞庭湖遇到这位陆公子，写了《叙旧赠江阳宰陆调》一诗，回顾了这段黑历史："……我昔斗鸡徒，连延五陵豪。邀遮相组织，呵吓来煎熬。君开万丛人，鞍马皆辟易。告急清宪台，脱余北门厄……"

被撵出长安城的李白，恓恓惶惶地经开封到宋城（今河南商丘市），跑到道门朋友元丹丘的隐居地嵩山散心。此时的李白过于失落，又产生了隐居修道的念头。

在嵩山盘桓数月，李白下山，来到洛阳，与元演、崔成甫结识。李白吃一堑长一智，这时候结交的朋友都很靠谱。这些朋友估计都知道李白才华的斤两，成了李白诗歌的第一拨传播者。尤其是元丹丘，利用与玉真公主同门师兄妹的关系，将李白在玉真公主别馆所写的诗，送到玉真公主手中，这才让玉真公主真正关切李白。

从洛阳回到安陆，李白真的辟了一亩三分地，过起了耕读生活，学起了陶渊明。

这一番折腾过后，李白虽然在求官上碰壁，在修道上无成，在行侠上出糠，但在诗歌创作上喜获丰收，创作了一大批震古烁今的诗篇，如《将进酒》《行路难》《蜀道难》。这一时期，是他诗歌风格的成熟期。

耕读没有多长时间，在洛阳结识的朋友元演来访，两人一道至随州拜访当时的另一位大道士胡紫阳。与胡紫阳交流后，李白坚定了修道的信心。

陶渊明是真隐，离世独居。李白可绝不想耕读一辈子。自喻为大鹏的李白，目前既没有找到神仙，又没有施展济世之抱负，怎么可能就这样埋没于尘世？医治好内心的创伤，在元演的邀约下，李白再次北上漫游，再次干他的人生大事去了——寻仙问道，干谒求官。

这一次，李白在太原待了一阵子，又转道去山东，听闻唐玄宗在洛阳，又赶过去献上《大猎赋》，依然石沉大海。

在北方漫游了四年多，李白回到安陆时，许氏夫人已病逝。安陆许家再也不肯容纳这个浪荡子，李白只好携子带女投奔山东任城（今山东济宁市）的亲戚。据史料记载，李白家族这时已经迁至山东。

李白对许氏夫人还是有一定感情的，除了前面提及的表达歉意的《赠内》，还给许夫人写过《寄远》组诗。许氏夫人有无怨言，不得而知。她原指望自己看中的男人能够替她许家光耀门楣，结果这个男人一直不着调，她卖光了田产房屋，也没等来这个男人扬眉吐气的那一天。但如果她泉下有知，她为之付出一辈子的男人，其实是中国历史上最有名气的大诗人，光耀万世，一定会含笑九泉吧——其实她的眼光并没有错。

很有意思的是，许氏夫人的婢女碧桃嫁给了李白的书童丹砂。

到了山东任城，为了照顾平阳与伯禽，李白在族弟的介绍下与一位姓刘的女子结了婚。两个孩子有人照顾后，李白又跑到徂徕山与东鲁的五个文人一起隐居，模仿晋朝的"竹林七贤"搞了个"竹溪六逸"。

刘姓女子是个很现实的人，根本不懂李白折腾的那一套，也不懂李白的那些诗。眼见这个男人神神道道的，光花钱不挣钱，还不着家，她怨恨之火腾起三丈高，逮住李白便吵闹不休，还在李白出外飘荡时与别的男人好上了。

大诗人头痛不已，气愤之下给族弟写信，骂这妇人："彼妇人之猖狂，不如鹊之强强。彼妇人之淫昏，不如鹑之奔奔。"（《雪谗诗赠友人》）

这桩婚姻没有维持多久，刘姓妇人便弃他而去。李白又在南陵（今山东曲阜市之南）找了一个无名无姓的妇人，与之同居，目的当然是让这妇人照顾他的儿女。后来，这个妇人给他生了个儿子叫颇黎。

如果说李白会爱上某个女人，这显然是笑话。不是他无情，而是他太热情，他的热情撑起的梦想，将自己内心充得满满当当的，已经没有地方容下女人。

梦想激情燃烧，转化成巨大的能量，支撑着李白四处漂泊。可他年近四十，依然一事无成，再也没有了当初一掷千金的豪客气派，过着有一顿没一顿的流浪生活，以至于天冷时，"长风入短袂，两手如怀冰"（《赠新平少年》）。但是李白心大啊，真的到了没吃没喝的时候，他会做高级乞丐，跑到各地官府蹭吃蹭喝，还伸手要钱。他不会像陶渊明那样"叩门拙言辞"（《乞食》），他觉得理所当然。

这时候，李白的诗在一帮朋友的传播下，声名鹊起，官员听闻李白上门，也愿意与之交往，请他吃喝一顿，让他留下几首诗，可以附庸风雅，甚至作为炫耀之资。

盛唐时期的诗人太多，遍地都是。那些小诗人读到李白的《将进酒》之类，顿觉气馁，转而成为李白的诗迷，成为李白诗的广泛传播者。李白却不关注这些，他觉得写诗就是一挥而就的事，并不是他要认真对待的事。他要功成身退寻神仙，即便遭受如此多的磨难，也不动摇初心。

游完北方游南方，湖北、安徽、浙江、江苏，到处都留下他的足迹。他已经不知道家在何方，或许"此心安处是吾乡"？

再次游到洞庭湖时，李白终于又遇见了一位他看得上眼的大诗人——王昌龄。两人吟诗玄谈，互相推介朋友。于是有了王昌龄与孟浩然之相会，也有了李白再赴长安与贺知章的偶遇。

天宝元年（742），李白再次来到长安，目标只有一个——干谒贺知章，便有了贺知章"金龟当酒"的美谈。

"谪仙人"李白，知道仕途之难难于上青天，再次来到终南山玉真公主别馆，希望能见到玉真公主，得到她的推荐。当然，李白的这一愿望又一次落空，于是他又与一位吴道士寻仙去了。

受一次打击寻一次仙，寻仙成了大诗人心理慰藉的唯一手段。让李白没想到的是，这一次他的折腾终于感动了神仙。元丹丘终于将李白的诗稿面呈玉真公主。玉真公主感动之余，将李白的诗稿转呈唐玄宗。

唐玄宗读罢，惊坐在龙椅上，半天说不出话，醒过神来，急忙召见贺知章。贺知章猛夸李白就是"太白金星下凡"，唐玄宗觉得自己怠慢了"谪仙人"，赶紧下诏，召见李白。估计是觉得自己下诏迟了，据说特意一连下了三道诏令。

这时候，李白正在与吴道士醉酒后东倒西歪地寻仙呢！接到诏令后，李白忽然醒了，丢下吴道士，直奔南陵，回家报喜去了。回到家，他写下了《南陵别儿童入京》：

> 白酒新熟山中归，黄鸡啄黍秋正肥。
>
> 呼童烹鸡酌白酒，儿女嬉笑牵人衣。
>
> 高歌取醉欲自慰，起舞落日争光辉。
>
> 游说万乘苦不早，著鞭跨马涉远道。
>
> 会稽愚妇轻买臣，余亦辞家西入秦。
>
> 仰天大笑出门去，我辈岂是蓬蒿人！

压抑多年，一朝释放，可以想象他当时多么得意。"仰天大笑出门去，我辈岂是蓬蒿人"，也成了古往今来宣泄一朝成功而自鸣得意的心情之最佳诗句。

可是，这首诗被后人诟病，"会稽愚妇轻买臣"这句诗，借用汉代名臣绍兴人朱买臣在落魄时被老婆欺辱的典故，表达了对自己女人的愤懑。李白的这种态度，现在很多人都不敢苟同。

李白并不是冷酷的人，对自己的子女还是充满了怜爱，这首诗有所体现，后来专门写给儿子的《寄东鲁二稚子》及《送萧三十一之鲁中兼问稚子伯禽》，更体现了李白的舐犊之情。

李白来到长安，入住招贤馆，在长安街头高视阔步，还动不动就仰天大笑。如果放在他落魄的时候，肯定会引起五陵豪少的群殴，可这时候成了时尚，成了美谈。

唐玄宗在大明宫会见了李白，"降辇步迎"（《草堂集序》），亲自调羹汤给他喝，足见皇帝对这位"谪仙人"的礼遇。这一切都落在宦官的眼里，顷刻即风传天下，引得天下的诗人羡慕得直流口水。

一番交谈后，李白被封为翰林供奉，被赐一匹宫廷御马。得意的李白骑着御马，每天在长安城内驰骋几个来回，那些昔日跟他一起斗鸡走马的豪少认出他，跟在他的御马屁股后面追喊着他的名字。李白哪有工夫搭理他们，达官贵人请他喝酒的请柬，如雪片一般飞来，他正忙着赶赴三品以上大员的酒局，三品以下的还顾不过来呢！

他第一次有了司马相如的感觉。遗憾的是，他的"卓文君"并没有出现。然而，这种遗憾感刚刚生起，令他头晕目眩的幸福就突然砸到了他——玉真公主在那个捉弄他的张驸马的撮合下，约他见面。风流千古的大诗人与风华绝代的俏公主见面，给后人留下了无比广阔的想象空间。李白与玉真公主第一次见面，留下了一首《玉真仙人词》，祝公主早日得道成仙。

两人究竟有无暧昧，各有各的想象，因无史料，笔者不做揣测。其实，这时候李白四十二岁，玉真公主已经五十二岁。有戏曲专门演绎二人于秋雨中枯园相会的片段，信不得真。

巧合的是，二人晚年都来到了宣城敬亭山，后文再叙。

翰林供奉的职责，就是奉皇帝令起草一些重要的诏书，再就是写写粉饰太平的诗，为皇帝歌功颂德。李白做得不错，传说当时北番渤海国（今东北吉、辽一带）欲挑战大唐，派来使者递上战书。嚣张的是，其战书还用渤海文字书写，大唐满朝文武没人识读。贺知章举荐李白，李白不但认识，还用渤海文一挥而就，写成一篇《和番书》，让渤海使者惊悚而退。

写宫廷诗，李白也写得让众翰林叹服。其中最有名的三首《清平调》全是献给杨玉环的，均入选《唐诗三百首》。

清平调·其一

云想衣裳花想容，春风拂槛露华浓。

若非群玉山头见，会向瑶台月下逢。

清平调·其二

一枝秾艳露凝香，云雨巫山枉断肠。

借问汉宫谁得似，可怜飞燕倚新妆。

清平调·其三

名花倾国两相欢，长得君王带笑看。

解释春风无限恨，沉香亭北倚阑干。

这三首诗将杨贵妃的花容月貌、无限风情赞美到无以复加，香艳却不失典雅，自然让唐玄宗与杨贵妃大为高兴。乐师立即为这三首《清平调》编排歌舞，杨玉环领唱，唐玄宗吹笙伴奏，一时间，皇宫后花园欢乐得如同仙境降临。

从此，唐玄宗对李白更加另眼相看了，照顾他远远胜过其他翰林学士。这一下，李白更加忘乎所以了，"长安市上酒家眠。天子呼来不上船，自称臣是酒中仙"（杜甫《饮中八仙歌》），这还事小，他居然在喝醉酒写诏时，干出了两件让满朝文武都瞠目结舌的大事——让宰相杨国忠捧砚，让大宦官高力士脱靴。这两件事证明李白确实已经膨胀到了狂傲无边的程度。

唐玄宗见李白翰林供奉做得不错，嘴皮子功夫又了得，谈起治国方略来也头头是道，本打算为李白搞个实职官位，检验他到底是不是真材实料，也好进一步提拔他。这时候，高力士、杨国忠等人的报复就来了。

高力士要整一个靠写诗博得皇上信任的人，就从他诗里找碴儿、使绊子。杨贵妃正在得意扬扬唱《清平调》时，高力士忽然低声说这歌词不好、不吉利。杨贵妃一听，愣住了，问他为什么。高力士说，"借问汉宫谁得似，可怜飞燕倚新妆"这两句是不是将您比作了赵飞燕？杨贵妃扑闪着大眼睛犯迷糊，高力士说其实赵飞燕是个命运悲惨的人，后来自杀身亡了，李白这么写，是什么意思呢？

杨贵妃听了这番话，自然恼怒。再加上杨国忠一番贬损，唐玄宗对李白的任用也就搁置了下来。

是啊，一个整天喝酒喝得颠三倒四的人，怎么能当好官呢？一次两次是率真，一而再再而三就是轻慢了。唐玄宗仔细品味，就对这个"谪仙人"冷淡起来。

当了三年翰林供奉，李白终于明白那只是个供皇帝娱乐的虚职，自己或许就是个弄臣，与"匡扶天下"的理想相去甚远，加之一些佞臣的打击，他也厌倦了，又开始向往无拘无束的山野生活。

两看相厌，怎么办？李白在乞官未果的情况下，只好"乞金还山"，唐玄宗就汤下面，"赐金还山"，给点儿钱，让李白哪儿来哪儿去，很有点买断的意思。

风光三年的李翰林，不得不开启他新的命途。

4

天宝三年（744）夏，四十四岁的李白，在"匡扶天下"的梦想彻底破灭后，揣着皇帝的赐金，沮丧郁闷地来到了东都洛阳。

在这里，一个精瘦的"迷弟"找上门，要与他结伴漫游、谈诗论道。这个迷弟小他十一岁，拿出诗稿请他雅正。李白这时候虽然失意，但"谪仙人"的名头如日中天啊，一般的小诗人他懒得去理睬。但看完了这个"迷弟"的诗稿，李白立即端正了态度。由于心情不好，李白坦言想先回山东的家休息一段时间，才出来漫游，于是这位诗人邀他秋天于梁宋间碰面，共同访道求仙。李白很爽快地接受了这份邀约。

这位小他十一岁，人虽精瘦，诗却雄浑的诗人，名叫杜甫。

李白回到山东任城家中，用皇帝赐给他的钱，干了两件事：一是开了间太白酒楼，二是辟了间丹房。意思是从此他要将自己托付美酒及仙丹。

他写诗泄愤："我本不弃世，世人自弃我。"（《送蔡山人》）仿佛他一不问世事，世间就会彻底乱套。他还写道："吾将营丹砂，永与世人别。"（《古风·其五》）

酒楼，他自然是懒得去打理，只要有酒喝就行。他一头扎进丹房，即便是酷热的三伏天，他也坚持不懈。七七四十九天，第一炉仙丹炼了出来，他服食了几颗，上吐下泻，差点一命呜呼。

看来修仙也不是一件容易的事，比当官还难。当官当不好，大不了辞官不干，可炼丹炼不好，会出人命的，李白不会拿自己性命开玩笑。

病倒在床上，李白梦见了神仙，写出了千古名篇《梦游天姥吟留别》。他在梦里好好过了一把神仙的瘾后，发出"安能摧眉折腰事权贵，使我不得开心颜"的怒吼。

休养了一阵子，转眼秋天来临，李白想起杜甫之邀，心想，还是喝酒与写诗简单，于是动身奔赴梁宋。

李白在梁宋之间碰到了杜甫，还碰到了那个写"莫愁前路无知己，天下谁人不识君"的失意诗人高适。梁宋之地曾是汉武帝时梁王封地，李白的第一偶像司马相如曾在此间写下了《子虚赋》。三个大诗人聚在一起，笑谈古今，指点江山，纵情于山水间，狩猎于大泽地。他们白天一起疯，夜间共盖一床被子，抵足而眠。

这次李白玩得很开心，心中的颓废一扫而空，豪迈之气再生。杜甫多次写诗纪念这次聚会，在《遣怀》中写道："忆与高李辈，论交入酒垆……气酣登吹台，怀古视平芜。"他又在《昔游》中写道："昔者与高李，晚登单父台。寒芜际碣石，万里风云来。"

李白与高适年龄相差无几，都比杜甫年长十来岁，杜甫对二人很尊敬，所以李白与高适都很受用。至于李白与高适的关系，以李白的傲性，恐怕时间长了，高适并不见得受得了，这二人之间的友谊并不见得有多深厚。后人没有发现李白与高适的唱和诗，最大的可能是高适为了撇清与李白的关系，将与李白的诗信全部销毁了，也有可能是二人同游后期闹过不愉快，之后很少来往。

但杜甫一辈子都在挂念李白，足见他对李白是多么崇敬。杜甫的"白也诗无敌，飘然思不群"（《春日忆李白》），成了赞美李白最贴切的诗句。

李白也写过怀念杜甫的诗，如《鲁郡东石门送杜二甫》《沙丘城下寄杜甫》。最有意思的是，李白还写了一首调侃杜甫的诗《戏子美》："饭颗山头逢杜甫，头戴笠子日卓午。借问因何太瘦生，总为从来作诗苦。"这是一个想怎么写就怎么写的大诗人对一个精雕细凿、竭心苦吟的大诗人开的玩笑，谁让他天生就是个"敏捷诗千首，飘零酒一杯"（杜甫《不见》）的人呢？

三人游到深秋，高适率先再谋前程去了。李、杜二人一直游到雪花飘落之际，才依依惜别。

分手后，李白并没有回家，急吼吼地寻到大道士盖寰替他造"真箓"。受了盖寰的真箓，他还是不满足，又跑到盖寰的师父高如贵（称北海仙）处，求授道箓。有了这两道"真箓"，他觉得自己已经是个大道士了，寻仙应该更容易些。

折腾完修道的事，他惊闻贺知章仙逝，又从北方飘向南方，来到绍兴贺知章墓前吊唁。贺知章对他有知遇之恩，如果没有贺知章的"谪仙人"惊呼，李白也不可能成为天下闻名的李翰林。这份恩情，李白不会忘。他在贺知章坟前大醉一场，写下了《对酒忆贺监二首并序》，后来觉得还是难以忘怀，又补写了《重忆一首》，可见李白对贺知章的怀念是情真意切。

从绍兴返回山东途中，李白在金陵花天酒地，潇洒了一阵子。钱花完了，将衣服都当酒了，他才想起家，写了《寄东鲁二稚子》等诗。听说老朋友王昌龄遭贬，他写下了"我寄愁心与明月，随君直到夜郎西"。

回到山东家中，没过多长时间，憋不住的李白又开始离家漫游。这次，他跑到梁宋之地开封城中的梁园游玩。在酒楼内，李白正喝着酒，忽然听见远处传来悠扬的琴声。优美的旋律让李白打了个激灵，内心深处的诗意忽然喷薄而出。半醒半醉的李白，掏出笔墨，即兴在酒楼洁白的墙壁上笔走龙蛇，一首激情澎湃的《梁园吟》就此诞生：

我浮黄河去京阙，挂席欲进波连山。

天长水阔厌远涉，访古始及平台间。

平台为客忧思多，对酒遂作梁园歌。

却忆蓬池阮公咏，因吟渌水扬洪波。

洪波浩荡迷旧国，路远西归安可得。

人生达命岂暇愁，且饮美酒登高楼。

平头奴子摇大扇，五月不热疑清秋。

玉盘杨梅为君设，吴盐如花皎白雪。

持盐把酒但饮之，莫学夷齐事高洁。

昔人豪贵信陵君，今人耕种信陵坟。

荒城虚照碧山月，古木尽入苍梧云。

梁王宫阙今安在，枚马先归不相待。

舞影歌声散绿池，空馀汴水东流海。

沉吟此事泪满衣，黄金买醉未能归。

连呼五白行六博，分曹赌酒酣驰辉。

歌且谣，意方远。

东山高卧时起来，欲济苍生未应晚。

这首诗写得跌宕起伏，情感激越，尤其是后两句，表明李白那"济苍生"的豪情壮志又再度被点燃。

诗是好诗，可惜是写在墙壁上了。别人没同意，你怎么就在人家墙壁上挥毫呢？掌柜可不认识什么"谪仙人"或李翰林，好端端的白墙壁被你弄得乌七八糟，人家能饶得了你吗？

李白正在手舞足蹈，掌柜跑了过来，脸气成猪肝色，喝令店小二赶紧拿铲子来将它铲了。

李白一听，不干了，与掌柜争执起来，意思是我在你墙壁上题诗是你的福气，你怎么能暴殄天物呢？掌柜怒道：你是谁呀？李白摇头晃脑道：鄙人乃大名鼎鼎的"谪仙人"也。掌柜大怒道：你就是个神经病！

争吵间，一位花容月貌的大小姐走来，注目墙壁读诗。读着读着，大小姐脸色绯红，看了一眼李白，对掌柜冷声道："这块墙壁我买了！"说完，她示意婢女递上白银千两。

掌柜傻了眼，李白却对上了眼。

再后来，这位大小姐就成了他的第四任夫人。大小姐名叫宗煜，是前朝已故宰相宗楚客的孙女，刚才的琴声正是出自宗煜之手。"千金买壁"成了美谈，这一年，李白已经五十一岁。

李白在梁园又有了家，那个照顾他孩子的山东妇人就此退出舞台，带着他的小儿子颇黎消失在历史长河中。

宗夫人是李白的忠实"粉丝"，李白写诗她磨墨，李白炼丹她修道，最终她也成了一名道姑。

家是拴不住李白的，再次燃起"济苍生"热情的李白又要漫游去了。这一次漫游的目的地居然是幽州边塞。他要到北方边塞从军立功，以实现自己"济苍生"的抱负。这次冲动说不定是受到了高适的影响。

路过并州时，见官兵正押着一位正气凛然的大汉行在路上，他忽生灵感，便搬出李翰林的身份，救下这位大汉。冥冥之中，他居然救了大唐的命，因为这大汉名叫郭子仪，当然他其实也救了自己一命，难道这就是他修道的道果？

来到幽州，这位五十多岁的老哥居然真的练习起骑射，准备随时加入军营，冲锋陷阵，实现从军报国的梦想。结果当然是哪个军营也没接收这个身高不满七尺还神神道道的小老头。

梦想再次破灭。李白在幽州发现了安禄山即将反叛的种种迹象，无能为力的他，登上陈子昂曾经登过的黄金台，追古思今，耳旁响起陈子昂的"念天地之悠悠，独怆然而涕下"的孤苦声音，他奋笔写下了长诗《黄金台》，而后抚台痛哭。

这之后，他像秋天的一片落叶，从北到南，从西到东，随风飘荡。其间，魏万追踪三千里，与自己的偶像见面，汪伦编"此处有十里桃花，万家酒楼"的美丽谎言，诓"谪仙人"赴泾县桃花潭，而后李白在秋浦河旁唱响"白发三千丈，缘愁似个长"（《秋浦歌》）的悲叹。

安史之乱终于在李白的悲叹声中爆发。李白赶回梁园，携宗夫人及子女西上华山避乱，发觉在华山一带不是长久之计，又携妻带子南奔避乱，最终隐居庐山屏风叠。

至德二年（757），永王李璘顺江而下讨伐叛军，得知大名鼎鼎的李翰林隐居在庐山，立即派人请他出山。永王请李白，目的自然是利用他的名气，为平叛，更多是为另立政权。躲在山里的大诗人哪知道这些，还以为天赐良机，给他一个当张良、当诸葛亮，成为匡扶天下之能臣的机会。

宗氏夫人坚决反对，但李白在永王使者韦子春三上庐山的情况下，激动地认为绝不能错失"济世安民"的机会，毅然决然地丢下妻小，上了永王的贼船。

永王对他很是礼遇，李白大笔一挥，写下了赞美永王之诗《永王东巡歌》，在诗中大吹特吹永王的军队如何威武雄壮、所向无敌。不料，即位的唐肃宗判定永王属于反叛，派兵追剿。追剿永王的大将之一，就是时任淮南节度使高适。

永王不到两个月就兵败。李白自丹阳逃跑，打算逃回庐山家中，可是《永王东巡歌》广为传唱，他成了必须被抓捕的重要通缉犯。李白逃到彭泽时，还是被唐军抓捕了，押入浔阳死囚大牢。这一年，他已五十七岁了。

宗夫人听到这个消息，四处奔走营救。尤其是听闻丈夫的好友高适为淮南节度使后，她更是三番五次登门求见，但高适一直避而不见。好在李白在当翰林供奉时结交的御史中丞宋若思带兵路过浔阳，救他出了狱，并带他一起向肃宗上书请求赦免。唐肃宗读过李白写的《永王东巡歌》，对李白深恶痛绝，非要处死他不可。

李白绝望之际，他无意中救下的郭子仪仗义执言，请求唐肃宗放过李白。唐肃宗不给别人面子，但郭子仪的面子得给呀，于是说死罪可免，活罪难逃，最终判李白流放夜郎（今贵州桐梓县）。

五十八岁的李白拖着病躯，踏上了流放之途。非常奇怪的是，李白的流放居然与漫游没什么区别，一路上还有大小官员热情招待。足见这时候的李白已经"誉满中国"了。

身体康复的李白又昂扬了，与另一位诗人巴陵太守贾至同游洞庭湖时，写道："拂拭倚天剑，西登岳阳楼。长啸万里风，扫清胸中忧。"（《留别贾舍人至二首》）看看，这是一个在押犯人写的诗吗？只要给我一点儿自由，我就豪气冲天。

一路吃吃喝喝，东张西望，李白流放，从浔阳到奉节（白帝城）居然走了一年半时间，有谁见过这么磨蹭的流放之行？

来到白帝城，年近花甲的李白磨来蹭去，终于蹭来一个天大的好消息——皇帝册立太子而大赦天下，死罪从流，流罪以下皆免。也就是说，李白终于得到了赦免，成为自由身了。

欣喜若狂的李白，掉头东下，写出了让所有诗人都顶礼膜拜的《早发白帝城》：

朝辞白帝彩云间，千里江陵一日还。

两岸猿声啼不住，轻舟已过万重山。

读这首诗，谁都会如释重负，轻松得飘飘然。

一路向东，李白直奔庐山家中，可是宗夫人一心向道，已然出家成为真正的道姑。他的两个孩子李平阳与李伯禽被寄养于族叔当涂县令李阳冰家中。

头发花白、孑然一身的李白踟蹰了一阵，顺江漂流，来到金陵。之后，听说李光弼正在与叛军激战，他又要报名从军，希望上战场平叛。可是谁还肯收他呢？他伤心地写诗给江夏韦太守："学剑翻自哂，为文竟何成。剑非万人敌，文窃四海声。"（《经乱离后天恩流夜郎忆旧游书怀赠江夏韦太守良宰》）

李白终于认识到相伴一生的剑，居然不如他随手挥洒的笔。不久，为了买酒，他随手将相伴一生的剑当了，一生的侠义梦想就此稀里糊涂地破灭了。

没有了剑的李白，彻底失去了锐气。他飘到宣城敬亭山，写了一首比陶渊明还陶渊明的诗：

独坐敬亭山

众鸟高飞尽，孤云独去闲。

相看两不厌，唯有敬亭山。

如此清淡的诗，说实话，谁第一次读，都不太相信是那个写"明月出天山，苍茫云海间。长风几万里，吹度玉门关"（《关山月》）的李白写的，谁都读不出其中深意。而此刻，当我们看到风烛残年的李白，孤坐于山巅，没有了剑，没有了炽热的梦想时，心中真的黯然。

更令人唏嘘的是，李白写完这首诗，离开敬亭山不久，玉真公主也来到了山上，坐在李白曾经坐过的亭中，望着闲云飞鸟，悄然闭上了眼，永远离开了尘世。

李白病倒了，病得很重，他感觉到大限将至，迸发出内心最后一点儿诗意与豪气，写下了《临终歌》（又称《临路歌》）：

大鹏飞兮振八裔，中天摧兮力不济。

馀风激兮万世，游扶桑兮挂左袂。

后人得之传此，仲尼亡兮谁为出涕？

大鹏累了，再也没有了力气。孔子已亡，谁会为生不逢时的麒麟哭泣？最后的豪气化作天空的一轮明月，饮一杯酒，飘零一生的李白颓然向天飘去，哪怕那个天其实就是冰冷的江水，但他要捞起属于自己的明月……

那一年，是 762 年，李白六十二岁。

李白的女儿李平阳嫁给了当涂当地的农民，李白的儿子李伯禽亦终生耕读。有人想出钱将这二人带回城里生活，二人断然拒绝。

李白的诗，笔者不做评述与鉴赏，因为所有的评述都会有失偏颇，所有的赞美都会显得苍白无力。他是个想怎么写就能怎么写且就能写得让人顶礼膜拜的诗人。写山水，山水失色；写边塞，边塞云涌；写私情，情不自禁；写剑客，剑气冲天；写明月，月入人心……只能用余光中的一句话作结："酒入豪肠，七分酿成了月光，余下的三分啸成剑气，绣口一吐就半个盛唐。"（《寻李白》）

杜甫

既然上天让我接受苦难，
那我就将其酿成霞光

读过"自天而降"的李白，我们再去仰望"拔地而起"的杜甫。

说起杜甫，我们脑海中就会出现一幅杜甫的画像。画像中的杜甫，面容清瘦，目光沉郁地注视远方。这幅画像似乎每座学校里都有张贴，画像作者是当代大画家蒋兆和先生。有意思的是，蒋先生画杜甫时，需要找模特，找来找去，找不到气质相符之人。就在他苦恼之际，有一天他照镜子，蓦然发现自己的形象特征与想象中的杜甫最为接近，他最终决定当自己的模特。他对照镜子，在自己形象的基础上再加工，完成了杜甫画像。这幅画像深入人心，让人们以为那就是杜甫原型。

1

杜甫（712—770），字子美，祖籍湖北襄阳，出生于河南巩县。杜家虽然比不上魏晋以来形成的十大士族门阀，但其十三世祖杜预，是西晋赫赫有名的大将兼学者，曾为《左传》作注。杜预之后，杜家在每朝每代都有人担任朝廷大员。杜甫祖父杜审言，是高宗武后时期国子监主簿、修文馆直学士，是初唐"文章四友"之一。杜甫的父亲杜闲曾为兖州司马、奉天县令。所以，杜甫是地地道道的官宦之家、书香门第出身。

对于自己的身世，杜甫也很自豪，称自己的家族是"奉儒守官"之家。每当说起家世，一向低调的杜甫就会狂傲无边，说"吾祖诗冠古"，"诗是吾家事"（《宗武生日》）等。这时候他倒有点像其祖父杜审言了。

杜甫出生不久，其母崔氏便病逝。父亲由于要去外地做官，便将他寄养于洛阳城内的姑母家。他是被姑母一手养大的。幼年时，他多病，身体瘦弱，但姑母对他极其疼爱，悉心照料，让他逐渐健康成长。让人唏嘘的是，在三四岁时，杜甫与表弟同时染上疫病，姑母尽最大的努力救治他，结果自己的亲生儿子不幸夭折。长大后的杜甫，从别人嘴里得知此事，痛哭一场。姑母去世时，他按亲生儿子的礼制为姑母居丧守制。

杜甫的姑母是一位贤良淑德的女性，以自己的温情感动着杜甫，也在幼年杜甫的心中种下了仁慈的种子。成年后的杜甫，成为利他主义者，童年的这段经历应该影响了他。

杜甫也是一位早慧儿童，他在《壮游》一诗中追忆："七龄思即壮，开口咏凤凰。九龄书大字，有作成一囊。"意思是，我七岁的时候思想就比较成熟，就开始写咏凤凰的文章。九岁的时候就能写大字榜书，作品都集成一大袋子。

少年时的杜甫，也是个能上房揭瓦的调皮鬼，但在姑母的关爱下无忧无虑地成长，直到成年，杜甫都过着较为优渥的生活。他居住在繁华的洛阳城内，父亲当官拿俸禄供养着他，虽然母亲早逝，但姑母对他的关爱，比一般的母亲有过之而无不及。所以，青少年时期的杜甫如同一般达官贵人家的公子，鲜衣怒马，有些轻狂。

至二十岁时，杜甫开始了人生的第一次漫游。

读书人漫游，在那个时候是一种风气。"读万卷书，行万里路"是每个儒生必须做的事，否则，在信息闭塞的时代又如何知天下事？不知天下事，又怎能治天下？因此，古代考中进士当官的儒生，个人能力是毋庸置疑的。

杜甫的第一次漫游地是南方。他这次漫游没有任何目的，仅仅是开拓眼界。过楚地，入吴越，游历于苏州、绍兴与金陵之间。江南水乡风光对他来说，极具新鲜感，让他对这里充满了好奇，以至于流连忘返。他在江南一游就游了四年。他虽然不缺钱，但绝不会像李白那样豪阔，甚至有些拘谨，所以，这段时间他似乎没有交上什么朋友，也没有留下什么著名的诗篇。

二十四岁时，杜甫返回巩县，参加了一次科举考试，没有考中。有些失落的他，回到了洛阳。此后，杜甫开始了北方漫游旅程。二十五岁时，他登上泰山，写出了第一首名震千古的诗篇《望岳》：

岱宗夫如何？齐鲁青未了。

造化钟神秀，阴阳割昏晓。

荡胸生曾云，决眦入归鸟。

会当凌绝顶，一览众山小。

此诗写得大气磅礴，读罢让人心境顿然开阔，自然是不可多得的名篇。但如果认为这是杜甫诗的代表作，那就大错特错。这只是诗圣小试牛刀之作，此时其诗的风格尚未形成，写山水与李白的风格倒有些贴近。

此后数年，杜甫一直在赵齐大地恣意转悠，目睹大唐帝国的繁荣，欣喜自豪，后来在《忆昔》诗中回忆：

忆昔开元全盛日，小邑犹藏万家室。

稻米流脂粟米白，公私仓廪俱丰实。

九州道路无豺虎，远行不劳吉日出。

齐纨鲁缟车班班，男耕女桑不相失。

杜甫在北方又游荡了四五年，不知不觉快三十岁了。这时候，家里人着急了，一个年近三十的读书人还没有成家立业，在那个时候也属奇葩了。

家里给他张罗了一门亲事，对方是司农少卿杨怡的女儿，完全门当户对。于是，杜甫从山东回到老家成亲。成亲后，杜甫自立门户，在洛阳城外的首阳山下开辟了几间窑洞。杨氏夫人与他在此安家，为他生儿育女。他们男耕女织，过着温馨的家庭生活。

但是，"奉儒守官"是杜家的传统，也是杜甫必须实现的目标，他不可能永远守着窑洞过日子，终老于山野。尤其是孩子出生后，家庭开销增大，总是依靠两边家族的接济过日子也不是个事，所以他必须踏上仕途，挣钱养家糊口。

在家过了三年幸福日子的杜甫，不得不离家，再次来到了洛阳，寻求进阶之路。这时候，他的姑母已经去世，在洛阳的其他亲戚对他已有所疏远。在洛阳，他奔走于官府间，谋求入仕机会，但官员口是心非、尔虞我诈，他花了两年多，一无所获。他苦闷地写诗抱怨："二年客东都，所历厌机巧。"（《赠李白》）

天宝三年（744），他仰慕已久的大诗人李白"五噫出西京"（《经乱离后天恩流夜郎忆旧游书怀赠江夏韦太守良宰》）后，来到了洛阳。杜甫慕名拜见，于是就有了李杜相见、相约。

这年夏末，李白、杜甫与高适相会于梁宋间，演绎了让后世文人无比羡慕的一段佳话。前文已述，此处不赘。

这年冬天，杜甫与李白分手，来到齐州，拜会了名闻天下的北海太守李邕，结成忘年交。然而，李邕也遭受李林甫的打击，在仕途上，他对杜甫爱莫能助。

踟蹰于东都洛阳这么多年，杜甫总徘徊于仕途之外，让他不得不下决心赴长安寻求进身机会。

　　天宝六年（747），三十六岁的杜甫来到长安参加科举考试，碰上了科举史上最荒唐的闹剧——三千多学子竟无一人中举。导演这出闹剧的，正是时任右宰相李林甫。李林甫胸无点墨，权术玩得贼溜。他逢人三分笑，让安禄山这样的大魔头见到他都如芒刺在背，惊恐不安。形容阴险毒辣之人的成语"口蜜腹剑"，就因他而生。

　　学问粗浅，经常写错别字的李林甫，遭到文人嘲笑，他因此特别恼恨文人官员，进而殃及读书人。唐玄宗定于天宝六年举行大考，诏天下"通一艺者"皆可赴长安应试。李林甫由于害怕文人官员队伍壮大，居然指使主考不录取一人，他到唐玄宗面前恭贺道："陛下圣明，多年来一直招贤纳士，已使野无遗贤，这次考试无人中举，便是证明！"已经老眼昏花，只顾与杨玉环躲在后宫行乐的唐玄宗，居然相信了这样的鬼话，还乐滋滋地以为自己真是那么圣明。

　　初来乍到的杜甫，哪知道这种内幕呢？为了实现自己的理想，他不得不在长安城内四处干谒权贵，"朝扣富儿门，暮随肥马尘"（《奉赠韦左丞丈二十二韵》）。可是，在李林甫的淫威下，谁还敢引荐这届考生呢？

　　杜甫在长安城内挣扎时，父亲突然病故了。断了资助的他，生活立即陷入困境。为了在长安继续待下去，保留谋取官职的一线希望，他到长安城外采药卖钱。这时候的他，住在贫民窟内，"饥卧动即向一旬，敝裘何啻联百结"（《投简成、华两县诸子》），也就是说他已经过着食不果腹、衣不蔽体的乞丐般生活。有一次，杜甫生病了，在阴湿的床上一连躺了十来天，差点饿死。但他凭借着强大的意志力挺了过来，所以他后来在孩子面前总说自己是饿不死的人。

　　与社会最底层的人生活在一起，他真正看清了底层生活的原样，心情沉重，目光开始沉郁。千百年来，文人的眼光始终盯着官场，盯着朝廷，再不济便盯向山水，盯向边塞，甚至盯向天空，盯向神仙，谁关注过在苦难中挣扎的底层百姓？儒家圣人不是说"仁民爱物"和"民为邦本，本固邦宁"吗？他杜甫既然奉儒，就必须"致君尧舜上，再使风俗淳"（《奉赠韦左丞丈二十二韵》）。

从这时起，杜甫的思想发生了变化，忧国忧民、以民为本、为民立言请命的思想逐渐形成。

那一日，站在长安城渭水咸阳桥旁，目睹一队队士兵持枪挎弓，踏过长桥奔赴战场，杜甫没有像别的诗人那样，只看到大唐军队的威武，而是以沉郁的目光看到了撕心裂肺的送别场景，看到了背后千万个家庭的悲伤，于是，他挥笔写下了第一首批判现实的长诗《兵车行》。

"车辚辚，马萧萧，行人弓箭各在腰……牵衣顿足拦道哭，哭声直上干云霄……边庭流血成海水，武皇开边意未已。君不闻汉家山东二百州，千村万落生荆杞。纵有健妇把锄犁，禾生陇亩无东西……"他没有为唐军的雄壮欢呼，他看到的是对大唐士卒背后千万家庭苦难的悲泣。在诗的结尾，杜甫发出"信知生男恶，反是生女好。生女犹得嫁比邻，生男埋没随百草。君不见青海头，古来白骨无人收。新鬼烦冤旧鬼哭，天阴雨湿声啾啾"的悲鸣。

冬天来临，杜甫看到衣不蔽体的乞丐冻死在路旁，再次声泪俱下，发出"朱门酒肉臭，路有冻死骨"的呐喊。然而，他的呐喊在千百年后振聋发聩，可在当时没人听见。看得见苦难却无法改变苦难，这让他愈加郁闷。在他的思想里，要想改变苦难，唯有进谏当今皇上，可是一介布衣连皇上的面都见不着，他又如何进谏？所以他必须当官。此时的他，求官的强烈愿望，不仅仅是养家糊口的需要，还有一种更深层次的使命在驱动。

天宝十年（751）正月，唐玄宗将举行祭祀太清宫、太庙和天地的盛典。

杜甫在朋友的指点下，赶在天宝九年（750）冬，连献了三篇大赋《三大礼赋》《封西岳赋》《雕赋》。唐玄宗看过之后，颇为赞赏，命他在集贤院待制。"待制"的意思是等候分配，但主政者仍为李林甫，所以他就一直在"待制"中。

就这样，杜甫困守长安，走也不是，不走也不是。在长安的这些日子里，杜甫没钱的时候就去采药，卖了点儿钱就继续去敲达官贵人的门求推荐，敲完这家敲那家，受了不少白眼，但他转身抚抚胸，平息完内心的憋屈，又继续去敲。

好在他的诗名日盛，尤其是他的三道赋受到唐玄宗称赞后，一些文人官员也开始同情并适当资助他，献诗换资也逐渐成了他的谋生手段之一。其间，他结识了同样落魄的大画家郑虔，而那个曾经与他同游的岑参也来到了长安。在这些新识旧朋的帮助下，他在长安南郊盖了间房子，结束了京城流浪的生活，而后，他急急忙忙地将杨氏夫人及孩子接到了京城。

杨夫人来到长安，很欣喜，儿子宗文与宗武更是欢天喜地，围着他又蹦又跳，在他们心目中，父亲一定是个了不起的人。杜甫笑眯眯地看着孩子与夫人，对自己经受的屈辱与苦难只字不提。在他看来，男人经受苦难不值得一提，因为男人就像撑起遮风挡雨房顶的脊梁，脊梁就是承受重荷的，哪怕瘦弱，也必须挺起。

这一年秋天，秋雨连绵，一连下了六十多天，长安米价暴涨，杜甫不得不当了棉被换米，供养全家。眼看寒冬即将来临，杜甫只得将妻儿送往奉先（今陕西蒲城县）投靠亲戚去了。

天宝十一年（752），杜甫盼星星盼月亮，终于盼来了朝廷的一纸任命，任命他为河西县尉。县尉品级虽低（从八品），却是个实职，专管衙役、捕快，职责是除了维护治安，就是收税收租。这个职位油水还是挺足的，但杜甫断然拒绝了。

这很出人意料，杜甫不是穷得要死吗？不是天天跑权贵门庭谋官职吗？

为什么好不容易等来一个官位，他却拒绝了呢？

"拜迎长官心欲碎，鞭挞黎庶令人悲！"这是高适写他自己当县尉时的诗句，说明了县尉一职对清高文人的折磨——长官来时，必须跪在地上拜迎；催税收租时，却要挥舞鞭子鞭挞百姓。杜甫在长安几乎天天敲权贵的门，但他那是求官，而且是凭诗才求官，权贵愿意结交就平等交谈，不愿意他就转身走人，从无折身跪拜之耻。

关键是已经了解底层苦难并抱以极大同情的杜甫，又怎忍心挥鞭抽向苦难深重的百姓？可如果不这样做，他便完成不了任务，便当不好这个官。与其这样受折磨，还不如不干，即便困顿得度日如年。这就是杜甫，一个"穷且益坚，不坠青云之志"，一个具有底层关怀、悲天悯人情怀的杜甫！

第二年，吏部又给他派了个小官职——兵曹参军，从八品。这个官位的职责是掌管军用仓库，比起县尉，兵曹参军算是闲职，跟杜甫的文才毫不相干，但好在不受良心折磨，所以他坦然接受了。

有了俸禄的杜甫，积攒了一些银两，本打算救济在奉先的妻儿家小，可是朋友郑虔一家遭遇困顿，于是他先接济了郑虔一家。郑虔是唐朝最出色的大画家之一，但由于被告私撰国史，始终得不到重用，他的画作也卖不出去，一家五口经常吃了上顿没下顿。

钱给了郑虔，回家探亲的日子就得往后拖。这一拖，就拖到天宝十四年（755）初冬，杜甫好不容易又积攒了一些银两，急忙请假往奉天探亲去了。

在赴奉先的路上，杜甫看见不少冻死在路边的难民，路过华清池时，他想到君王妃子、达官贵人还正在尽情欢乐的情景，两相对比，让他心情郁结，如鲠在喉。但杜甫毕竟已跻身仕途，有了俸禄，他的家人也将就此摆脱饥寒交迫的困境。想起杨氏夫人，想起活蹦乱跳的宗文、宗武，还有那个牙牙学语的小儿子，杜甫心情稍稍好转，快马加鞭，顶着风雪日夜赶路。

待他赶到家时，迎接他的是杨氏夫人的哀号声——他们最小的儿子刚刚饿死了！杜甫心如刀割，老泪纵横，草草葬了幼子，含泪写下了一首五百字的长诗《自京赴奉先县咏怀五百字》。

诗从自己的志向写起："杜陵有布衣，老大意转拙。许身一何愚，窃比稷与契。居然成濩落，白首甘契阔。盖棺事则已，此志常觊豁。穷年忧黎元，叹息肠内热。取笑同学翁，浩歌弥激烈。"

这首诗一开始就明确写出了自己不怕取笑、至死不渝的忧民助民志向。而后他将路过华清池时联想到的皇亲贵族的糜烂生活写进诗里，对比百姓的苦难，将"朱门酒肉臭，路有冻死骨"的呐喊，以诗的形式播发人间。

一直写了四百字，他才写到自己的家庭惨剧："老妻寄异县，十口隔风雪。谁能久不顾，庶往共饥渴。入门闻号咷，幼子饥已卒……所愧为人父，无食致夭折。"但是诗人并没有停留在自艾自怜的层面上，而是推己及人："生常免租税，名不隶征伐。抚迹犹酸辛，平人固骚屑。默思失业徒，因念远戍卒。忧端齐终南，澒（hòng）洞不可掇。"我好歹是个官，可以免税租免兵役，可就是这样，还免不了有如此的悲剧发生，那平民百姓的日子呢？更加辛酸啊！想想失业的百姓，想想远守边防的士卒，我的忧伤如同终南山一般高，广袤得澒洞都收纳不尽。

这是杜甫最完整表明心迹的长诗，任何一位喜欢杜甫诗歌的人，都应耐心多读几遍。读过之后，你才能完全明白，杜甫那悲天悯人的情怀，绝无半点儿做作，他是个实诚人。

2

当杜甫停笔望向长安，忧愁如终南山般沉重时，一场旷世大乱果然在他沉郁的目光中爆发——安史之乱拉开了序幕。

天宝十四年（755）十一月，安禄山于范阳起兵造反，杀向长安。一路上烧杀掳掠，势如破竹，仅用三十三天就攻陷了洛阳，而后在潼关大破哥舒翰二十万大军，于次年六月占领长安。

奉天离长安不远，随时都有被叛军占领的危险。在奉天探亲的杜甫只好带着妻儿加入了逃难的滚滚人流。今天向东，明天向西，一家人在陕西境内乱窜。不到一个月，一家人所带的粮食吃光了，小女儿饿得在睡梦中抓住父亲的手一顿乱啃，杜甫心疼得泪流满面。

不久，一家人又遇上洪水，杜甫扶着儿女爬上树，和杨氏夫人守在树下。待洪水退却，杜甫才带着妻儿在泥泞中连滚带爬地逃到了鄜（fū）州（今陕西富县）的羌村。这里群山环抱，远离战场。杜甫的一个堂弟在邻县做县尉，于是杜甫将一家老小安顿在了这里。

杜甫从堂弟处得知玄宗已逃往蜀地，而太子李亨已在宁夏灵武登基称帝，号肃宗。得此消息，他认为国难当头，作为朝廷官员，哪怕官职再小，也要尽自己的力量为国分忧，当然这时候也是建功立业谋前程的好时机，因此，在安顿好一家老小后，他毅然决然地徒步朝灵武方向奔去。

杜甫只身奔延安，欲出芦子关，直抵灵武。一路上，他披荆斩棘，走在荒山野岭上，渴了喝点儿浊水，饿了采点儿野果子，还时不时地要躲避豺狼虎豹。虽然异常艰辛，但他投奔的决心没有半点儿动摇。但这时候的陕西，到处都是叛军，为了避免被叛军抓捕，他白天走山岭，夜间偷偷摸摸走官道。即便这样，他还是被叛军抓住了，并押送到了长安。

被押到长安，叛军审他，审不出个所以然。他虽然也算朝廷官员，可叛军根本就不知道有这号人，再加上杜甫未老先衰，才四十几岁的人，头发胡子都花白了，一路上跌跌撞撞地翻山越岭，身上的衣裳早就披一块挂一块的，连个乞丐都不如。所以，叛军关了他一段时后，懒得理这个又瘦又脏的小老头，就随手将他放了。

而那些名气大的文人，如王维、郑虔等，在安禄山攻破长安城后，全被掳至洛阳，被逼迫着当官，不从者全部折磨至死。

困守长安近一年，杜甫被放出来时是九月，长安已沦陷近百日，大屠杀已经过去。劫后的长安惨不忍睹，到处都充斥着尸体腐臭的味道。断垣残壁下，尸首横陈，曲江渭水中，断肢漂浮。杜甫大半个冬天躲在没人的空房子里，外面没人时才敢偷偷溜出去，沿曲江潜行，目睹城内人间地狱般的惨状，忆及京都昔日的繁华，他失声痛哭。

困守长安近一年，杜甫哀痛之后，血脉偾张，写了十余首诗，其中一半为名篇。在曲江畔，他写下了《哀江头》《哀王孙》等。静坐空房，望着天空一轮皎月，他思念生死未卜的妻儿，写下了让铁石心肠之人也会为之泪目的《月夜》：

> 今夜鄜州月，闺中只独看。
>
> 遥怜小儿女，未解忆长安。
>
> 香雾云鬟湿，清辉玉臂寒。
>
> 何时倚虚幌，双照泪痕干？

这是对家的思念，由家联想到国，他又写下了经典之一《春望》：

> 国破山河在，城春草木深。
>
> 感时花溅泪，恨别鸟惊心。
>
> 烽火连三月，家书抵万金。
>
> 白头搔更短，浑欲不胜簪。

我们身处繁华和平的社会，读这些诗，难以理解。但设身处地想一想，身处死人堆中，在孤独恐惧的氛围里，在随时随地都可能死去的背景下，一个两鬓斑白、瘦骨嶙峋的男人，还能够写出如此深沉的诗篇，我们能不为之动容？脱离诗的背景，再好的诗读来也觉得寡淡，或许只有在遇到类似的情景，想起这些诗，才会觉得感人肺腑。

不久，杜甫惊闻宰相房琯指挥四万人与叛军激战于陈陶，唐军几乎全部战死，悲愤至极的他写下了《悲陈陶》一诗，发出"都人回面向北啼，日夜更望官军至"的悲唤。

这年春末，唐军在郭子仪的率领下，终于连打胜仗，收复了陕西大部分地区。唐肃宗的朝廷也从灵武迁至陕西凤翔，离长安已经不远了。

得知这一消息，杜甫万分激动，于初夏时偷偷溜出金光门，奔向凤翔。他昼夜疾行，穿过两军对垒的地带，翻山越岭，耳听豺狼叫，眼见鬼火明，终于在几日后抵达凤翔。他见到唐肃宗时，是"麻鞋见天子，衣袖露两肘"（《述怀》）。

唐肃宗褒奖他的忠心，授予他左拾遗官职。拾遗品位虽低，但责任重大，是谏官，专门向皇上进真言，纠正皇上错误。在这个职位上的官员，只要讲几句皇帝中听的话，让皇帝称心如意，升迁的机会就不愁。

杜甫刚上任就碰到了宰相房琯打了败仗还被人告贪污的事，经过缜密调查，他认定房琯是冤枉的，于是上书皇上，直言"罪细，不宜免大臣"（《新唐书·杜甫传》）。唐肃宗想将陈陶之战失败的责任甩锅给房琯，结果杜甫仗义执言，弄得他愤怒不已，转而要下令查办杜甫。

幸好新任宰相张镐说："若治杜甫罪，恐怕会堵塞了进言之路。"唐肃宗这才消了火气，但从此不再搭理杜甫。任左拾遗百余日，最终无事可干，杜甫于是请假探亲，皇帝立即恩准。

从凤翔到鄜州羌村，六七百里山路，杜甫挂杖步行，将一路所见所闻所思，写成了一首七百字的长诗《北征》。这首诗意境浑阔，映照他忧国忧民的思想，成为他一生所写的第二首长诗。他一生只写了三首五百字以上的长诗，除了《自京赴奉先县咏怀五百字》《北征》，还有一首就是他晚年写作的《壮游》。这三首长诗，如三条波澜壮阔的大河，贯穿了杜甫一生的思想，也是杜甫诗歌风格成熟后的代表作。

回到羌村不久，唐军收复长安，杜甫遂举家迁往长安。

在长安刚过一段安稳的日子，宦官李辅国上台把持朝政，他认定杜甫是前宰相房琯一党，遂将杜甫贬到华州（今陕西省渭南市华州区）任司功参军。这个职位管一州之礼仪庆典及医疗教育，似乎挺有权的。其实不然，因为华州就是个没人去的穷山沟。到了自己的办公室，杜甫发现室内蝎子乱爬、苍蝇乱飞，还有积压了几个月的公文。杜甫又气又急，跑到山崖边一顿狂叫，才舒散了心中的郁闷。不过，据史料记载，他在华州的工作卓有成效。

没过多久，洛阳也被收复，杜甫夫人杨氏遂带着家小迁回到洛阳首阳山的窑洞中。次年，杜甫将华州的事务理顺后，向州官请了假，千里迢迢赴洛阳探亲。在家住了不到一个月，又匆匆返回。

战局多变，这年三月，史思明再次攻破洛阳。相州一战，六十万唐军全线溃退。溃退的官军每过一地，抢财抓丁，州县官员都制止不住。河南、陕西一带，抓得鸡飞狗跳，十室九空。

这一切都被从河南返回陕西的杜甫看在眼里。他痛心疾首，将路上所见所闻写进诗里，形成了《新安吏》《潼关吏》《石壕吏》及《新婚别》《垂老别》《无家别》两组名垂千古的纪实组诗，史称"三吏""三别"。这两组诗奠定了杜甫"诗圣"的地位，是杜甫诗歌的最高峰。

乾元二年（759），关中大旱，兵荒马乱，又碰上灾年，物价大涨，一向奉公的杜甫在华州的那点儿俸禄已不足以养活一家六七口人，再加上华州姓郭的刺史总是挑他的毛病，还克扣他俸禄，朝廷又是那样混乱，皇上还忠佞不分，林林总总的因素，导致他无比失望。因此，杜甫一怒之下辞官回家，带着一家老小远走秦州（今甘肃天水市）。辞官意味着他从此告别仕途，这一年，他四十八岁。

远赴秦州，是因为听一个堂弟说那边像个世外桃源，雨水充沛，庄稼长势良好。杜甫可能打算从此务农，认为自己能采药，两个儿子宗文、宗武也已经可以下地干活了，杨氏又能勤俭持家，一家人抱团在乱世中活下去应该没问题。这时候的他，很羡慕在乱世中耕读的陶渊明及诸葛亮，写诗赞美这两位乱世高人。

然而，在秦州三个月，筑居不成，还解决不了温饱问题。他又听说同谷更好，土地肥沃，盛产薯芋，还有吃不完的野菜，又率领全家再次迁往两百里之外的同谷。可到了同谷才发现并不是那么回事，这里天寒地冻，根本不是遍地薯芋，只有一种野生的黄独。一家人为了填饱肚子，只能拼命地在山沟中挖这种野生的黄独充饥。

苦挨了一个月，眼看着有人饿死，杜甫与妻子商议，最终决定长途跋涉，到天府之国成都去。

一家老小又奔波在逃荒途中，这时候正是风雪交加的恶寒时节。但即便如此辗转折腾，即便如此苦难，我们的大诗人仍然遣兴抒怀，一路写诗不辍，从洛阳写到秦州，从秦州写到同谷，从同谷写到剑阁，居然写了近百首诗，详细记录沿途的风情和自己的感想。

换作别人，愁都愁死了，哪还有心情写诗？可我们的大诗人可能是经历了太多的苦难，心情早已淡然，他虽然皱着眉头，但从不颓丧。他是个皱眉的乐天派。

不但如此，苦难深重的他还牵挂着散落各地的兄弟："露从今夜白，月是故乡明。有弟皆分散，无家问死生。寄书长不达，况乃未休兵。"（《月夜忆舍弟》）

他在逃荒途中一连三夜梦见李白，于是他认为李白已死，是在托梦与他道别，所以他伤心欲绝地写下了"死别已吞声，生别常恻恻。江南瘴疠地，逐客无消息。故人入我梦，明我长相忆。君今在罗网，何以有羽翼？恐非平生魂，路远不可测。魂来枫林青，魂返关塞黑。落月满屋梁，犹疑照颜色。水深波浪阔，无使蛟龙得"（《梦李白二首·其一》）。

一个人自己都前途难料，心里却还惦记着亲朋好友，这是一种什么胸怀？

杜甫一家人走了一年多才到成都。他有个表弟王十五在蜀中做官，在表弟的资助下，杜甫一家在成都西郊浣花溪畔盖了间茅屋，就是现在所称的杜甫草堂。

好友高适也在离成都不远的彭州当刺史，经常过来看望杜甫。附近的崔县令、王县令、朱山人等文化人也都慕名前来拜访。在这些朋友的资助下，杜甫一家终于过上了衣食无忧的幸福生活。

于是，杜甫将快乐写进诗里与大家分享：

春夜喜雨

好雨知时节，当春乃发生。

随风潜入夜，润物细无声。

野径云俱黑，江船火独明。

晓看红湿处，花重锦官城。

饱受颠沛流离之苦的大诗人，终于可以舒展眉头看人间春色，所以这时候恼人的雨都蕴含着无限暖意，"细雨鱼儿出，微风燕子斜"（《水槛遣心二首》），温暖恬适的诗句从诗人的笔端流出。读这一时期杜甫的诗，每个读者都会感到心情舒畅。

成都府尹兼剑南节度使严武，也来到草堂拜访杜甫。严武是杜甫的"粉丝"，当初在凤翔杜甫为房琯挺身而出时，他就很敬重杜甫的人品。如今相逢，

杜甫《江畔独步寻花》："黄四娘家花满蹊，千朵万朵压枝低。留连戏蝶时时舞，自在娇莺恰恰啼。"

身居高位的严武对杜甫以兄长相称，尊杜甫为诗词老师。到成都的前两三年，是杜甫人生最得意的时光。

宝应元年（762），唐玄宗、唐肃宗相继病逝，唐代宗继位。六月，严武调任京兆尹，成都却发生了叛乱。杜甫应梓州刺史之邀到梓州避乱。八月，被任命为成都府尹的高适平乱得胜，进入成都。十月，唐军与史朝义的叛军在洛阳城北决战，唐军大胜，叛军败走范阳老巢，史朝义吊死在河北滦县的树林中，历经八年的安史之乱终于结束。

杜甫闻讯，老泪纵横，写下了伟大的诗篇《闻官军收河南河北》：

> 剑外忽传收蓟北，初闻涕泪满衣裳。
> 却看妻子愁何在，漫卷诗书喜欲狂。
> 白日放歌须纵酒，青春作伴好还乡。
> 即从巴峡穿巫峡，便下襄阳向洛阳。

诗句中到处都弥漫着欢天喜地的情绪。天下即将太平，杜甫也开始想家了，即便在蜀地衣食无忧，可他的根在洛阳，他更希望叶落归根，只有洛阳才是他的归宿。

可是，严武又回到成都做府尹，并写信劝他回成都。杜甫左右为难，与妻子商议，决定还是先回成都。回成都后，杜甫老是吃闲饭，心里觉得不踏实，到严武的幕府做了个检校工部员外郎，挣钱养家。"杜工部"的称号由此而来。

杜甫又遭到一群急于晋升的年轻人的忌恨，这些人对他说三道四，让他很不舒服。而严武又去四川边关与吐蕃打仗了，杜甫留在幕府，受尽了窝囊气。待严武打完仗回府，杜甫提出辞职申请，严武认为他身体不好，便应允了。

没多久，严武突然病故，而这之前高适也已病故。杜甫在成都的两大靠山突然崩塌，他的生活立即窘迫起来。

那一日，成都突然起大风，将草堂前的一棵树刮倒，更将茅屋顶掀翻，杜甫于哀叹中写下了《茅屋为秋风所破歌》。在这首诗里，他推己及人，发出了"安得广厦千万间，大庇天下寒士俱欢颜"的浩叹，并且发愿"何时眼前突兀现此屋，吾庐独破受冻死亦足"。

3

宝应四年（765）五月，杜甫举家踏上回家的路。乘船沿江而下，杜甫给我们又写下了一首千古名篇《旅夜书怀》：

> 细草微风岸，危樯独夜舟。
> 星垂平野阔，月涌大江流。
> 名岂文章著，官应老病休。
> 飘飘何所似，天地一沙鸥。

走到夔州，杜甫一家没钱了，走不了了，只好在夔州暂住。在夔州，他受到了都督柏茂林的照顾，管理一片公田，率妻儿又开垦了一片农田，生活也还过得去。

他居住的草屋旁有棵枣树，枣子熟时，村里的一位孤寡老婆婆就跑来偷偷打枣，杜甫看见后，不但没有制止，反而上前帮她拾起掉在地上的枣。后来，他搬到十里之外居住，将这草居转让给吴姓朋友，这位朋友为了防止别人偷枣，在枣树外扎了一道篱笆墙。杜甫听闻此事，专门给吴姓朋友写了诗信《又呈吴郎》：

> 堂前扑枣任西邻，无食无儿一妇人。

不为困穷宁有此，只缘恐惧转须亲。

即防远客虽多事，便插疏篱却甚真。

已诉征求贫到骨，正思戎马泪盈巾。

吴郎读完此诗，大为感动，赶紧撤了篱笆，还在枣子熟时亲自请老婆婆来打枣。

在夔州待了两年，杜甫越来越感觉到自己衰老了，眼睛昏花，身体越来越差劲，想抓紧时间多写诗。其间，他居然写了四百三十多首诗，其中最具代表性的，当数被誉为"古今独步，七言律诗第一"的《登高》：

风急天高猿啸哀，渚清沙白鸟飞回。

无边落木萧萧下，不尽长江滚滚来。

万里悲秋常作客，百年多病独登台。

艰难苦恨繁霜鬓，潦倒新停浊酒杯。

这首诗写于重阳节，据说写完这首诗，身患多种疾病的杜甫左耳完全失聪。也许是感觉到时日不多了，杜甫叶落归根的想法越来越强烈。

宝应七年（768），杜甫下决心回家。他将自己一家人辛辛苦苦开垦的田地无偿送人，买了一条小船，一家人漂出了三峡。

来到江陵，原本打算走襄阳入河南，可河南一带又发生兵乱，杜甫一家为了生存，只好向南漂泊，准备投奔在衡州做刺史的朋友韦之晋。路过洞庭湖时，杜甫用颤抖的手写下了传诵千古的名篇《登岳阳楼》。

他们到达衡州时，韦之晋已调任潭州（长沙）刺史，于是一家人又转奔潭州。可他们到达潭州时，韦之晋已病故。好在杜甫有个舅舅在潭州做官，还有一个崇拜他的"粉丝"，号称"诗剑双绝"的苏涣，也在潭州。一家人在漂到潭州时，终于安顿了下来。

令杜甫意想不到的是，他在潭州居然遇到一位故人——大名鼎鼎的李龟年。

这位李龟年是唐朝最出名的音乐家、歌唱家，由于唐玄宗酷爱音乐，他便成了唐玄宗跟前的大红人。开元盛世时期，李龟年在长安的风头可谓是盛极一时，一直是王公贵族的座上宾。想不到这么一位大名人也流落到了潭州。

此时的李龟年其实并不比杜甫好多少，安史之乱之后，他逃离长安，一直流浪，靠吉日良辰在宴会上唱歌挣钱度日。从北到南，他居无定所，流浪到潭州时，已流浪了七八年之久。了解到李龟年的经历，杜甫唏嘘不已，挥笔写下了现在选入小学课本的名篇《江南逢李龟年》：

> 岐王宅里寻常见，崔九堂前几度闻。
> 正是江南好风景，落花时节又逢君。

这首诗从字面上看，通俗易懂，或许这是选入小学课本的原因吧。可是，如果不知道两人的经历，不知道当时的世道惨景，又怎知此诗背后蕴含的千言万语？开元盛世时那么风流的人物，居然在落花时节与苦命的诗人相遇，两位历经磨难的老人相视无语，多少人世沧桑的感慨在心中回荡？可是，诗仅写到相逢便戛然而止，刚开头又煞了尾，以至于清代沈德潜评此诗"含意未申，有案未断"（《唐诗别裁》）。

其实这首诗妙就妙在：什么都不用说，你知我知！李龟年当然知道这首诗的蕴意。据说此后不久，在一次宴会上，他唱罢老友王维的《红豆》，又唱了一曲王维的《伊州歌》："清风明月苦相思，荡子从戎十载馀。征人去日殷勤嘱，归雁来时数附书。"唱完这首诗，由于心情太过哀痛，李龟年突然昏倒，四天后才苏醒过来。之后，他不吃不喝，忧郁而逝。

杜甫一家在潭州安顿下来不到一个月，潭州的兵马史与刺史打了起来，兵荒马乱，全城百姓仓皇出逃，杜甫一家也不得不卷入其中。一家人逃到衡州，找到他们留在那里的小船，上船后慌忙向耒阳县漂去。偏偏这时耒阳发洪水，小船在离耒阳县城四十里的一个小岛旁停了下来。他们不敢再往前划。

一家人困在小船上五天五夜，杜甫将仅剩的一点儿粮食分给孩子，自己饿了五天五夜。耒阳县令聂某得到信息，派人寻他们，给他们送上了几十斤牛肉和美酒。再一次死里逃生的杜甫欢天喜地，围着酒坛子、肉盘子，又歌又舞，得意扬扬地向子女吹嘘自己是饿不死的，他将最后一点儿欢笑留在了浩荡的江面上。

过了几天，聂县令亲自来寻，却发现洪水滚滚，小船早已无踪影。聂县令也是杜甫的"粉丝"，以为杜甫一家已经葬身洪水，因此望着江面大哭，还在城北二里处筑了一座坟，以纪念他爱戴的苦命大诗人。

其实此时杜甫还没有死，那条小船还漂流在湘江上。但杜甫吃了牛肉，上吐下泻、出汗不止，整个人虚脱得动弹不得。在这种情况下，杜甫趴在枕上，写下了人生的最后一首诗《风疾舟中，伏枕书怀三十六韵，奉呈湖南亲友》。

写完这首诗，他那沉郁的目光投向北方，他想看看养育他的故土，想看看太平天下。可惜故土"战血流依旧，军声动至今"，他满脸遗憾地闭上了眼……

这一年是大历五年（770），杜甫享年五十九岁。杜甫逝去后，灵柩一直停厝（cuò）在岳阳，直到四十三年后，才由其孙杜嗣业移葬首阳山下，苦命的"诗圣"直到此时才魂归故里。

杜甫的诗现存一千四百多首，涉及的题材极为广泛，被广泛引用的名篇多达上百首。

杜甫是唐诗集大成者，被后世尊称为"诗圣"，因为杜甫不但具有一颗悲天悯人的仁者之心，更具有浓郁的"家国情怀"。关注平民，关心平民，是杜甫诗歌中的思想主线。正是在"穷年忧黎元，济时敢爱死"的思想主导下，安史之乱后，他的目光一直留给饱受苦难的平民，所以，农夫、士兵、织妇、船工、渔父、负薪的女子、无告的寡妇、被迫应征的老汉、提前服役的儿童，这些之前文人懒得一顾的最底层的人，一一进入他的诗中。杜甫在对他们报以极大的同情的同时，还代他们大声疾呼："谁能叩君门，下令减征赋"（《宿花石戍》），"县官急索租，租税从何出"（《兵车行》），"安得务农息战斗，普天无吏横索钱"（《昼梦》）。

翻翻杜甫之前的文人诗集，有谁写过底层人民？偶尔提上一两句，也只是表达文人自我情趣的衬托。在杜甫之前，文人强调的是自我意识，即便是边塞诗派，也只是表达自我的英雄主义情怀，真正做到"仁民爱物"的诗人，杜甫是第一人。但在杜甫的影响下，后世涌现出了一大批忧国爱民的诗人，如白居易、陆游、文天祥。

爱国情怀及讽刺鞭挞腐朽的达官贵人，是杜甫诗歌的又一项重要内容，此处不赘。

杜甫的诗歌还有一项让人容易忽略的内容，那就是将日常生活的琐事都记录成诗，有些文人批评杜诗"切以事情，但不文耳"，其实，杜甫记录日常生活的诗大有深意，往往喻讽、喻理其中，如《种莴苣》《信行远修水筒》《催宗文树鸡栅》。这些诗开了后世写日常生活诗的先河，再一次拓展了诗咏题材。

当然，杜甫对诗歌的最大贡献是以纪实写法将安史之乱造成的凄惨情景，多方位地展现在我们面前，比如他的"三吏""三别"组诗，比如《哀江头》《哀王孙》。后人称杜诗为"诗史"。此外，在写景抒怀、咏物怀古、赠友怀人等题材方面，杜甫比之前的文人也写得好。这也是《唐诗三百首》选杜诗最多的原因。

杜诗在内容、格律、语言等方面都近乎完美，形成了自己独特的"沉郁顿挫"的风格。元稹称赞道："至于子美，盖所谓上薄风骚，下该沈宋，言夺苏李，气吞曹刘，掩颜谢之孤高，杂徐庾之流丽，尽得古今之体势，而兼人人之所独专矣。"（《唐故工部员外郎杜君墓系铭并序》）

　　同李白一样，再好的语言也赞美不了杜诗的光芒，还是从一个趣闻看看后辈诗人对杜诗的崇拜吧！

　　中唐诗人张籍是韩愈的大弟子，对杜诗崇拜得五体投地，一心钻研杜诗。一次，一位朋友去看他，见他正在从一个罐子里挖出一勺黑色的黏乎乎的东西送进嘴里，还闭上眼有滋有味地嚼。朋友大吃一惊，赶忙问他吃的是什么东西。张籍左右张望，见没外人，便附在朋友耳边轻声道："我去年烧了一部杜诗集，将纸灰拌上蜂蜜，调好后储在罐子里。之后，每日吃两次，每次一勺，坚持服用。还别说，自我服用以来，写诗功力真的大为长进呢！"朋友笑翻在地。但张籍还是坚持"食补"，硬是将一罐子纸灰食完。

　　张籍写诗真的写出了名气，成了中唐名气不小的诗人。他写的"洛阳城里见秋风，欲作家书意万重"（《秋思》），"还君明珠双泪垂，恨不相逢未嫁时"（《节妇吟寄东平李司空师道》）等诗句，成了千古名句。张籍大约出生于 766 年，也就是说，他出生时，杜甫尚在世。

　　这是记入《唐才子传》的趣闻，不一定真实，但足以证明后人对杜诗膜拜的程度。

　　对于杜甫，鲁迅先生的评价高屋建瓴："我总觉得陶潜站得稍稍远一点，李白站得稍稍高一点，这也是时代使然。杜甫似乎不是古人，就好像今天还活在我们堆里似的。"（刘大杰《鲁迅谈古典文学》）

第三篇

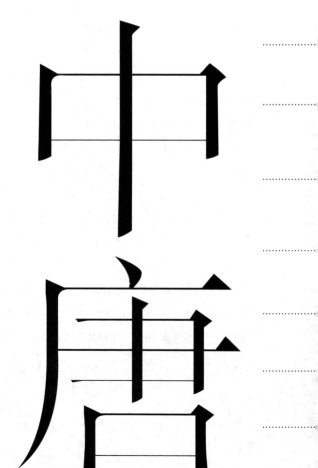

中唐

新

韵

安史之乱对社会造成了巨大的破坏，从此大唐社会进入衰退期。与社会衰败趋势不同，中唐诗歌依然蓬勃发展，呈现出"千树万树梨花开"的灿烂景象。

了解这段历史，还是从两首诗说起。

元和十一年，自郎州召至京，戏赠看花诸君子

紫陌红尘拂面来，无人不道看花回。

玄都观里桃千树，尽是刘郎去后栽。

游玄都观

百亩庭中半是苔，桃花净尽菜花开。

种桃道士归何处，前度刘郎今又来。

这两首诗放在一起，很有意思，相信读者也会读出其中戏谑的意味。诗中的"刘郎"是谁呢？就是这两首诗的作者，创作《陋室铭》的大诗人刘禹锡。

刘大诗人写第一首诗时，正是被贬十年，返京之际。这首诗一出，朝臣一片哗然，愤而向唐德宗投诉。结果这位大诗人回到京城，椅子都还没坐热，就又被撵出京城。

这一撵，就被撵了整整十二年。可刘大诗人时隔多年，再度被召回京城时，得意扬扬地嚷道："那个种桃树的道士去哪里了呢？上次来的老刘郎又回来了！"这次嘚瑟又造成什么后果，后文再叙。

这两首与玄都观较劲的诗，到底在影射什么呢？其实就是发生在中唐时期最著名的"二王八司马"事件。刘大诗人就是当时当事人之一——"八司马"中的郎州司马。事件的起因是大唐的"永贞革新"。

中唐时期，从宝应元年（762）代宗即位起，至敬宗宝历二年（826）止，

历经代宗、德宗、顺宗、宪宗、穆宗及敬宗六帝近七十年。这一时期，历经安史之乱的大唐开始被两大痼疾困扰，国家实力江河日下，开始一步步走向衰败与灭亡。

导致大唐衰败的两大痼疾就是"宦官专权"和"藩镇割据"。

这两大痼疾也是封建社会历朝历代所遭遇的共性问题。大唐之前的大汉王朝，大唐之后的宋、明王朝，都毁在这两大痼疾上。这两大痼疾是封建王朝的两大恶性肿瘤，前期症状不明显，待症状出来，人人皆知时，根本遏制不住，最终导致王朝的彻底崩溃。

宦官专权的痼疾，贤明的君主都想预防杜绝。唐太宗李世民吸取东汉宦官专权给国家带来严重危害的教训，明确规定内侍省的最高官衔不得超过四品，且不允许宦官奉命出使。明朝的朱元璋更绝，在皇宫中立了一块"宦官不得干政"的石碑，生怕子孙后代忘记历代王朝败亡的教训。

可是，这些死规矩又有什么用呢？大唐与大明还是痼疾暴发，最终不可逆转。造成这种死循环的根本原因，归根结底还是人性的弱点——谁最亲近就信任谁。

皇帝也是人，而且绝大多数也是普通人。他们登上皇位后，时刻提防外人来夺位，忧心忡忡，"谁最可靠"成了他们上位后首要思考的问题。

至于"近贤臣，远小人"，那也只是口号而已。谁是贤臣？谁是小人？昏聩的皇帝思考的结果就是"跟着感觉走"。那些与他朝夕相处的宦官，一开始十分忠诚，又没有后代，所以昏聩的皇帝就感觉他们是最不可能夺位的人，也就是最可靠的人。

大唐皇帝宠信宦官，始于唐玄宗，但唐玄宗宠信的高力士，没有直接干预朝政，对唐玄宗忠心耿耿，博得了"贤宦"的名声，给了唐玄宗的后代宠信宦官的充足理由。

安史之乱爆发后，与唐玄宗一道逃到马嵬坡的太子李亨，在宦官李辅国的谋划下，协助陈玄礼杀了杨国忠，逼死杨贵妃，并在李辅国的建议下北上灵武，主持平叛大业。称帝后的李亨（唐肃宗），对李辅国完全信任，授予他军政大权。收复长安后，李辅国更成了一人之下万人之上的权力狂魔。当时连豪门出身的宰相李揆，在李辅国面前都执弟子礼，尊称他为"五父"。

李辅国不但打击异己，排斥朝臣，甚至连接回长安的唐玄宗也敢迫害，最终逼迫唐玄宗在荒僻的太极宫中孤寂落寞地死去。唐肃宗想去见唐玄宗最后一面，也被他阻止。

唐肃宗时期，李辅国把控朝政，后宫张皇后只手遮天。时间一长，两人之间便产生了矛盾，张皇后打算联手太子李豫，除去李辅国，但遭到李豫的拒绝，于是张皇后欲设计加害太子。可是，她的计谋被李辅国识破，李辅国在关键时刻救了太子李豫一命。

上元三年（762），唐肃宗病重，李辅国指使另一名宦官程元振带领人马闯进长生殿，将陪伴在唐肃宗身边的张皇后直接拿下，打入冷宫。唐肃宗经此惊吓，很快就命归九泉，追随唐玄宗而去。

这时候，李辅国立即拥护太子李豫即位，并迫不及待地处死了张皇后。

李豫即位后称唐代宗，于是李辅国又成了拥护唐代宗登基的最大功臣。他甚至直接对唐代宗道："大家但居禁中，外事听老奴处分。"唐代宗听了，心中惊恐不已，遂动了剪除李辅国的念想。但李辅国权倾朝野，手握重兵，时机不成熟时，唐代宗也不敢轻举妄动。

后来，唐代宗采取明升暗降的办法，不断提升李辅国官职，并赐第于宫外，将他请出皇宫，架空了李辅国对禁军的实际掌控权。

待李辅国实权落空后，唐代宗为了不背负忘恩负义的骂名，居然授意一个刺客刺杀了李辅国。皇帝买通刺客杀人，这也是历史上头一遭的事。

李辅国死了，可宦祸并没有消除。取代李辅国之位的大宦官又冒了出来，这个人就是程元振。程元振的专权程度比李辅国有过之而无不及，他肆意构陷藩镇将领。

看来唐代宗处死李辅国也只是对他个人心怀杀机，并没有真正认识到宦官这一群体的危害性，又犯了其父唐肃宗同样的错误。或许代宗已经认识到错误的根源，可在藩镇割据、内忧外患的情况下，他根本无人可信，只好任由程元振专权。

唐代宗很快就尝到任由宦官胡作非为的恶果。

广德元年（763）九月，吐蕃大军进犯边境，剑指长安。就在边关告急的时候，程元振居然封锁消息，让唐代宗一无所知。吐蕃军队一路势如破竹，于十月间到达渭水桥畔，直接威胁京城长安。直到此时，唐代宗才得知消息，惊慌之下，向各镇节度使发出勤王诏令。

但在这之前，程元振一连害死了四五名藩镇将领，让各藩镇将领对他恨之入骨，也对代宗彻底寒心。所以，代宗的诏令发出后，藩镇将领冷眼旁观，竟无一人领军前来勤王。最终，代宗仓皇出逃到陕郡。

长安再次遭受吐蕃军队的洗劫，百姓及来不及逃走的官员，无不惨遭蹂躏，家破人亡，整个长安城哭号声震天。

太常博士、翰林待诏柳伉愤而上书，要求代宗杀程元振以谢天下，换取各藩镇勤王之兵。但唐代宗认为程元振对自己忠心耿耿，又有拥立之功，不忍心诛杀程元振，只是罢了他的官，将他贬为庶民。

吐蕃进入长安，将广武王李承宏立为傀儡皇帝，准备彻底瓦解唐代宗的皇权。唐代宗只好请出平定安史之乱的最大功臣郭子仪。在郭子仪的领导下，唐军击败吐蕃军，吐蕃军逃离长安。这是郭子仪第二次收复长安。

被贬在家的程元振得知唐代宗回到了长安，居然男扮女装，偷偷回到京城，被京兆尹抓了个正着，并上报给了代宗。唐代宗依然不想治罪程元振，御史竭力弹劾，逼迫代宗下令将程元振流放溱州。程元振最终病死于流放途中。

别以为李辅国死了，程元振也死了，宦祸终于结束了。在他们之后，又冒出了一个大名鼎鼎的宦官鱼朝恩。

鱼朝恩与李辅国、程元振一样，早期一直追随唐代宗，对唐代宗也有拥立之功。吐蕃入侵，唐代宗逃离长安，也是鱼朝恩一手安排并全程保护的，所以他很顺利地接过了程元振手中的权力，成为又一个权倾朝野的大宦官。

鱼朝恩在安史之乱时一直构陷郭子仪，甚至将郭子仪家的祖坟都挖了，想借此激郭子仪反叛。深明大义的郭子仪不但没有反叛，反而与代宗推心置腹地长谈，化解了鱼朝恩的阴险诡计。

待郭子仪击退吐蕃后，鱼朝恩又挑唆代宗解除了郭子仪的兵权，然后与藩镇勾结，完全把持了朝政。越来越专横跋扈的鱼朝恩终于引起代宗的警觉与不满，于是，代宗与宰相元载密谋，于大历五年（770）寒食节，将鱼朝恩骗至宫中赴宴，秘密捕杀。

大历十四年（779），唐代宗病逝，唐德宗李适即位。唐德宗在位二十六年，是大唐王朝在位时间较长的皇帝之一。

德宗是一位有理想的皇帝，想在自己手上重现大唐往日的辉煌。他的前半生为了改革而励精图治，改革的重点是财政节支增收和削藩。

在财政节支增收方面，唐德宗任用杨炎为相，推行"两税法"，取得了一定的成功，稳固了大唐王朝摇摇欲坠的统治基础。"两税法"成为自此以后封建王朝一直沿用、执行的税法。

有了一定的经济基础，唐德宗便着手解决动摇大唐统治的痼疾之一——藩镇割据问题。

唐代的藩镇称为"道"，设置的初衷是为了形成区别于州县的观察区，以此来保卫中央安全。藩镇本来不属于行政区划，但随着时间的推移，节度使的权力越来越大，使藩镇成为在州县之上的行政实体。安史之乱就是藩镇割据引发的大灾难。

安史之乱后，藩镇割据问题不但没有妥善解决，反而愈演愈烈。到了德宗时期，各地节度使拥兵自重，势力非常强大，随时都有可能威胁大唐朝廷的政权。这时候，藩镇节度使的职位居然是代代相传，与东周诸侯无异。很多百姓只知有藩镇，不知有朝廷。朝廷对地方的控制已经被削弱到可有可无的程度。

德宗要想重现大唐昔日的辉煌，就必然要收回藩镇实权，也就是"削藩"。唐德宗实现削藩大计的手段是武力平藩。在削藩的过程中，德宗不仅动用了朝廷军队，还采取了"以藩削藩"的办法，征调了各藩镇的军队。

在成功地进行了几场削藩战争后，各地节度使产生了唇亡齿寒的危机感，纷纷发生叛乱，武力对抗朝廷。其中以淮西节度使李希烈联合四家藩镇发动的叛乱声势最为浩大，差点就攻克洛阳。

唐德宗急忙派大将哥舒曜率朝廷军队前去平叛，又征调泾原节度使姚令言率泾原兵马前去协助平乱。

泾原兵马在途经长安时，因没有得到朝廷的供给与赏赐，发生了历史上著名的"泾师之变"。哗变的士兵冲进长安，拥立朱泚为帝，并且在朱泚的率领下，围困了唐德宗逃亡的避难所奉天。好在朔方节度使李怀光率军前来勤王，最终化解了奉天危机。

兴元元年（784）正月，唐德宗被迫下"罪己诏"，称这次战乱责任在自己，赦免反叛的各藩镇及节度使之罪，并称"一切待之如初"。各节度使也见好就收，上表朝廷臣服谢罪。这场削藩之乱，以唐德宗完全妥协而告一段落。

但是，由于唐德宗对武将彻底失去信任，以卢杞为首的奸臣开始构陷李怀光等，在削藩之乱一个月后，李怀光又联合朱泚再次发动叛乱，进攻长安。唐德宗又跑到梁州（今陕西汉中市）去了。直到这年七月，李晟率军光复长安，德宗才得以返回。贞元二年（786）年四月，李希烈被部将杀死，这场藩镇之乱才得以结束。

唐德宗武力削藩，导致自己两次逃离京城，不得不说是一个帝王的悲哀。这些经历对唐德宗的信心是致命的打击。从此，他开始对藩镇采取一味姑息的政策，将这一棘手的问题甩给了子孙去处理。

唐德宗转而迷上了敛财，又开始重用宦官，搞了所谓的"宫市"。这些宦官借给皇宫采购之名，贪污腐化，大肆搜刮民财，造成了当时臭名昭著的"宫市之弊"。白居易的名作《卖炭翁》写的就是宦官盘剥百姓的真实情况。

德宗后期，大宦官俱文珍等人崛起，甚至干涉皇位继承，妄图废除太子。在宰相李泌等人的阻止下，太子李诵保住了太子之位。

德宗在位二十六年，李诵当了二十六年太子。贞元二十一年（805），德宗薨逝时，李诵由于遗传的痛风病，其实已经卧床不起了。但在宰相李泌、东宫待诏王叔文的帮助下，李诵还是顺利地登上了皇位，是为唐顺宗。

唐顺宗当了二十六年太子，跟着父皇德宗历经磨难，当然知道大唐羸弱之病根，所以与德宗一样具有重现大唐辉煌的理想，而德宗削藩的失败也让他吸取了教训。德宗后期沉沦，顺宗看在眼里，急在心里，可是为了保住太子之位，他只能韬光养晦，隐忍不发。

事实上，顺宗还在当太子时，就谋划上位后要革除朝政弊病。帮助他谋划的人正是东宫待诏王叔文。

王叔文是江南士族子弟，棋艺高超，本来是被请来教太子下棋的，但他有很强的政治能力，对朝政时事都有精辟的见解，帮助李诵一次次化解危机，是顺宗的股肱之臣。李诵登上皇位之前，给自己网罗了一大帮能臣，形成了"东宫集团"，准备在登基后大展宏图，完成振兴大唐的伟大梦想。

这些能臣包括刘禹锡、柳宗元、韦执宜等大诗人。这一集团是典型的文人集团，带有浓郁的理想主义色彩。顺宗上位后，以王叔文、王伾为首的"东宫集团"，在顺宗的授意下，开始了一场声势浩大的"永贞革新"。

"永贞革新"的三大任务是财政改革、打击宦官集团、裁抑藩镇。

"永贞革新"首先革除了"宫市之弊"，在财政革新中取得了一些成绩，很受百姓称赞。但他们在夺取宦官兵权和裁抑藩镇方面相继失利。身体状况恶化的唐顺宗，在宦官和一些利益集团的捣鼓下，对改革的态度忽然发生变化，最终导致宦官集团全面反击。

　　改革集团害怕顺宗薨逝后，失去支持，一直阻挠立皇长子李纯为太子，但以俱文珍为首的宦官集团一再劝说唐顺宗，最终唐顺宗在贞元二十一年（805）八月册立李纯为太子。见太子被立，王叔文与王伾彻底失去了改革的信心，主动辞官。历时八个月的"永贞革新"草草收场。

　　唐顺宗册立太子之后，以俱文珍为首的宦官集团立即逼顺宗让位于太子。唐顺宗此刻重疾缠身，又失去了王叔文等改革派的支撑，只好传位于太子李纯。

　　李纯登基，是为唐宪宗。新君登基，改革派立即遭受全面清洗。王叔文与王伾已经辞官回家，但还是遭到最严厉的打击，二人被发配，接着又被赐死。改革派其他核心成员也纷纷被贬到偏远地区做司马，这八个人分别是刘禹锡、柳宗元、韦执谊、陈谏、韩泰、韩晔、凌准和程异。这就是唐朝历史上著名的"二王八司马"事件。

　　唐宪宗虽然打击了改革派，但改革派的目的他其实也很赞同。他接过德宗、顺宗振兴唐室的理想，励精图治，开启了"元和中兴"的局面，为大唐国祚延续了近百年。

　　唐宪宗于贞元二十一年（805）八月九日登基，他将年号改为永贞，一年后（806年）改年号为元和。这时，他刚年满二十七岁，正是大有作为之时。

　　唐宪宗一开始就致力于当一个勤俭节约的好君主，节流开源，使国库逐渐充盈起来。而后他对藩镇采取强硬措施，对一些过分狂妄的藩镇采取武力征讨。他在位时期任用的几任宰相都很贤能，所以在财力有支撑、人才有支持的情况下，他用了十二年将所有藩镇武力平复，让大唐的旗帜重新飘扬于全国大地，他也赢得了"中兴之主"的称号。

这时候，距大唐建国过去了整整二百年。《李愬雪夜袭蔡州》写的就是发生在这一时段的事。

但是，唐宪宗自恃英明神武，对宦祸并不十分在意，有时还故意怂恿宦官骄狂。元和五年（810），时任东台监察御史元稹，在处理完河南尹之事回京途中，与宦官仇士良在住驿站时，因为一间上房发生冲突。唐宪宗不问青红皂白，直接将元稹贬为江陵士曹参军。元稹的好友白居易及时任宰相李绛，均上书表达不满，主张正义，但唐宪宗依然拒绝收回成命。

宪宗虽然号称"中兴之主"，却助长了宦官气焰，任宦官专权现象愈演愈烈，到他死后，这一痼疾再度暴发，让他的子孙饱受宦祸之苦。

唐宪宗既信道，又崇佛，晚年到了不顾一切的地步。元和十三年（818）十二月，他搞了个迎佛仪式，将法门寺的佛骨迎入皇宫，造成京城狂热的崇佛局面。大文豪韩愈上了一道《论佛骨表》，痛斥迷信佛教是败坏朝纲的行为，称佛骨为"枯朽之骨，凶秽之余"，应将其烧毁。宪宗扬言要杀了他，幸好宰相裴度和崔群从旁劝解，韩愈才捡回一条命，最终只是被贬为潮州刺史。

元和十五年（820）正月，在位十六年的唐宪宗因服食丹药过量而暴薨。

宪宗病逝，太子李恒（原名李宥）即位，是为唐穆宗。李恒的母亲是郭子仪的孙女。

唐穆宗在位四年，除了吃喝玩乐，一无是处。最有意思的是，每逢大臣规劝，这位皇帝都说"你说得对，你说得好"，然后一转身，根本不当一回事。他很敬重大书法家柳公权，提拔他当翰林学士和右拾遗。

唐穆宗召柳公权入宫，问他书法为何练得如此精妙。柳公权答道："用笔在心，心正则笔正。"柳公权显然是想借笔规谏，穆宗若有所思，依旧投身享乐之中。

遇到这么一位皇帝,大臣头晕,宦官则狂喜。宦官擅权爆发,大宦官王守澄成了一人之下万人之上的"二皇帝"。宪宗好不容易平定的藩镇之乱,这时候又开始发作。

唐宪宗开拓的中兴局面,就这样在一个胡天胡地的皇帝手中葬送了。

长庆四年(824)正月,年仅三十岁的唐穆宗得了祖传的中风病,又服食过多丹药,病死于长生殿。他的长子,只有十五岁的李湛继位,是为唐敬宗。

唐穆宗与唐宪宗是"子不类父",可唐敬宗与唐穆宗是"子承父业",他将父亲吃喝玩乐的事业进行得更彻底,终于将大唐推向了万劫不复的深渊。

比起安史之乱之前的大唐,这一时期的大唐可以说是祸事不断、战乱连连,是个风云激荡的乱世。但"国家不幸诗家幸,赋到沧桑句便工"(清·赵翼《题遗山诗》),这一时期,文学得到了高度发展,诗坛更是争奇斗艳。除了有以元稹、白居易为代表的写讽喻诗的"元白"诗派,以韩愈、孟郊为代表的怪奇诗风的"韩孟"诗派,还有一批独具风格、卓然自立的大诗人,前期的如刘长卿、韦应物等,后期的如刘禹锡、柳宗元等。

这一时期是唐诗发展各阶段中名家名篇包括脍炙人口的诗句涌现最多的一个阶段。纵观中唐历史,再去看看各位大诗人在跌宕起伏的"五味"人生中,如何唱响时代之音。

杜甫的出现并不是孤立的，与他几乎同一时期的还有一位诗人，推崇写实讽喻诗，身体力行撰写讽喻诗歌理论，自觉倡导儒家诗教的讽喻观，与杜甫遥相呼应。这位诗人就是元结。纵观元结的一生，他是一位少有的与杜甫一般切实关注民生的有良知的诗人。

元结（719—772），字次山，号漫叟、聱（áo）叟、猗玗（yī yú）子，鲁县（今河南鲁山县）人。先世为鲜卑拓跋氏，是后魏常山王元遵的第十五代孙。

年少时的元结，放荡不羁，任侠好勇，一直到十七岁才改变志向，拜元德秀为师，学习儒家经义。学成之后，他赴京参加科举考试。在赴京途中，目睹运河灾情，元结写下了《闵荒诗》，表现出以诗反映民间疾苦、规劝君王的写作倾向。

天宝六年（747），二十九岁的元结第一次赴京参加科举考试，结果不第，遂隐居商余山继续潜心学习。

天宝十二年（753），三十五岁的元结再次出山赴考。这一次，礼部侍郎阳浚看了他写的文章，感叹"一第恩（hùn）子耳，有司得子是赖"（《新唐书·元结传》），就是说，评为一等进士也辱没了你呀，考官估计要靠录取你来表功了。元结果然被录取为上等进士，参加吏部的制举考试也轻松通过。

元结本以为接下来就可以入仕为官了，可是，安史之乱爆发了。兵荒马乱之际，谁还顾得上新中进士的前途？元结随人群逃离长安，回到家后，率族人避难于猗玕洞（今湖北大冶市境内），因此自号"猗玕子"。

唐肃宗称帝平乱时，召见国子司业苏源明，让他推荐能人志士，苏源明推荐了元结。当时史思明正在攻打河阳，肃宗在去河东之前，召来元结问政。元结第一次朝见皇帝，很拘谨，怕自己说不清，便呈上他思考时局所写的文章《时议》三篇。唐肃宗读完他的三篇文章，大喜，赞叹道："卿能破朕忧！"立即任命他为金吾兵曹参军、兼监察御史，赴山南西道任节度参谋。

元结到任后，在唐、邓、汝、蔡等地招募了许多义士，并在与叛军的作战中，一举俘获五千多名叛军。元结取得胜利后，不忍心战死沙场的士兵抛尸荒野，带领众人将尸体收集埋葬在汝南。看着隆起的一座座坟丘，元结心中哀叹。在那座坟场前，他立了一块石碑，题名为"哀丘"，希望警示后人。

而后在肃宗的安排下，元结屯兵泌阳，坚守险要，粉碎了叛军的攻击计划，保全了身后的十五城。因为讨贼有功，元结遂升任监察御史里行，又转回山南东道来瑱府参理军务。当时来瑱府军中有父母随子住在军营，来瑱欲处理此事，元结劝说道："孝顺而仁义的人，才可以同他们谈忠；讲信用而又勇敢的人，一定可以保全节义。怎能要求他们忠信义勇却又不让他们孝敬自己的父母呢？将士随军的父母，应该供给他们衣食，这样将士打起仗来，肯定会保全节义！"

来瑱采纳了他的建议。后来，来瑱被李辅国构罪杀害，元结便代理山南东道府事。

762 年，代宗在李辅国的拥立下继位。由于对宦官当政极为反感，元结愤而辞职，回樊上侍奉双亲。在樊上，元结寄迹渔樵，耕种自给，再一次体会到社会底层的艰辛。

广德元年（763），元结被代宗任命为道州（今湖南道县）刺史。第二年五月，元结到任后，发现道州疮痍满目，百废待兴。原来广西境内的"西原蛮"发动叛乱，占领道州长达一个多月，兵连祸结，道州生灵涂炭，百姓流离失所。

可在这种情况下，上级衙门下达的催征赋税的文书如雪片般飞来。如果执行文书强行征税，这样一个百姓穷得揭不开锅的地方，势必雪上加霜，极有可能导致州县大乱。但如果不执行，他这个做刺史的恐怕就要被法办。一上任就陷入两难境地，焦虑的元结写下《舂陵行》一诗，记录了当时的情景和想法。在诗的序言中，他记录道："……到官未五十日，承诸使征求符牒二百余封，皆曰：'失其限者，罪至贬削。'呜呼，若悉应命，则州县破乱，刺史欲焉逃罪；若应命，又即获罪戾，必不免也……"

何去何从？元结思考了一段时间，下定决心："吾将守官，静以安人。待罪而已……"意思是，我一定要恪尽职守，让老百姓休养生息，大不了被上级治罪。《舂陵行》写道："供给岂不忧？征敛又可悲。州小经乱亡，遗人实困疲。大乡无十家，大族命单羸。朝餐是草根，暮食仍木皮。出言气欲绝，意速行步迟。追呼尚不忍，况乃鞭扑之……"元结用浅易质朴的语言为我们描述了道州民生凋敝的惨景。在这种情况下，朝廷官员再对百姓横征暴敛，于心何忍？

为了警示同僚和属下，元结又写了《贼退示官吏》一诗：

今来典斯郡，山夷又纷然。

城小贼不屠，人贫伤可怜。

是以陷邻境，此州独见全。

使臣将王命，岂不如贼焉。

令彼征敛者，迫之如火煎。

谁能绝人命，以作时世贤。

思欲委符节，引竿自刺船。

将家就鱼麦，归老江湖边。

　　这首诗上半阕的意思是，山夷只攻取邻州，却懒得进攻道州，不是因为我们能力敌山夷，而是因为山夷都可怜道州人民的贫穷啊！连山夷都有同情心，难道我们这些王命臣将还不如他们？下半阕的意思是，逼迫被征的百姓处于水深火热之中，谁能做个断绝百姓生路却当被时世称颂的贤人？思来想去，还不如挂起官符，归隐江湖去吧！

　　一个封建士大夫能够设身处地为百姓着想，甚至不惜辞官，也要让百姓休养生息，可见元结确实是大唐历史上少有的具有儒家仁心、文人良知的诗人。

　　杜甫读到这两首诗，评价道："观乎舂陵作，欻见俊哲情。复览贼退篇，结也实国桢……道州忧黎庶，词气浩纵横。两章对秋月，一字偕华星。"（《同元使君舂陵行》）

　　为了免除道州百姓的徭役，元结直接上书代宗，直述道州情况，并乞求减免赋税。代宗看了元结的奏章，被他的真挚所感动，同意了他的奏请。第二年，租庸使又来索取租庸附加税十万缗，元结再次上奏皇上："每年除正常租庸税外，其他索取都应根据年成好坏来增减！"代宗再次准许了他的奏请。

　　元结为道州百姓免除了徭役，还亲自组织人员为百姓修缮房屋，分给百姓田地，很快就招回了一万多名流亡在外的道州百姓。道州开始重现生机，百姓安居乐业。元结因此晋升山南道容管经略使。为了消除蛮兵贼患，元结亲自会见蛮族首领，动之以情，晓之以理，让蛮族首领心悦诚服，同意不再作乱。山南八州自此得以稳定。

不久，元结母亲去世，元结请假回家守丧，山南道百姓来到节度府，恳求他留任。朝廷为表彰他的功绩，升任他为左金吾卫将军。当地百姓得益于他的教化，为了让后人都记得并感恩这位一心为民的好官，他们刻石立碑纪念元结为他们所做的功绩。

可是，元结此时已积劳成疾，身体越来越弱。他只好辞别山南，回京城履任，但刚到京城便病故了。这一年是772年，元结才五十三岁。他死后，朝廷追赠他为礼部侍郎。

同空有济世之志的诗人不一样，元结是一位有心济时、有才治世的能人，但时至今日，他并不闻名。北宋欧阳修对元结很推崇，在编纂《新唐书》时，专门撰写了《元结传》，让元结的事迹得以流传后世。

元结在诗歌创作方面，有很强烈的思想主张。他主张"上感于上，下化于下""极帝王理乱之道，系古人规讽之流"。因此，他用诗的形式反映民间疾苦，以期帮助朝廷改革弊政。"何人采国风，吾欲献此辞。"他认为诗歌应尽"欢怨之声"，这成为白居易新乐府诗歌理论的先声。

元结一直推行用新体乐府和古体诗的形式进行社会批判，还专门收集了友人沈千运等七人古体诗二十四首，编为《箧中集》。这七位诗人的诗作皆风格古朴，而语趋平易，与元结风格相近。这种风格直接影响了白居易等写实讽喻诗派的创作，而其古朴的风格亦为韩愈诗派所继承。

元结强调诗歌的功能性，因此很少运用格律诗，这是他诗歌创作的缺憾，再加上后来的白居易是写实讽喻诗的集大成者，所以他的诗名被遮掩，后人对他知之甚少。

当然，以元结的才气写近体诗，并不一定不会脍炙人口。比如他写的《欸乃曲》，清新晓畅：

> 湘江二月春水平，满月和风宜夜行。
> 唱桡欲过平阳戍，守吏相呼问姓名。

元结的散文也写得好，不同流俗。其文短小精悍，笔锋犀利，逼真生动，发人深省。如《瓤（yì）论》《丐论》《处规》《出规》《七不如》。其写景小品文《右溪记》，足以媲美柳宗元的《小石潭记》。

中唐·新韵

顾况

擎一枚红叶开启最古老的网恋

天宝十四年（755）的春天，艳阳高照，和风送暖，一位风度翩翩的读书人，漫步于东都洛阳。他是一位进京赶考的学子，几年前便从江南苏州漫游北上，如今客住洛阳。

不知不觉中，他漫步来到上阳宫外的河溪边。这条河溪穿过上阳宫，是宫内汲水的主要河道，所以溪水清澈，两岸杨柳依依。书生来到河堤，准备折根柳枝玩耍，忽然瞥见清清的河面上漂来一片红叶。书生眼光犀利，扫一眼，就发现红叶上有点点墨迹。

书生顿生好奇，折了根柳枝，将那片红叶打捞上来。仔细看，发现上面有人用娟秀的蝇头小楷题了一首诗：

> 一入深宫里，年年不见春。
>
> 聊题一片叶，寄与有情人。

书生发愣，心想：莫不是哪位宫中佳人寂寞，投叶寻找笔友？书生看着那娟秀的笔迹，怦然心动，于是拿着红叶，回到客房，在红叶背面题了一首诗：

> 花落深宫莺亦悲，上阳宫女断肠时。
>
> 君恩不闭东流水，叶上题诗寄与谁。

拿着题好诗的红叶，书生来到河溪上游流入上阳宫的河口，将它放入河中，目睹它缓缓漂入宫去。

此后，书生每天守在上阳宫的下游出水口，满怀希冀地期盼能够再见红叶。一连守了两天，功夫不负有心人，第三天上午，他终于再次发现一片红叶顺流漂出。

书生欣喜若狂，捞起红叶一看，发现上面果然又题了一首诗：

> 一叶题诗出禁城，谁人酬和独含情。
>
> 自嗟不及波中叶，荡漾乘风取次行。

字迹与上次的一模一样。天下居然有这么奇巧的事？什么叫缘分？这大概就叫天作之合吧？自这一刻起，书生相信了天赐，满含深情地再在红叶背面题了一首诗，再次跑到上游投入河中。从此，两人不断地通过红叶题诗，诉说着各自的情愫，一场中国最早的"漂流瓶网恋"就此展开。这样的"网恋"发生在一个宫女与一个漂泊不定的书生身上，任谁都会说这是一场毫无结果的游戏。宫女一人深宫，几乎永无出宫之日，又怎么会与素不相识的书生谋得一份真实的姻缘呢？还别说，天定的缘分还真断不了！

这年冬天，安史之乱爆发了，叛军率先进攻洛阳，洛阳城内顿时乱成一锅粥，大部分居民逃离洛阳，连守护上阳宫的禁军也逃跑了，谁还管宫女的死活呢？

这位痴情的书生瞅准这个机会冲进了上阳宫，沿着河溪寻找那位与他红叶传诗的宫女。上阳宫很大，人几乎跑光了，但在一株柳树下，一位亭亭玉立的宫女手擎着红叶，望着河水呆呆发愣。书生狂奔至宫女跟前，与宫女四目相对，霎时间，二人便明白了一切。书生抓起宫女的手，背上她，便开始了胜利大逃亡。两人历经千辛万苦，终于逃到安全地带。之后二人自然是喜结连理，白头偕老。

这就是"红叶传诗"（史料记为"下池逸事"）典故的由来，而传奇中的书生，正是活跃于中唐诗坛的诗人顾况。

顾况（725？—815？），字逋翁，苏州人。安史之乱中，他携妻子逃离洛阳，于至德二年（757）参加了科举考试，进士及第。随后出任临海新亭监。建中二年（781），顾况入镇海节度使韩滉幕府任判官。贞元三年（787），经李泌推荐，顾况回京任著作佐郎。

顾况个性耿介，喜欢戏谑人，与他交往的王公贵族都会遭到他的戏谑。这个世上，就有一种人，恃才傲物，傲到不好好与人说话，但凡与人交谈不了几句，总要露出讥笑的表情，说几句不屑的话来，结果是人见人厌。

顾况进士出身，精通古籍，诗名也传播天下，还是个画家，传说泼墨画就源自他。按说这么有才的人，也不至于混了几十年，最终还得靠老师李泌的提携才混个从六品的小官。因为他谑人太多，谁也不说他好话。与人为善，就是从说人好话始。你不说人好话，别人凭什么说你好话？

至于顾况喜欢戏谑人的原因，估计不仅是恃才傲物，更多是因为他用过高的标准来衡量别人。他用来衡量别人的标准，是自己的老师李泌。

李泌是谁？这可是一位实实在在能够与诸葛亮比一比的人物。

李泌生在长安，七岁能赋诗，惊动了唐玄宗。唐玄宗为了考校一下这位小神童，特命小太监将正在家门口玩耍的小李泌抱进宫。当时唐玄宗正与宰相张说在下棋，于是，唐玄宗便让那个一代文宗，"燕许大手笔"之一张说以"方圆动静"为题考考小李泌。

张说将唐玄宗的意思向李泌解释清楚，让李泌吟诗，李泌却道："宰相大人是人间文曲星，理应由您先作，学生好比和！"听听，这么小的年纪，心智却如此老练，这可不是只有智商没有情商的神童可比拟的。

张说略一思索，张口吟道："方如棋局，圆如棋子。动如棋生，静如棋死。"

咏罢，张说让李泌和一首，并要求虚写，诗中不得出现"棋"字。小李泌立即摇头晃脑，咏道："方如行义，圆如用智。动如逞才，静如遂意。"唐玄宗与张说目瞪口呆，显然李泌咏的诗句，比张说的诗只好不差。

张说起身恭贺唐玄宗道："我主圣明，洪福齐天，又得一小千里驹也！"

唐玄宗也是龙颜大悦，抱过小李泌，亲自取茶果给小李泌，然后将李泌父亲召进宫，告诫他一定要好好培养李泌，不能揠苗助长。为了让李泌有更好的培养平台，唐玄宗直接下令让李泌到东宫当太子陪读。

李泌果然不负众望，十几岁时就入张九龄幕府，成为张九龄的智囊团成员之一，并且多次纠正张九龄的错误，让张九龄称他为小友。后来，受到李林甫、杨国忠及元载等人打击，李泌归隐山林，钻研《老子》及《周易》等典籍，培养出高维度俯视天下局势的能力。

安史之乱爆发后，太子李亨在灵武称帝，称唐肃宗。为平定天下，唐肃宗急需一个能像诸葛亮或初唐徐懋功一样的军师。唐肃宗思来想去，觉得李泌是唯一人选。于是，登基之初，唐肃宗立即派人寻找归隐的李泌。

好在李泌就在灵武附近。李泌应诏后，唐肃宗要授他官职，但李泌坚持以"白衣山人"的身份跟随唐肃宗。这之后，平定安史之乱的方针大略全都出自李泌的谋划。如果不是唐肃宗急功近利，违背了李泌的谋划，过早地收复"两京"，平定安史之乱也不会出现反复的情况。

安史之乱后期，李泌入广平王李豫（唐代宗）幕府，助李豫收复两京，建立功勋，并助李豫登上太子位。安史之乱平定后，李泌受到李辅国等人猜忌，便又归隐衡山。唐肃宗留不住，便赐他三品俸禄及隐士服，还为他建造起居室。

唐代宗即位后，又想召他入朝为官，但遭到宰相元载的反对，元载认为地方治理更需要他，代宗只好悄悄地跟李泌说："先生将就一下，外出走走也好。"李泌也不在意，在外地兜来兜去，一会儿江南西道，一会儿澧州团练使，一会儿杭州刺史，但每到一地都将地方治理得很好，而且朝政大事，代宗依然与他书信沟通。唐代宗为了锻炼太子李适（后来的唐德宗），也让他与李泌交游。

德宗登基后，开始武力削藩，结果引起天下大乱。而唐德宗在"泾原兵变"后逃离长安，第一件事便是紧急召来李泌。李泌内抚节度使，外制吐蕃，保护李晟及马燧等名将，终于使德宗朝局趋于平稳，而德宗亦拜李泌为相。

顾况以老师李泌的标准去衡量别人，试问世上能有几个让他服气的人？当然，这就是个没道理的标准，如果朝廷所有官员都有李泌之才能，大唐会沦落到衰败的地步吗？或许他戏谑别人，正是为老师出气，一帮无才无德之人尸位素餐，却趾高气扬，实在让人耻于为伍。

顾况当著作佐郎不久，因诗名及与李泌的关系，前来向他行卷的考生络绎不绝。

这一日，一位气质俊雅的书生带着诗卷前来拜见他。他看了一眼书生递上的名牒，捻须戏谑道："哦？白居易？长安米价上涨，房价更贵，居大不易呀！"一句话，让那个叫白居易的书生红着脸，尴尬得不知所措。不过，顾况好在并没有将诗卷丢还给年轻书生，他见书生被自己戏谑得红着脸不言语，得到满足，心情愉快，便随手翻开诗卷。

诗卷的第一首便是《赋得古原草送别》，他只读了"离离原上草，一岁一枯荣，野火烧不尽，春风吹又生"，便霍地一下站起身，惊呼道："有才如斯，居何不易？"从此，这么狂傲的人，逢人便吹白居易，硬是将白居易的诗名远播天下。当然，白居易后来科举考试就非常容易了，二十九岁便进士及第。这又是顾况傲得可爱的地方，对于具有真才实学的后辈，他还是竭力提携的。估计白居易是顾况第二个服气的人，虽然他很年轻。

顾况当了两年多的著作佐郎后，老师李泌不幸病逝。这时候，他居然写了《海鸥咏》悼念李泌："万里飞来为客鸟，曾蒙丹凤借枝柯。一朝凤去梧桐死，满目鸥鸢奈尔何。"这首诗将自己比喻成客鸟，将李泌比喻成凤凰，却将众朝臣比喻成鸥鸢，此诗一出，自然是引起众臣愤慨。他平时就因戏谑得罪了太多的人，"傲毁朝列""不能慕顺，为众所排"，所以这首诗一出，他立即被贬出京城，贬往饶州任司户参军。途经苏州时，他与看得上眼的大诗人韦应物相聚并诗歌唱和。

贞元十年（794），在饶州任满，七十岁的顾况举家隐居茅山。其间，宰相柳相公想招他，他写了一首诗回复："天下如今已太平，相公何事唤狂生。个身恰似笼中鹤，东望沧溟叫数声。"（《酬柳相公》）

传说顾况在茅山炼金拜斗，修炼得身轻如羽。七十多岁时，大儿子病逝，他悲痛地吟诗："老夫哭爱子，日暮千行血。声逐断猿悲，迹随飞鸟灭。老夫已七十，不作多时别。"（《伤子》）出人意料的是，这一年，他又得一子，取名为非熊。有人说，这一子是他长子的魂魄不忍老父伤心，重新投胎所致。

顾况的儿子非熊后来考中进士，回到茅山时，发现其父已无踪影。因此，没人知道顾况卒于何年，只知道最后见到他时大概是 815 年。

顾况《题叶道士山房》："水边垂柳赤栏桥，洞里仙人碧玉箫。近得麻姑音信否，浔阳江上不通潮。"

顾况的诗很特别，虽然也属讽喻诗范畴，但其诗嘲谑味十足，而在形式上直取《诗经》，显得新奇怪异。如他的代表作《上古之什补亡训传十三章·囝一章》：

> （囝，哀闽也。）
>
> 囝生闽方，闽吏得之，乃绝其阳。
>
> 为臧为获，致金满屋。
>
> 为髡为钳，如视草木。
>
> 天道无知，我罹其毒。
>
> 神道无知，彼受其福。
>
> 郎罢别囝，吾悔生汝。
>
> 及汝既生，人劝不举。
>
> 不从人言，果获是苦。
>
> 囝别郎罢，心摧血下。
>
> 隔地绝天，乃至黄泉，不得在郎罢前。

　　官吏阉割闽童为奴，骇人听闻。诗人选取闽童与父亲诀别时"心摧血下"的场景进行描写，让人读了毛骨悚然，但增强了控诉的力量。这首诗还是唐诗中第一首将方言入诗的作品。

　　顾况还写了一些古乐府诗，如《行路难》《悲歌》《弃妇词》等，抒发心中不平。他的诗偏好于古风，有些语言十分意外惊人，表现出新奇怪异的审美情趣。

　　当然，顾况还有些小诗语言活泼，情韵悠然。如《过山农家》：

> 板桥人渡泉声，茅檐日午鸡鸣。

莫嗔焙茶烟暗，且喜晒谷天晴。

再如《古离别》：

西江上，风动麻姑嫁时浪。

西山为水水为尘，不是人间离别人。

总体来说，顾况的诗以对现实的感愤和嘲谑为主。郑振铎称顾况"是真实的诙谐诗人。在这一方面，他是比之开元诸大诗人更有成就的。人家都是苦吟的雅语，他却嘻嘻哈哈在笑，对于一切都要调谑"，"他敢于应用俗语方言入诗，居易却还不敢"（《插本中国文学史》）。

　　中晚唐以后，诗坛才子佳人的故事越来越多，也浪漫得多姿多彩。除了"红叶传诗""章台柳"，后面还有"桃花依旧笑春风"之奇事，以及《西厢记》原型等。其中，"章台柳"故事的主角，是"大历十才子"之一韩翃。

　　韩翃（719—788），字君平，南阳（今河南南阳市）人，天宝十三年（754）考中进士。韩翃在"大历十才子"中最出名，并不是因为诗文造诣最高，而是因为在他身上发生过两件幸运得让人咂舌的事，让他名扬后世。这两件事，也使他的两首诗广为传诵，成为名篇。我们从这两首诗讲起，讲述属于他的传奇。

寄柳氏

章台柳，章台柳，颜色青青今在否？

纵使长条似旧垂，也应攀折他人手。

　　"章台"是战国时期秦国的宫殿名，这里代指长安。这首诗是韩翃托人寻找自己的爱妾柳氏时所作。他让寻找之人寻到柳氏后，将自己积攒的一袋金钱与这首诗一起转交给她。

韩翃的爱妾柳氏，原是长安李生（皇族后代）蓄养的一名歌姬，容貌艳绝一时，而且性格开朗，喜欢说笑，也会咏诗。韩翃来到长安准备科举考试期间，结交了李生，经常到李生府上做客。柳氏见到韩翃，觉得此人才气过人，内心倾慕，便对李生说："韩公子目前虽然是布衣白丁，但我看他气质俊雅，将来必有腾达之时，所以公子对他要好点儿。"

李生听了这句话，岂不明白柳氏的意思？这李生真是个豪放之人，问过韩翃的意愿后，直接将柳氏许配给了韩翃，并出钱三十万，替二人办了典礼。

要说明的是，柳氏是歌姬，不是李生的姬，更不是妓。姬在唐朝的地位比较低，入不了官籍，如同奴婢，可以买卖。韩翃运气好吧？平白地捡了一个美娇妾，顺带赚了点儿生活费。

不过，韩翃也确实有才学，第二年果然考中进士，没让柳氏失望。考中了进士，韩翃自然要赶回家报喜。韩翃想速去速回，以便参加接下来的制试，就将柳氏暂时安顿在长安，只身回家。

可是，安史之乱爆发，两京沦陷，两人就此失去了联系。

韩翃作为新中进士，国家有难时，有责任尽一份力，所以他加入缁青节度使侯希逸幕府，充任书记，参加平乱战争。

三年之后，唐肃宗收复长安，韩翃急忙托人前去寻找柳氏，并写了这首《章台柳》。他一方面表明自己焦急寻找的心情，另一方面也捎带探问之意。毕竟兵荒马乱，娇妾那么美，会不会改嫁别人了呢？

受托之人不负所托，果然找到了柳氏，并且带回了柳氏的一首诗：

杨柳枝，芳菲节。可恨年年赠离别。

一叶随风忽报秋，纵使君来岂堪折？

杨柳枝是春天时节才妩媚多姿，可恨的是年年被人用来折枝赠别（唐朝人有折柳枝赠别的习俗）。随风落叶报知秋天来临，这时候您来还愿意折吗？意思是，我现在色衰了，你还愿意要我吗？

　　原来叛军攻陷长安后，柳氏害怕被叛军掳掠，便剪去头发，将自己弄得邋里邋遢，躲进了法灵寺。

　　韩翃与柳氏一直恩爱，读了这首诗，心里更是懊恼，对柳氏的思念之情更是强烈。过了没多长时间，节度使侯希逸调回朝廷任职，韩翃便跟随侯希逸重回长安。一回长安，韩翃便急匆匆地去法灵寺寻找柳氏。可是，柳氏已不见踪影，寺里的和尚也不知柳氏去向。

　　韩翃十分悲伤失落，经常一个人在长安大街上漫无目的地寻找。还别说，韩翃真是个被幸运女神罩着的人。

　　一天，他正在城南晃悠时，一辆豪华马车从他身旁经过，里面忽然传出一声惊呼："这不是青州的韩相公吗？"

　　韩翃吃惊，抬头一瞧，马车窗户里那张娇美的面容，不是柳氏又是谁？他愣愣地看着那张既熟悉又陌生的脸，一句话也说不出。好在柳氏口齿伶俐，急忙说道："我为沙咤利所掳，没希望脱身了。明天我会从此路回去，愿君再来道别！"

　　第二天，韩翃依约等在路旁。那辆马车果然如期而至，经过韩翃身旁时，柳氏掀开车帘，将一个红布小包投在他身前，惨然道："与君从此永诀矣！"马车加速前行，消失在街道尽头。

　　韩翃拾起红布包，打开一看，发现是一个精致的小盒子，里面装的是柳氏常用的胭脂香膏。闻着熟悉的幽香，想到从此与爱妾生离死别，自己却无可奈何，韩翃内心大恸之余，愤懑不已。

　　为什么一个番将敢在大唐帝京掳掠民女，好歹也算大唐官员的韩翃却无可奈何呢？

原来唐肃宗领导的唐军由于久疏于战，在与安禄山的叛军作战中不堪一击，没办法，唐肃宗只好听从郭子仪的建议，从回纥借兵平叛。借兵时，唐肃宗允诺收复长安及洛阳二京时，二京财物及妇女任回纥将士掠取。后来回纥军收复长安及洛阳时，时任兵马元帅广陵王李豫（唐代宗）不忍百姓惨遭掳掠，跪求回纥将士，才适当制止悲剧发生。这是大唐历史上的污点。

一个番将，攻克长安后，抢了一个女人，可想而知，朝廷无论如何也不会过问。这就是韩翃无可奈何的原因。

这一日，节度使侯希逸手下将领在一酒楼宴饮，韩翃自然也得出席。在宴会上，韩翃借酒消愁，闷头喝酒，引起众宾客的诧异，于是就有人问他怎么回事。韩翃三杯酒下肚，忍不住悲从中来，将一腔苦恼尽情宣泄。

座中有一位叫许俊的小将，借着酒兴站起身道："请韩员外手书几个字做信物，某当即刻前往帮您解决此事！"满座宾客皆称赞许俊的侠义，韩翃虽然不太相信这个年轻小将能奈何得了番将沙咤利，但还是抱着试试看的心理，匆匆写了几句话交给了许俊。

许俊大步走出酒楼，骑上一匹骏马并牵上一匹，直接朝沙咤利府邸奔去。事有凑巧，沙咤利偏偏这时候不在家。许俊在沙咤利门前高喊："将军坠马重伤，要见夫人最后一面，快请夫人出来！"

门房赶紧将柳氏叫了出来，许俊将韩翃写的字条暗中出示给柳氏看，柳氏心领神会，立即与许俊骑上战马飞奔至酒楼。他们到酒楼时，宴席还未散，众将惊叹，韩翃拉着柳氏喜极而泣。

但是，就这样诓来，也不能彻底解决问题。众将怕引起事端，急忙向侯希逸报告，让他摆平此事。侯希逸本就是武将出身，一身豪气，听完事情经过，兴奋地叫道："这种侠义之举干得好，许俊不愧是将才！"说完，他写了一份奏章，控告沙咤利强抢民女，要求皇上主持公道。

唐肃宗接到奏章，感叹不已，于是直接将柳氏判归韩翃，然后赏赐沙咤利二百万钱，算是将此事彻底摆平。

此事过后，估计是幸运女神觉得不能总是罩着他，就离开了。韩翃便没有了好运，在官场上毫无起色，一直是个幕僚。到德宗登基时，韩翃几乎快失业了。

这一年的寒食节，年过花甲的韩翃无所事事，又去街上闲逛。逛到皇宫旁边时，他忽然看见宫廷内飘出阵阵轻烟，而且烛火闪耀。根据习俗，寒食节是全民禁生烟火的，可皇宫例外，不但点燃蜡烛，还赐烛火给重臣家，以示恩宠，这叫"传烛"。

韩翃触景生情，灵感乍现，随口吟诗一首：

春城无处不飞花，寒食东风御柳斜。
日暮汉宫传蜡烛，轻烟散入五侯家。

这首后来题名为"寒食"的诗，由于意境雅致，迅速传开，传到了唐德宗那里。诗的原意是表达一种羡慕和嫉妒的情绪，但唐德宗认为这是一首称颂大唐盛世的好诗，爱不释手，抄写在书房里，一天吟诵好几回。

巧的是，吏部上报一奏章，说是缺一名知制诰（中书舍人之一，正五品，是入相的重要跳板），请皇上定夺。德宗瞧了一眼《寒食》，微微一笑，在奏章上批了"韩翃"二字。

吏部收到批奏，有点发蒙，因为吏部在册的官员叫韩翃的有两个，除了这位老兄，还有一位是江淮刺史。吏部官员赶紧再报，请皇上定夺是哪个韩翃。

唐德宗也不知道是哪个韩翃，又批道："春城无处不飞花"之韩翃。于是，这个又被幸运女神回顾的诗人韩翃，一步登天，当了帝王近臣，直接被提拔为知制诰。可惜韩翃干了没多久便卒于任上，他的幸运传奇

韩翃《羽林少年行》："骏马牵来御柳中，鸣鞭欲向渭桥东。红蹄乱蹋春城雪，花颔骄嘶上苑风。"

也就此终结。

韩翃的诗文流传下来的不多。就诗文而言，他在"大历十才子"中属中等水平。"大历十才子"是后人对代宗大历年间活跃于长安、洛阳一带诗人的统称，其中包括李端、卢纶、吉中孚、韩翃、钱起、司空曙、苗发、崔洞（峒）、耿湋、夏侯审。

总体而言，"大历十才子"的诗歌表现出一种回避现实生活矛盾，偏重追求形式美的创作倾向，诗作抒情深细，表达工整精练，风格清远雅致，但思想平庸，导致盛唐骨气渐衰，诗风萎靡，所以后人对这十人批评较多。反而是并未列入"大历十才子"，比他们稍晚一些的李益，在诗歌创作上有所创造。

李益（748—829），字君虞，陇西姑臧（今甘肃武威市）人，大历四年（769）进士。李益年轻时就已诗名远播，与皇族后裔李贺齐名。那时候他每写一篇诗，教坊乐人都争相求购，作为歌辞专门在皇宫演唱。其《征人歌》《早行篇》还被人画成画，制作成屏风。

其中最出名的是《江南曲》：

嫁得瞿塘贾，朝朝误妾期。

早知潮有信，嫁与弄潮儿。

李益《竹窗闻风寄苗发司空曙》中的两句"开门复动竹，疑是故人来"，更是传唱千古，被后世秦观等文人反复化用。

这两句诗，在当时就被唱得妇孺皆知，据说还让李益获得了一份奇缘。李益的这段姻缘，被蒋防写成了传奇小说《霍小玉传》。明代的汤显祖又将它改编成戏曲《紫钗记》。

李益早年成名，但他考中进士后，蹉跎十二年，在仕途上毫无建树，于是在建中元年（780）之后，奔赴边塞，从军十八年，辗转五个节度使幕府，充分展现了他运筹帷幄的才能。

其间，他仍坚持创作诗歌，很多诗都写作于马背之上，从此诗风大变，慷慨激昂，武毅果厉，传承了盛唐边塞诗派的薪火。李益由此成为中唐最杰出的边塞诗人。

李益的边塞诗中，有抒发自己和广大将士报国情怀的：

塞下曲

伏波惟愿裹尸还，定远何须生入关。

莫遣只轮归海窟，仍留一箭射天山。

度破讷沙

破讷沙头雁正飞，鸊鹈泉上战初归。

平明日出东南地，满碛寒光生铁衣。

有以壮美阔大的诗笔，描写边塞风光与民情的：

暖川

胡风冻合鸊鹈泉，牧马千群逐暖川。

塞外征行无尽日，年年移帐雪中天。

当然，他还有诸多反映边塞风光或边防现实矛盾的诗。

最后看看他的代表作《夜上受降城闻笛》：

回乐峰前沙似雪，受降城外月如霜。

李益《汴河曲》：“汴水东流无限春，隋家宫阙已成尘。行人莫上长堤望，风起
杨花愁杀人。”

不知何处吹芦管，一夜征人尽望乡。

李益七绝写得多，也写得最好，沈德潜说："七言绝句，中唐以李庶子（益）、刘宾客（禹锡）为最，音节神韵可龙标（王昌龄）、供奉（李白）。"（《唐诗别裁》）

笔者认为，李益的人生、个性与岑参十分相像，可惜他不擅长歌行体，其诗也就没有岑参的诗那么壮阔。

元和初年，李益被唐宪宗召回朝廷，历任秘书少监、集贤殿学士、左散骑常侍等职。但他自恃才高，凌蔑同僚，为众朝臣所不容，不久被降居散职。后来又被宪宗起用，一直做到礼部尚书的职位，最后于大和三年（829）卒于任上。

刘长卿与张继

我在风雪中守望，你在枫桥边低吟

依然记得小时候最喜欢的诗是：

逢雪宿芙蓉山主人

日暮苍山远，天寒白屋贫。

柴门闻犬吠，风雪夜归人。

这首诗太容易背诵，而且能让人体会到寒冬暮雪时狗吠人归的情景。这情景极富感染力，苍凉而不哀伤，清贫傲世，给人以清美的享受。

这首五言绝句的作者，就是自诩为"五言长城"的刘长卿。

刘长卿（725？—791？），字文房，祖籍宣城（今安徽宣城），后家族移居河南洛阳。

刘长卿的名"长卿"的"长"是读"cháng"还是读"zhǎng"呢？应该读"zhǎng"。因为"长卿"就是他仰慕的西汉大才子司马相如的字。司马相如的字是怎么来的？据说，司马相如特别仰慕战国时期的蔺相如，干脆取名"相如"，蔺相如是赵国上卿，他就给自己取字"长卿"，长（zhǎng）

做李昭道筆意

刘长卿《逢雪宿芙蓉山主人》："日暮苍山远，天寒白屋贫。柴门闻犬吠，风雪夜归人。"

卿与上卿的意思是一致的。

更有意思的是，后来有个叫辛文房的文人，因为仰慕刘长卿，所以又用刘长卿的字"文房"做自己的名，而他就是《唐才子传》的作者。真是薪火相传，生生不息。

刘长卿是个恃才傲物，狂傲无边的人。他每次题完诗，落款总是只落"长卿"二字，别人问他为什么不加姓，他冷笑道："天下人谁不知道长卿即是我刘长卿！"

毋庸置疑，这样狂傲的刘长卿，又成了诗人命途多舛的典型。

刘长卿于天宝十三年（754）与张继同登进士，因此二人关系亲密。但由于杨国忠把持朝政，二人又都恃才自傲，没有巴结这些权贵，结果二人都没有通过史部制试（铨选）。安史之乱爆发，张继逃向南方避难，刘长卿跟随太子李亨逃向了北方。

756 年，唐肃宗在灵武即位，刘长卿追随，被任命为监察御史，后因直言得罪李辅国集团，被贬苏州下属长洲县当县尉。由于"刚而犯上"，旋即被诬陷入狱，又遇肃宗更改年号大赦天下而获释。

758 年，刘长卿代理海盐令，两年后又被贬为潘州南巴（今广东茂名市电白区）尉。在赴南巴的路上，刘长卿行至馀干（今江西余干县），遇见被释放回家的大诗人李白。他请李白喝酒并请教诗歌问题，但李白急于返回鄱阳湖畔庐山家中，短暂相聚后，李白被催回船上，两人就此分别。刘长卿为此写了一首送别诗《将赴南巴至馀干别李十二》：

> 江上花催问礼人，鄱阳莺报越乡春。
>
> 谁怜此别悲欢异，万里青山送逐臣。

江上的美人催我这个问礼人，鄱阳那边传递信息，南方已经是春天了。

这次分别有人欢，有人悲，可谁会在意呢？只剩下万里青山送我这个被贬之人。

通过这首诗，可以看出刘长卿对闻名遐迩的大诗人李白并没有多少恭敬，反而有酸溜溜的调侃，这也足以反映出刘长卿狂傲的本性。他虽然自称是"问礼人"，但心态上还是与李白平等相交（问礼人的典故是孔子问礼老子）。潜台词是，我本来是想与李白多交谈一会儿，不料李白心系美人，急着要回家会娇妻，他是满心欢喜，而我如此悲伤，想倾诉苦闷却得不到他的怜悯，唉，看来只有万里青山送我这个被逐放的臣子了。

这首诗，如果不了解刘长卿的性格，还真不好给个合理的解释。写这首诗时，刘长卿显然内心惆怅。在到达长沙时，他将郁闷压抑倾注于《长沙过贾谊宅》：

三年谪宦此栖迟，万古惟留楚客悲。

秋草独寻人去后，寒林空见日斜时。

汉文有道恩犹薄，湘水无情吊岂知？

寂寂江山摇落处，怜君何事到天涯。

此诗被后人称为"七律精品"，入选《唐诗三百首》。

不过，他很快就否极泰来，写完这首诗不久，估计朝廷得知他有"吏干"，改派他入苏州节度使幕府，发展吴越一带的经济。在吴越一带干了十年，有了一定的功绩，刘长卿于大历五年（770）十月，任转运使判官、知淮西、鄂岳转运留后。

但是，上任不久，又因为性格刚强，刘长卿得罪了鄂岳观察使吴仲孺，吴仲孺遂诬陷他贪赃，他再次被贬为睦州（今浙江淳安县）司马。这之后，他的好友张继一直为他申辩冤屈，最终吏部平反了他的冤屈并承认了他的才干，升他为随州刺史。所以他的别称为"刘随州"。

贞元元年（785），淮西节度使李希烈割据称王，唐朝军队与叛军在随州一带激烈交战，刘长卿被迫离开随州，流落于江州（今江西九江市），卒于790年前后。

刘长卿自言"五言长城"，足见他对自己的五言诗何等自信。事实上，他是个写景抒情的高手，他的五言诗确实清秀淡雅而又流畅谐婉，意境幽远，含意委曲。

除了《逢雪宿芙蓉山主人》这首千古传诵的名篇，他的五言绝句《送灵澈上人》同样清悠空灵：

> 苍苍竹林寺，杳杳钟声晚。
> 荷笠带夕阳，青山独归远。

刘长卿的五言律诗《穆陵关北逢人归渔阳》将身世感慨与现实的认知结合，具有现实批判意义：

> 逢君穆陵路，匹马向桑干。
> 楚国苍山古，幽州白日寒。
> 城池百战后，耆旧几家残。
> 处处蓬蒿遍，归人掩泪看。

刘长卿写景抒情的五言金句迭出，如"万里通秋雁，千峰共夕阳"（《移使鄂州，次岘阳馆怀旧居》），"落日孤舟去，青山万里看"（《却赴南邑留别苏台知己》），"飞鸟没何处，青山空向人。长江一帆远，落日五湖春"（《饯别王十一南游》）。

刘长卿的七言诗也写得很好，如"白首相逢征战后，青春已过乱离中"（《送李录事兄归襄邓》），"细雨湿衣看不见，闲花落地听无声"（《别严士元》），写得巧妙隽永。

但是，刘长卿的诗"大抵十首以上，语意稍同"（唐·高仲武《中兴间气集》），使其显得"思锐才窄"，限制了他的诗歌创新，也限制了他在诗坛上的地位。

刘长卿虽然狂傲，可待朋友一片赤诚，这一点通过"张继托孤"一事可见。

张继（712—779），字懿孙，襄州（今湖北襄阳市）人。天宝十三年（754），与刘长卿中同科进士，却没通过铨选，张继满怀惆怅地去江南漫游。

一直到唐代宗登基（762年），张继才被录用为员外郎（九品）前去征西府中供差遣。从此，他投笔从戎，后入内为检校员外郎，又被提升检校郎中，最后升任盐铁判官。在唐朝，盐铁归朝廷直管，盐铁生产贸易的利润是朝廷财收的重要来源，所以盐铁判官是个肥缺。可是，张继刚正清廉，家境一直贫穷，任盐铁判官一年多后就病逝了。

病逝前，张继找来好友刘长卿，将身后事及独子全部托付于他。张继有恩于刘长卿，刘长卿自然义不容辞。张继病逝时，家里一贫如洗，连葬回故土的费用都没有。刘长卿痛哭道："世难愁归路，家贫缓葬期！"

更让刘长卿悲哀的是，张继还没下葬，张继夫人悲伤过度，追随他而去。刘长卿也是漂泊一生，虽然当官比张继早些，但跟张继情况差不多，一样贫困潦倒。为了不负所托，刘长卿举债帮助张继独子葬了张继夫妇，将张继独子带在身边照顾。这就是"张继托孤"的逸闻。

张继是《枫桥夜泊》的作者。他写这首诗时，正漂泊于江南，中进士却铨选落选，加上安史之乱爆发，夜泊枫桥，张继悲苦上涌，愁绪万千，吟诵出这首千古绝唱：

月落乌啼霜满天，江枫渔火对愁眠。

姑苏城外寒山寺，夜半钟声到客船。

张继除了这首诗，流传下来的诗不过三十来首，所以诗红人不红，在当时并不著名。其他如"古来芳饵下，谁是不吞钩"（《题严陵钓台》），也为后人称道、传诵。

但是，《枫桥夜泊》这首诗，就足以让张继名垂千古了。唐武宗李炎特别喜欢张继的《枫桥夜泊》。唐武宗将死之前一个月，找来京城第一石匠吕天芳，让他给自己刻一块《枫桥夜泊》的诗碑。诗碑刻就后不久，唐武宗驾崩，按照遗诏的要求，这块诗碑被殉葬于武宗的地宫之中。

唐武宗临终时下发狠话，说："《枫桥夜泊》诗碑，只有朕可勒石赏临，后人不可与朕齐福，若有乱臣贼子擅刻诗碑，必遭天谴，万劫不复。"

皇帝说的话，一言九鼎。但是，即便说了这样的话，也不能阻止后人刻这块诗碑，后人也热爱这首诗。北宋名臣王珪、明代才子文徵明刻完这个诗碑，真的惨遭横祸，暴病身亡。

张继的这首诗还造就了一处千古名胜"寒山寺"和"枫桥"。去过苏州寒山寺的人应该知道，寒山寺最有名的，除了那口重达两吨的大钟，就是晚清国学大师俞樾所书的《枫桥夜泊》诗碑。在这块诗碑的背后，有一段染血的故事。

根据历史考证，俞樾所书的这块诗碑，已经是第四块了。当时寒山寺重修，之前的诗碑已毁，而《枫桥夜泊》诗碑不能少，毕竟因为这首诗，寒山寺才能如此深入人心。因此，当时的负责人，江苏巡抚陈夔龙找到国学大师俞樾，请他为重修的寒山寺写一块诗碑。一般情况下，这么有象征意义的文化事件，即便是大师，也不会拒绝。可俞樾犹豫了，还犹豫了好几天，最终大叹一口气，接下来这个活。

不是陈葵龙给的钱少，更不是俞樾手抖得写不了，而是因为俞樾知道，谁写《枫桥夜泊》这块诗碑谁就会死，这可是一个千年中被应验过几次的诅咒呀！也不知陈葵龙是真不知还是装不知，居然坚持请俞樾来写。

也许不信命，也许是写这块著名的诗碑实在太具诱惑力，俞樾最终还是写了。没过多久，俞樾果然病死了。

日本侵华期间，南京大屠杀的元凶松井石根对这块《枫桥夜泊》诗碑也心生觊觎，他设计了一个"天衣计划"，打算以将诗碑送到日本展览的名义，用调包计将这块诗碑从中国骗出去。

这种掩耳盗铃的计划，根本逃不过当时寒山寺静如法师的慧眼。静如法师"以彼之道还治彼身"，打算也使一招调包计，先于日本人调包。他找到苏州石刻大师钱荣初，奉上二十根金条，说明日本人的意图，请求钱荣初刻一块假碑。

对于热血的中国人来说，拯救国宝之事重于泰山，钱荣初立刻答应，表示分文不取。事态紧急，钱荣初不敢耽搁，夜以继日，在两天内就把诗碑仿制出来了。这时候出现的卖国贼就是投靠了日本人，任汪伪政府行政院长的梁鸿志。他识破静如法师的调包计，将仿碑拦劫持了下来。眼看真的诗碑就要被日本人运走，该怎么办呢？

1939 年 3 月 20 日清晨，姑苏城外寒山寺的山门之外，出现了一具面目狰狞的尸体，人们仔细一看，发现他就是名满天下的苏州石刻大师钱荣初。而他的身上，还有一封血书："刻碑、亵碑者死！吾忘祖训，合遭横事！"

松井石根吓蒙了，他翻查史料，边看边冒冷汗。如果将这石碑弄回日本是给天皇带去诅咒，怎么办？松井石根最终被吓得放弃了偷盗诗碑的念头。

然而，这还不是故事的大结局，因为这具尸体其实不是钱荣初，而是另一位冒充钱荣初的义士，这位义士的名字叫钱达飞。钱达飞和钱荣初是同族人，长相酷似。他向静如法师和钱荣初谎称自己病病已久，将不久于人世，建议由他顶替钱荣飞赴死，以护国宝周全。国宝危亡在即，静如法师和钱荣初只能看着钱达飞舍生取义。

这其实就是一个用生命去实践的计谋，是一次染满鲜血的守护。中华民族就是因为有这样"血荐轩辕"的义士，有这样用生命守护文化的勇士，才能经历苦难而不倒下。

日本也有一座寒山寺，建成于1930年，也有《枫桥夜泊》石碑，不过，那块石碑是拓片仿刻的。日本现在还有岁末听寒山寺钟声的习俗，《枫桥夜泊》也入选了日本小学教科书。

谁能想到，因为一首《枫桥夜泊》，一千多年后，还会发生如此令人动容的故事？沧海横流，中华文化永远灿烂。

韦应物

我有一瓢酒，可以慰风尘

2016 年，一位网友发了一个帖子，倡导以"我有一壶酒，足以慰风尘"为首联进行续诗，瞬间引爆网络，三天吸引近万人续作，阅读量超过三百万，很多续诗都有一定水准，网友因此感慨"国人诗性未死"。

这两句诗的原创是谁呢？正是韦应物。诗句出自他的《简卢陟》：

> 可怜白雪曲，未遇知音人。
>
> 恓惶戎旅下，蹉跎淮海滨。
>
> 涧树含朝雨，山鸟哢馀春。
>
> 我有一瓢酒，可以慰风尘。

原句是"我有一瓢酒，可以慰风尘"，帖子的发起者改成"我有一壶酒，足以慰风尘"，"一瓢"改成"一壶"，韵味瞬间丧失。民国时期，李叔同写了一首著名的歌词《送别》，有人将"一瓢浊酒尽余欢"改写成"一壶浊酒尽余欢"，让这首歌词的典雅韵味散失不少。

估计韦应物也很喜欢这两句诗，罕见地又在《寄全椒山中道士》中变了点儿花样写了出来：

> 今朝郡斋冷，忽念山中客。
>
> 涧底束荆薪，归来煮白石。
>
> 欲持一瓢酒，远慰风雨夕。
>
> 落叶满空山，何处寻行迹。

"欲持一瓢酒，远慰风雨夕"这两句诗的意境更加高远，将一个手持一瓢酒，望着暮色中的风雨的诗人形象，印刻于读者的脑海中，那么散淡，那么真诚，那么飘飘然，是真正的高士风范。

韦应物（737—792），字义博，出身京兆长安（今陕西西安市）韦氏逍遥公房。韦氏家族是关中望族，官宦辈出，文人才子亦层出不穷。韦应物的曾祖韦待价，担任过武周时期的宰相，祖父韦令仪官至梁州都督（正三品），其父韦銮官至宣州司法参军，是一位善画花鸟、山水的画家。

生长在这样一个官宦诗书之家，按说韦应物从小就应该是个苦读诗书的孩子，然而，出人意料的是，青少年时代的韦应物是个不学无术、为祸一方的恶少。

韦应物十四岁时，以门荫补右千牛，十五岁入"三卫"充当唐玄宗侍卫，同时入太学附读。这时候的他还大字不识几个，凭着自己皇帝侍卫的身份，"身作里中横，家藏亡命儿。朝持樗蒲局，暮窃东邻姬。司隶不敢捕，立在白玉墀……一字都不识，饮酒肆顽痴"。什么意思呢？就是说他在乡里耍横，家里藏着亡命之徒，大白天开摇骰子的赌坊，晚上偷窃东边女邻居家的东西。可捕快还不敢抓捕他，因为他还要到皇宫的白玉阶上站岗……一个字都不认识，只知道与狐朋狗友厮混。这就是一个小混混呀，与我们印象中的大诗人那是八竿子也打不着啊！谁到十五六岁还不识字呢？

事实上，韦应物的少年真的就是这样。写他青少年生活状况的，不是别人，正是他自己。前面的诗句出自他的诗《逢杨开府》。自揭其短，毫不忌讳，后来辛文房读了这首诗，评道："古人真率之妙也！"

韦应物胡作非为了几年，安史之乱爆发了，唐玄宗逃往四川，他一个小小的侍卫被迫留在长安。长安陷落，失去靠山的韦应物终于尝到人间冷暖。平时欺负别人惯了，这时轮到"憔悴被人欺"了，一群之前被他欺负的人趁机将他胖揍一顿，抢光他所有的财物，弄得他像个乞丐似的。叛军入城，他装成乞丐，混在难民中，逃出了城，逃回了老家。

第二年（756 年），韦家赶紧给这个无所事事的浪荡子成了亲。女方叫元苹，字佛力。在唐朝，一个女孩子有名有字是极其罕见的，这说明女方家至少是个诗礼簪缨之家。李白之妻许氏，贵为故宰相孙女，也无名无字。那么，元家到底什么来头呢？原来，元家是后魏昭成皇帝之后，是鲜卑皇族。北魏孝文帝拓跋宏将"拓跋"改成了汉姓"元"，所以唐朝时就有了河南元氏这一贵族。

元苹祖上也都是大唐官宦，父亲官至吏部员外郎（从六品），与韦家绝对是门当户对，而元苹自己"修理内事之余，则诵读诗书，玩习华墨"（《墓志》），也就是说，她是个知书达礼的才女。可此时的韦应物呢？大字还识不了几箩筐！

经历起落，又娶了一位知书达礼的夫人，韦应物内心的良知终于被唤醒，遂痛改前非，折节读书。肃宗收复长安后，撤销了"三卫"，二十三岁的韦应物入太学读书。经过四年苦读，韦应物终于完成了一个富贵无赖子弟到忠厚仁爱儒者的蜕变，开始了独具风格的诗歌创作。

代宗广德元年（763），安史之乱彻底平息，二十七岁的韦应物正式步入仕途，被任命为洛阳丞。别人步入仕途难上加难，有些人考中进士都不一定能顺利入仕，可韦应物靠着"门荫"，顺利地当上了官。如此说来，韦应物的一生应该顺风顺水。事实并非如此，韦应物在洛阳丞转为河南兵曹（专管兵事的官员），没干多久就被迫辞职，弃官闲居洛阳。原因是他秉公惩办了不法军士。

这时候，安史之乱平息不久，各藩镇节度使居功自傲，藩镇府兵目无法纪，经常干些祸害百姓的事。蜕变成仁爱儒者的韦应物又怎能容忍官兵欺凌百姓？他上任河南兵曹不久，发现淮西节度使李希烈府兵胡作非为，毫不犹豫地捕获了几名府兵，一顿鞭挞，以正军纪。结果李希烈上告吏部，坚决要求韦应物道歉认错。

这时候连皇帝都不敢得罪藩镇，更何况吏部？于是吏部裁定韦应物道歉。韦应物痛心疾首，心想：连正义都不能维护，当官还有什么意义呢？他愤而辞官，寄居于洛阳城东隅的同德寺内。

韦应物辞官后，闲居了近十年，直到大历九年（774），三十八岁的他因生活所迫才重新出任京兆府功曹（正七品下）。

两年后，四十岁的韦应物转任朝清郎（正七品上）。可这一年（776年）九月，韦应物夫人元苹不幸病逝于其官舍内。此时的韦应物虽然当官，但家境很清贫，没有宅第，为夫人举办葬礼还得在含光门外太平坊临时租借一间房子。

元夫人为他生育两女一子，在病逝时，儿子韦庆复刚出生数月，她是抱着儿子遗憾地闭上眼的。他们的小女儿也才几岁，从此，十来岁的大女儿（杨氏女）就充当起家庭主妇的角色，带小妹妹，养小弟弟。所以，后来大女儿出嫁，大诗人韦应物差点哭晕过去。

韦应物与夫人元苹感情深厚，夫人过世后，他亲自为夫人撰写墓志铭。该志文前段简述夫人身世，后面打破常规，用大段文字表达自己对夫人的思念，其中一些词句感人至深："每望昏入门，寒席无主，手泽衣腻，尚识平生。香奁粉囊，犹置故处。器用百物，不忍复视。"

夫人去世后，韦应物没有续弦，与大女儿一道，含辛茹苦地将另两个孩子带大，而他逝世前，立下遗嘱，让家人将自己与夫人合葬在一起。

为了纪念夫人，韦应物一连写了《伤逝》《送终》等十几首悼亡诗，感情真挚，催人泪下。比如《伤逝》："染白一为黑，焚木尽成灰。念我室中人，逝去亦不回……梦想忽如睹，惊起复徘徊。此心良无已，绕屋生蒿莱。"

代宗大历十三年（778），韦应物出任户县县令，第二年转任栎阳县令，但由于感觉徭赋太重，他推病辞官，寄居于善福寺内。直到德宗建中二年（781），四十五岁的韦应物才又迁任尚书比部员外郎（从六品上）。

建中四年（783），韦应物出京担任滁州刺史（正四品下）。在滁州，他那勤政为民的儒家情怀得以充分展现。一上任，韦应物便着便衣行走于州县村庄，充分了解民情。了解民情的韦应物，发出了"兵凶久相践，徭赋岂得闲"（《高陵书情，寄三原卢少》）的怒问。他的好友、留在京城任殿中侍御史的李儋（字元锡）来信问候他，他写下《寄李儋元锡》进行回复：

去年花里逢君别，今日花开又一年。
世事茫茫难自料，春愁黯黯独成眠。
身多疾病思田里，邑有流亡愧俸钱。
闻道欲来相问讯，西楼望月几回圆。

"身多疾病思田里，邑有流亡愧俸钱"两句所传达的真诚的人道主义情感，感动了后世无数文人。

作为地方长官，韦应物即便身患多种疾病，也想着治内田地里的事。如果收成不好，导致有民流亡，他就感觉愧对自己所领的俸禄。封建官僚，谁曾有过这样的觉悟？沈德潜评论道："是不负心语。"意思是，这是一句发自内心且有良心的话。

韦应物关心民生，并不是一时兴起，更不是沽名钓誉，他在当户县县令时就写过一首《观田家》："仓廪无宿储，徭役犹未已。方惭不耕者，禄食出闾里。"这首诗表达了他对农民深切的同情心和作为官员不耕而食禄的惭愧心情。

韦应物显然不是一个言不由衷的伪君子。他与元结一样，心系民生，还将对农民的关切付诸行动。当初转任栎阳县令时，由于感觉徭赋太重，不愿压榨百姓，他选择了逃官。担任滁州刺史后，有了更大的权限，他决定以自己的力量践行爱民仁政的思想。

上任第一年，他立即上疏朝廷，要求减免滁州的徭赋，但此时唐德宗正在武力平藩，亟待财力支撑，又怎么可能同意他的请求呢？没办法，他只得采取消极的征税对策，对一些困难农户的税赋，干脆以州官名义给予豁免。结果，他的绩效考核通不过，除了扣罚俸禄，还被吏部警告。他还不思"悔改"，再次提出豁免滁州徭役的申请。这一次，朝廷震怒了，直接免了他的滁州刺史官职。

干了一年多滁州刺史，韦应物不但被罚了俸禄，还被摘了乌纱帽，这也是他这一级别的官员少见的。韦应物家境本来就清贫，现在丢了官职，还被罚了俸禄，更是捉襟见肘了。他没钱回长安，干脆到滁州西涧隐居了起来，这才有了那首千古绝唱《滁州西涧》：

> **独怜幽草涧边生，上有黄鹂深树鸣。**
> **春潮带雨晚来急，野渡无人舟自横。**

虽然被朝廷罢官，但韦应物在滁州的风评极好。他当滁州刺史一年多，当地经济得以发展，社会也被治理得比较稳定，吏部综合考核后，又将他调任江州刺史。

在江州刺史的位子上干了两年，因工作出色，韦应物受朝廷赐封扶风县男，并调入京城任左司郎中（正四品上）。

德宗贞元四年（788）七月，五十二岁的韦应物由左司郎中调任苏州刺史（从三品）。

这时候，韦应物的长女嫁给了杨凌。在出嫁时，韦应物写了一首让所有养育乖乖女、"小棉袄"的父亲读了都会泪奔的诗《送杨氏女》：

> 永日方戚戚，出行复悠悠。
>
> 女子今有行，大江溯轻舟。
>
> 尔辈况无恃，抚念益慈柔。
>
> 幼为长所育，两别泣不休。
>
> 对此结中肠，义往难复留。
>
> 自小阙内训，事姑贻我忧。
>
> 赖兹托令门，仁恤庶无尤。
>
> 贫俭诚所尚，资从岂待周。
>
> 孝恭遵妇道，容止顺其猷。
>
> 别离在今晨，见尔当何秋。
>
> 居闲始自遣，临感忽难收。
>
> 归来视幼女，零泪缘缨流。

这首诗表达了父亲送女儿出嫁时难以别离的心情，情真意切，感人至深，是唐诗中唯一一首写嫁女题材的。

韦应物的大女儿嫁给了杨凌，从夫姓，韦应物称她杨氏女。他在自注中写道："幼女为杨氏女所抚育。"也就是说，在夫人元苹去世后，杨氏女其实承担了家庭主妇的重担。由此可见，二人的父女之情确实非常人能比。

"尔辈苦无恃，抚念益慈柔。幼为长所育，两别泣不休"，就是一个父亲在啜泣：你们从小失去母爱，但姐姐对弟弟妹妹的抚育，比母亲更慈祥温柔啊，所以一朝分别，我的泪水是流都流不完。而后他又在诗中对女儿千叮咛万嘱咐，让女儿一定要做个贤妻良母。

韦应物的女婿杨凌，属弘农杨氏望族，进士出身，是个才子，文章很出名，他哥哥杨凭的女婿是柳宗元，后来柳宗元专门为杨凌文集作序。

毋庸置疑，韦应物的长女是个贤淑的女子，她的儿子也就是韦应物的外孙杨敬之，后来也成为文学大家，官居三品。这就是家风传承。

韦应物对女儿的宠爱，也是大唐诗人中绝无仅有的。大女儿出嫁后，他将一腔父爱倾注在小女儿身上，却酿出一场人间悲剧——韦应物逝世后，尚未婚配的小女儿由于对父亲过于依恋，居然因思成疾，在当月就追随父亲而逝。

在宦海几经沉浮，再加上爱妻早逝、爱女出嫁的精神打击，韦应物的身体每况愈下，在任苏州刺史时，情绪逐渐消沉，崇佛思想越来越严重。此时的他，诗文之名已远播天下，仰慕他的人越来越多，前来拜访结交的人也越来越多。但韦应物是个性情恬淡之人，恬淡得少食寡欲，甚至有些洁癖，"常焚香扫地而坐"。一般人他根本不见，能够与他对坐交谈的只有顾况、刘长卿及李儋等少数诗坛名流。

当地的诗僧皎然很仰慕韦应物，为了与他结交，模仿韦应物的清淡风格写了几首诗，并带去拜会韦应物。皎然也是文化名流，与茶圣陆羽和大书法家颜真卿都是好友，他是佛门茶文化的集大成者，他的诗也受到当时人们的追捧，被人尊称"皎然上人"。不过，他的诗风格隽丽，与韦应物的风格还是有些差异。

韦应物不见一般人，但皎然不是一般人，他听说过皎然的名声，所以还是与他相见。

二人见面后，皎然奉上诗集，满怀期待地看着这位山水诗大家。谁知韦应物翻开诗集，看着看着，脸色就阴沉下来，看完，他便毫不客气地端茶送客。

皎然回去之后，越想越生气，心想：自己也是名流，自己写的诗也曾得到各方赞誉，怎么到他那儿，就受到冷遇了呢？

于是，第二天，皎然又带上自己之前的诗作再次拜访这位刺史大人。韦应物勉强接待了他，然后勉强地翻开皎然新带来的诗。看着看着，这位刺史大人忽然站起身，笑道："好诗啊，好诗！上人昨天为什么不带这样的诗来呢？"

皎然窘迫道："听说大人喜欢淡泊清新风格的诗，所以我不敢拿风格迥异的诗来见大人。"

韦应物微笑道："人各有所长，这是天分。你转而学我，就失去了你的天分。按自己的风格方向去努力，独树一帜，就应该获得盛誉！"

皎然听了，大为折服，自此与韦应物结为好友。

这个故事从侧面说明了韦应物将"真性"作为诗歌的方向，追求"真性"是他为人写诗的准则。

在苏州刺史任上干了三年，任期结束后，韦应物闲居于苏州永定寺，"聊租二顷田，方课子弟耕"（《寓居永定精舍》）。他没有赶回长安候补其他官职，除了因为性情淡然，另外一个原因说出来，估计无人相信，他罢任后居然无路费回京。

这确实是一件令人难以置信的事。堂堂从三品官员，平时又"寡欲少食"，居然穷到无路费回京，为什么？韦应物穷得寄住寺庙，因为其大部分俸禄都用来藏书了。他一无所有，却有极丰富的藏书，是当时首屈一指的藏书家。他唯一的嗜好就是买书、读书、藏书。藏书几乎花光了他的积蓄，以其清淡性格，他自然不会挣灰色收入，更别提收受贿赂了。所以即便官至地方

韦应物《咏春雪》："裴回轻雪意，似惜艳阳时。不悟风花冷，翻令梅柳迟。"

大员，他依旧一贫如洗。

贞元七年（791），五十五岁的韦应物在苏州逝世，他的小女儿亦于当月因思而逝。贞元十二年（796），在他逝世后的第五年，家人完成了他的遗愿，将他与夫人元苹合葬。

韦应物树立了一个良好的读书世家家风。他的儿子韦庆复后来考中进士，官至节度使判官。他的四世孙韦庄成为晚唐著名的诗人词宗。

韦应物的诗作有十卷收入《全唐诗》，诗作传世较多。他的诗以山水田园题材为主，所以后人将王（维）、孟（浩然）、韦（应物）、柳（宗元）列为全唐山水田园诗代表。

韦应物的山水诗，取陶渊明之清淡，谢灵运、谢朓之秀美，于王维、孟浩然浑融高华的盛唐气象之外，创造了具有中唐特色的个人风格。白居易称他的山水诗"高雅闲淡，自成一家之体"（《与元九书》）。明初宋濂更是说他"一寄穰秾鲜于简淡之中，渊明以来，盖一人而已"（《宋文宪公集》）。

对于韦应物其人及其诗，笔者以其《赠王侍御》诗中的两句作结：

心同野鹤与尘远，诗似冰壶见底清。

白居易

不想唱长恨歌，不想听琵琶声，只想再见一次你

770 年前后，是大唐文运又一个爆发期。大唐在这一时期诞生了一批震古烁今的大诗人、大文豪。768 年，"唐宋八大家"之首韩愈出生；772 年，白居易、刘禹锡，以及那个"司空见惯"典故的主角李绅出生；773 年，"唐宋八大家"又一大家柳宗元出生；779 年，贾岛与元稹出生。

这批赫赫有名的大诗人同一时期诞生，是不是星光璀璨得让人眼花缭乱？

中唐诗歌，以这批诗人为主导，还形成了两大影响深远的诗派——"元白"的写实讽喻派与"韩孟"诗派，而刘禹锡与柳宗元又独具一格。有意思的是，元稹和白居易的关系好到同甘共苦的程度，柳宗元与刘禹锡的关系好到一方替一方顶罪的程度，晚年的刘禹锡与白居易的关系，也是好到"端起酒杯就想到对方"的程度。

似乎韩愈对"元白"不待见，那句"李杜文章在，光焰万丈长"（《调张籍》）就是讥讽"元白"贬李白之句，但韩愈一生写得最风趣的诗"漠漠轻阴晚自开，青天白日映楼台。曲江水满花千树，有底忙时不肯来"，题目是"同水部张员外籍曲江春游寄白二十二舍人"，这个"白二十二舍人"正是白

居易。韩愈和白居易在晚年有诗歌唱和，看起来关系不错，两人却从不见面，有意思不？不过，他二人总比李白与王维老死不相往来好得多。

1

白居易（772—846），字乐天，号香山居士，又号醉吟先生。白居易出生于河南新郑，出生时发大水，时任河南巩县（今河南巩义市，杜甫出生地）县令的祖父白锽，便从"君子居易以俟命"这句话中取"居易"二字，为他命名，希望孙子能住到好地方，然后从"乐天知命"中取了"乐天"二字，作为他的字，希望孙子能平平安安地度过一生。

白居易自称是太原人，因为白家自认秦朝"杀神"白起的后代，白起的封地正是太原。

白居易出生不久，藩镇李正己割据河南十余州，其家乡便发生了战争。其父白季庚由宋州司户参军授徐州彭城县令，一年后因坚守徐州有功，升任除州别驾。为了家人安全，他在战争爆发前期，将全家老小送往宿州符离安置，因此，白居易的童年是在符离度过的。

白居易自幼聪慧，是个典型的"别人家的孩子"。据说，他还在六七个月的时候，乳母抱他在书屏下玩耍，指着"无"字和"之"字逗他辨别，不料，这个口不能言的小家伙，在乳母第二天测试他时，居然可以辨别这二字，乳母一连指辨百十次，他都能指认无错，惊得乳母大呼："我家小公子莫不是文曲星下了凡！"

这么一个聪慧的孩子，读书还十分刻苦，读得口都生疮，胳膊肘都磨出老茧。小白居易能够如此刻苦，除了自己有好学的天性，更多的原因是有个对他要求严格的母亲。

白居易出生时，父亲已经四十四岁，而母亲陈氏夫人才十八岁。陈氏夫人也是官宦人家出身，也能识文断字，所以对白居易从小就按诗书人家的家风苛刻管束，培养出了白居易一生学习刻苦的秉性。

但陈氏夫人不抹杀孩子的天性，小白居易读书累了，她也会让他去村里找小伙伴玩耍。经常与他玩耍的是村邻农家小女孩儿湘灵，两人两小无猜，弄青梅，骑竹马，玩得不亦乐乎。

其间，白居易已经精通诗律，经常写诗，而且将自己写好的诗拿去读给村里的老婆婆听。老婆婆若说听不懂，他就拿回来修改，一直改到老婆婆能听懂为止，这也为日后白居易浅显易懂的诗歌风格奠定了基础。

时光荏苒，一晃几年过去，白居易成长为一个翩翩少年。此时已有三兄弟（哥哥白幼文、弟弟白行简）的白居易一家，仅靠父亲一人俸禄养活，日子并不好过。另外，中原一带战祸连绵，远在江南的叔叔对他们很是担心，便来信让陈夫人在三个儿子中选一人送到他那里寄养，以防万一。母亲思量再三，最终决定派白居易远赴江南。

在古代，儒家一直倡导学子"读万卷书，行万里路"，学子到了一定年龄，都要外出漫游，以增长见识，这种游历过程称为"游学"。白居易到了叔叔家，正好借此机会漫游。他先是在吴越一带游览风光，而后北上长安，开启干谒之途，并在十七岁时写下了成名作《赋得古原草送别》。

这次漫游，他看到了各地战乱之后的疮痍，体会到了百姓的艰辛愁苦。漫游途中的所见所闻，激发了他的良知，坚定了他内心的理想，儒家倡导的"达则兼济天下"的责任感油然而生。是的，他白居易一定要做个"兼济天下"的能人！

在长安，青年白居易大胆干谒了当时最狂傲的诗人顾况，受到顾况青睐。在顾况的推介下，白居易的诗名在长安广为传播，名噪京华。

闯出名气的白居易意气风发地回乡探亲，准备参加接下来的一系列科举考试。

白居易回到符离，蓦然发现东邻门口站着一位亭亭玉立的少女。少女见了他，嫣然一笑，轻声问候："你，回来了？"

白居易愣了半晌才反应过来，眼前这位少女，不是与自己青梅竹马的湘灵又是谁？他莫名其妙地怦然心动，一种从未有过的强烈愿望在内心弥漫，他好想上前将那位从小跟自己玩耍的少女拥抱入怀。理智还是克制了自己的手臂，时隔多年，自己已成长为青年，人家也成长为少女了。白居易期期艾艾了良久，才涩涩地问了句："湘灵……怎么会是你，你怎么长这么大了？"

湘灵羞涩一笑，低首隐入宅院去了。

可怜的白居易，自这一刻起，脑子里总是湘灵那婀娜的身影在晃悠，弄得他茶饭不思，夜不成寐。大半夜里，他写下了平生第一首情诗："娉婷十五胜天仙，白日姮娥旱地莲。何处闲教鹦鹉语，碧纱窗下绣床前。"（《邻女》）

第二天一早，白居易站在自己的院墙边翘首以盼，希望能再见湘灵一面。可他从早等到晚，也没见到那魂牵梦绕的身影。一连两天，他都这么痴痴地等，等不到身影，他就写诗排遣心中的苦闷。他一连写下了《夜坐》《昼卧》等情诗。

"庭前尽日立到夜，灯下有时坐彻明。此情不语何人会，时复长吁三两声。"（《夜坐》）此诗将一个情窦初开的少年相思彷徨的情态，表达得让人忍俊不禁。

几天之后，白居易鼓足勇气守在了湘灵家门口。功夫不负有心人，湘灵终于出现了，他大胆地邀请湘灵到溪边漫步，掏出情诗递给了湘灵。

湘灵读完白居易的情诗，绯红着脸，抬头望向白居易。其实，湘灵何尝不是怦然心动，夜不成寐呢？于是，两人的手紧紧地攥在了一起，携手溪旁，享受着流水般的柔情。那一刻，他二人成了天下最幸福的人。

"东风恶，欢情薄"，不久，白居易父亲被派往襄阳任职，陈氏夫人也发觉了白居易的恋情。出于门户之见，她明确表示反对二人来往，并以父亲年迈为由，强迫白居易随她去襄阳。

白居易从小就由母亲管束，根本不敢违拗母亲的意愿，只好跟随母亲去了襄阳。临分别前，白居易握着湘灵的手，未语泪先流。湘灵含泪拿出一面盘龙铜镜，塞入白居易的手中，黯然道："以后就由它代我与你相伴！"白居易将铜镜收在怀里，与湘灵挥泪告别。

两年后，父亲白季庚病逝，白居易葬了父亲，回乡再次约见了湘灵，两人以青山为证，以明月为媒，发下"非君不嫁，非卿不娶"的誓言。

陈氏夫人得知后，勃然大怒，严厉呵斥了白居易一顿，命他立即赴兄长处读书备考，不中进士，不准回乡探亲。白居易顿时手足无措，他怎敢违抗母亲的命令？

第二天，白居易带着一腔憋屈，再度离开符离。一路上，一想起湘灵，他就心痛，于是含泪写下了《寄湘灵》："泪眼凌寒冻不流，每经高处即回头。遥知别后西楼上，应凭栏杆独自愁。"

可相思的痛、相思的苦，写一首诗又怎能轻易平复？于是，白居易不停地写，写完《寒闺夜》，又写了长诗《长相思》。《长相思》的结尾，他写出了"愿作深山木，枝枝连理生"的金句，以表决心，这也为他日后趁酒兴，一气呵成写下《长恨歌》，打下了基础。

虽然被情折磨得很痛苦，但白居易是读书人，读书人的生活绝不仅仅是爱情，他还有更重要的事要做，他还要践行读书人的理想和责任。他还幻想，如果自己中了进士，母亲应该就不会干涉他与湘灵的恋情了吧？他将对湘灵的思念暂时深藏于内心，潜下心来读书备考。

贞元十四年（798），白居易以第一名的成绩通过乡试。贞元十六年（800），二十九岁的白居易以甲等第四名的成绩高中进士。他是这届进士中最年轻的一个。

"三十老明经，五十少进士"，二十九岁能中进士，确实足以让人自豪了，所以在慈恩塔下题名（这是大唐进士及第后最荣耀的仪式）时，白居易兴奋地写道："慈恩塔下题名处，十七人中最少年！"

考中进士后，白居易回符离探亲报喜，向母亲正式提出迎娶湘灵的请求，但是，陈氏夫人断然拒绝，命令他立刻离开符离回长安。幻想破灭的白居易，愁肠百结，哀思如潮。他伤心欲绝地写下了《生离别》，发出"生离别，生离别，忧从中来无断绝"的哀叹，以"忧极心劳血气衰，未年三十生白发"的诗句来表达心中的愁苦。但他依然不敢直接违抗母命，只得连夜返回长安。

贞元十九年（803），白居易参加了吏部制试，名列甲等。这次制试的第一名，居然是一位通过明经科考试而获得制试资格的考生。他的名字叫元稹，比白居易还小七岁，可他风流倜傥，才气逼人，让白居易不得不折服。元稹熟读过白居易的《赋得古原草送别》诗，对白居易仰慕已久，于是，惺惺相惜的二人结交，成了史上少有的比亲兄弟还亲的朋友。

白居易与元稹此时是意气风发，大有天下舍我其谁的感觉。此时此刻，与白居易同年的刘禹锡和比他还小一岁的柳宗元，都已经进入王叔文领导的改革核心集团，正在筹划一场振兴大唐的变革。

白居易通过吏部制试，再次回家，准备举家迁入京城。此刻，他再度提出了迎娶湘灵的请求，可仍然遭到母亲陈氏夫人的断然拒绝。

此时的白居易已然三十一岁，湘灵已然二十八岁。一个坚持到三十一岁未娶，一个坚持到二十八岁未嫁，这在当时已极其罕见的了。尤其是湘灵，所承受的压力与苦恼，比白居易只多不少。可到这种地步，陈氏夫人还不松口，说明他二人结合的希望更加渺茫了。

湘灵独守空闺窗下，将一腔思念与苦愁都绣进了手中的一双绣花鞋中。那双鞋，她不知道绣了多少年，直到这一刻才绣成功。而恰在这时候，那个气度儒雅的梦中人忽然出现在她的窗前。湘灵默默站起身，来到那个她内心呼唤了千万遍的男人面前，两行热泪终于忍不住夺眶而出。她清楚，这可能就是他们最后一次见面了。

两个苦楚的人不知流了多长时间的泪，相拥片刻，彼此的衣裳都被对方的泪水打湿了。但这就是命，他二人没有勇气，也无力抗争。眼泪哭干后，湘灵将那双绣花鞋塞进了白居易的衣袖中，深情地望了他一眼，默默地走开了。

第二天，白居易在寒冷刺骨的西风中登上客船，回首望去，一眼就望见了家乡送行人群中的那个倩影。他心如刀割，含泪写下了一首短诗："南浦凄凄别，西风袅袅秋。一看肠一断，好去莫回头。"（《南浦别》）

第三天，客船离开符离后，白居易始终无法释怀，又写了一首催人泪下的长诗《潜别离》：

> 不得哭，潜别离。
>
> 不得语，暗相思。
>
> 两心之外无人知。
>
> 深笼夜锁独栖鸟，利剑春断连理枝。
>
> 河水虽浊有清日，乌头虽黑有白时。
>
> 唯有潜离与暗别，彼此甘心无后期。

有情人难成眷属，就因为彼此的出身。门第如鸿沟，出身定命途，是那个世道的铁律。白居易无力打破这个铁律，只能极不甘心地来到长安。

如此缠绵悱恻的情感，难道真的从此两断？青梅竹马、两小无猜的情侣，难道真的从此陌路？

2

贞元十九年（803）春，来到长安的白居易被授予秘书省校书郎一职，这只是个在皇家图书整理机构管理图书的九品小官，但好歹也算进入了公务员序列，有俸禄可拿，还有许多他之前未曾见过的书可读。

贞元二十一年（805），德宗薨逝，唐顺宗登基，王叔文率领刘禹锡与柳宗元等人开展了轰轰烈烈的"永贞革新"。可惜八个月之后，唐顺宗因病重退位，唐宪宗登基，革新派遭受清洗，引发了历史上著名的"二王八司马"事件，"永贞革新"彻底失败。

此时的白居易正躲在图书馆里看书，并在"兼济天下"理想的驱动下，审视时局，思考对策，开始撰写施政建议。他用两年时间写出了七十五篇献策，编撰成《策林》一书。

一晃，白居易已经三十四岁了，仍然孑然一身，母亲陈夫人十分焦急，委托亲朋故友给他提亲，但白居易一概拒绝，他用独身的方式向母亲施压与抗议。

夜深人静时，孑然一身的白居易总会想起湘灵。这年深秋，霜空寥廓，百卉凋零，眼前又出现了湘灵那孤寂的身影，于是，他写下了《感秋寄远》，怀念湘灵：

> 惆怅时节晚，两情千里同。
>
> 离忧不散处，庭树正秋风。
>
> 燕影动归翼，蕙香销故丛。
>
> 佳期与芳岁，牢落两成空。

到了与湘灵分别三年的纪念日，白居易望着天空明月，凄然写下了《三年别》：

> 悠悠一别已三年，相望相思明月天。
>
> 肠断青天望明月，别来三十六回圆。

元和元年（806），唐宪宗登基后，决心革新政治，重振朝纲。为了选拔有见解、有能力的官员，唐宪宗决定亲自举行一次制举考试。白居易自然不会错失这样一个大好机会，他参加了这次考试，拿出了自己编写的《策林》。七十五篇献策，篇篇有理有据，而且文辞华美。唐宪宗看过后，大为赞赏，因此他再度中第，名列第四。

"十年之间，三登科第"，不得不说白居易的才干是经得住检验的。这次考试之后，他被朝廷任命为盩厔（zhōu zhì）（今陕西周至县）县尉。很显然，这是朝廷派他去基层锻炼。

白居易到任后，立马下基层体验民间疾苦，写下了长诗《观刈麦》。诗中描绘了农夫田间劳作的辛苦，结尾处感慨："今我何功德，曾不事农桑。吏禄三百石，岁晏有余粮。念此私自愧，尽日不能忘。"

这与韦应物的"方惭不耕者，禄食出闾里"的感慨如出一辙，体现了儒家君子的良知。更有意思的是，当白居易了解县里百姓徭赋太重的状况，自己作为县尉，职责所在，必须去苛责百姓时，采取的策略竟与韦应物一样——装病，不履职。

白居易在县令要求他带人下乡横征暴敛时，突然病倒了。县令明知他是装病，却忌惮他的京官背景，也不敢相逼，只好将鞭笞百姓的工作交与别人。因此，在担任盩厔县尉时，白居易动不动就生病，病着病着，就成了个闲人。

闲得发慌，白居易便找人喝酒。他交了两个朋友，一个叫王质夫，一个叫陈鸿，都是文人雅士，都曾在贞元年间中过进士。三人在县城喝酒影响不好，于是相邀来到县城不远处的仙游山相聚，饮酒闲谈。

三人晒着太阳，倾听鸟鸣，谈天说地，评古论今。谈着谈着，他们就谈到了五十年前的唐明皇与杨贵妃。三人都很感慨，王质夫忽然对白居易道："夫希代之事，非遇出世之才润色之，则与时消没，不闻于世。乐天深于诗，多于情者也，试为歌之，如何？"（唐·陈鸿《长恨歌传》）

意思就是，唐明皇与杨玉环的事，必须由绝世大才子书写，否则就有可能随着时间的流逝而消失，不得流传于后世。你白乐天是个精于诗又多于情的人，试着为这件事写一首诗，怎么样？

白居易几杯酒下肚，幽情大发，很不谦虚地答应了下来。估计他酒醒后有点后悔，因为写当今皇上的祖宗，这事风险有点大，你怎么写？写颂词，显然会让读书人嗤之以鼻。写讥讽，写得不好可能要被开除出官员队伍，甚至掉脑袋。

好在大唐就是大唐，它是个包容性极强的朝代，历代皇帝良莠不齐，但有一点是一以贯之的，就是一般情况下不搞文字狱。杜甫写苦难讽喻，皇帝从不加罪，甚至成为他的粉丝；顾况写诗充满了戏谑，皇帝也没发怒。皇帝似乎将诗看得很透彻，诗怎么写，并不影响李家王朝的统治，反而给王朝带来开明的赞许。诗能让文人士大夫宣泄自己的情绪，对社会稳定起到一定的作用。所以，在大唐，你只要不当着皇帝的面指着他鼻子骂，写写诗，哪怕带讥讽，皇帝一般都不会在意。

讥讽唐玄宗还是存在很大风险的，毕竟才过去五十年。白居易顶着压力，开始闭门创作。构思这首长诗的时候，他不由自主地想起了心爱的人儿——湘灵，于是，他写了一首《独眠吟》诗，作为写《长恨歌》的前奏：

夜长无睡起阶前，寥落星河欲曙天。
十五年来明月夜，何曾一夜不孤眠。

写完这首诗，白居易开始落笔《长恨歌》。按照白居易与王质夫、陈鸿三人的讨论，这首诗本来的立意是"讽喻"，就是借"马嵬坡之变"，讽刺唐明皇堕落声色，导致山河破碎，险些丢掉江山的荒唐。可是，写着写着，白居易对湘灵那份至死不渝的情感迸发出来，导致他将杨玉环与湘灵融为一体，而原本批评杨玉环的语句，蓦然转变为同情和依恋。一首本来是讽喻的长诗，莫名其妙地变成了对爱情的讴歌。

可处在创作狂热中的白居易心在颤抖，那个与湘灵"愿作深山木，枝枝连理生"的誓言在耳旁回响，他已经不能控制自己的笔，一排排金句喷涌而出，直至"七月七日长生殿，夜半无人私语时。在天愿作比翼鸟，在地愿为连理枝。天长地久有时尽，此恨绵绵无绝期"。

写完最后一个字，撂下笔，白居易望着空中明月，忽然失声痛哭。

当白居易将《长恨歌》的诗稿捧呈陈鸿、王质夫时，陈、王二人傻了眼，因为白居易居然憔悴得头发花白，人也瘦脱了形。写一首诗至于写成这样吗？满心疑惑的二人打开诗稿一看，更傻了眼。这哪是诗，字字珠玑，分明是满纸云烟。两人吟哦良久，继而兴奋得手舞足蹈，因为他们是见证最华美的诗篇诞生的第一人。兴奋之余，陈鸿立即作了一篇《长恨歌传》，将《长恨歌》的立意与诞生的经过详细记录了下来。

不出所料，《长恨歌》一经问世，立即在朝野引起轰动，迅速传遍大街小巷，白居易的诗名也随之达到了巅峰。从艺术魅力看，《长恨歌》无疑是成功的，它成为流传最广、最受欢迎的爱情诗。但《长恨歌》也是历来争议最大的诗篇，既有人为之鼓吹，竭力抬高它；也有人愤而贬损，竭力踩低它。

所有的争议不在于诗的艺术，而在于诗的内容。一个因声色误国的皇帝值得同情吗？一个以色误国的女人值得赞美吗？白居易在写成《长恨歌》之后，就发现它违背了"意者不但感其事，亦欲惩尤物，窒乱阶，垂于将来者也"的初衷，也曾想毁了这首诗。但在王质夫与陈鸿的劝阻下，尤其是想到这首诗里其实隐藏着他与湘灵之间的爱情幻想后，他还是任由王、陈二人拿去传播。

《长恨歌》为白居易带来了巨大的声誉，朝廷立即调他任翰林学士，随后任命为左拾遗（正八品）。官升了，名声亦显赫了，又回到了京城定居，白居易已然三十七岁了，可他还没有娶妻生子的迹象。白母陈氏夫人告诫、威胁，甚至派人引诱。见没效果，陈氏夫人又请各色人轮番上阵威逼，还是不起作用后，陈氏夫人拿出撒手锏——以死相逼。

白居易自然不敢眼睁睁地看着母亲去死，万不得已，同意与同僚杨虞卿的妹妹结婚。

新婚那天，下着潇潇秋雨，白居易愁绪满怀，写了一首《夜雨》诗："我有所念人，隔在远远乡。我有所感事，结在深深肠……不学头陀法，前心安可忘！"让白居易更郁闷的是，新婚夫人杨氏虽然出身弘农杨氏大家族，与杜甫的夫人杨氏同族同宗，可她是个不读书、只想着富贵的俗人，根本不理解白居易的内心与理想。所以，白居易的婚姻生活并不和谐。

婚后的白居易，感觉爱情已死，只能全身心地投入践行"兼济天下"的活动中去。他一方面不停地写谏言，恪守左拾遗的职责，另一方面与元稹、李绅等发起"新乐府运动"，提出"文章合为时而著，歌诗合为事而作"的文学创作主张。

所谓"新乐府运动"，就是利用乐府民歌反映社会现实、反映民生，让朝廷尤其是皇上知"王政之得失，人情之哀乐"，其主导思想是诗歌"为君、为臣、为民、为物、为事而作，不为文而作"。

白居易是第一个提出诗歌为政治服务，利用诗歌干政的诗人，他的这一思想，对今后诗歌的发展产生了重大的影响。在这一思想的驱动下，白居易先后以《秦妇吟》为题，写了十多首讽喻诗，又写了《卖炭翁》《新丰折臂翁》等一系列反映现实问题十分尖锐的新乐府诗。《卖炭翁》的矛头直指宫内宦官把管的"宫市"，《新丰折臂翁》的矛头则直指军方。

在白居易的号召下，除了元稹和李绅呼应，当时比较有名的诗人张籍、王建等也加入了新乐府创作的队伍，他们所写的乐府诗在朝野流传，让一些既得利益的权贵很恼恨、很恐慌，所以白居易等人成了他们暗中打击的对象。

白居易在担任左拾遗的三年期间，唐宪宗还算开明，他所写的谏言也大多被采纳。但元和四年（809），唐宪宗任命心腹宦官吐突承璀担任讨伐成德节度使王承宗的制将都统时，白居易强烈反对，并以措辞激烈的语言上奏唐宪宗，弄得唐宪宗下不了台。

唐宪宗恼怒地对宰相李绛抱怨道："白居易这小子，是朕一手提拔的，却对朕如此无礼，朕实在受不了啦！"

李绛苦口婆心劝解，才让唐宪宗按下火气，并接纳了白居易的建议改任吐突承璀为监军。

但是，唐宪宗自此就恼上了白居易。这种事不用说，朝廷官员立刻就知道了，很多官员劝他收敛些，而杨家做官的亲戚也将皇上对白居易不满的信息透露给了杨氏，希望她能劝导一下白居易。杨氏得知这一消息，立即与白居易大吵大闹，弄得他的一帮朋友如元稹、李绅、王建、张籍等都不敢上他家来。

白居易越发郁闷，然而更郁闷的是，元和五年（810），吐突承璀指挥的中央军并没有战胜王承宗的地方军，让唐宪宗颜面尽失。唐宪宗迁怒于白居易，将他调任京兆府参军。虽然官品上调了，为正七品，但谁都知道这是皇上嫌他聒噪，将他从身边赶走。

元和六年（811），白居易的母亲陈氏夫人因看花坠井而亡，他离职居丧。祸不单行，在渭上居丧期间，他的三岁女儿也不幸病故。他得罪的政敌纷纷在精神上继续打击他，嘲笑他得到了报应。不仅如此，白居易因居丧而停了俸禄，生活陷入困顿，情况可以说是悲苦交加。

在这最困难的时刻，同样遭受打击、被贬出京城的好友元稹，将自己的俸禄分出一半寄给了他，不仅解决了他生活上的困顿，而且在精神上给他以极大的慰藉。元稹用行动帮助白居易渡过了人生最苦难的关口。

居丧期满，814年，白居易回到长安，被授予太子左赞善大夫一职。这虽然是个"陪太子读书"的闲职，却极有前途。说有前途，当然是要等到太子顺利登上皇位之后。事实证明，白居易得到这一职位，对他今后重新

▶ 白居易《友人夜访》："檐间清风簟，松下明月杯。幽意正如此，况乃故人来。"

崛起，起到非常关键的作用。

元和十年（815），长安发生了一个重大事件：宰相武元衡被刺身亡，御史中丞裴度也被刺成重伤。白居易听说此事，顿时义愤填膺，率先上书唐宪宗，要求彻查此事。但他忘了一件事，他已不再是左拾遗，根本没有直接上谏的权力。于是，那些被他得罪了的权臣群起而攻之，说他是越权上奏，甚至有人攻讦他在母亲看花坠井去世后还写有"赏花"与"新井"诗，犯了大不孝之罪。

唐宪宗听信了谣言，将白居易贬为江州司马。遭受到如此大的冤屈，白居易心里所遭受的打击可想而知。他本来就不是一个刚强的人，这之后，他的思想发生了重大转变。一个全新的白居易即将呈现在我们的眼前。

3

在贬往江州的途中，白居易被杨氏数落得抬不起头，憋屈之余，他也开始对自己前期的所作所为进行深刻反省，反省的结果是"兼济天下"或许只是一种幻想，而"独善其身"才是人生常态。

路过商州时，白居易瞻仰了"四皓"庙，写了一首自嘲诗："卧逃秦乱起安刘，舒卷如云得自由。若有精灵应笑我，不成一事谪江州。"（《题四皓庙》）通过这首诗可以看出白居易已经没了当年的意气风发，有的只是在理想破灭后的心情沮丧。

马车在荒凉的古道驰过，情绪低落的白居易木然地望着窗外，蓦然间，他看见路旁有个熟悉的身影，那身影曾在梦中出现无数次。他浑身战栗，急忙叫停马车，下车后直奔那熟悉的身影。

果然不是梦，果然是湘灵！

湘灵容貌虽减，风华依旧。两人四目相对，没有怨恨，只有痛惜，谁也说不出话来，此时无声胜有声。良久，白居易颤声问了句："成家了吗？

家人可好？"湘灵摇了摇头，泪点本就比较低的白居易顿时泪如雨下。他已经四十四岁，而湘灵也年逾四十，一个女人四十多岁，依然孤身未嫁，就是为了兑现当初的诺言，面对这份情，他白居易能不愧疚吗？

杨氏夫人的叫喊声响起，湘灵颓然而去。白居易心里空空如也，最终满怀愧疚地写下了《逢旧》一诗：

> 我梳白发添新恨，君扫青蛾减旧容。
>
> 应被旁人怪惆怅，少年离别老相逢。

此刻的白居易可以说是悲伤逆流成河，他就带着这样的心情来到了陶渊明的终老地江州。

江州司马说起来是刺史助手，其实有名无实，只是个闲差。在唐朝，中央官员被贬，往往都被贬为司马，所以司马成了贬官的代名词。既然是贬官，官邸自然好不到哪里去。他将江州司马的宅邸描述了一番："雨径绿芜合，霜园红叶多。萧条司马宅，门巷无人过。唯对大江水，秋风朝夕波。"（《司马宅》）

从门庭若市的长安来到门巷无人的江州，落差确实不小。杨氏夫人难以承受这种落差，整天絮絮叨叨，像个怨妇。白居易烦不胜烦，道："都姓杨，且都出自弘农杨氏，杜甫夫人在那么艰辛的条件下也没埋怨，差别怎么那么大呢？"

白居易虽然没有前代杜甫的硬气，没有后世苏轼的豁达，但他也是饱读诗书的大文豪，大文豪的精神世界绝对超越常人，所以环境的恶劣、精神上的打击，都不会击垮这一量级的文人。更何况江州司马虽是贬官，但职级是从五品，俸禄并不少。比起自己的偶像陶渊明，他白居易现在的生活其实挺惬意的了。

白居易想通了这一点，便潜下心来编辑自己的诗集，总结诗歌理论，然后与好友元稹、李绅等通过书信继续进行乐府诗的探讨。闲的时候，他去陶渊明故居凭吊，或者是上庐山转悠。

庐山本来就是人文荟萃的胜地，陶渊明居住过，李白也在此隐居过，甚至孟浩然也来山上居住过。白居易既然来了，自然不容错过。白居易在山上大林寺前流连忘返，这里有一汪碧湖，有灿若云霞般的桃花，有鸟鸣山更幽的山涧。在大林寺主持的请求下，他留下了《题大林寺桃花》：

> 人间四月芳菲尽，山寺桃花始盛开。
> 长恨春归无觅处，不知转入此中来。

题完诗，白居易余兴未尽，又提笔写下了"花径"二字，留存于大林寺。

如今，这一地方已经成为庐山主景区，那汪碧湖改名叫"如琴湖"，只是大林寺已不复存在，其原址上已改建成"白居易草堂"，竖了一尊白居易石像，"花径"二字刻于卧石之上，这个景区就叫"花径公园"。

夜深人静的时候，那个絮絮叨叨的杨氏入睡后，白居易便偷偷地拿出那块龙纹铜镜把玩，也会一往情深地抚摸着那双绣花鞋。

一天，一位朋友来访，白居易与之欢聚之后，准备送客远去。这时候，一阵悠扬的琵琶声传来，白居易与友人顿时愣住了……于是，一位琵琶女闯进我们的视野，她与一位天才大诗人相互倾诉，一首横亘千古的诗篇《琵琶行》就此诞生。

"同是天涯沦落人，相逢何必曾相识！"一首《琵琶行》唱尽天下所有失意人心中的忧伤。曲罢惘然，自己的伤还得自己治，或坦然面对，或带痛前行，因为明天的太阳不会因为你的忧伤而歇息。

《琵琶行》传入京城，又让唐宪宗想起这个大才子，他微微一笑，心想：这个自恃清高的大才子身上的书生意气磨得差不多了吧，那就派他个实职干干吧，看看他除了作诗，经营一方的才能如何。

一纸任命送达江州，白居易调任忠州刺史。任命到达时，恰逢弟弟白行简来江州与他相聚，于是，白行简送二哥白居易远赴忠州（今重庆忠县）。白行简虽然诗名不显，但他因创作了传奇小说《李娃传》，在文学史上占有一席之地。

二人逆流而上，行至西陵峡时，遇到了元稹。原来元稹"自通州（今四川达州市）司马授虢（guó）州（今河南灵宝市）长史"，正由通州出三峡，赴虢州赴任。

白居易与元稹的关系好到让人难以描述，由这次相聚可见一斑。三人相聚数日，分别时，元稹硬是要送白居易三百里。再分别时，白居易又回送元稹三百里。二人送来送去，送了一个月，结果任期将至。最后，两人约定同游黄牛峡之后分别。在黄牛峡，他们发现了一个绝美的山洞，三人在洞前分别题诗留念，痛饮过分别酒后，这才洒泪分别。那个洞，因为是三人共游时发现的，后人便命名为"三游洞"。

白居易到忠州任刺史后，勤于政事，整顿地方行政，宽刑均税，奖励生产，充分展现了他治理地方的才能。仅一年，忠州面貌焕然一新。白居易在理政的同时，自己开垦了一块坡地，亲自尝试耕种。这块坡地被他称为"东坡"。现在大家知道宋朝大文豪苏轼号"东坡"的由来了吧？

在忠州刺史的位子上，白居易还没干满三年任期，820 年，唐宪宗因服丹药暴薨，太子李恒即位，是为唐穆宗。白居易陪李恒读过书（其实是老师），李恒对白居易的才华很是敬佩，所以他一即位，立即召回白居易。

白居易走时，忠州百姓恋恋不舍，后来为了纪念这位能干的大诗人，忠州百姓建了一所"白公祠"，供奉白居易。现在，这里成了忠县的主要旅游景点。

白居易回到京城，先是被任命为尚书司门员外郎，接着被任命为主客郎中知制诰，专门拟写圣旨，没多久又加封朝散大夫，后来干脆直接提拔为中书舍人。短期内这么快提拔，弄得白居易不好意思。他写诗道："冒宠已三迁，

归期始二年。囊中贮馀俸，园外买闲田。"（《新昌新居书事四十韵因寄元郎中张博士》）

可惜唐穆宗干皇帝纯粹是为了娱乐，什么好玩玩什么，老臣上谏，他点头称是，态度好到你都不好意思再说下去，然后一转身，他该玩啥还玩啥。这时候的白居易再也没有了以前的锐气，如果放在以前，他还不得逮住皇帝上谏个不停？可现在，他闭嘴了。更圆滑的是，他放着中书舍人这个中央重要职位不干，要求派到地方任职。这分明是眼不见心不烦嘛，早期"兼济天下"的理想呢？

照说这时候，在这么重要的岗位上，正是他施展"兼济天下"抱负的大好时机，可白居易退却了，一味地"独善其身"。这是一个理想主义者向现实妥协，变成一个现实功利者的典型。从此，白居易不再是诗人官员，而是官僚诗人，他所倡导的"新乐府运动"也在这个时候落幕。虽然之后他在地方上干得不错，但在精神上，他"兼济天下"的进取心已经丧失殆尽。从此刻起，白居易不再写乐府诗了。

822年10月，白居易被派到杭州任刺史。在杭州，他施政的理念仍然以解决民生问题为核心。

杭州三面环山，山泉源源不断，三十里西湖更是闻名遐迩。这本是一个水源充沛、风景秀丽的城市，但在白居易上任时，由于受钱塘江咸塘潮的侵蚀，杭州地下水变得又咸又苦，到了无法饮用的地步，导致部分百姓饮水困难。白居易了解情况后，将这一问题列为他上任后的第一要务。他组织人员对杭州的地理地貌进行全面勘察，同时仔细查阅地方志，寻找井水变咸变苦的历史原因。

经过一系列调查，白居易发现李泌在三十年前担任杭州刺史时，曾组织开挖过六口井，分别叫相国井、西井、方井、白龟井、小方井、金牛井，这些井原本分布在人口密集区，后来由于年久失修，导致管道淤塞，水流不畅。将这些井重新疏浚，清理管道，基本上就能解决水源问题。于是，白居易组织力量，对这六口井进行修缮扩建，工程完工后，水源问题果然得到了解决，百姓饮用水从此有了保障。

上任的第二年夏天，江南地区又发生大旱。白居易仔细考察，做出了在西湖筑堤蓄水的重大决定。为完成这一工程构想，白居易组织人员干了整整两年，终于筑成了他所构想的堤坝。这一工程完工，不仅解决了当下的旱涝问题，而且泽被后代，让杭州百姓从此不再受旱涝之苦。杭州百姓为了表达对白居易功绩的缅怀，将这道堤坝称为"白公堤"。

在杭州期间，除了关注民生，五十多岁的白居易也开始关注歌舞，除了动不动就捧当时著名歌星商玲珑的场子，还收了一帮杭州歌伎，其中最著名的是"樊素"和"小蛮"。笔者怀疑他是被元稹拖下水的，因为这时元稹正好在做浙东观察使，官署位于绍兴，离杭州很近，他动不动就接商玲珑去绍兴演出。

杭州美，大诗人自然要写诗歌颂。白居易为杭州留下了唯美的一诗一词。诗就是那首编入中学课本的《钱塘湖春行》，词就是那首编入小学课本的《忆江南》："江南好，风景旧曾谙。日出江花红胜火，春来江水绿如蓝。能不忆江南？"

三年任期结束，白居易辞别杭州时，百姓夹道欢送。他非常感动，写下了《别州民》：

> 耆老遮归路，壶浆满别筵。
> 甘棠无一树，那得泪潸然？
> 税重多贫户，农饥足旱田。
> 唯留一湖水，与汝救凶年。

离任前，白居易还将一笔官俸留在州库之中做基金，以供后来治理杭州的官员周转。这笔基金一直运作到后来黄巢之乱时。

在回长安的途中，白居易刻意来到符离，希望再见湘灵一面。可是屋舍依然，伊人了无踪影。五十三岁的白居易站在风中，不再流泪，伫立良久，一声长叹，转身离开了那个伤心地。

回到长安，白居易被任命为太子右庶子，但他不愿留在长安面对荒唐的皇帝和那些险恶的宦官，又被改任太子左庶子，分司东都洛阳。不久，唐穆宗病逝，唐敬宗即位。唐敬宗登基时才十五岁，这位皇帝"子承父业"，将娱乐事业推向高峰，朝政大权被宦官王守澄一手把控。白居易再也不想招惹是非，于是又申请外放。敬宗宝历元年（825），他又被委任为苏州刺史。

在苏州刺史任上，白居易又做了一件重要的民生工程。为了便利苏州水陆交通，他组织人员开凿了一条西起虎丘，东至阊门，长七里的山塘河，并在山塘河北面修建了一条路，叫"七里山塘"，简称"山塘街"。

但是，过度劳累导致白居易的眼疾发作，他在苏州刺史位子上干了一年多便以病告退。他离开苏州时，再一次受到百姓夹道泪别的待遇。

敬宗宝历三年（827），白居易回到长安，唐文宗即位，授他秘书监职位（从三品），第二年又升任他为刑部侍郎。但白居易已经厌倦了官场生活，又称病乞领太子宾客一职分司洛阳，希望开始他的"吏隐"生涯。所谓"吏隐"，就是只拿俸禄不问事。这时候，恰逢刘禹锡在洛阳任职，两位大诗人结为至交。

828 年，五十七岁的白居易居然再得一子，他爱如掌上明珠，取名崔儿。

可是，830 年底，逍遥了一阵子的白居易又被任命为河南尹，官衙就在洛阳，他推辞不了，只好上任。

洛阳东门香山寺，寺内环境优美，主持如满也是一位得道高僧。白居易在洛阳期间，喜欢上了香山寺，常居于寺中。久而久之，白居易开始弃儒崇佛，自号"香山居士"。

831 年，白居易再次遭受沉重打击，他三岁的儿子崔儿忽然病故。紧接着，他一生的挚友元稹病故。六十岁的白居易收到消息，当场哭晕在地，经人抢救才转醒。接二连三的打击，导致白居易的精神衰竭，头发也全部雪白了。

元稹死后，元家请白居易为他写墓志铭。白居易义不容辞，可元家还要按规矩送来六十万钱酬金。白居易拒不接受，元家人一再坚持要赠，说否则元稹于九泉之下不安。这时候，刘禹锡出面劝说，让白居易将这笔丰厚的赠金转赠香山寺，以期佛祖庇佑。白居易思量后，便按刘禹锡所说的去做了。

处理完这一切，白居易心如死灰，因此辞去了河南尹一职，然后只身一人再次来到符离。六十一岁的白居易，心中最后一点儿温情便在那个邻家女那里，他想寻回那点儿温情。来到那间农舍前，他明知早已人去屋空，久久不肯离去，站在风中，一头白发随风飘舞。也许是他的挚诚感动了上苍，有个人忽然给他送来一封信。他迫不及待地打开信。原来是湘灵久不问世事，忽闻白居易来访，奈何年老貌衰，相见徒增遗憾。故致信一封，以告故人：

初，湘灵仰赖父母恩准，得以终身侍奉父母，以践当初不嫁之诺。后父母仙逝，乃投靠兄弟，家中资产尚丰，温饱无忧。如今以居士身份，居于西楼，每日奉佛诵经，晨钟暮鼓，木鱼相伴，多年以来，已成习惯。

湘灵一心向佛，早已心若死灰。望公子勿念，保重身体！

手捧着这封信，白居易欲哭无泪，伫立良久，他开始在符离一带寻找西楼，可是问遍每家每户，也无人知晓西楼所在。即便这样，白居易心中的这点儿温情仍未熄灭，临死之前，他还梦到湘灵，还写下《梦旧》遣怀：

别来老大苦修道，炼得离心成死灰。
平生忆念消磨尽，昨夜因何入梦来。

白居易《自述》："云霞白昼孤鹤，风雨深山卧龙。闭门追思故典，著述已足三分。"

白居易惨然离开符离，回到洛阳后，闭门整理诗集。然而，朝廷又任命他为同州刺史，他辞不赴任，朝廷只得改任他为太子少傅分司东都。

这之后，白居易除了与几位老友闲逛唱和，就是躲在后院中看歌伎为他表演歌舞。歌伎樊素与小蛮最楚楚动人，樊素善歌，小蛮善舞，所以他就写诗赞道："樱桃樊素口，杨柳小蛮腰。"后人据此总结出"樱桃小口"和"小蛮腰"的典故，用于赞美美女。

六十八岁时，白居易忽然得了中风病，几个月下不了床。于是，他欲卖掉坐骑，遣散诸伎。卖坐骑时，那匹跟了他五年的马，反顾嘶鸣，不肯离去。樊素与小蛮哭着留下照顾他。二人直到白居易七十岁时才离开嫁人。

841年，白居易因病被罢太子少傅官职。第二年，朝廷准他以刑部尚书名誉退休，发给他一半俸禄。其实，这时候钱对他已经没有太大意义了，所以，在七十三岁时，他听闻龙门一带有石滩阻碍行船，便出资请人开挖，又为洛阳百姓做了一件功德善事。

白居易七十五岁时，认识了李商隐。他慧眼识珠，留下遗嘱，让家人在自己死后，重金聘请李商隐为自己写墓志铭，以示对李商隐的提携。

846年9月8日，七十五岁的白居易，一手握着一面铜镜，一手握着一只绣花鞋，于洛阳家中溘然长逝。他与湘灵能够"在天愿作比翼鸟，在地愿为连理枝"吗？但愿不要"此恨绵绵无绝期"。白居易葬于洛阳香山，李商隐为他撰写了墓志铭。唐宣宗得知白居易去世，悲痛之余，亲自写诗悼念：

> 缀玉联珠六十年，谁教冥路作诗仙？
> 浮云不系名居易，造化无为字乐天。
> 童子解吟长恨曲，胡儿能唱琵琶篇。
> 文章已满行人耳，一度思卿一怆然。

白居易是中唐成就最高的诗人，流传下来的诗篇近三千首，也是大唐诗人中作品流传最多、最广的，在当时就有人称他为"诗仙"和"诗魔"，后来人们觉得李白的诗更有仙气，所以又改称他为"诗王"。毫无疑问，无论是诗的数量或质量，白居易都配得上"诗王"这一称号。

白居易在整理自己诗集的时候，就将自己的诗歌分成讽喻、闲适、感伤和杂律四类。

以《新乐府》五十首、《秦中吟》十首为代表的讽喻诗，是白居易诗歌中最有特色、最具有社会意义的部分。这些诗有明确的思想主张和政治目的，白居易等人希望通过新乐府诗造成社会舆论，以社会舆论干涉政治，以体现诗歌可以干政的作用。这种想法和实践具有进步意义。

白居易将《长恨歌》与《琵琶行》列入感伤诗类。他的感伤诗，以写情、伤情为主调，多层渲染，感人至深，让人读罢，情不自禁。这是他的感伤诗名气最大的原因。

然而，白居易的新乐府诗和伤感诗是写给老百姓看，让人民大众传诵的，比起那些专门在文人圈内显摆的文人诗来讲，自然要通俗得多。后来苏东坡评价"元轻白俗"，这个"俗"字，并不是庸俗，而是通俗，苏东坡没有要贬低白居易的意思。

当然，以白居易的才气，写闲适、杂律，那也是金句频出、妙语连篇的。他写的这类诗中，脍炙人口的名篇不少于任何一位专写这类诗的大诗人。如《赋得古原草送别》《暮江吟》《钱塘湖春行》《大林寺桃花》《忆江南》，都是千古名篇。或许这才是后人不得不服，不得不称他为"诗王"的原因。

宋朝诗人反而对白居易的闲适、杂律诗倍加推崇。这或许是讽喻诗被讽喻散文取代的原因吧？

白居易的诗，历代评价有褒有贬，可无论如何，你喜欢也好，不喜欢也罢，白居易的诗都是唐诗中不可逾越的又一座高峰，与李白、杜甫并肩耸立天穹。

元稹

你们的美丽，我不容错过

在中唐时期诗坛，元稹和白居易合称为"元白"，两人主导的新乐府诗称"元白"诗派。元稹比白居易小七岁，现在的名气也远不及白居易，为何当时人们将元稹的名字排在白居易之前，称"元白"，却不称"白元"呢？其实，在当时，无论是才气、名气，还是"吏干"，元稹都略胜白居易一筹。那为何时至今日元稹的名气又远不及白居易呢？让我们一一道来。

妇孺皆知的《西厢记》是元代戏曲家王实甫的代表作，而其创作的蓝本是《莺莺传》（又称《会真记》）及《莺莺歌》。《莺莺传》的作者就是元稹。按说能够塑造出崔莺莺、红娘和张生这些家喻户晓的人物形象，元稹应该可以凭此小说给自己的声望加分，可事实上，这本《莺莺传》问世后，元稹声望大跌。

《莺莺传》问世后，人们发现书中的张生其实就是元稹自己。熟悉他的人都知道他有过在普济寺救表妹一家弱女寡母的经历。可元稹后来娶的不是表妹崔莺莺，而是京兆尹韦夏卿的女儿韦丛。这种始乱终弃的行为，在大唐恐怕不是一件值得炫耀的事。

更让人鄙夷的是，《莺莺传》的结尾是张生在京师变心，没娶崔莺莺。

不娶的原因是张生认为莺莺是"必妖于人"的天下"尤物",而自己"德不足以胜妖孽"。张生抛弃她,还自诩"善于补过"。这种前后矛盾的写法,显然是元稹在为自己的行为找理由开脱,然而,由此带来的恶趣和卑劣的价值观,后世谁能接受,谁能赞同呢?

好在王实甫将《莺莺传》改编成《西厢记》后,给张生与崔莺莺安排了一个喜结连理的大圆满结局,这才让后人乐于接受张生与崔莺莺的爱情故事。

仅仅是这一件事,还不足以让这个当时的第一才子遭人鄙夷。但是,一而再再而三地始乱终弃,即便你才冠古今,位极人臣,也会被人不齿。

元稹(779—831),字微之,别字威明,洛阳人。"稹"字比较生僻,是"缜"的通假字。元稹的名与字,应该源于"缜密入微"这一成语。他既然姓元,毫无疑问是鲜卑拓跋部后裔。他出生时,父亲元宽任比部郎中,母亲郑氏是续弦。从他的出身看,与白居易极相似,都生于小官宦人家,家境都不算太好。

元稹自幼聪明过人,少有才名。八岁那年,其父元宽去世,随后其叔父亦去世。整个家族的重担都落在其母郑氏的肩上。柔弱的母亲寄希望于自己的亲生儿子元稹能快速成长,担起光耀门楣、振兴家族的重担。

为了减轻家庭负担,尽快实现振兴家族的愿望,贞元九年(793),十五岁的元稹便参加了明经考试,顺利及第。明经科相对于进士科要容易,所谓"三十老明经,五十少进士",说的就是这个意思。但明经及第至少可以充当幕僚拿俸禄,也可以进一步参加吏部制试,考中后可以直接被授予正式官职。

明经出身和进士出身,在顶尖才子的眼里,是有天壤之别的。据说后来元稹名满天下时,想与小他十二岁的天才李贺结交,递去名帖后,狂傲的李贺居然将他的名帖退了回来,并说:"一个明经出身的人,来看我做甚?"元稹吃了闭门羹,遭受奇耻大辱,以他的胸襟,当然不肯罢休。据说李贺终身不得参加进士考试，就是拜他所赐。

贞元十五年（799），二十一岁的元稹寓居蒲州，于河中府充任幕僚。此时，当地驻军骚乱，治安环境极差。也就是在这种情况下，他保护了处于危难中的远房表妹崔双文（小名崔莺莺）一家，并与表妹幽会于西厢。后来他根据自己的这段亲身经历创作了《莺莺传》。

贞元十六年（800），元稹返回长安参加吏部制试。第一次考试虽然只考了个四等，但其文才卓越，引起了新任京兆尹韦夏卿的注意和赏识，元稹得以进出韦府，并与韦家子弟交往。

通过交往，他得知韦夏卿之女韦丛尚待字闺中，意识到这是一个走门路、攀高枝的绝好机会。出于尽快光耀门楣的考虑，他立刻将表妹崔莺莺抛之脑后，向韦府提亲。韦夏卿看好元稹，也就同意了这门婚事。

贞元十九年（803），元稹与白居易一道参加吏部制试，与白居易同时及第。元稹居然比白居易考得还好，得了第一名。但白居易对元稹还是挺服气的。元稹之前写的一首诗，让他不得不服，这首诗叫《菊花》：

秋丛绕舍似陶家，遍绕篱边日渐斜。

不是花中偏爱菊，此花开尽更无花。

元稹当然读过白居易十七岁时写的《赋得古原草送别》诗，两人相互欣赏彼此的才华，遂结为同心之交。

元稹与白居易同时通过吏部制试，又同时被授予秘书省校书郎这一职位，之后一段时间，二人在同一处上班，朝夕相处，更加亲密无间。

元稹授秘书省校书郎不久，娶韦夏卿的女儿韦丛为妻。这年十月，韦夏卿授洛阳留守，赴洛阳上任。韦夏卿最疼爱自己的小女儿，不放心小女儿留在长安，元稹与韦丛只好侍从韦夏卿赴洛阳，一年后才返回长安。

元稹《菊花》："秋丛绕舍似陶家，遍绕篱边日渐斜。不是花中偏爱菊，此花开尽更无花。"

元和元年（806），唐宪宗登基，王叔文与刘禹锡、柳宗元等人主导的"永贞革新"失败。唐宪宗为了选拔杰出人才，亲自主持了一次考试。这次考试录取了十八人，元稹又考了个第一名，白居易名列第四。结果元稹直接被授予左拾遗职位，而白居易仅被授予县尉一职。

元稹一到任就接二连三地上疏献表，先论"教本"，再论"谏职""迁庙"，一直论到西北边事这些大政，同时旗帜鲜明地支持裴度（时任监察御史）对朝中权贵的抨击。这些言辞犀利的奏章，引起了一心想振兴大唐的唐宪宗的注意，唐宪宗很快单独召见他，与他讨论朝政改革。但他如此锋芒毕露，矛头直指权贵，势必引起权贵的忌恨。不久，朝廷以言辞不实为由将他贬为河南县尉。

祸不单行，元稹刚出任县尉，其母又病逝。元稹是由其母郑氏一手拉扯大的，早期的启蒙也源于其母，母亲的突然去世让他悲恸欲绝，他毅然辞官守孝三年。守孝期间，他精神萎靡，没有了俸禄后的生活也陷入困境。

让元稹没想到的是，原本是千金大小姐的夫人韦丛十分贤惠。没钱过日子，韦丛便卖掉所有嫁妆，与元稹共渡苦难。朋友来了，没钱打酒，韦丛毫不犹豫地将头上最后一根金钗拔下，交与婢女去换酒。没粮吃的时候，她带着婢女去挖野菜充饥，毫无怨言。白居易登门安慰元稹时，见了美丽贤惠的韦丛，也赞不绝口。

韦丛与元稹结婚以后，一连给他生了六个子女，可悲的是这六个子女无一幸存，竟全都早殇。

守孝期满，元稹复出，于元和四年（809）被提升为监察御史，随后奉命出使剑南东川巡察。

在剑南，意气风发的元稹锐意进取，大胆弹劾不法官吏，平反许多冤假错案，得到普遍欢迎，获得极高赞誉。白居易作诗赞美他："其心如肺石，动必达穷民。东川八十家，冤愤一言申。"（《赠樊著作》）然而，元稹的举动又触动了既得利益者，藩镇官员与朝廷官员勾结，又将他排挤到东都洛阳的御史台。

在剑南东川期间，除了雷厉风行地整顿吏治，元稹结识了唐朝四大才女之一薛涛，留下了一段风流韵事。那时候他才三十一岁，而薛涛已四十二岁，这种大才子与大才女的姐弟恋也随着元稹被排挤回洛阳而结束。彻底打断这二人恋情的是白居易。而薛涛在这段恋情结束之后，心如死灰，彻底看破红尘，披上道袍度过了余生。

元稹回洛阳不久，夫人韦丛忽然病逝。这对元稹来说，无疑是晴天霹雳。元稹虽然花心，但对夫人韦丛那是真的有感情，他在夜不能寐的情况下，一连写了十几首悼亡诗，缅怀韦丛。

这些诗感情真挚，让人读后涕零。而这些悼亡诗也成了元稹的代表作，其中一些诗更成为流传千古的名篇。如《遣悲怀》三首，全都入选《唐诗三百首》。

遣悲怀（其二）

昔日戏言身后意，今朝皆到眼前来。

衣裳已施行看尽，针线犹存未忍开。

尚想旧情怜婢仆，也曾因梦送钱财。

诚知此恨人人有，贫贱夫妻百事哀。

这首诗用词浅白，通俗易懂，却道尽了他对韦丛在贫困中逝去的悲哀。一句"贫贱夫妻百事哀"触动了天下所有贫穷夫妻的泪点，道出了贫穷夫妻的心声。

之后元稹又写了五首《离思》，其四是传诵不衰的千古名篇：

曾经沧海难为水，除却巫山不是云。

取次花丛懒回顾，半缘修道半缘君。

　　一个喜欢拈花惹草、到处留情的风流才子，在对韦丛的思念中挣扎了五年，直到三十六岁才重新续弦裴夫人，这也难为他了！

　　接二连三的打击并没有改变元稹在官场上的刚直犀利作风。元和五年（810），元稹因弹劾河南尹房式（开国功臣房玄龄之后）不法事，被召回罚俸。途经华州敷水驿时，他宿于驿馆上厅，不料宦官仇士良、刘士元等人随后来此，也要住上厅，双方起了争执，结果元稹被刘士元等人一顿痛打，被揍得头破血流，最终还被撵出了上厅。

　　此事在朝廷引起了轩然大波。一批有正义感的大臣包括李绛、王播等人上奏唐宪宗，要求严惩宦官。白居易见好友被欺负，更是义愤填膺，上奏了一道言辞激烈的奏章，这也是他被贬江州的导火线。

　　然而，唐宪宗的处理是，贬元稹为江陵府士曹参军，原因是"元稹轻树威，失宪臣体"。什么意思？说白了，打狗还要看主人，宦官所代表的是皇家，你元稹所代表的是士人，遇到皇家就必须让着点儿，你冒犯宦官就是有损皇家威严，就是有失臣子本分。唐宪宗将这件事上升到皇家立威的高度，谁还敢争辩？只怪元稹气盛，活该倒霉。从这件事也可以看出，中晚唐时期的"宦祸"，实际上是由皇帝自己宠出来的，怪不得别人。

　　那个为元稹出头的王播也是元稹朋友圈里的人，也是个诗人。他出身寒门，年轻时经常在扬州寺庙木兰院中读书蹭饭吃。寺里的和尚敲钟用斋，只要钟响，正在读书的王播便丢下书本跑到饭堂，混在和尚堆里弄碗斋饭。一开始和尚们还客气，可时间一长，有些和尚便厌烦了。

　　有一天，王播读书读到肚子饿得咕咕叫，也没听见开饭钟的声响。好不容易等到钟响，他冲进饭堂一看，才发现饭已经被和尚们吃光了，只剩下和尚们一脸的冷笑。王播屈辱的泪水夺眶而出，返回住地，收拾行囊，准备离开木兰院。

临走前，王播心中憋的一口气难出，于是挥笔在寺院墙壁上题诗，本想讥讽一下寺庙和尚，但写了"上堂已了各西东，惭愧阇黎饭后钟"两句后，一时想不出更好的讥讽之词，只得弃笔奔向远方。

三十年后，当了宰相的王播返回扬州时，特意要求再去木兰院看看。木兰院方丈蓦然想起往事，赶紧命人将王大人年轻时题诗的那堵墙打扫干净，刻意用上好的碧纱将那两句诗罩上，以示对王大人的尊重。王播来到木兰院，看到那堵碧纱笼罩的墙，感慨万千，命方丈打开碧纱笼，他挥笔补上了剩下的两句，形成了一首完整的《题木兰院》诗：

上堂已了各西东，惭愧阇黎饭后钟。

三十年来尘扑面，如今始得碧纱笼。

诗中的"阇黎"二字，就是和尚的意思。这件事和这首诗被传开后，人们便用"饭后钟"来嘲笑那些嫌贫被打脸之人，形成了"饭后钟"的典故。如今扬州石塔路上被保护起来的石塔，就是唐代木兰院的遗址。

元稹被贬，开始了长达十年的地方放逐生活。他被贬，看起来是因为与宦官争执，但深层次的原因还是他与白居易、王建、张籍、李绅等人发起的"新乐府诗运动"。元稹在被贬之前创作了大量的新乐府诗，针砭时事，如《田家词》《织妇词》《采珠行》，深刻地揭露了残酷的现实，对当朝权贵触动很大，所以他与白居易等人一道，成了当朝权贵的打击对象。

元稹辗转于蛮荒之地，却始终保持着与白居易的诗信往来与唱和，形成一种体裁在民间传唱，并传至皇宫，形成一种新的和诗风气，时人称为"元和体"。

元稹被贬往通州，途中被蚊叮虫咬，患上了疟疾，差点死掉，但他还是凭一颗争强好胜的心挺了过来。病好后,他创作了最具影响力的乐府诗歌《连昌宫词》。在通州,面临绝境的元稹恰逢宦官崔潭峻前来巡察,抛弃了心中对宦官的仇恨,而巴结讨好这个能在皇上面前说得上话的人。

崔潭峻与元稹交好后,将他的最新诗集带回了宫中,献给了皇上。唐宪宗看完元稹的新诗集,对这个曾经锋芒毕露的才子有了好感,便升他为通州刺史,随后又调他任虢州长史。就是在这次升迁的途中,他与白居易相遇于西陵峡。

这时候,元稹的一帮好友开始掌权,崔群、李夷简、裴度相继为相,他终于否极泰来。元和十四年(819)冬,他再次调回京城任膳部员外郎,结束了长达十年的放逐生涯。这一年,他四十一岁。

元稹回京时,令狐楚为相,他对元稹的诗文赞赏有加,元稹也迅速向令狐楚示好。元和十五年(820),唐穆宗即位,元稹被授祠部郎中、知制诰。唐穆宗还在当太子时就十分喜欢元稹的诗,当了皇帝,见了元稹之后,就更加喜欢他(元稹长得确实帅,否则薛涛也不会对他死心塌地),几个月后就升他为中书舍人、翰林承旨学士。他与翰林院的李德裕、李绅俱以学识才艺闻名天下,被人称为翰林院"三俊"。

在迅速升迁的同时,元稹也陷入了尖锐的政治斗争之中。他不久便因与李宗闵的积怨爆发而相互攻讦,引发党争之祸。由于误会,裴度弹劾元稹结交藩镇魏宏简,元稹被罢承旨学士职,任工部侍郎。

次年春,元稹、裴度先后为相。在唐王朝与藩镇的斗争中,元稹积极平乱,并拟用反间计平叛,可觊觎相位的李逢吉与宦官勾结,派人诬告元稹阴谋行刺裴度。虽然朝廷查明真相后发现所告不实,但元、裴二人同时被罢相,元稹调任同州刺史。

长庆三年(823),元稹调任浙东观察史兼越州刺史。此时,白居易正在杭州任刺史。在浙东六年,元稹兴修水利,发展农业,将所属七州治理得政通人和，取得了显著的政绩，也深受百姓爱戴。但这位大才子在这里又留下了风流韵事。他与时年二十多的才女刘采春暧昧不清。刘采春是自己作词演唱的当红歌星，她唱的《望夫词》是当时一绝。此事将在关于刘采春的章节详叙。

大和三年（829）九月，元稹调回朝廷任尚书左丞。他身居要职，又恢复了当谏官时的锐气，决心兴利除弊、整顿吏治。他将郎官中声名狼藉的七人贬出京城，整治官场风气。但由于素无操行，他遭到大多数官员抵制。支持他的宰相王播恰在这时去世，他的老对头李宗闵再度出相当权，于是他又遭到排挤，被迫离京出任武昌节度使。

大和五年（831）七月，五十三岁的元稹染病，于武昌镇署内去世。

元稹是个有才气也很能干的人，但因为争强好胜、操行缺失，所以后人对他评价不高。不过，仅从诗歌艺术上看，元稹完全可以列入大诗人的行列。

元稹对杜甫很崇拜。杜甫逝世四十年后，其孙杜嗣业将其灵柩迁回河南首阳山安葬，途中遇到了元稹，便拜请他为杜甫撰写墓志铭。元稹二话没说，分文不取，为杜甫撰写了墓志铭，所以"诗圣"的墓志铭最后是出自元稹之手。但他在写杜甫墓志铭时，"抑李扬杜"，引起了韩愈等人的不满，掀起了"元白"诗派与"韩孟"诗派之争。

元稹的诗中，乐府诗所占比重较大，他的乐府诗除了语言通俗，目的表达更明确，在当时的民间受欢迎的程度不亚于白居易。

元稹对唐诗的另一个重要贡献就是开拓了爱情题材，他的情诗写作直接启迪了后世的李商隐、温庭筠、韩偓等人，使晚唐的情诗题材空前发展。

苏东坡评价"元轻白俗"，说"元轻"实际上是指元稹在《莺莺传》中插入了大量的轻浮诗句，还有就是他写给薛涛、刘采春的那些诗句，显得格外轻浮。对于历史上有名的风流诗人，无须用现在的眼光和道德标准做过多的评述。

张籍与王建

牵着瘦马在古道上寻觅，寻来的是不曾短少的志气

前面写过张籍烧杜甫诗集拌糖蜜而食的趣闻。毋庸置疑，张籍是杜甫现实主义的传承者，践行了他关注民生、反映现实、讽喻朝廷的文学主张。其实，张籍与王建作乐府诗的时间比白居易、元稹早，数量也相当多，他们才是中唐乐府诗的最先倡导者。他们在贞元、元和年间就以乐府齐名，宋朝以后，被人并称"张王乐府"。"张王乐府"的出现，标志着中唐写实讽喻诗派的形成。

张籍（766—830），字文昌，和州乌江（今安徽和县乌江镇）人。张籍并没有显赫家世，属寒门子弟。

贞元初年（785），二十岁的张籍在魏州学诗，与同年的王建为同学，几年后回和州。贞元十二年（796），孟郊来和州，与张籍结为好友。两年后，张籍北游，经孟郊介绍，在汴州结识韩愈，拜入比他小两岁的韩愈门下，成为韩门大弟子。韩愈当时为汴州进士考官，自然会给大弟子一个推荐。贞元十五年（799），张籍赴长安参加科考，不出意外，进士及第。然而，在吏部制试时，张籍没有通过，直到元和元年（806），四十一岁的张籍才调补太常寺太祝。

太常寺太祝是个什么官呢？这是个在皇帝祭祀时诵读颂词的小官，正九品。在这个岗位上，张籍与时任校书郎的白居易结交，相互切磋乐府诗。

按说张籍是韩门大弟子，应该响应韩愈的文学主张才对。可事实上，张籍与韩愈亦师亦友，张籍学诗时就学杜甫，走的是现实主义路线，跟"韩孟"诗派注重抒发自我感情的诗风不在一条路子上，反而与"元白"诗派一拍即合，所以在诗歌创作上，张籍与王建归属"元白"诗派。

这一现象很好地说明了大唐诗歌创作上的自由，没有谁强行干涉诗歌创作，当时也没有谁强行划分诗派，所谓"元白"诗派和"韩孟"诗派，是后人编写文学史时，按诗风相近的原则做出的归纳。

张籍与韩愈的文学主张相左，责讽过韩愈，韩愈非但不以为忤，反而一直在生活和仕途上给予他关照，表现出大唐文人之间坦诚相待、相互包容的开阔胸怀。

张籍为太祝十年，因患目疾，几乎失明，人称"穷瞎张太祝"。元和十一年（816），在韩愈的关照下，张籍终于转任国子监助教，目疾也好了一些。元和十五年（820），他迁任秘书郎。长庆元年（821），张籍受韩愈推荐，转任国子监博士，之后迁任水部员外郎、主客郎中。大和二年（828），六十三岁的张籍终于熬到个正六品官职——国子监司业。这个官职相当于中央大学副校长。可惜没干两年，张籍就因病去世了。

张籍在官场上浪迹一生，始终不得飞黄腾达，自然与他的个性有关。《唐才子传》上说他"性狷直"，这一点从他责讽韩愈的行为上就可以看出来。他曾给韩愈上书两道，对韩愈的思想和文学主张质疑与责讽。对老师、好朋友都较真，何况对别人？

但张籍对于晚生后辈的提携，不遗余力，也为后人留下一段文坛佳话。

宝历元年（825），福建考生朱庆馀来到京城，准备参加进士考试。朱庆馀出身寒门，来自偏僻之所，根本找不到引荐门路。每科进士考试都有三千左右考生参加，而在京城的文坛名宿屈指可数。可想而知，每个文坛名宿会有多少考生来找，没人引荐的话，一般考生连文坛名宿家的门都进不去，更别说引荐了。

这时候，张籍任水部郎中，官职不显，但他在文坛已声名显赫，又与当时的文宗韩愈亦师亦友，所以他也是个实实在在的文坛耆宿。朱庆馀还听说张籍是个对晚辈亲和，乐于提携晚辈之人，因此确定张籍为自己的行卷对象。可行卷诗怎么写，这也是一门大学问。一个劲儿地拍对方马屁，有可能会让这些自视清高的文坛名宿嗤之以鼻；炫耀自己的才气吧，弄得不好会惹得名宿不屑一顾。

朱庆馀为写一首行卷诗大费周章、绞尽脑汁，最终写出了一首别出心裁的诗《闺意呈张水部》：

> 洞房昨夜停红烛，待晓堂前拜舅姑。
>
> 妆罢低声问夫婿，画眉深浅入时无。

他以"闺意"入题，将自己隐喻为要见公婆的新媳妇，将主考官比作"舅姑"，将张籍比作"夫婿"，这份构思够独辟蹊径的了吧？这首诗写得十分妥帖，一句"画眉深浅入时无"，将朱庆馀忐忑羞涩的心态表现得让人怜爱，被比作最亲密的丈夫的张籍，又怎能忍心不发话呢？这真是一首妙喻睿思，令人不得不击节叫好的行卷诗。

张籍收到这首诗后，果然被这首诗的奇思妙喻所打动，他从这首诗里读到了朱庆馀的胆怯，为了鼓励这个年轻人，他挥笔给朱庆馀回了一首诗：

> 越女新妆出镜心，自知明艳更沉吟。
>
> 齐纨未足时人贵，一曲菱歌敌万金。

这首诗不但赞美了朱庆馀像越女一样明艳，还称他的诗像"一曲菱歌"一样值万金。这么大的赞扬、这么充分的肯定，毫无疑问会让朱庆馀信心大增。

在张籍的鼓励下，朱庆馀果然在宝历二年（826）高中进士。

张籍留存于世的诗达四百五十多首，也算是存诗于世较多的诗人之一。乐府诗占其诗成分较大，他的乐府诗以"俗言俗事入诗"，篇幅短小，所写的内容都是经过精心选择和概括的，其语言精练，追求一种言浅意深、言简意赅的风格，所以他能"以俗入雅"，常"有警策之句传于时"（《旧唐书》）。如《牧童词》：

> 远牧牛，绕村四面禾黍稠。
>
> 陂中饥乌啄牛背，令我不得戏垅头。
>
> 入陂草多牛散行，白犊时向芦中鸣。
>
> 隔堤吹叶应同伴，还鼓长鞭三四声：
>
> "牛牛食草莫相触，官家截尔头上角！"

这首诗前面写牧童天真烂漫的生活，可结尾一声吆喝"牛牛食草莫相触，官家截尔头上角"，让人猝不及防却意味深长，显然这是在警策朝廷党派争斗。

另外一首《节妇吟寄东平李司空师道》更是一首脍炙人口的名篇：

> 君知妾有夫，赠妾双明珠。
>
> 感君缠绵意，系在红罗襦。
>
> 妾家高楼连苑起，良人执戟明光里。
>
> 知君用心如日月，事夫誓拟同生死。
>
> 还君明珠双泪垂，恨不相逢未嫁时。

这是张籍回复当时炙手可热的权贵——平卢淄青节度使、当朝宰相之一李师道的诗。此前李师道来信收买拉拢他，在韩愈的告诫下，他遂写了这首诗表明自己的态度。诗虽委婉却表现出铮铮骨气，而且以《节妇吟》为题来表明心志。

后来李师道武装割据失败，兵败身亡，而张籍也因没上他的贼船，规避了杀身之祸。

张籍乐府诗中比较有名的还有《董逃行》《野老歌》《山头鹿》《筑城词》《贾客乐》《江村行》等。这些乐府诗在当时都产生了重大影响，白居易诗赞张籍："张君何为者？业文三十春。尤工乐府诗，举代少其伦。为诗意如何，六义互铺陈。风雅比兴外，未尝著空文。"（《读张籍古乐府》）白居易对张籍的乐府诗赞不绝口，张籍的乐府诗也确实达到了深入浅出甚至出神入化的境地。

除了乐府诗，张籍的抒情诗也写得清新自然、情深义重，在当时也广为传诵，这也是张籍能够跻身大诗人行列的主要原因。如《秋思》：

洛阳城里见秋风，欲作家书意万重。
复恐匆匆说不尽，行人临发又开封。

《唐才子传》中说张籍与王建、贾岛、孟郊、于鹄等人友善，动不动就不远千里相互拜访，说张籍"游宦四方，瘦马羸童，青衫乌帽"。结合张籍穷困潦倒的一生，让作者想起马致远那首著名的散曲《天净沙》："枯藤老树昏鸦，小桥流水人家。古道西风瘦马，夕阳西下，断肠人在天涯。"这支散曲仿佛就是在刻画张籍那孤苦的踽踽独行的身影，虽然羸弱不堪，却瘦骨铮铮，傲气长存。

说完张籍，再说说王建。一次，王建到张籍家去混饭吃，忽然看见朱庆

张籍《岸花》："可怜岸边树，红蕊发青条。东风吹渡水，冲着木兰桡。"

馀的那首行卷诗《闺意呈张水部》，越看越喜欢。张籍调笑他道："要不你也以闺意写一首试试？"

王建一捋花白的胡须，嘿嘿一笑，挥笔写下了《新嫁娘词》：

三日入厨下，洗手作羹汤。

未谙姑食性，先遣小姑尝。

这首小诗与朱庆馀的《闺意呈张水部》有异曲同工之妙，更通俗、更活泼，所以迅速传开了，以至于后来考生行卷，便在卷首抄上"未谙姑食性，先遣小姑尝"这两句诗，意思不言而喻。

王建（766—835），字仲初，颍川（今河南许昌市）人。同张籍一样，他也出身寒门，二十岁时与张籍同在魏州学习。然而，王建并没有张籍那么幸运，他考了几次都落榜，被生活所迫，于贞元十三年（797），三十多岁时，辞家从军，在"从军走马十三年"后，离开军队，寓居咸阳乡间，过着"终日忧衣食"的穷困生活。

元和八年（813）前后，四十八岁的王建才"白发初为吏"（《初到昭应呈同僚》），任昭应县丞。长庆元年（821），五十六岁的他才调至长安，迁任太常寺丞，转秘书郎。这时候，他与韩愈、白居易、刘禹锡等大诗人才有了来往。约在大和三年（829），六十四岁时，他转任陕州司马，所以世称"王司马"。

王建一生，沉沦下僚，生活贫困，有机会接触社会底层，了解民间疾苦，因而写出了大量优秀的乐府诗。他的乐府诗与张籍的乐府诗，合称"张王乐府"。他的乐府诗题材广泛，反映农家、水夫、海人、蚕农、织妇等各个方面劳动者的悲惨生活。其乐府诗生活气息浓厚、思想深刻、爱憎分明，如《田家行》《水夫谣》《海人谣》《簇蚕辞》《织锦曲》。他有从军经历，所以他也写过边塞题材的乐府，如《古从军》《辽东行》《渡辽水》《凉州行》。

王建乐府诗的最大特点，是"从俗"。后人有评论："文昌（张籍）姿态横生，化俗为雅，建则从俗而已。"（元·吴师道《吴礼部诗话》）王建乐府诗的题材都是俗世生活中的细节，而其诗歌语言也富有民歌谚语的色彩，这种"俗"并不庸俗，更容易被广大老百姓接受。如《当窗织》：

> 叹息复叹息，园中有枣行人食。
>
> 贫家女为富家织，翁母隔墙不得力。
>
> 水寒手涩丝脆断，续来续去心肠烂。
>
> 草虫促促机下啼，两日催成一匹半。
>
> 输官上顶有零落，姑未得衣身不著。
>
> 当窗却羡青楼倡，十指不动衣盈箱。

这首诗，通篇民谣特色，却将社会生活反映得不能再现实了。王建的乐府诗其实就是底层人生活的画卷。

另外一首《望夫石》，写爱情之坚贞，更是动人心魄：

> 望夫处，江悠悠。化为石，不回头。
>
> 山头日日风复雨，行人归来石应语。

除了乐府诗，王建另有《宫词》一百首。《宫词》用七绝组诗的形式描写皇帝内宫的生活情景，在体制上是一种创新，内容也相当充实，欧阳修认为可补史传之不足。这组《宫词》诗对后世影响也较大，后代多有仿作者。

说到《宫词》，大家不免产生疑问，作为下僚的王建根本没有机会进入

中唐·新韵

皇宫，更别说在皇宫中生活了，那他又怎么对内宫生活了如指掌，以至于让欧阳修认为《宫词》可补史传之不足呢？

原来，王建与时任枢密使的大宦官王守澄有同宗的名分，王守澄与他相识后，称他为弟。他俩闲谈时，王守澄就讲了不少皇宫内的细琐事和一些生活场景。王建就是根据他的讲述而创作了《宫词》组诗。

王守澄是中唐时期最有名的奸宦，权势滔天，无恶不作，王建打心里就讨厌这个大宦官。一次宴会上，王建多喝了几杯，便开始讥讽戏谑王守澄，让王守澄下不了台，从此，王守澄对王建怀恨在心。

王建写的《宫词》流传开后，王守澄认为逮住了王建的把柄，威胁道："老弟写了《宫词》，但内庭深邃，你是怎么知道的，你要明明白白上奏！"

王建写了一首诗答复王守澄，末尾两句是："自是姓同亲向说，九重争得外人知？"（《赠王枢密》）不是你说的，九重深宫的事，外人又怎么晓得？

王守澄一看，觉得这事要追究起来，就追到自己头上来了，只好将这件事压了下去。

由此可知，王建其实也是个不附权贵、放浪无拘的人。正如他在《自伤》诗中云："衰门海内几多人，满眼公卿总不亲。"可见王建与张籍一样：人穷志不穷！

王建《十五夜望月》："中庭地白树栖鸦，冷露无声湿桂花。今夜月明人尽望，
不知秋思落谁家。"

锄禾日当午，汗滴禾下土。

谁知盘中餐，粒粒皆辛苦。

　　《悯农》，是中国小学生要学习的第一首唐诗。作者叫李绅。史书对李绅的介绍极简洁，一些写唐朝诗人的书也绕开李绅这个人，笔者也想绕开，但觉得绕开不写，就违背了本书"真实"性的原则，所以还是按照掌握的资料来实事求是地介绍这个人。

　　《悯农》实际上是两首，另一首如下：

春种一粒粟，秋成万颗子。

四海无闲田，农夫犹饿死。

　　这两首诗合在一起，确实是教育儿童悯农惜粮的最好警句。现在有些书评析道："作为封建士大夫，能够这样体会和同情农民的劳动与痛苦，是难能可贵的。"这句话本身没错，但用来赞扬李绅，那就是大错特错了。

李绅（772—846），字公垂，祖籍亳州谯县（今安徽亳州市谯城区），出生于湖州乌程县（今浙江湖州市）。李绅是唐高宗时中书令李敬玄曾孙，其父李晤是县令。李绅六岁时丧父，随母迁居润州无锡，于无锡惠山寺读书。贞元十年（794），拜后来元稹的岳父，当时任苏州刺史的韦夏卿为师学诗。

贞元十四年（798），李绅赴长安行卷，逢吕温，其诗《悯农二首》受到吕温赏识。贞元十七年（801）秋，李绅赴长安应试，遇韩愈，韩愈举荐他于陆慎，但他还是落第了。其间，李绅因与元稹、白居易同时考试而相识。

贞元二十年（804）九月，李绅与元稹在长安同宿靖安里宅邸，谈及崔莺莺事，作《莺莺歌》，元稹作《莺莺传》。

元和元年（806），李绅中进士，补国子监助教，后离京至金陵，入节度使李锜幕府，因不满李锜谋叛而下狱。李锜被杀后获释，李绅回无锡惠山寺读书。

元和四年（809），李绅赴长安任校书郎，与元稹、白居易共倡新乐府诗体（史称"新乐府运动"），他第一个有意识地以"新题乐府"为标榜，将他们所写的乐府诗与传统的古题乐府诗区别开来。李绅一气写出《新题乐府》二十首，元稹和了十二首。白居易本着李绅新乐府的精神，写诗五十首，改名"新乐府"。但李绅的二十首新题乐府诗现已佚。

元和十五年（820），李绅任翰林学士，卷入朋党之争，为"李（德裕）党"重要人物，任御史中丞、户部侍郎等要职。与李德裕、元稹被誉为"三俊"。

长庆四年（824），"李党"失势，李绅被贬为端州（今广东肇庆市）司马。放逐期间，李绅写了不少描绘路途艰险、发泄心中怨气的诗文。自宝历元年（825）至大和四年（830），李绅历任江州刺史、滁州刺史、寿州刺史，处境有所改善。大和七年（833），李德裕为相，起用李绅任浙东观察使。

开成元年（836），李绅任河南尹（管理东都洛阳的长官），旋又任汴州刺史、宣武军节度使、宋亳汴颍观察使。开成五年（840），李绅任淮南节度使，后入京拜相，任中书侍郎、同中书门下平章事，继又晋升为尚书右仆射门下侍郎，封赵国公，居相位四年。会昌四年（844），李绅因中风辞位，后又出任淮南节度使。

会昌六年（846），李绅病逝于扬州，终年七十五岁，赠太尉，谥文肃。

李绅是"新乐府运动"的先锋，对唐代长篇叙事诗的发展也有贡献。他的叙事诗除了《新题乐府二十首》（已佚），还有《莺莺歌》《悲善才》等诗，与元稹的《会真诗》《梦游春》《连昌宫词》，白居易的《长恨歌》《琵琶行》一样，是中唐时期长篇叙事诗中的代表作品。《莺莺歌》与元稹的传奇小说《莺莺传》相关联。作品以长诗铺排故事，有曲折动人的故事情节，人物描写十分细致传神，也是后来《西厢记》的创作依据之一。

李绅的散文比较著名的有《寒松赋》。这是一篇咏物抒情的小赋，赋文中多用骈俪句，但不都是四六句式，而富于变化，语言通俗平淡，极少使用典故，可谓唐代俗赋的典范。

仅从经历看，李绅似乎没什么不可说的地方。但是，看看以下几个故事，就能知道李绅到底是个什么样的人。

李绅为官后，"渐次豪奢"，一餐的耗费多达几百贯。他特别喜欢吃鸡舌，每餐一盘，耗费活鸡三百多只，后院宰杀的鸡堆积如山。

刘禹锡任苏州刺史时，时任司空闲职的李绅请他饮酒，并让几名家妓出来作陪。这些家妓，个个貌美如花。刘禹锡便吟了一首《赠李司空妓》：

高髻云鬟新样妆，春风一曲杜韦娘。

司空见惯浑闲事，断尽苏州刺史肠。

"司空见惯浑闲事，断尽苏州刺史肠。"明显带有讥讽李绅的意思，这两句诗后来衍生出了"司空见惯"这一成语。我们使用"司空见惯"这一成语时，可曾想过这个成语的本意是用来讽刺那个写"谁知盘中餐，粒粒皆辛苦"的李绅，讽刺他也奢侈无度的呢？

一个写"粒粒皆辛苦"的人，奢华到让苏州刺史痛惜到"断肠"。这已经不是"巨奸为忧国语，热中人作冰雪文"的"心声心画总失真"的问题了。这是课本和老师都不介绍李绅的原因。

李绅写《悯农》二首，写反映民间疾苦的新乐府，无非是给自己挣个"爱民"的名声，他从头至尾就没有过"兼济天下"的儒家情怀。

李绅在任江州刺史、滁州刺史、寿州刺史时，为官酷暴，当地百姓常常担惊受怕，很多人甚至渡过长江、淮河，外出逃难。下属向他报告："本地百姓逃走了不少。"李绅道："你见过用手捧麦子吗？饱满的颗粒总是在下面，那些秕糠随风而去，以后这种事不必报来。"

这是他对百姓的态度，再看看他对朋友的态度。

李绅发迹之前，经常到李元将的家中做客，每次见到李元将都称呼他"叔叔"。李绅发迹之后，李元将要巴结他，主动降低辈分，称自己为"弟"，为"侄"，李绅都不高兴，直到李元将称自己为孙子，李绅才勉强接受。

还有一个姓崔的巡官，与李绅有同科进士之谊。一次，崔巡官来拜访他，刚在旅馆住下，其家仆与一个老百姓发生争斗。李绅问那个家仆是干什么的，家仆说："是宣州馆驿崔巡官的仆人。"李绅竟将那仆人和老百姓都处以极刑，并下令把崔巡官抓来，说道："过去我认识你，既然来到这里，为何不来相见？"崔巡官连忙叩头谢罪，可李绅还是把他绑起来，打了二十杖。崔巡官被送到秣陵时，吓得面如死灰，甚至不敢哭一声。人们议论纷纷："李绅的族叔反过来做了他的孙子，李绅的友人成了被他流放的囚犯。"

武宗会昌五年（845），七十四岁高龄的李绅出任淮南节度使。其时，扬州江都县尉吴湘被人举报贪污公款、强娶民女。李绅接报后，立即将吴湘逮捕下狱，判以死刑。此案上报朝廷后，谏官怀疑其中有冤情，朝廷便派遣御史崔元藻前往扬州复查。崔元藻调查后发现，吴湘贪赃属实，但款项不多，强娶民女之事则不实，罪不至死。但李绅一意孤行，强行将吴湘送上了断头台。

李绅执意处死吴湘，其实是为讨好"李党"老大李德裕而实施的一次报复行动。原来，吴湘的叔父吴武陵当年得罪过李德裕的父亲李吉甫，两家是世仇。李德裕当上宰相后，也借故整过吴武陵，并将他贬为潘州司户参军，后吴武陵郁郁而终。李绅自然很清楚吴李两家的历史恩怨，为了取悦李德裕，李绅将吴武陵的侄子吴湘也列为报复对象，因而罗织罪名，处他死刑。

大中元年（847），唐宣宗即位后，罢免了李德裕的宰相职务，"李党"一干人等全部被贬去崖州。这时，吴湘的哥哥吴汝纳为弟鸣冤，请求朝廷复查吴湘案，三司复查后，吴湘终于得到平反。这时李绅虽已去世，但按照唐朝的规定，酷吏即使死掉，也要剥夺爵位，子孙不得做官，因此，死去的李绅受到了"削绅三官，子孙不得仕"的处罚。

任何一门艺术都是以表达"真、善、美"为根本目的，如果违背这个初衷，必将在历史长河中被淘汰。尽管文学创作中"文不如其人"甚至"文反其人"的现象普遍存在，一个作家的现实主体与艺术主体可分可合，但在讲究"德艺双馨"的国度，一个诗人或作家如果在人格上存在严重缺陷，本身充满假与恶，其作品就会随着时间逐渐被人们鄙弃。大唐诗人中，如宋之问、元稹、李绅，其作品及名气在当时可谓风头无双，"巨奸好为忧国语，热中人作冰雪文"（钱锺书《谈艺录》），时至今日，这些人早已星光黯淡，也将逐渐泯灭于文学长河之中。李绅专门编过自己的诗文集，可是除了《悯农二首》，其他诗文已经没人提及。

我们再将视线转向唐朝诗坛上最出名的浪漫事"桃花缘"。

去年今日此门中，人面桃花相映红。

人面不知何处去，桃花依旧笑春风。

这首《题都城南庄》脍炙人口，但作者崔护在大唐诗坛上没什么名气。崔护（772—846），字殷功，博陵（今河北定州市）人，贞元十二年（796）进士及第，大和三年（829）为京兆尹，同年为御史大夫、广南节度使。

崔护与白居易、刘禹锡、李绅处于同一时代。崔护比白居易还早四年中进士，说明他的才学应该不差，崔护的官做得也不比他们小，不过，崔护的诗流传下来的极少，只有这首诗让他在大唐诗坛上挂了个名。

《题都城南庄》走红，主要是因为这首诗背后的故事。

崔护出身书香世家，天资纯良，才情俊逸，性情清高孤傲，平日埋头寒窗，极少与人交往，即使偶尔偷闲出游，也喜欢独来独往。

这一年的清明时节，崔护赴长安赶考，结束后到都城南郊游玩。一路上杨柳花飞，莺燕啁鸣，暖阳和风，瑞气宜人。苦读不知春已浓的他，顿觉神清气爽。他一路漫行，看不尽红花绿草、春山春水，浑然不知道路的远近。不知不觉中，离城已远，他忽然觉得有些腿酸口渴，想找一处乡野农家歇歇脚，讨些水喝，以便日落之前赶回城去。

可这里已是僻野，农家极少，他举目四眺，终于望见不远的山坳处，一片桃花掩映中露出一角茅屋，便加快脚步朝山坳走去。临近山脚，在远处能望见的茅屋这时反而全被桃树遮住，眼前只有一片桃林，桃花灼灼，缀满枝丫，微风吹来，清香绕人，让人疑是误入了桃花源。

沿着桃林间的曲径往里走，在一小片空隙中，有一竹篱围成的小院，院落简朴雅洁。院中茅屋三楹，全用竹板茅草搭成，简陋却整齐异常。崔护心想："这是谁隐居在如此别致的地方？"

崔护上前敲门，只听得门内传出黄莺般的声音："谁呀？"

崔护怦然心动，赶紧答道："在下崔护，出城春游至此，口干舌燥，想在贵府讨口水喝。"

门内女子估计从门缝中瞧见崔护是一介书生，便开门让崔护进了院。

崔护进了院子，见那少女白里透红的脸上秋波盈盈，宛如一朵春风中的桃花，不由得怔住了。

少女转身去厨房内倒来一杯茶，递给崔护后，嫣然一笑。崔护努力稳住自己的情绪，礼貌地接过茶杯，轻轻呷了一口茶水，故作镇定地表明自己的姓氏和乡里，接着又十分客气地询问少女的姓氏及家人。少女似乎不愿多提，淡淡地说道："小女子名桃娘，随父亲蛰居在此。"她并不提及姓氏和家世，似乎有什么难言之隐，崔护也不好多问了。

崔护慢慢呷茶，本想与桃娘多说会儿话。可桃娘面带羞红，并无多言。茶杯见底后，崔护也不好多留，毕竟孤男寡女于荒僻之所，他可不想给桃娘留下轻薄印象，所以起身告辞。

桃娘默默送他到门口，崔护走出大门，忽然回首望向她时，她的眼光像慌乱的蝴蝶扑闪不定，她随后一低头，轻轻关上了院门。

转眼到了第二年春天，又是一个春暖花开日，崔护望着城中绽开的桃花，不由得触景生情，回忆起去年春天的城南旧事，一种无法压抑的冲动在心中腾起，于是，他怀着急切的心情，一路快行来到城外，想寻找往日的旧梦。

一路上花开如旧，瑞气依然宜人，但这些景物都已唤不起崔护的兴致，崔护心中只有那片灿灿桃花中的伊人。寻寻觅觅，他终于找到了那座茅舍，见一切如故，好像那一次春遇就发生在昨天。

走近院落，里面寂静无声。崔护定睛一看，这才发现茅舍门上静静地挂着一把铜锁。崔护好生失望，枯坐在院前的桃花树下痴等，可缤纷的花瓣落了他一衣襟，仍不见少女归来。又是夕阳西斜，他取出笔墨，怅然地写下《题都城南庄》一诗，挂在门锁上，很失落地回到了城里。

回城后，桃娘的倩影时常萦绕在崔护的心头。这样一来，他根本无法用心读书，甚至茶饭也难以下咽。数日之后，他再度前往城南寻访。这次，他很快就找到了茅舍，尚未走近，远远地就听到茅舍中传出了阵阵苍老的哭声。崔护心中一紧，连忙加快脚步赶到茅舍前，高声询问究竟。

一位白发苍苍的老汉，颤颤巍巍地走了出来，泪眼模糊中，上下打量着崔护，问道："你是崔护吧？"

崔护点头称是，老汉一听，悲从中来，哭着说："你杀了我的女儿啊！"惊诧的崔护急忙询问缘由。

老汉涕泪横流，哽咽说道："爱女桃娘，年方十八，知书达礼，待字闺中，自从去年清明见了你，日夜牵肠挂肚，只说你若有情，必定再度来访。她等过了一天又一天，春去秋来，总不见你的踪影，她朝思暮想，恍然若失。时过一年，本已将绝望，前几天到亲戚家小住，归来见到门上你所题的诗，痛恨自己错失良机，以为今生不能再见到你，因此不食不语，愁肠百结，竟然一病不起，于刚才溘然而逝。难道还不是你害了她吗？"

崔护听罢，如遭雷击。萍水相逢，痴心女子用情如此之深，怎不让崔护心痛欲绝呢！片刻，崔护回过神来，冲进桃娘的闺房，抱起桃娘一边摇晃，一边大声哭喊，泪水流满了桃娘的面庞。桃娘竟然悠悠地苏醒过来。一开始是呼出一丝绵绵的鼻息，接着双目微启，唇角微动，似乎认出了崔护，把脸深深地埋进崔护的怀里。

就这样，多情的桃娘居然从黄泉路上又走了回来。随后，崔护回家把情况禀明父母，父母体谅他们的一片真情，依礼行聘，择吉日将桃娘娶进门来。桃娘的父亲也被崔家予以妥善安置，得以颐养天年。崔护第二年进士及第，开启了他的惬意人生，所以就懒得作诗了，结果导致诗名不显。

这个圆满结局出自唐人孟棨的《本事诗》，但宋人计有功《唐诗纪事》的描写，则在崔护再寻不遇，题完《题都城南庄》后戛然而止，给人一种偶遇神仙的遐想。

　　韩愈的名气远不及李白、杜甫等人。现在人们对韩愈的认知，似乎只落在"唐宋八大家"的头衔上。然而，作为儒家中兴的关键人物，韩愈在宋代之后就入孔庙配享祭祀，在宋儒眼里，孔、孟之下，便是韩愈。韩愈不仅是文学家，还是杰出的思想家、教育家。后人将"百代文宗"的头衔冠于他，没有给柳宗元、白居易等人，显然他是同时代文人中对后世儒家影响最大的。至于写诗，用韩愈自己的话来说，那是"余事作诗人"。即便这样，单从诗歌的贡献来讲，他也是一位开创一代诗风的大诗人，是"韩孟"诗派的标志性人物。

　　韩愈（768—824），字退之，河阳（今河南孟州市）人，自称"郡望昌黎"，世称"韩昌黎""昌黎先生"。

　　韩愈的名"愈"，通"逾"，取自"不逾矩"，字"退之"，合在一起，充分体现了儒家"中庸之道"的精神。从韩愈的名字可以看出，他一定出身书香门第、仕宦世家。事实上，他的祖父与父亲都做官不假，但只是中下层官僚，其父韩仲卿只做过县令和秘书郎这样的七品芝麻官，但是，其父辈三兄弟都以文章著名，其三叔父韩云卿更被李白称为"文章冠世"。

生在这样的家庭，韩愈自然一出生就受到文风的熏陶。然而，在他出生一个月后，其母即病逝。在他三岁的时候，父亲也去世了，韩愈便由长兄及长嫂抚养成长。

韩愈又是个"别人家的孩子"，七岁开始读书，能"日记千百言"，十三岁会写文章，"言出成文"。大历十二年（777），长兄韩会由中书舍人被贬至岭南道韶州府任刺史，韩愈随长兄长嫂前往韶州。韩愈在长嫂郑氏的严格要求下，从小发奋读书，废寝忘食。

一次，嫂嫂郑氏发现韩愈好几顿只吃白饭，不吃肉菜，觉得很奇怪，心想是不是自己做的菜小韩愈不爱吃了。第二天，嫂嫂特意将肉菜多加香料，炒得喷香，端至韩愈的房间。她心想：这次小韩愈应该将菜吃精光了吧！可是，待她前去收碗筷时，发现自己炒的菜还是原封不动地摆在那里。韩愈正趴在桌上，一边看书，一边慢慢地扒饭，还不时地拿着筷子在书本上敲敲点点，书本都已被筷子戳得斑斑点点了。嫂嫂郑氏问韩愈在做甚，韩愈羞涩道，他正拿书中的好句子当菜下饭呢！"韩愈将书当菜下饭"的故事，就此传开，至今还在韶关一带流传。

韩愈在韶州待了三个年头，其兄韩会不幸染病死在贬所。韩愈随长嫂扶柩北归河阳，安葬好兄长，在嫂嫂的养育下，继续着他的学业。后来，河南兵乱，韩愈又随嫂颠沛流离，至宣城避乱、读书。

读完诸子百家书籍，韩愈认为儒家学说才是治世之道，于是花费大量精力研究儒家经典著作。学富五车后，韩愈确立了雄心壮志，欲实施儒家"兼济天下"的抱负。"我年十八九，壮气起胸中"（《赠徐州族侄》），"念昔始读书，志欲干霸王"（《岳阳楼别窦司直》）这些诗句是他早年心志的直接写照。

贞元二年（786），十九岁的韩愈离开宣城，前往长安行卷备考。他在京城拜访了名儒独孤及和梁肃，在古文写作上得到指点与锤炼。而后，他写了几篇文章干谒京城公卿，前宰相郑余庆对他大加赞赏，使他闻名一时。

然而，在接下来的科举考试中，韩愈一连三次落榜。一直到贞元八年（792），韩愈二十五岁时，在得到主考官陆贽的助手梁肃的推荐后，才进士及第。当然，能够在二十五岁就高中进士，也是一件很了不起的事了。要知道，白居易二十九岁中进士，还得意扬扬地说"慈恩塔下题名处，十七人中最少年"呢！

这次考试之后，韩愈结识了落榜生孟郊。孟郊比韩愈大十七岁，考进士考得估计连他自己都记不清多少次了，在一般人眼里，他就是一个穷苦潦倒的酸儒。可韩愈与他一见如故，"以为忘形之契"。孟郊生性孤僻耿介，遇到坦诚直率的韩愈，也是敞开心扉，无所不谈。两人畅谈古文，谈诗赋，谈当今文风，直至谈到儒家文道，两人产生共鸣，"英雄所见略同"。于是，二人结为忘年交，相互诗文唱和，形成一种"奇险"风格的流派。随着学习追随的人增多，这一流派遂被称为"韩孟"诗派。

韩愈成名之后，谈到与孟郊"以为忘形之契"的缘故。他说，他年少之时曾做一梦，梦里有一个人持一卷丹篆，强迫他吞下，旁边还有一人拊掌大笑。他惊恐不已，随即醒来。醒来之后，他觉得胃中似乎有物体噎住一般，而他尚能记得其中一二字，这几个字似乎不像人间文字。之后与孟郊相见，他总觉得似曾相识，细想之下，惊讶地发现，孟郊就是那个梦中在旁拊掌大笑之人，所以，他一见孟郊，就不由自主地产生亲切感。

韩愈与孟郊相聚了一段时间，失落得有点麻木的孟郊要返回老家，韩愈便写了《孟生诗》赠别，鼓励孟郊不必气馁。四年后，四十六岁的孟郊再赴考场，也终于及第。

二十五岁便进士及第的韩愈，在接下来吏部举行的博学宏词科考试中，连考三次都落榜。这让他"蹉跎颜遂低，摧折气愈下"（《县斋有怀》）。

韩愈暴脾气上来了，直接骂"有司好恶出于其心"，意思是说，你们这些考官录取随心所欲，任意取舍。潜台词是他韩愈不得人喜。根据史料记载，韩愈长得确实不是玉树临风型的，而是矮胖型的，可仪表这一项，恰恰在吏部制试中所占比重较大，长得帅气的元稹能轻而易举考第一，韩愈却考得怀疑人生也没通过。

韩愈接二连三考不过，心灰意懒，卷起铺盖走人。他在回河阳老家的路上，恰巧碰到有人向皇帝进贡两只小鸟，进贡的人沿途大呼小叫："这是进贡皇上的，快避开，快避开！"沿途路人都吓得赶紧闪开，不敢正面直视那群人。这情景刺激了韩愈那受伤的心，他愤而写下了《感二鸟赋（并序）》一文，抒发情绪。

然而，"文青"的愤怒，除了让过来人一笑，或者给予同情，对自己的前途是起不了丁点儿作用的。韩愈回到老家，一直待到贞元十二年（796），二十九岁时，才好不容易在宣武节度使董晋的推荐下，出任宣武节度使观察推官（掌管勘问刑狱工作）。

在家的这段时间，韩愈也没闲着，将唐朝以来的诗文研究了个遍，发现时人的骈文内容空洞，华而不实，已经违背了儒家"文以明道"的根本宗旨。他下决心从文章入手，"锐意钻仰，欲自振于一代"（《旧唐书·韩愈传》），欲倡导一场"修其辞以明其道"的文章复古运动，破骈入散，从而达到振兴儒学的目的。

任观察推官期间，文学青年李翱、张籍等人慕名来访，韩愈在指导他们习文的同时，联合他们积极宣传自己的文学主张，吸引更多的人参与文章复古运动。

贞元十五年（799），董晋病逝，韩愈被徐、泗、濠三州节度使张建聘为节度推官。贞元十六年（800），韩愈离开徐州，再赴长安，第四次参加吏部考试。这次他终于通过了铨选，于贞元十八年（802）被任命为国子监四门博士。

第二年，韩愈晋升为监察御史。当时关中大旱，京兆尹李实报喜不报忧，仍称关中丰收，导致官府仍按往常税赋征收，让关中灾民流离失所，饿殍遍野。韩愈前往关中调查，目睹百姓惨状，痛心不已，遂愤而上《论天旱人饥状》疏，揭露李实的谎言，要求朝廷赈济关中百姓。

李实是朝廷大员，又是皇族，被韩愈参奏后，暴跳如雷，动用一切关系对韩愈实施打击报复，结果是韩愈被贬连州阳山县令。三十六岁的韩愈被贬到五千里之外的阳山县（今广东阳山县），来不及与家人告别就被催着上路。他含悲忍泪，顶风冒雪地赶往阳山，就是这样一刻不停，待他赶到阳山时，已经三十七岁了。

贞元二十年（804）春，韩愈到达阳山上任，发现这里是穷山恶水，民生凋敝。但他没有气馁，抱着既然来当地方父母官，就要造福一方的信念，整顿县政，教民安于耕织，开荒垦地，发展农业、林业、渔业生产，增加百姓收入，改善百姓生活。对于当地豪强，刚直的韩愈更是毫不手软，坚决予以打击。

此外，韩愈做的影响最深远的一件事就是兴办教育，教化人民。他很快在阳山开办了阳溪书院等学堂，奖掖后进，提升了阳山的教育水平。他当阳山县令不久，这里的教育便逐渐扬名于广东各州府。也是从这时候起，"教化民众"成了他自我要求的责任之一。

工作之余，韩愈开始撰写《原道》《原性》《原毁》《原人》和《原鬼》这五篇哲学著作，系统地阐述自己的政治观、人生观和价值观。此外，他还写了一二十首诗。

在阳山县干了一年，贞元二十一年（805）正月，德宗驾崩，顺宗即位，改年号为"永贞元年"，二月大赦天下，凡被迁谪的朝官都回京复职。韩愈属大赦之列，但一直等到六月，他才接到赦令，被告知到江南西道的郴州府候命。韩愈遂于六月离开阳山，去到郴州待命。

离开阳山时，百姓挥泪相送，恋恋不舍。后来阳山县百姓为了纪念这位贤令的功绩，建立了韩文公祠、望韩桥、望韩门等建筑，还将阳山称为"韩邑"。

在郴州候命时，朝廷又发生变化，顺宗退位，唐宪宗登基，革新派失败。韩愈等了三个多月，才等到江陵府（今湖北荆州市）法曹参军的任命。其间，韩愈完成了他的"五原"写作，确立了他的儒学思想体系。

元和元年（806）六月，韩愈奉诏调回长安，任国子监博士，干上了自己最擅长也最喜欢干的事。

元和八年（813），干了八年博士的韩愈，官职没有得到提升，创作了《进学解》来自喻。这篇文章传到当时的宰相裴度那里。裴度看完，对他深表同情，认为他有史学方面的才识，于是在同年三月，推荐韩愈出任比部郎中、史馆修撰，让他修撰《顺宗实录》。

元和九年（814）十月，韩愈任考功郎中（这是组织科举考试的官），同年十二月任知制诰，第二年正月即升任为中书舍人。但是，韩愈性格刚直，得罪了不少人，有人告他黑状，结果他被改任为太子右庶子。

两年后，宰相裴度出任淮西宣慰处置使、兼彰义军节度使，讨伐叛军吴元济，聘请韩愈为行军司马。在平定淮西的战役中，韩愈展现了自己的谋略，建议裴度派千人精兵偷袭吴元济老巢蔡州，但裴度没有采纳。李愬雪夜入蔡州，一举擒拿了吴元济，夺得头功。谋士折服韩愈谋略的同时，又都替他的谋略未被采纳而感到惋惜。但韩愈在接下来劝降镇州王承宗的计谋上取得成功，一封书信让王承宗献表投降。

淮西平定后，韩愈因功授刑部侍郎，官居四品。之后，他作为副使参加了朝廷仪制、吉凶五礼的修订。

元和十四年（819）正月，宪宗派使者去凤翔迎佛骨，长安一时掀起信佛

▶ 裴度《溪居》："门径俯清溪，茅檐古木齐。红尘飘不到，时有水禽啼。"

狂潮。这件事让以中兴儒教为己任，一心想推动崇儒抑佛潮流的韩愈极其愤怒。他的暴脾气被点燃，也不管迎佛骨的是谁，毅然奋笔疾书，写出了让世人震惊的《论佛骨表》。在这封奏表中，他痛斥崇佛是荒唐之举，称佛骨舍利是"枯朽之骨，凶秽之余"，应将其烧毁，投入大海，永绝后患。他在论表的结尾说："佛如有灵，能作祸祟，凡有殃咎，宜加臣身，上天鉴临，臣不怨悔。"

如此激烈的论表，韩愈梗着脖子递给了唐宪宗。唐宪宗览奏后，气得差点吐出一大口血来，拍着龙椅大叫："好你个韩愈，朕要宰了你，要将你千刀万剐！"

宰相裴度与崔群一看皇上发这么大的脾气，赶紧上前劝解，韩愈是他俩的朋友，他们可不能眼睁睁地看着韩愈写了论表就招来杀身之祸。皇亲国戚中也有孩子是韩愈学生的，也赶紧劝宪宗冷静，毕竟大唐历史上还没有上谏言被杀的先例。这么多人好说歹说，唐宪宗才压下火气，想起太宗皇帝虚怀纳谏的教导，便放弃了诛杀韩愈的念头，但恶气难咽，直接将他贬到了八千里外的潮州当刺史。

这便是历史上有名的"谏迎佛骨事件"。

五十三岁的韩愈被贬潮州，潮州那时是个荒僻之所，瘴毒流行，在一般人眼里，他这次肯定是有去无回的放逐。韩愈也有这种感觉。途经秦岭山脉，来到蓝田县境的蓝关时，天降大雪，他备感悲凉。好在侄孙闻讯赶了过来，一路陪伴保护他。在蓝关前，回望京城，苍山茫茫，感慨万千的韩愈写下了脍炙人口的名篇《左迁至蓝关示侄孙湘》：

> 一封朝奏九重天，夕贬潮州路八千。
>
> 欲为圣朝除弊事，肯将衰朽惜残年。
>
> 云横秦岭家何在，雪拥蓝关马不前。
>
> 知汝远来应有意，好收吾骨瘴江边。

韩愈的侄孙名叫韩湘，这个名字是不是有点耳熟？不错，他就是民间传说中的"八仙"之一韩湘子。

韩愈被贬当日就被迫离京，家属随后也被逼离京。他的小女儿韩挐（rú），年仅十二岁，这时生病卧床，被家人抬着离京，远赴潮州。来到商南山区，韩挐病体不支，死在了路边。没有棺木殓尸，家人只好用树皮与藤条绑捆着，将她埋在了层峰驿道南山下。

韩愈得知消息，愧疚得泪如雨下。后来调回京城，韩愈专门来到女儿的坟前吊唁，并在驿站里题了《题驿梁》一诗。在自己逝世前一年，韩愈专门为挐女设祭，并写下了《祭女挐子文》。这篇祭文写得悔痛交加，催人泪下。

韩愈风尘仆仆地来到广州时，桂管观察使裴行立派幕僚元集虚带着礼物来慰问他，而元集虚路过柳州时，时任柳州刺史柳宗元也托他带信、带物问候韩愈。元集虚与韩愈见面，韩愈非常感动，写了两首诗表达自己对裴行立、柳宗元和元集虚的感激之情和相互勉励之意。

到达潮州，上任伊始，韩愈便深入民间，了解百姓疾苦。百姓反映的头等大事是湫水（恶溪，今韩江）有鳄鱼，长数丈，经常吃船上和岸边的人畜。经过调查，韩愈顺应当时"岭南淫祀之风"，决定采用祭鳄驱鳄的办法。他写了一篇《祭鳄鱼文》威胁鳄鱼："不听其言，不徙以避之……则选村技吏民，操强弓毒矢，以与鳄鱼从事，必尽杀乃止。其无悔！"然后，他带领众人于湫水边举行了一场祭鳄仪式，宣读《祭鳄鱼文》，勒令鳄鱼滚回大海去。仪式结束没几天，鳄鱼果然跑到六十里外的大海里去了。

《旧唐书·韩愈传》载："咒之夕，有暴风雷起于湫中。数日，湫水尽涸，徙于旧湫西六十里。自是潮人无鳄患。"这种记载带有传奇色彩。还有人传说是他那个成了"八仙"的侄孙韩湘子暗中驱赶的结果。传说归传说，其实应该是韩愈组织人员用强弓毒矢驱赶的结果。

赶走了鳄鱼，为当地百姓解决了问题，韩愈又在潮州组织人员干了两件

"功在当代，利在千秋"的事——修建北门堤，开辟金沙溪。这两件工程完工，彻底解决了当时潮州的内涝问题，也消除了鳄鱼回游伤民的隐患。同时，韩愈在潮州发现有逼民为奴、典当奴隶的恶习，出台相关政令，解救了一批被掠夺霸占的男奴女婢，并制定了制度杜绝这类现象发生。

当然，作为以"教化民众"为己任的韩愈，来到潮州后，自然要振兴当地的教育，实施兴办州学和乡学的举措。潮州当时很穷，为了筹集兴办学校的经费，韩愈拿出相当于自己八个月俸禄的百千钱（十万钱）作为办学资本，促使当地教育的发展。他的上司岭南道节度使孔戣得知这一消息，担心韩愈没办法生活，特别拨给他每月五十千钱的补助，但他上书辞谢了。

元和十五年（820）秋，韩愈被调至袁州（今江西宜春市）当刺史。到了袁州，韩愈发现这里也有逼民为奴的现象。他立即将在潮州制定的那套政策拿出来，解救了七百三十一个被掠典卖的奴隶。

在袁州任上没干多长时间，韩愈就被调回京城，任国子监祭酒，这是个大儒才能领受的职位，说明韩愈的诗文及"教化民众"的举措，得到了朝野上下的认可。其间，他写了一篇入选现在中学课本的千古名篇《师说》，树立师道尊严，扭转了当时社会上不尊师道的歪风。

长庆元年（821），镇州（今河北石家庄市一带）成德军发生兵变。因为当初曾一封信劝降镇州节度使，朝廷便调韩愈任兵部侍郎领宣慰使，前往镇州慰问，平复当地局势。

韩愈出发前，百官都为他的安危担忧，元稹甚至认为他会一去不复返，叹息道："韩愈真可惜！"唐穆宗也很担忧，命他到成德军边境先观察形势，不必急于入境，以防不测。

韩愈回复道："皇上命我暂停入境，这是出于仁义，关怀我个人安危。但不畏生死，去执行君命，则是我做臣子的应尽义务。"说完，他毅然只身前往。

到了镇州，面对剑拔弩张的将士，韩愈临危不惧，义正词严地与将士对话，将成德军将士说得心悦诚服，放弃了诛杀韩愈的念头。然后，韩愈对兵变首领、现领节度使的王庭凑晓以大义，促成王庭凑放弃包围的深州，使牛元翼率领的朝廷军队脱离险境。

韩愈成功平复了镇州叛乱，回到朝廷，转任吏部侍郎。长庆三年（823）六月，韩愈升任京兆尹兼御史大夫。因不参谒宦官，被时任御史中丞李绅弹劾。两人因此发生争执，互不让步，争辩不止，弄得唐穆宗左右为难。唐穆宗最后将李绅派任浙西观察史，将韩愈罢京兆尹，转任兵部侍郎。可李绅出京前，来到穆宗面前流泪陈说，穆宗怜惜李绅，改任李绅为兵部侍郎，将韩愈改任吏部侍郎。

长庆四年（824）八月，韩愈因病告假，同年十二月，病逝于家中，终年五十七岁。穆宗赐他礼部尚书衔，谥号文，所以后世又尊称韩愈为"韩文公"。

二百五十六年后，宋神宗因韩愈对儒学道统的继承与发扬，封他为昌黎伯，并准其入祀孔庙。

韩愈一生，用世之心甚切，是非观念极强，性格木讷刚直，昂然不屈。他的散文是文如其人，"发言直率，无所畏惧"。但他的诗新颖奇崛，既继承了李白恣意壮阔的奇情幻想，又吸收了杜甫的博大精深和"语不惊人死不休"的创新精神，形成了奇险的艺术风格。

韩愈的诗现存三百余首，总体来看，有以下特点。

韩愈诗的意境带有玄幻色彩，他以超群的想象力和豪壮的精神气魄创造诗境，奇突精警，光怪陆离。如《调张籍》一诗，他用一系列超现实的形象来表达自己的艺术追求：

李杜文章在，光焰万丈长。

不知群儿愚，那用故谤伤。

蚍蜉撼大树，可笑不自量。

伊我生其后，举颈遥相望。

夜梦多见之，昼思反微茫。

徒观斧凿痕，不瞩治水航。

想当施手时，巨刃磨天扬。

垠崖划崩豁，乾坤摆雷硠。

惟此两夫子，家居率荒凉。

帝欲长吟哦，故遣起且僵。

剪翎送笼中，使看百鸟翔。

平生千万篇，金薤垂琳琅。

仙官敕六丁，雷电下取将。

流落人间者，太山一毫芒。

我愿生两翅，捕逐出八荒。

精诚忽交通，百怪入我肠。

刺手拔鲸牙，举瓢酌天浆。

腾身跨汗漫，不著织女襄。

顾语地上友，经营无太忙。

乞君飞霞佩，与我高颉颃。

　　韩愈善于将景象夸张得惊心动魄，如写洞庭湖"轩然大波起，宇宙隘而妨"（《岳阳楼别窦司直》），写森林大火"天跳地踔颠乾坤，赫赫上照穷崖垠"（《陆浑山火和皇甫湜用其韵》），写月蚀"星如撒沙出，攒集争强雄。油灯不照席，是夕吐焰如长虹"（《月蚀诗效玉川子作》）。

　　韩愈诗的结构，有以文为诗的特点。就是用他自己提倡的古文笔法作诗，包括用古文的章法结构、句式、虚词，也包括把散文的议论、铺叙等方法

▶ 韩愈《北楼》："郡楼乘晓上，尽日不能回。晚色将秋至，长风送月来。"

带进诗中，如他写景的诗《南山诗》《山石》等。

韩愈诗的韵律，劲拔险拗，此处不赘。

此外，韩愈的一些小诗，状物写景极为准确、精细，意到笔随，文从字顺，如选入小学课本的《早春呈水部张十八员外》：

> 天街小雨润如酥，草色遥看近却无。
> 最是一年春好处，绝胜烟柳满皇都。

"小雨润如酥""草色遥看近却无"，写得多么细致入微，没有"心游物外"，谁能体会这么传神的景物特征？一个刚直得有些木讷的大文人，能写出这样精细的诗，确实让人难以置信。事实上，韩愈在"知天命"后，心态已经超然物外，所以他晚年的诗就有一种返璞归真的味道。

韩愈可谓中国历史上重要的文化名人，后人对他尊崇有加。苏轼在《潮州韩文公庙碑》一文中赞他"文起八代之衰，而道济天下之溺"。笔者以现代作家潘向黎对他的评述作结：

作为作家，他敢为风气之先，为文为诗气势磅礴。作为一个生命个体的"人"，他刚直敢任，人格伟岸，诚为伟丈夫。如此人中鸾凤，却也是性情中人，不但极重感情，敏感于生活中的许多细微乐趣和烦恼，而且有幽默的一面。

孟郊

慈母手中线，缝补不了一世寒贫，也能缝补一颗感恩的心

提起孟郊，自然让人想起《游子吟》这首诗：

> 慈母手中线，游子身上衣。
>
> 临行密密缝，意恐迟迟归。
>
> 谁言寸草心，报得三春晖。

这首诗将传统孝道根植于每个人的心中，每当读到这首诗，我们的感恩之心便油然而生。这首诗是点燃人们感恩之心的圣火。

孟郊还有一首比较有名的诗《登科后》：

> 昔日龌龊不足夸，今朝放荡思无涯。
>
> 春风得意马蹄疾，一日看尽长安花。

这首诗朗朗上口，将诗人登科后欢快的心情描绘得淋漓尽致。"春风得意"一语由此而来。

这两首诗很有名，却不是孟郊诗歌风格的代表，它们只是孟郊诗歌中的另类闲诗。孟郊绝大部分的诗中，没有温情，更没有欢快，有的只是苦寒。他是一位以写苦寒而闻名的诗人。

《登科后》是孟郊一生所写的唯一一首近体诗。这首诗被后人称为诗谶。"春风得意马蹄疾，一日看尽长安花"这两句，稍一联想，岂不是有"得意短暂，人生苦长"之意？回顾孟郊贫寒的一生，"登科"那一天，或许真的是他一辈子唯一得意尽欢的日子。

孟郊（751—815），字东野，湖州武康（今浙江德清县）人。他出生时，其父孟庭玢是昆山县尉，但他出生不久，其父便病故，兄弟三人由母亲一手拉扯大。虽然家境清贫，但母亲从未让孟郊放弃学业，一直供养他读书，支持他像所有读书人一样漫游天下。

孟郊青年时期漫游至嵩山，在此隐居读书过一段时间，后回乡参加乡举，连考几次都没有考中，但他的才学受到湖州当地名士的称赞。他与陆羽、皎然上人、韦应物都有来往。或许是出身寒门、家境清贫的缘故，他生性孤僻，不喜欢与人深交，一直没什么名气。

直到贞元七年（791），四十一岁的孟郊才在故乡湖州通过乡贡考试，取得考进士的资格。在母亲的要求下，他赴京城参加进士科举。他与韩愈一样干谒了前宰相郑余庆，受到郑余庆的赞赏。在郑余庆的介绍下，他与韩愈相识。

次年进士科举，韩愈及第，孟郊却落榜。与孟郊一见如故的韩愈大力推崇孟郊。他写诗赞孟郊："东野动惊俗，天葩吐奇芬"（《醉赠张秘书》），"吾愿身为云，东野变为龙"（《醉留东野》）。在韩愈的一再推崇下，孟郊诗名渐振，成为韩愈诗派的名士。

贞元十二年（796），四十六岁的孟郊又在母亲的命令下，第三次赴京参加进士考试。他这次终于进士及第。他喜极而泣，用并不喜欢的近体诗格式写下了《登科后》这首带有谶语特征的七言绝句。

慈恩塔下题名后，孟郊第一时间赶回去向母亲报喜。待他赶回家乡时，母亲已经不幸病故。跪在母亲的坟前，回想起母亲一生辛劳，为自己出行前缝补衣裳的情景，孟郊含泪写下了那首千古传诵的名篇《游子吟》。

贞元十七年（801），五十一岁的孟郊通过吏部铨选，被任命为溧阳县尉。孟郊对这一职位不太满意。他一个寒门文士出身，在登科前一直都生活在社会最底层，深知民间疾苦，让他带着一帮人催租逼税，显然违背了他一贯坚持的"致君尧舜上，再使风俗淳"的思想。但为了生活，他还是在极不情愿的情况下上任了。

这位老先生上任之后，正事不干，专门跑到溧阳县城外一个叫"投金濑"的地方游山玩水。那里有故平陵城，林薄蒙翳，还有一潭碧水。孟郊就在碧水潭旁徘徊吟诗。时间一长，孟郊就将诸多事务耽搁了。县令不高兴了，可他也不好多做管束，更不能罢他的职，毕竟孟郊是新科进士出身，是著名诗人，怎么办呢？

县令干了一件令人啼笑皆非的事，另请一人代孟郊做县尉的工作，孟郊继续守在碧潭边苦吟，但他必须分出一半薪俸给代他做事的人。估计孟郊也只有吟诗的心情，便依着县令的办法去做。本来薪俸就不多，再分一半给别人，他就贫困潦倒了。

《唐才子传》说他："拙于生事，一贫彻骨，裘褐悬结，未尝俯眉为可怜之色。"以现在的眼光来看，孟郊可能就是个读书读得迂呆、吟诗吟得痴迷的人，他已完全沉迷于诗的精神世界，现实生活已与他无关，所以后人称他为"诗囚"。

其实，孟郊青年时期在嵩山隐居读书时，接触了元结的诗文集，一番研读，他成了元结思想的继承者。他接过元结诗派手中的复古大旗，宣扬其复古的政治和文学主张。他宣扬仁义道德，歌颂尧舜古风，批判浇薄时风和作乱犯上，处处显示出一个伟岸君子的姿态。

他对时俗采取抵制态度，"耻与新学游，愿将古农齐"（《立德新居》）。他所结交的官僚和朋友，如郑余庆等人，多是些重道德、守古道的人物。他标榜"终是君子材，还思君子识"（《衰松》），表达不与时俗为伍，只求复古守道的知音意愿。他的卫道、守道的思想与行动，与韩愈所倡导的中兴儒道思想不谋而合。二人一番交谈后，结为"忘形之交"。

这样一个惜守古道之人，与浮躁的现实确实难以契合，而且孟郊是个固执的人，即便生活无出路，也不改变自己的理想与行为准则，所以他的清贫是必然的。

但孟郊绝不会向清贫低头，在溧阳待了两年，他干脆辞职回家。回家的时候，他一贫如洗，写了《借车》一诗："借车载家具，家具少于车。"这时候，韩愈外贬阳山，估计也帮不上他。

在穷困中度过两年时光后，一直对他比较赏识的郑余庆调任河南尹。为了给孟郊一个生活的出路，郑余庆调他任水陆运从事、试协律郎。这是个九品小官，但可以保证孟郊生活无忧。自此，孟郊定居于洛阳立德坊，免于冻饿。

可是，孟郊的三个儿子接二连三地病逝，白发人送黑发人，中年丧子，他受到了沉重的打击。

元和九年（814），郑余庆调任兴元尹，奏请孟郊出任兴元参谋、试大理评事。"试大理评事"相当于这个职位的实习生，考核合格后可转正。大理评事为从八品职位。年逾花甲的孟郊接到任命，欣然前往，行至河南阌乡县时，染疾身亡，终年六十四岁。

孟郊去世后，郑余庆买棺殓葬，张籍与韩愈等人商议，私谥他为"贞曜先生"，韩愈亲自给他写了墓志铭。

孟郊穷苦一生，仕途极平淡，但其诗在韩愈这个"百代文宗"的推崇下，对当时及后世都产生了较大的影响。同许多历史文化名人一样，民间也有他的逸闻流传。

传说孟郊小时候聪明伶俐。那年秋天，一个钦差到武康县了解民情，县令自然是要大摆宴席，宴请这位钦差大臣。宴会开始时，身着破旧绿衫的小孟郊恰好走了进来，县令便瞪眼喝道："去去去，像个叫花子似的，真扫兴！"

小孟郊气愤地顶了一句："家贫人不平，离地三尺有神仙！"

钦差大臣一听，这孩子出口不凡，便让县令安排小孟郊在一个偏席坐下，准备考一考他的才智。孟郊也不害怕，坐了下来，请钦差大人出题。

钦差大人见小孟郊身着破旧的绿衫，拈须讥笑道："小小青蛙着绿衣。"

小孟郊略一思忖，又见席桌上有一盘蒸螃蟹，便起身对道："大大螃蟹着红袍。"

身着红袍的钦差大人顿时面红耳赤，想了一下，又出一联道："小小猫儿寻残食。"

小孟郊冷笑一声，对道："大大老鼠啃皇粮。"

这句话一出，惊得钦差大人与县令冒出一身冷汗，因为钦差大人正是为皇粮而来，其中猫腻也只有他二人知道，结果被小孟郊歪打正着，他们岂不心惊？但小孟郊毕竟还是孩子，他们也不好追究，只好悻悻地赏了小孟郊几百钱，假意夸奖他一番，便放他出去了。

还有一个传说更有趣，居然传说"打油诗"是孟郊发现并命名的。

传说孟郊任溧阳县尉时，喜欢到处游山玩水。这一天，大雪纷飞，他来到一座古寺，进了大殿，抬头便见雪白的墙壁上题了一首诗：

六出九天雪飘飘，恰似玉女下琼瑶。

有朝一日天晴了，使帚的使帚，使锹的使锹。

孟郊是个咬文嚼字的苦吟诗人，更是一个以复古为己任的诗人，陡然看见古寺庙内被人题上这么一首粗鄙不堪的诗，勃然大怒，对跟班的喝道："这是什么鬼？居然涂写上墙，简直有辱斯文。你们查查谁这么放肆，本官要治他的罪！"

跟班的笑道："大人无须查，写这种诗的，不会是别人，一定是本县那个卖油郎张打油！"

孟郊将信将疑，命跟班的将张打油带来。不一会儿，卖油郎张打油被带到，孟郊还没问，张打油便深深一揖道："大人可是很欣赏这墙上的诗？小人平时喜欢诌几句，可能比这墙上的还要好！"

孟郊哭笑不得，便道："你真的会诌？本官命你以这场大雪为题，诌几句诗让本官听听！"

张打油一听，来了劲儿，略一思忖，便晃头晃脑地吟道：

天下一笼统，井上黑窟窿。

黄狗身上白，白狗身上肿。

跟班的听完最后一句，笑得在雪地里打滚，孟郊也被逗得没了脾气，忍不住挥手笑道："果然是好诗，本官就叫它'打油诗'好了，你继续吟你的打油诗去吧！"

张打油从此逢人便吹他的"打油诗"得到了孟郊大诗人的赞许，并亲自命名为"打油诗"。经他这一吹嘘，他张打油的诗名也远播天下，"打油诗"也成了老百姓喜闻乐见的题材，有些文人也写"打油诗"戏谑，"打油诗"居然伴随唐诗流传至今。

孟郊是复古思潮的杰出代表，他一生都行走在恢复古道、淳化民俗、振兴诗坛的道路上。他的诗在内容上超出了大历时代、贞元时代那些狭窄的题材范围。虽然其诗的主旋律是中下层文士对穷愁困苦生活的怨怼，但这是由他屡试不第、仕途艰辛、中年丧子的生活遭遇决定的，他的诗还是通过自己的命运反映了广阔的社会生活。他在反映自己的困苦时，也不忘将目光投向更底层百姓的苦寒，如《寒地百姓吟》《贫女词》《织妇辞》《病客吟》等。

孟郊诗的第一个特点是，在反映客观现实时总有鲜明的主观感受。如"霜吹破四壁，苦痛不可逃"（《寒地百姓吟》），"食荠肠亦苦，强歌声无欢。出门即有碍，谁谓天地宽"（《赠别崔纯亮》）等。

第二个特点是，在诗歌艺术特征上，孟郊的诗突出一个"奇"字。孟郊诗句塑造的意境，思新意奇，出人意料。如他写穷苦，"借车载家具，家具少于车"（《借车》），"吹霞弄日光不定，暖得曲身成直身"（《答友人赠炭》）；他写景物，"南山塞天地，日月石上生"（《游终南山》），"千山不隐响，一叶动亦闻"（《桐庐山中赠李明府》）。这些都是以平常语写新奇境的名句。

此外，孟郊还能用奇语奇句写奇境。如写穷愁，"冷露滴梦破，峭风梳骨寒"（《秋怀》）；写世情，"道路如抽茧，宛转羁肠繁"（《出东门》）；写景物，"溪镜不隐发，树衣长遇寒"（《送无怀道士游富春山水》）。

更奇的是，五言诗句一般都是上二下三句式，孟郊打破常规，写出上一下四的句式，如"藏千寻布水，出十八高僧"（《怀南岳隐士二首·其一》），"磨一片嵌岩，书千古光辉"（《吊卢殷十首·其四》），这种改变诗歌传统表达方式的诗句，给人以新鲜的艺术感受。

这些奇语奇句奇意境，如果不是冥思苦吟，谁又能轻易写出？孟郊不愧是苦吟诗人。

孟郊诗的第三个特点，也是最显著的特点，他与元结一样，一辈子致力于五古写作，他把古体诗的写作当作自己崇古道、求古心，纠正当时浮华纤弱诗风的一种手段。孟郊的五古乐府诗，如《游子吟》《古离别》等，风格朴实，写得真切感人。苏轼评价"诗从肺腑出，出辄愁肺腑"（《读孟郊诗》）。

孟郊存世的诗有五百七十多首，在当时就产生了重大的影响，唐代李肇在《唐国史补》中说"元和以后……诗章则学矫激于孟郊"。孟郊的诗也影响了后世一大批人，如宋代诗人梅尧臣、谢翱，清代诗人胡天游、江湜、许承尧等。

苏轼在评唐朝诗人时，将孟郊与贾岛并列总结，给出了"郊寒岛瘦"这样的评价，简洁精辟。

贾岛

诗奴也有成仙的一天

在唐朝诗坛占有一席之地的贾岛，显示了大唐诗人的多样性。大唐诗人狂放不羁的大有人在，性格古板的也不在少数，还有诸如高适、韦应物等幡然醒悟、浪子回头的，但这些大诗人不管怎么说，天资聪慧是毋庸置疑的，没有哪位大诗人会让人感觉到"笨拙"，包括孟郊。但贾岛的出现，填补了这一空白，他向世人证明"勤能补拙"这一道理，用于写诗也行得通。

贾岛是个"为了写诗而写诗"的人，他一生的精力都花费在遣词造句的锤炼上。后人称他为"诗奴"，恰如其分。

贾岛（779—843），字阆仙，出生于幽州范阳县（今河北涿州市），自号"碣石山人"。范阳曾是安禄山的老巢，安史之乱后，这里长期被藩镇割据，处于半封闭状态。贾岛出生于平民家庭，门第寒微，所以他的早年行事无资料记载。

贾岛与其堂弟贾区早年参加科举考试，由于出身低微，在官场找不到人推荐，无依无靠，所以一再落榜，直考得身无分文、流落街头。眼看毫无出路，贾岛被迫拽着贾区一道出家为僧，贾岛法号无本，贾区法号无可。

贾岛出家前，屡考不中，心中愤愤不平，写下了《剑客》一诗：

十年磨一剑，霜刃未曾试。

今日把示君，谁为不平事？

这首诗写得昂扬豪气，但是，寒门子弟昂扬，除了被人耻笑，并不会有人认为你堪当大任。贾岛当时除了出家当和尚混口饭吃，真的毫无出路。

贾岛在哪里出的家，现无据可考，反正在元和年间（806—820 年），他跑到长安的青龙寺当和尚。但是，当了和尚的贾岛，从来没有耽搁吟诗，没事就将诗歌当作佛经念。

这年深秋，秋风吹过，长安大街上落叶纷纷。当了和尚的贾岛，骑着毛驴漫行在大街上，目睹满街黄叶，悲秋情怀发作，随口吟了句"落叶满长安"。这句诗脱口而出，连贾岛自己都感觉到妙不可言。但诗不是一句就能成的呀，还必须配几句表达一个完整的意境，这种成诗方法也是诗人吟诗的基本方法之一。

有了一句好诗，贾岛一高兴，卡壳了，一时不知道前面补什么、后面接什么，急得抓耳挠腮，幸好没头发，否则都会揪下来几缕。这其实就是天分。换作李白，哪用这般费劲，张口就来，好词好句喷涌而出。可贾岛就是贾岛，虽然字阆仙，但与仙没有关系。他卡壳了，一时半会儿根本解决不了。

这时，一队仪仗队迎面而来，可贾岛根本没注意到，他骑的小毛驴又天生犟种，只要主人不发话，它才不管对面什么高头大马，什么锣鼓开道，照直闯。这一闯，将对面的仪仗队惊得纷乱不堪，护卫一把逮住了小毛驴，正要抓光头和尚时，和尚忽然大笑道："秋风生渭水！"

外面吵吵嚷嚷，早就惊动了坐在轿子里的京兆尹刘栖楚大人。刘大人探头喝道："什么人敢对本官如此不敬？"

清醒过来的贾岛赶紧作揖道歉，道："禀大人，贫僧贾岛，因吟诗沉迷，来不及回避，冒犯了大人，请大人恕罪！"

刘栖楚一听，冷笑一声，道："你就是那个不服寺规的贾岛？"

贾岛点头称是。刘栖楚大喝一声："将这个假和尚给我抓起来！"

左右一拥而上，将贾岛扭住，押送到牢房。

原来刘栖楚知道贾岛，听说过他不服从青龙寺僧人不得夜出的寺规，还写"不如牛与羊，犹得日暮归"的诗句加以讥讽。在身为京兆尹的刘栖楚看来，僧人不服从寺规，犹如百姓不服从律法，这样的人必须严加管教。尽管他也知道贾岛是个诗僧，但诗僧也是僧，也不能享受什么特权，所以他毫不留情地将贾岛关了起来。

贾岛这个和尚也不是白当的，被关起来后，显示出淡定的一面，居然一夜之间在牢房里将那两句诗扩展成一首完整的五律《忆江上吴处士》：

闽国扬帆去，蟾蜍亏复团。

秋风生渭水，落叶满长安。

此地聚会夕，当时雷雨寒。

兰桡殊未返，消息海云端。

这首诗就"秋风生渭水，落叶满长安"这两句出彩，其他的句子一般，尤其是"蟾蜍亏复圆"这句更是平庸，可见贾岛写诗的天分不行。

贾岛被关了一夜，就被放了出来，估计刘栖楚只想教训他，并不想为难他，毕竟都是读书人。

这个会作诗的和尚被放出来之后，"痴性难改"，一天，他又骑着毛驴在大街上犯痴。原来，他头天晚上拜访好友李凝，扑了个空，作了《题李凝幽居》一诗：

闲居少邻并，草径入荒园。

鸟宿池边树，僧推月下门。

过桥分野色，移石动云根。

暂去还来此，幽期不负言。

　　贾岛骑毛驴上街时，又琢磨起这首诗，琢磨到"僧推月下门"这句中的"推"字，犯难了。他忽而感觉用"敲"字更合适，忽而又感觉还是用"推"字合适一些，于是在驴背上比画起"推"与"敲"的动作。

　　他在驴背又"推"又"敲"的不要紧，他胯下的毛驴自认聪明，以为主人催它快点儿走，于是发足狂奔，结果它又冲进了迎面而来的仪仗队里。仪仗队又乱作一团，护卫又一把薅住了小毛驴和贾岛。这次仪仗队里的官员是个骑着高头大马的矮胖子。这个矮胖子看着抓耳挠腮的和尚，没有发脾气，倒是很和蔼地问道："你这是做甚？"

　　贾岛忐忑地回答："回大人，贫僧贾岛正在为诗中的一个字苦恼，没来得及回避，冲撞了大人，还请恕罪！"

　　这位矮胖子大人比上次那个刘栖楚态度要好得多，示意护卫放开贾岛，饶有兴致地笑道："什么诗，说来我听听！"

　　于是，贾岛眉飞色舞地将困扰自己的学术问题卖弄了一番。幸好他是个光头和尚，否则他在描述这一学术问题时，估计头发都会飞扬起来。

　　矮胖官员听罢，沉吟片刻，微笑道："虽然'推'字比'敲'字在韵格上要好，但我认为还是用'敲'字好。因为夜半静寂无声，一个'敲'字带音打破寂静，让整首诗的意境更为丰富，更有张力。况且半夜推门也不合适吧？"

　　贾岛一听，兴奋得手舞足蹈，道："对对对，'敲'响之后，反而更有'蝉噪林逾静，鸟鸣山更幽'的意境！"

　　矮胖子大人含笑点头。贾岛一阵兴奋之后，忽然想到这个矮胖子大人怎么这么有学问，于是愣愣地问了句："你是谁呀？"

矮胖子大人不以为忤，随手想捻胡须，却没捻上，因为他没长什么胡须，只好尴尬地笑道："本人韩愈。"

贾岛一听，如遭雷击，惊得要下驴跪拜。韩愈，谁呀？当朝吏部侍郎，这是三品大员啊！这还不是关键，关键是这位韩侍郎可是"文起八代之衰"的"百年文宗"啊！

韩愈拉住贾岛，与他并辔而行，就诗歌问题与他展开探讨，两人越聊越投机，结果贾岛如愿拜韩愈为师，成为韩门最著名的弟子之一。贾岛冲撞韩愈，成就了千古佳话。

韩愈秉承"有教无类"的思想，认为贾岛既然这般刻苦，那就一定是可塑之才。在他的劝导下，贾岛脱僧还俗，又参加了科考。贾岛考了几次，又都落第，但在韩愈、张籍等人的一再鼓励下，最终还是考取了进士。

考取了进士的贾岛还有一个心结，那就是如何面对堂弟无可上人。当年可是他鼓动无可一道出家的，现在他还俗当官了，无可上人却真的一辈子晨钟暮鼓的，他怎么说也得给个解释吧？

他是诗人，解释自然要用诗。可这首诗，他硬是"推敲"了三年才写成。这首诗便是《送无可上人》：

圭峰霁色新，送此草堂人。

尘尾同离寺，蛩鸣暂别亲。

独行潭底影，数息树边身。

终有烟霞约，天台作近邻。

他在这首诗里安慰无可"我会回来陪你的"。在"独行潭底影，数息树边身"这两句诗旁，他加注了一首小诗："两句三年得，一吟双泪流。知音如不赏，归卧故山秋。"他注解的这首小诗主要用来说明他吟诗的艰辛，没想到他随便写的小诗，比他那首《送无可上人》正诗还要出名。

贾岛中进士，在朝廷也只当了个小官，很不如意。由于俸禄太少，他仍然保留着和尚的习性，寓住在法乾无可精舍。

这时候，那个一直提拔韩愈的原宰相晋国公裴度修了一间府邸，邀请他的一帮亲朋好友参观。韩愈、张籍、王建等人都参加了，贾岛也跟着去了。裴度在朝廷是德高望重的大功臣，对韩门子弟一直照顾有加。韩愈等人作诗恭贺，无非都是些恭维的话，可贾岛写了这样一首诗：

题兴化园亭

破却千家作一池，不栽桃李种蔷薇。

蔷薇花落秋风起，荆棘满庭君始知。

这首诗明显是在讥讽裴度，同时影射了同行的韩愈等人，按这意思，韩愈等人岂不成了荆棘？这首诗当然令在场所有人都很难堪，说明贾岛当和尚当得情商堪忧。

这还不算数，他为了发泄心中的郁闷，又写了一首《病蝉》来讥讽满朝公卿：

病蝉飞不得，向我掌中行。

拆翼犹能薄，酸吟尚极清。

露华凝在腹，尘点误侵睛。

黄雀并鸢鸟，俱怀害尔情。

这首诗一出，惹得公卿大臣群起而攻之，有人将他和另外几个品行不好的官员并列为京城十恶。但韩愈尚在世，暂且保住了他。

后来，贾岛写诗的名气起来了，就越来越自恋，将自己的诗集供起来，点香吟诵。

一天，贾岛坐在无可精舍内，正在忘情吟诵自己的大作时，忽然走进一个身着锦袍的富家子弟，拿过他的诗集，翻看了起来。贾岛霍然惊起，一把抢过自己的诗集，瞪着眼骂道："你这个胖家伙也懂诗？别污了我的诗卷！"

那人愣了半晌，面红耳赤，什么话也没说就转身离开了。贾岛得意了片刻，忽然感觉那人好像有点眼熟，越想越觉得不对劲。想着想着，他浑身哆嗦起来，那位……不是……不是当今圣上吗？他吓得趴在地上叩头时，那富家子弟早就不见了踪影。

贾岛欲哭无泪，心想：你这个小皇帝呀，你微服私访跑出来玩，哪里不能去，干吗非得跑到我这个破寺庙里来呢？贾岛再怎么埋怨也晚了，那位富家子弟打扮的公子哥，不是别人，正是唐文宗。

唐文宗没有那么宽阔的胸怀来原谅他，不久就下旨将他贬到离京城遥远的遂州长江县（今四川蓬溪县西）任主簿，因此时人雅称他为"贾长江"。这一年是开成三年（838），他已六十岁。

开成五年（840），贾岛迁任普州司仓参军。武宗会昌三年（843）七月二十八日，贾岛在普州去世，享年六十五岁。他无儿无女，死后，家徒四壁，只留下几卷诗、一张琴，还有那头神奇的小毛驴。

贾岛留有《长江集》十卷，录诗三百九十首，另有《诗格》一卷。贾岛诗学孟郊之清苦，但他不像孟郊那样能够推己及人，仅仅在个人清苦生活及与朋友唱酬交游的狭窄范围内，进行诗歌艺术的惨淡经营。在诗歌形式上，他选择了元和诗坛不注重的五律，一意专攻。在诗歌风格上，他以瘦硬僻涩取胜，刻意用平淡的词语塑造出生涩的句子来刻画幽冷的意境，他是继孟郊之后韩愈诗派的又一面旗帜。

韩愈在世时，写下了《赠贾岛》推崇贾岛：

孟郊死葬北邙山，从此风云得暂闲。

天恐文章浑断绝，更生贾岛著人间。

　　尽管韩愈一再推崇贾岛，可在当时，并没有多少人认为贾岛有才气，所以他不受时人的重视。但他的诗作与苦吟精神，在晚唐五代时备受推崇。晚唐的李洞就特别崇拜贾岛，铸了一尊贾岛的铜像，还给铜像戴上巾帽。他每天对着铜像数佛珠，至少念一千遍"贾岛仙"。如果有人说喜欢贾岛，李洞必然会手录贾岛诗赠之，然后叮嘱再三："此无异于佛经，拿回去后焚香拜它！"南唐的孙晟也画了贾岛的画像挂在墙上，每天顶礼膜拜。

　　贾岛生前做梦也没想到，死后会被某些人奉为"仙"。其实，贾岛有一首诗还是有点儿仙意的，且以此诗作结：

寻隐者不遇

松下问童子，言师采药去。

只在此山中，云深不知处。

李贺

高轩过，石破天惊，谁在云端长吟天若有情

唐代诗坛有三座令人叹为观止的高峰：盛唐李白、中唐李贺、晚唐李商隐。宋人称"太白仙才，长吉鬼才"，不错，这三位李姓大诗人的才气都超出了凡人的范畴。

李贺（790—817），字长吉，河南福昌（今河南宜阳县）人，唐高祖李渊的叔父——郑王李亮的后裔。李贺对自己的李唐宗室血统十分自豪，常自称"唐诸王孙李长吉"，但实际上，到了李贺父亲李晋肃时，他家早已世远名微，家道中落，沦落到隐居昌谷之中，所以后人也称李贺为"李昌谷"。

李贺的父亲李晋肃与杜甫是表亲，称杜甫为表兄，两人曾在公安相遇。李晋肃只当过小官，四处漂泊，直到李贺出生的贞元年间才升任陕县令，但不久病死。李贺母亲郑氏育一女二子，在长女出嫁后，家境愈加贫寒，李贺兄弟二人十几岁起就外出谋生。

李贺长相异于常人，最有特征的是两道眉毛粘在了一起（通眉），很纤瘦，手爪很长。李贺又是神童一个，七岁能诗，还擅长"疾书"，小小年纪便名扬京洛。

这么一位神童，习诗还十分刻苦，据说他经常骑着驴带着个小童外出，

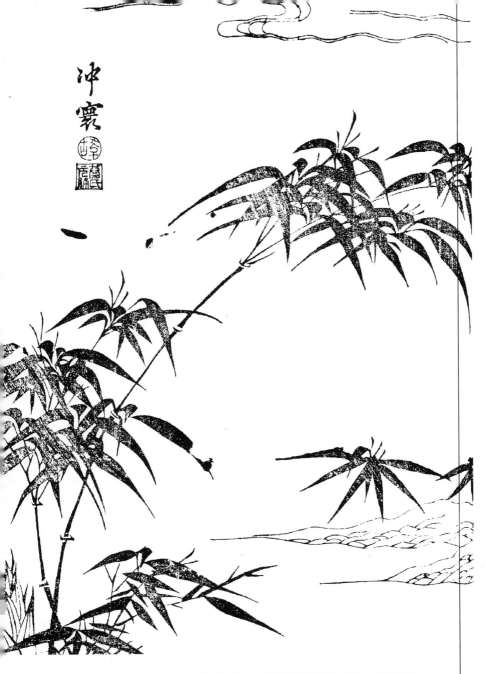

李贺《昌谷北园新笋》:"箨落长竿削玉开,君看母笋是龙材。更容一夜抽千尺,别却池园数寸泥。"

背上总背着个破旧的锦囊，走在路上看见好风景或者突发灵感，便随手写在字条上，丢进锦囊内，然后回家整理。每次回到家中，其母郑夫人打开锦囊，发现锦囊里的字条装得满满当当的，于是郑老夫人心痛道："我儿为写诗要呕出心来不成？什么时候才能不这样费心劳神呢？"

一个天分奇高还如此呕心沥血创作的人，他的作品惊天地泣鬼神，也是顺理成章的事。他十五岁时写的那首《马诗》，入选了小学课本：

> 大漠沙如雪，燕山月似钩。
>
> 何当金络脑，快走踏清秋。

此诗一出，立即传遍京洛，当时人们将他与"大历十才子"之一李益并称"二李才子"。李益比李贺大了足足四十二岁，当时以写边塞诗出名。将李贺与前辈李益并称，有点让人费解。或许是时人认为这首《马诗》足以与李益的边塞诗比肩，又或许是时人并不知道写这首《马诗》的李贺，其实只是个十五岁的少年。

如果说这首五言小诗还不足以反映李贺超凡的天赋，那他十八岁时写的《雁门太守行》就足以让人惊为天人了：

> 黑云压城城欲摧，甲光向日金鳞开。
>
> 角声满天秋色里，塞上燕脂凝夜紫。
>
> 半卷红旗临易水，霜重鼓寒声不起。
>
> 报君黄金台上意，提携玉龙为君死。

这首诗惊艳绝伦（诗中"玉龙"一词，李贺常用来代指宝剑），他自己也很满意，便带着这首诗拜谒他久仰的韩愈。他来到长安，韩愈已到洛阳任国子监博士。于是他又赶到洛阳。李贺将自己的诗集递到韩愈衙门门房时，韩愈刚忙完公务，很疲惫，脱了衣服准备上卧榻休息。门房将诗集呈上，韩愈便拿着诗集躺在榻上随手翻阅。

韩愈看到《雁门太守行》诗的前两句"黑云压城城欲摧，甲光向日金鳞开"时，浑身打了个激灵，霍然坐起，睡意全无。一口气读完这首诗，韩愈赶紧从榻上下来，一边穿衣服，一边吩咐门房："递诗集的人在哪里？快请进来，快请！"李贺来到书房，韩愈见他相貌奇特不凡，又那么年轻，就愈加欢喜。一番长谈，李贺赫然成了韩愈眼中的李太白。

送走李贺后，韩愈的学生兼好友皇甫湜（shí）来访。韩愈难抑自己发现天才的兴奋之情，在皇甫湜面前大吹特吹李贺，甚至说李太白再世的话也不一定比得过李贺。

皇甫湜是个极其自傲的家伙。裴度平淮西，受到皇帝重赏后，他将大部分钱财都施舍给了福先寺，用于该寺重修。福先寺重修完工后，裴度写信给白居易，想请白居易为重修福先寺撰写一篇碑文。这件事传到当时正在裴度府当幕僚的皇甫湜耳中。这家伙一听，不乐意了，找到裴度直接道："您的幕府中就有才高八斗之人，为什么写个碑文还要舍近求远呢？白乐天的文与我相比，就是下里巴人比阳春白雪。您如果执意要弃阳春白雪而用下里巴人，说明您根本容不下我这样的高人，那我只好辞职！"

看看，这家伙够自恋的了吧？还别说，裴度还真吃他那一套，居然真的改变了主意，将碑文交给皇甫湜去写，并且预先奉送价值一百万钱的礼单。但是，皇甫湜看着礼单发怒道："我的文章可不是什么地摊货，怎么也值每字三匹绢，这篇碑文字三千，共计九千匹绢，少一匹都不行！"

裴度的手下听了这话，恨不得上前将他一顿痛打，但裴度并不生气，说了一句"奇才"，还是按他的要求送了他九千匹绢。其实皇甫湜这么狂傲，也不是毫无底气的，顾况的诗集就是由他作的序，他作的古文连韩愈都自叹不如。这么一个狂傲的人，听韩愈吹嘘一个十八岁的小年轻，自然不服气，抬杠道："如果您说的是古人，那就算了，但您说的是现在，那么我就一定要眼见为实，我不相信这个世上还有您说的这样的天纵奇才存在！"

在皇甫湜的要求下，韩愈带他坐着马车一同回访李贺。来到李贺家，皇甫湜见了李贺，很不客气地讲："我听老师说你思无敌，我不相信，就请你以我们到访为题，现场写首诗，让我们看看！"

李贺闻言，微微一笑，略略思忖，欣然提笔，写下了《高轩过》：

> 华裾织翠青如葱，金环压辔摇玲珑。
> 马蹄隐耳声隆隆，入门下马气如虹。
> 云是东京才子，文章钜公。
> 二十八宿罗心胸，九精照耀贯当中。
> 殿前作赋声摩空，笔补造化天无功。
> 庞眉书客感秋蓬，谁知死草生华风。
> 我今垂翅附冥鸿，他日不羞蛇作龙。

"高轩"，就是高头大马拉的马车的意思。这首诗是李贺当着韩愈与皇甫湜的面，一气呵成的。皇甫湜接过诗看完，默不作声。韩愈拿过来看后，笑问道："如何？"皇甫湜怔怔答道："仙语，李白所不及！"皇甫湜估计是被震惊晕了，胡言乱语。但应时之作，写得如此华美，说明李贺才思敏捷的程度也确实不输喝了酒的李白。

从此，韩愈与皇甫湜共同推介李贺，逢人便吹李贺，使李贺的诗名如日中天，以至于像元稹这样的文豪也想主动结交他。在韩愈的推荐下，李贺顺利地通过了河南的府试，取得了参加进士考试的资格。正准备参加进士考试时，其母去世，他只好回家守孝三年。

三年孝期结束，二十一岁的李贺走进了考场。他对进士及第志在必得。然而，就在开考前，他的考试资格突然被取消了。因为有人告他父名中有"晋"字，"晋"与"进"犯"嫌名"，他李贺应该"避父名讳"，不能参加进士考试。

这是李贺得罪了元稹，被元稹报复的结果。也有人说这不一定是元稹干的事。反正李贺被赶出了考场，从此不得参加进士考试。韩愈大为光火，立马写了一篇《讳辩》，斥责这种荒唐事。可是，事情已经发生，韩愈一己之力也改变不了李贺被逐的结果。

这件事对心高气傲的李贺打击很大，他愤然离开京城回到昌谷，写了《出城》等不少泄愤诗，而且自此之后，他的诗风大变，怪诞的意境频现诗中。

元和六年（811）五月，大概是李唐宗室后裔的缘故，再加上韩愈据理力争，由宗人府出面推荐，吏部终于安排一个从九品的奉礼郎职位安慰李贺，李贺从此"牢落长安"。

在长安三年，李贺虽官职卑微，但诗名较大，也结交了一大帮朋友。与朋友的接触过程中，他对社会状况有了更深刻的认识，增加了社会阅历，拓展了知识。因此，他虽然心情"憔悴如刍狗"，却一气写下了六十多首优秀的诗篇。这些诗篇中，当数《李凭箜篌引》最为引人注目：

> 吴丝蜀桐张高秋，空山凝云颓不流。
> 江娥啼竹素女愁，李凭中国弹箜篌。
> 昆山玉碎凤凰叫，芙蓉泣露香兰笑。
> 十二门前融冷光，二十三丝动紫皇。
> 女娲炼石补天处，石破天惊逗秋雨。
> 梦入神山教神妪，老鱼跳波瘦蛟舞。
> 吴质不眠倚桂树，露脚斜飞湿寒兔。

这首诗没按常规套路对李凭的箜篌技艺进行夸赞，也没有描述箜篌声音多么动听，而是充分发挥联想，将一大串神仙引来，将一大串祥鸟瑞兽引来，用以烘托李凭弹箜篌的魅力。这一连串传说中的神仙瑞兽，甚至与芙蓉、兰芝等仙草融合在一起，构筑了一个如梦如幻的意境，让人误认为进入了仙境，从而凸显李凭箜篌如仙乐的事实。

这样写，除了别出心裁，也炫耀了他天马行空般的想象力。这首诗瑰丽得无与伦比，甚至有人称为浓缩版的《离骚》，所以也成了李贺最重要的代表作。

李贺身体瘦弱，心理也很脆弱，这一点，他比李白差了十万八千里。李白受打击时，可以换个理想去陶醉。李贺放不下，所以在升迁无望的情况下，忧愤成疾，于元和八年（813）回家养病去了。身体稍微好点儿，不甘沉沦的李贺又南游，希望在南楚或南越能得到重用。但结果是"九州人事皆如此"，李贺再次失望，愤然辞去"奉礼郎"一职，回家休养身心。

但是，休养归休养，他那颗不甘平庸的心，永远在躁动。京城不行，南方不行，李贺忽然热血上涌，要去边疆沙场建功，为此，他还写诗励志：

男儿何不带吴钩，收取关山五十州。
请君暂上凌烟阁，若个书生万户侯？

写完《南园十三首》组诗，李贺掷笔起身，朝北驰去。

到了北方边关后，在朋友张彻（韩愈侄女婿，时任潞州节度使从事）的举荐下，李贺去了昭义军节度使郗士美的帐下充当幕僚。在苦寒之地，他拖着病躯，硬是撑了三年。

元和十一年（816），北方藩镇势力猖獗，郗士美讨伐无功，告病而返，张彻也返回长安，李贺无路可走，只得拖着病躯返回昌谷故居。体弱多病的李贺在北方风雪中，功没立上，病情又加重了。经过这一番折腾，他叹息道："我年二十不得意，一生愁心，谢如梧叶矣！"

壮志难酬的李贺似乎感觉自己时日不多，这次回到昌谷后便埋头整理起自己的诗集。那一日，已经病得起不了榻的李贺，恍惚间看见有人着红袍，骑着红色的虬龙，自天而降，这人手持一版书，书上若有太古雷文。来人对他说道："天帝新修的白玉楼落成，现在召你上去写篇记，快随我去吧！"李贺叩头辞谢。那人道："天上虽然没有人间欢乐，但不痛苦啊！"片刻，李贺卧室的窗户中冒出浓浓的白烟，并且有车行声响起。待烟消，家人发现李贺已然气绝。这一年，李贺才二十七岁。

这是《唐才子传》中对李贺逝世时情景的描述，虽然荒诞，却充分表达了时人对李贺英年早逝的怜惜之情。

李贺是一位遭遇不幸的天才诗人，理想与现实的尖锐冲突，使他沉溺于主观情感和幻想之中，难以自拔。他把诗歌作为自己呕心沥血的事业，用自己独特的创造实现着生命的价值，终于在诗歌中获得了永生。

李贺一生短暂，却为后人留下了二百二十首华美的诗篇。从题材内容看，包括四个方面：一是借古讽今题材，如《汉唐姬饮酒歌》《秦王饮酒》《秦宫诗》《金铜仙人辞汉歌》等；二是发愤抒情题材，如《开愁歌（华下作）》《赠陈商》《野歌》等；三是神仙鬼魅题材，如《天上谣》《神弦曲》《浩歌》《苏小小墓》等；四是咏物等其他题材，如《李凭箜篌引》《申胡子觱篥歌》《杨生青花紫石砚歌》等。

从作品风格来看，李贺的诗，语言悲冷凄苦，选词炼句不落窠臼，选择物象古怪阴森。再欣赏一首具有其典型风格的诗《秋来》：

桐风惊心壮士苦，衰灯络纬啼寒素。

谁看青简一编书，不遣花虫粉空蠹。

思牵今夜肠应直，雨冷香魂吊书客。

秋坟鬼唱鲍家诗，恨血千年土中碧。

　　这首诗具有内容上的"怨恨悲愁"和艺术上的"虚荒诞幻"的特色，是李贺诗风格的集中体现。当然，李贺还是一位思想上并未完全成熟的年轻诗人，所以他的诗"怀抱不深"，这是李贺诗歌最大的弱点。

　　李贺是继屈原、李白之后又一位浪漫主义大诗人，其诗中经常出现鬼怪形象，经常出现"老、瘦、悲、寒"之语，故他被后人称为"诗鬼"。他生命虽然短暂，却给我们留下了足够多的精美诗篇和经典名句。他的"天若有情天亦老"（《金铜仙人辞汉歌》）一句，更成了后人写诗填词最喜欢化用的金句。从唐至今，有十四人在其诗词中引用此句，如欧阳修的《减字木兰花》、贺铸的《行路难》、万俟咏《忆秦娥》等，还有毛泽东的《七律·人民解放军占领南京》（"天若有情天亦老，人间正道是沧桑"）。

　　"天若有情天亦老"这句诗，由于太美妙，诸多文人都想给它配一句下联，可惜都有"狗尾续貂"之嫌。一直到两百年后的宋朝，石延年在聚会讨论时才忽然吟出一句"月如无恨月长圆"。后来又有文人将李白、李贺、苏轼、石延年的金句配在一起，形成一副意境悠远的绝妙对联：

把酒问青天，天若有情天亦老；

举杯邀明月，月如无恨月长圆。

刘禹锡

东边日出西边雨，刘郎
要将玄都观里的桃树
数一数

纵观大唐诗人，才高气傲却一受打击就精神萎靡、怨天尤人的多，心理素质好、精神强大、抗打击能力强的就没几个。刘禹锡却是大唐诗坛为数不多的心理素质异常强大的狠人，用他本人的话说，就是"世道剧颓波，我心如砥柱"（《赋史二首》）。他就是个意志坚定、乐观向上、充满正能量的人。

刘禹锡（772—842），字梦得，自称中山靖王刘胜之后，祖籍洛阳，其父刘绪因避安史之乱，举族东迁至嘉兴。刘禹锡出生于嘉兴县嘉禾驿，自小生活在江南一带。其父刘绪儒学功底深厚，于天宝末年应进士举后，在江南一带做小官僚。

受家学影响，刘禹锡自小聪明好学，九岁之前就跟随著名诗僧皎然、灵澈学习诗歌写作，深得老师的喜爱与赞扬。刘禹锡自小博览群书，除了学习儒家经典，他还学习了诸子百家、医学、天文等方面的知识，这为他今后成为文学家、哲学家奠定了基础。

唐德宗贞元六年（790），十九岁的刘禹锡离开江南游学长安，在士林中获得很高的声誉。贞元九年（793），二十二岁的刘禹锡与二十一岁的柳宗元同榜进士及第，同年又同登博学宏词科。两年后，二人又同时通过吏部铨选试，刘禹锡被授太子校书一职。在东宫，他结识了改变他一生命运的人物——王叔文。不久，其父去世，他回家守孝三年。

贞元十六年（800），杜佑任淮南节度使兼徐泗濠节度使，举荐刘禹锡为幕府掌书记，刘禹锡随杜佑回扬州。两年之后，他调任京兆府渭南县主簿，次年迁监察御史。

这时候，韩愈与柳宗元都来到了御史台，三位大文人结为好友。但韩愈思想复古，而刘禹锡与柳宗元的思想则锐意进取，认为革新才是大唐中兴的唯一出路。因此，二人成为王叔文革新集团核心成员。韩愈后来因为参奏京兆尹李实隐瞒关中旱情一事而被贬为阳山县令。

贞元二十一年（805）正月，唐德宗卒，太子李诵即位，是为唐顺宗。唐顺宗支持王叔文领导的东宫集团进行朝政革新。革新集团拿隐瞒旱情的李实开刀，整顿吏治，推行改革财政，打击宦官集团。刘禹锡被王叔文推荐为屯田员外郎、判度支盐铁案，在杜佑的率领下，进行财政改革，取得了显著的成效，短时间内打击了"宫市"，增加了朝廷的财政收入。

然而，革新措施触动了藩镇、宦官及大官僚的利益，遭到了这些势力的联合反扑。当了二十多年太子，四十四岁才登上皇位的唐顺宗，风疾发作，身体每况愈下。宦官及大官僚又不断在他面前搬弄是非，弄得唐顺宗心烦意乱，最终导致他对革新的信心动摇。

皇帝的决心一动摇，宦官便趁机作乱，鼓动唐顺宗册立皇长子李纯为太子。王叔文领导的革新集团担心失去唐顺宗的支持，便阻挠册立太子一事。唐顺宗考虑到身体状况，顺从了宦官集团的意愿，于八月册立李纯为太子。王叔文与王伾见大势已去，颓然辞官，历时八个月的革新运动彻底失败。不久，在宦官集团的操作下，唐顺宗让位太子李纯，李纯登基称唐宪宗。

唐宪宗对曾经阻挠自己继太子位的革新派深恶痛绝，一登基便采取严厉的措施打击革新派，赐死王叔文，将病重的王伾贬逐京城，致其死于贬途。至于刘禹锡、柳宗元等八名革新骨干，也一律被贬为偏远州府的司马。这就是"二王八司马"事件。唐宪宗将这些人远贬，还不解恨，又下旨说即便遇到恩赦，"八司马"也"不在量移之限"（《旧唐书》），意思是这些人的错误终身不被原谅。

刘禹锡先是被贬连州刺史，但行至江陵时，又改贬朗州（今湖南常德市）司马。经受这种打击，一般的文人都会愁苦交加，发出悲鸣哀叹，连他的好友柳宗元、韩愈也不例外。但刘禹锡在被贬离京的路上，写下了《秋词》一诗来表达自己的态度：

自古逢秋悲寂寥，我言秋日胜春朝。
晴空一鹤排云上，便引诗情到碧霄。

读这首诗，不知道背景的人还以为他高升了呢，这么豪迈！事实上，刘禹锡被贬，内心肯定也会产生苦闷，但他坚信自己的所作所为没有错，经得起时间检验，所以他认为无须悲观，大不了回头再来。

来到朗州，按照级别待遇，刘禹锡可以在衙门内住三间上房。可刺史策某是个势利小人，与京城守旧派是一丘之貉，对他这个被贬的革新派核心人物刻意刁难。他声称衙门内房屋破旧，不便居住，安排刘禹锡到南门的房子去住。

南门外有条江，刘禹锡对江而居，每日都能看见江面上船来船往，千帆竞渡，他感觉很满意，就写了一副对联贴在门上："面对大江观白帆，身在朗州思争辩。"这副对联再次表明他坚持革新的理念毫不动摇，他要争辩，要反抗。策某看到这副对联，很不高兴，立即派书丞传命刘禹锡从南门搬到北门的房子去住。

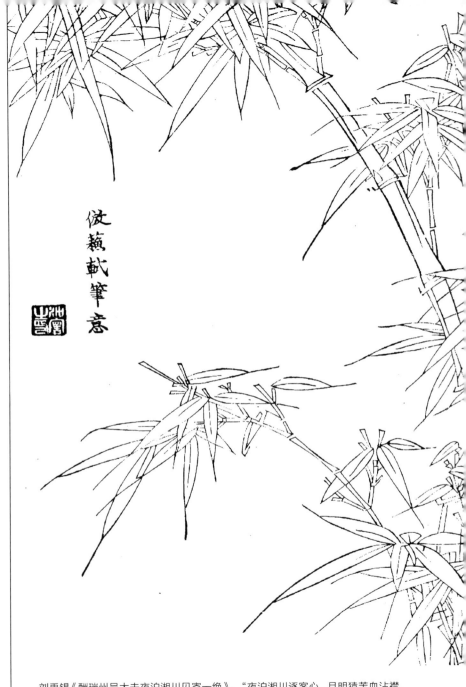

倣籟戟筆意

刘禹锡《酬瑞州吴大夫夜泊湘川见寄一绝》："夜泊湘川逐客心，月明猿苦血沾襟。
湘妃旧竹痕犹浅，从此因君染更深。"

北门的房子只有一间半，但房子旁边有条河，叫德胜河，河面水平如镜，两岸还有几排绿柳。见此情景，刘禹锡又很高兴，又写了半阕诗贴在门上："杨柳青青江水平，人在常德心在京。"

策某得知这一情况，恼羞成怒，让书丞在城里找了一间又小又破的房子，命刘禹锡搬到那里去住。这间房子仅能放下一张卧榻、一张案几，还四面通风。刘禹锡坦然地搬了进去，不久，请石匠刻了一块石碑立在门前，石碑上刻着这样的文字：

山不在高，有仙则名。水不在深，有龙则灵。斯是陋室，惟吾德馨。苔痕上阶绿，草色入帘青。谈笑有鸿儒，来往无白丁。可以调素琴，阅金经。无丝竹之乱耳，无案牍之劳形。南阳诸葛庐，西蜀子云亭。孔子云："何陋之有？"

这就是千古传诵的《陋室铭》。看完这篇《陋室铭》，策某终于明白，与内心如此强大的才子斗，最终只能自取其辱，更何况刘禹锡还是朝廷命官，他也不敢有过分的举动，策某只好偃旗息鼓，不再为难刘禹锡了。

被贬为州司马，基本上无事可做，刘禹锡一门心思搞起了文学创作。除了写作《聚蚊谣》这类讥讽性诗歌，他还写下了《秋声赋》《山阳城赋》等十来篇辞赋，创作了《华佗论》《辩迹论》《明贽论》等托古讽今的议论文。最为重要的是，他利用这段闲暇时间进行了深入的哲学思考，就韩愈的《五原》与柳宗元的《天说》之间的哲学论战，写了《天论》三篇支持柳宗元，表达出朴素的唯物世界观。

韩愈、刘禹锡、柳宗元三人之间的思想观念虽然不尽相同，还进行了哲学上的论战，但并不影响三人之间的友好关系。这三人都是有深邃思想和社会责任感的文人，比起那些只顾眼前得失的文人譬如元稹、李绅之流，甚至比白居易，其精神内涵更丰富，人格力量更强大，他们才是真正的古代文人典范。

刘禹锡在郎州居然蹉跎了十年。一直到元和十年（815），在杜佑的一再举荐下，刘禹锡与柳宗元才同时被召回京城。回到京城的刘禹锡，第二年春到玄都观看花，看着看着，想起现在朝廷那些碌碌无为的官僚，一股怒气又化作脾气，写下了《元和十一年，自朗州召至京，戏赠看花诸君子》一诗：

> 紫陌红尘拂面来，无人不道看花回。
>
> 玄都观里桃千树，尽是刘郎去后栽。

诗中的轻蔑讥讽意味扑面而来。那些曾经被刘、柳打击过的权贵，譬如已然是朝廷宰相的武元衡，本来就对刘、柳二人恨之入骨，巴不得逮住机会打击二人，现在这个不知死活的刘禹锡还写了这么一首诗，提供了这么好的把柄，他们又岂能放过？

于是以武元衡为首的一帮人在唐宪宗面前将这首诗认真解读了一番。唐宪宗花了十年时间好不容易平息的对当年革新派的怒火，一下子又被点燃。他二话不说，大袖一挥："让这两个死不改悔的革新派，给我有多远滚多远！"吏部在武元衡的指使下，将刘禹锡放逐到当时鸟不拉屎的播州（今贵州遵义市一带），将柳宗元放逐到稍好一点儿的柳州。

柳宗元得知这一消息，放声大哭，他不是哭自己，而是哭刘禹锡："播州莽荒之地，可不是人能待的地方呀，况且梦得老母在堂，这不是要逼死这母子二人吗？"哭歇了，他毅然上书要求"以柳易播"。

御史中丞裴度也上奏唐宪宗道："刘禹锡好不容易才回到长安，如今因为一首诗将他贬往苦远之地，而他母亲已经八十好几了，肯定不能随他而去。

这样一来，母子分离，也有违陛下所提倡的孝道啊！"

唐宪宗反驳道："为人子女者，本就应该替父母考虑，刘禹锡为人处世如此狂荡，实在是咎由自取。"话虽这么说，但唐宪宗在看到柳宗元的上书后，还是被二人的友情感动，最终还是改贬刘禹锡为连州刺史。

流放朗州十年，刘禹锡心态已经平和了许多，基本上达到了"不以物喜，不以己悲"的境界，但是，他"有话就要说，就敢说"的秉性从未改变，因为"我本山东人，平生多感慨"（《谒柱山会禅师》）。

刘禹锡改贬连州（今广东清远市），正好与贬任柳州刺史的柳宗元同路。一路上，两人诗酒唱和，其乐融融，一直同行到衡阳。两人分别时，柳宗元写下情真意切的送别诗《重别梦得》：

二十年来万事同，今朝岐路忽西东。

皇恩若许归田去，晚岁当为邻舍翁。

这首诗除了对二人二十多年来的知交情感表达感慨，还憧憬着比邻而居、共度晚年。通过这首诗，我们可以看出二人的友情一点儿不比"元白之交"差。然而，让人痛惜的是，这一别，竟成了二人的永诀。

元和十四（819年），刘禹锡九十多岁的老母仙逝，他护送灵柩再度行至衡阳时，忽闻柳宗元于柳州病逝。接到这一噩耗，他顿时泪如雨下，立即暂停老母丧事，赶赴柳州，为柳宗元处理后事。

柳宗元去世时，四个孩子都未成年，刘禹锡收养了其中一个，并整理柳宗元遗作，全力筹资刊印，这才使柳宗元的《河东先生文集》流行传世。同时，刘禹锡去信韩愈，请他为柳宗元写墓志铭。韩愈义不容辞地挥泪写下了名垂千古的《柳子厚墓志铭》。

长庆元年（821），唐宪宗薨，唐穆宗继位，刘禹锡被迁任为夔州（今

中唐·新韵

重庆奉节县）刺史。在夔州任上，刘禹锡考察民情，实施了一系列改革举措，改善了当地民生。当他听闻穆宗游乐荒政的行径后，又忍不住上了一道《夔州论利害表》，劝谏穆宗接纳雅言，关心朝政。然而，穆宗反应冷淡，令他十分失望。

刘禹锡在被贬郎州、连州、夔州期间，除了积极处理政务，也花了不少时间收集整理并学习民歌，从民歌中汲取营养，化俗为雅，创作了一系列以民歌为基础的新诗词，如《竹枝词二首》《竹枝词九首》《浪淘沙九首》《杨柳枝词九首》《堤上行三首》《踏歌词》等。其中《竹枝词》流传开后，世人争相效仿，形成了"竹枝体"。

刘禹锡创作的这些新诗，金句频出，很多诗句成为经典。

竹枝词·其一

杨柳青青江水平，闻郎江上唱歌声。

东边日出西边雨，道是无晴却有晴。

浪淘沙

九曲黄河万里沙，浪淘风簸自天涯。

如今直上银河去，同到牵牛织女家。

这些诗朗朗上口，浅显易懂，却雅韵十足。大多数人读过之后，就会产生熟悉得很，看一眼就记得的感觉。

长庆四年（824），刘禹锡调任和州（今安徽和县）刺史。和州在当时算是个富庶之地，刘禹锡上任伊始，当地官绅便张罗着给刺史大人修建一座豪华官邸，但他断然拒绝了。虽然这么多年一直过着艰难的生活，但他清楚地知道百姓的生活更加艰难，因此特意在官署后面的小山脚下建了一间陋室，做起居、议事乃至行文论道之用，并将在朗州所刻的"陋室铭"碑重新竖在陋室前，以此告诫自己及下属杜绝奢侈，保持简朴的生活作风。刘禹锡还写了一首诗警励："比屋茕嫠（qióng lí）（寡妇）辈，连年水旱并。遐思当后已，下令必先庚。"自此，"陋室"落户和州，成了如今和县的风景名胜之地。

次年，白居易调任苏州刺史。这时的刘禹锡与白居易都已是名动天下的大诗人，不过，二人贬来贬去，阴差阳错地一直没有机会见面。一年后，白居易出于身体原因辞去苏州刺史一职，辗转来到扬州，听闻就在附近的刘禹锡刚好卸任和州刺史，便派人请刘禹锡前来相聚。

刘禹锡接到邀请，欣然前往，他也很想见见这个与自己同年的大诗人。刘、白相遇，一见如故，白居易对刘禹锡外放二十三年的遭遇很是惋惜，遂用筷子敲打盘子伴奏，即席唱了一首《醉赠刘二十八使君》：

> 为我引杯添酒饮，与君把箸击盘歌。
>
> 诗称国手徒为尔，命压人头不奈何。
>
> 举眼风光长寂寞，满朝官职独蹉跎。
>
> 亦知合被才名折，二十三年折太多。

听了白居易的歌唱，刘禹锡当即起身，和了一首《酬乐天扬州初逢席上见赠》：

> 巴山楚水凄凉地，二十三年弃置身。
>
> 怀旧空吟闻笛赋，到乡翻似烂柯人。
>
> 沉舟侧畔千帆过，病树前头万木春。
>
> 今日听君歌一曲，暂凭杯酒长精神。

这首诗吟出，白居易听罢，沉默良久，叹口气道："梦得，诗豪也！"

什么意思？其一是刘禹锡的诗才敏捷程度，让白居易不得不叹服。对比上面两首即兴诗，会发现刘禹锡的显然比白居易的高明。从即兴题诗可以看出诗人的天赋，单从这个角度看，除了李白、李贺，应该没谁能与刘禹锡比肩。

其二是这首诗所表达的昂扬乐观的精神，令白居易不得不服。此时的白居易几经打击，早就意志消沉，再也没有了挥斥方遒的冲动，但刘禹锡通过这首诗仍然表达了"我相信明天会更好"的豪迈激情。白居易被刘禹锡的才情与豪情打动，发出了如此感叹，刘禹锡"诗豪"之名也从此响彻诗坛。当然"沉舟侧畔千帆过，病树前头万木春"成了受挫折之人用以自励的警句。

宝历二年（826），刘禹锡奉调任职于东都洛阳尚书省尚书，次年回朝任主客郎中。这次回长安，离上次写诗被贬，又整整过去了十二年。二十四年的外放，换作任何一个"文青"，棱角也都会被坎坷打磨得圆滑了吧？刘禹锡依然如故，又跑到玄都观题了一首诗：

> 百亩庭中半是苔，桃花净尽菜花开。
> 种桃道士归何处，前度刘郎今又来。

扯着嗓子喊"我又回来了"事小，嘚瑟地问"种桃道士哪里去了"，还"百亩庭中一半都长着青苔，桃花弄得干干净净了只剩下油菜花开了"。这么讥讽是不是过分了？真不过分，此刻的朝廷党争四起、乌烟瘴气，他这么一个老前辈痛心疾首地骂几句，是必需的。

但朝臣也不是傻子，"李党"也好，"牛党"也罢，没谁愿意与这么个老刺头共事，于是刘禹锡又开启了外放之旅。之后，他干过苏州、汝州（今河南汝州市）、同州刺史，不过，这些州都是重要的富庶之地，官居三品，与那些僻远的小州不可同日而语。

刘禹锡在苏州任上，苏州境内发生了洪灾，他全力救灾，赈济灾民。事后，苏州百姓把他和另两位在苏州刺史任上颇有政绩的韦应物、白居易并称"三贤"，建三贤堂，岁时致祭纪念。

大和八年（834），刘禹锡调任汝州刺史，赴任途中，路过扬州。驻守扬州的淮南节度使牛僧孺闻讯，要为他摆酒接风。牛僧孺在三十年前，贞元十八年（802），向刘禹锡干谒行卷。当时刘禹锡在监察御史任上，他正在宴请客人，不好拒绝，便在宴席上接待了牛僧孺。

牛僧孺呈上文卷，刘禹锡浏览了一番，借着酒意，不客气地一番指点，并命书童取来笔墨，在学子文卷上刷刷点点，飞快地上涂下改。站在一旁的牛僧孺尴尬万分。他事先恐怕也没了解清楚大诗人刘禹锡的秉性。这就是个一般人根本进不了他法眼的狂人啊，对一个年轻后生，他肯指点其实就是给了天大的面子，还指望他褒奖？

牛僧孺聆听一番教诲，极度沮丧地离开了刘禹锡的府邸。刘禹锡也没将这事当回事，不久就忘了。年轻的牛僧孺在刘禹锡面前碰了一鼻子灰，转身去干谒另一位文坛大佬韩愈。

韩愈是个出了名的伯乐，看完牛僧孺的文卷，对他大加赞赏，并鼎力推荐他参加进士科举。牛僧孺在第二年的进士考试中一举及第，随后通过吏部铨选考试，正式踏入仕途。

三十年河东，三十年河西。牛僧孺在任淮南节度使之前，两度出任宰相，官场的成就高过刘禹锡好几个档次。节度使宴请州刺史，这是给面子的事，刘禹锡欣然赴宴。

酒过三巡，牛僧孺便开始了文人游戏，即席赋诗一首《席上赠刘梦得》：

粉署为郎四十春，今来名辈更无人。

休论世上升沉事，且斗樽前见在身。

珠玉会应成咳唾，山川犹觉露精神。

莫嫌恃酒轻言语，曾把文章谒后尘。

这首诗前面是在为刘禹锡宦海沉浮表达感慨同情，最后两句又旧事重提，暗带责怪之意。刘禹锡读了这首诗，才想起当年轻慢过他，心里虽然不痛快，但他知道牛僧孺不是个"宰相肚里能撑船"的人，为了缓和关系，立即和诗《酬淮南牛相公述旧见贻》：

少年曾忝汉庭臣，晚岁空馀老病身。

初见相如成赋日，寻为丞相扫门人。

追思往事咨嗟久，喜奉清光笑语频。

犹有登朝旧冠冕，待公三入拂埃尘。

这首诗，刘禹锡放低身段，将自己比为"扫门人"，将牛僧孺比为"司马相如"，但最后一句"待公三入拂埃尘"回应"曾把文章谒后尘"，又彰显了刘禹锡的诙谐特色。牛僧孺读完这首诗，见曾经的狂人已然认错，消了气，与刘禹锡把酒言欢，最终二人尽兴而散。

事后刘禹锡以切身体会教育两个儿子："你我以后为人处世，应该持中，不要过分，切记，后生可畏也！"

直到开成元年（836），唐文宗上位时，刘禹锡才因足疾改任太子宾客、分司东都。从此，他退居洛阳，与白居易、裴度等人诗酒唱和，过着"散诞人间乐，逍遥地上仙"的晚年生活。年近七十的刘禹锡虽然与白居易一样体老多病，但他仍然抱有一种乐观积极的心态。在白居易写诗感叹病老时，他回复道："莫道桑榆晚，为霞尚满天！"（《酬乐天咏老见示》）

会昌元年（841），刘禹锡加检校礼部尚书衔。会昌二年（842），刘禹锡写《子刘子自传》，仍在为"永贞革新"辩护，表明他至死不渝的意志。做完最后一次辩护，他病逝于洛阳，享年七十一岁，死后被追赠户部尚书。

刘禹锡是个很有吏干的人，当初王叔文与他交往不久，便称他有"宰相之才"，原想推荐他出任宰相，但那时刘禹锡资历太浅，难以服众，只好改由韦执宜充任宰相。"永贞革新"许多重大决策，都是出自他与柳宗元的谋划。刘禹锡没想过仅以诗文留名青史，他的最大理想是"治世"，然而"天与所长，不使施兮"，最终壮志未酬，抱憾终生。

坎坷促就了刘禹锡诗歌天赋的爆发，让他在"韩孟"与"元白"之外，独树一帜，形成一种意境优美、骨力豪劲、精练含蓄、韵律自然的风格。他的诗在唐代就流传甚广，对宋朝的"理趣"诗影响极大。苏轼、王安石、黄庭坚等都向他学习，各有所得。

刘禹锡还是一位进步思想家、哲学家、古文大家，也是"词"的开创者之一。他一生流传下来的诗有九百一十五首，文有二百二十一篇，这些诗文被编为《刘宾客文集》。

刘禹锡有一首很著名的诗，入选了小学课本：

乌衣巷

朱雀桥边野草花，乌衣巷口夕阳斜。

旧时王谢堂前燕，飞入寻常百姓家。

一个历经坎坷却从未颓废、一辈子昂着头的人，永远值得我们尊敬，这种精神，或许是我们应该永远传承的文人品格之精髓吧！

柳宗元

左手开门，右手关门，
不会让思想被流放

同为中唐文坛杰出的才子，刘禹锡是诗名大于文名，柳宗元是文名大于诗名。柳宗元一生留下诗文六百多篇，其中诗歌仅一百四十多篇，其余皆为骈文、散文。但这并不影响他在唐诗中的地位，后人将他与王维、孟浩然和韦应物并称大唐四大山水田园诗人，合称"王孟韦柳"。

柳宗元（773—819），字子厚，祖籍河东（今山西运城一带），出生于长安。柳宗元祖上世代为官，其父柳植曾任侍御史等职，其母卢氏出身范阳卢氏，也是官宦世家。柳宗元没有兄弟，只有两个姐姐。

柳宗元四岁时，母亲带着他住进了祖传的长安西郊庄园，自此，颇有文学功底的母亲对他进行了启蒙教育。柳宗元的父亲柳植于天宝末年举明经科入仕，儒学功底深厚。在这样的家风熏陶下，柳宗元自幼便勤奋好学，废寝忘食地苦读诗书。

建中四年（783），柳宗元为避战乱，来到父亲的任所夏口，年仅十二岁的他亲身经历了藩镇割据的战火。之后他又跟随着父亲辗转至江西，小小的年纪便不断接触社会的方方面面，大大增长了见识。他还主动纳朋结友，逐渐积攒了名气。不久，柳植调回朝廷任侍御史，柳宗元随父回到长安。

在长安，柳宗元目睹"五坊小儿"的无赖与刁蛮，随父见识了官场的黑暗，加上之前他在地方见证了百姓的苦难，一种"治世"的儒家理想在心底疯长。其父柳植是个刚直文人，言传身教，柳宗元那"济天下"的情怀愈加炽烈。

贞元八年（792），二十岁的柳宗元被选为乡贡，取得了参加进士考试的资格。这一年，他还在长安结识了韩愈、刘禹锡、崔用等一大批青年才俊。第二年，二十一岁的柳宗元与二十二岁的刘禹锡及崔用等人同时参加进士科考试，同时进士及第。柳宗元是当时最年轻的进士，因而声名大振。但不久，其父柳植因病去世，柳宗元守孝三年。

贞元十四年（798），柳宗元参加了吏部的博学宏词科考试，顺利登科。吏部铨选考试科目众多，普通的是书判拔萃科，而博学宏词科是吏选考试中难度最大的，也是专门为朝廷选拔清贵高官而开考的科目，一般情况下，像中书舍人、知制诰这类清贵文官，必须具备"进士和博学宏词"出身才能担任。

柳宗元通过吏部铨选考试后，被授予集贤殿书院正字（官阶九品）一职，开始了官场历练。贞元十七年（801），柳宗元被任命为蓝田尉（正八品），贞元十九年（803）被调回京城任监察御史里行。所谓"监察御史里行"，就是见习监察御史的意思。

这时候，韩愈与刘禹锡也调任御史台任监察御史。英才相聚，惺惺相惜，三人遂成为至交好友。后来，在凌准的引荐下，柳宗元结识了王叔文。由于都具有改变腐败朝政的共同理想，柳宗元与刘禹锡一道加入了王叔文领导的东宫集团，成为改革派的重要人物。

贞元二十一年（805），德宗驾崩，太子李诵继位称顺宗。在顺宗的支持下，王伾、王叔文执掌朝政，柳宗元被提拔为礼部员外郎，掌管礼仪、享祭和贡举。王叔文领导的革新派开展了轰轰烈烈的革新运动，取得了一定的成就。

但随着顺宗的病情加重和宦官集团的反扑，只搞了一百八十天的"永贞革新"宣告失败。紧接着王叔文被赐死，王伾被贬致死，韩泰、韩晔、刘禹锡、柳宗元、陈谏、凌准、韦执宜、陆质八人被贬至偏远蛮荒之地任司马。柳宗元被贬永州司马。

与刘禹锡在朗州被州官刁难住陋室相比，柳宗元更惨，刘禹锡好歹在城里还有间房，柳宗元到永州后，干脆连房子都没得住，只好带着老母卢氏老夫人寓居于龙兴寺内。半年之后，其母卢氏老夫人病逝于寺中。

理想很丰满，奈何现实太骨感。官场失势、亲人离世，双重打击让柳宗元痛苦不堪。好友刘禹锡寄来书信鼓励他，被贬在江陵的韩愈也来信给予安慰。在两位好友的关切下，柳宗元终于从痛苦的情绪中挣脱出来，利用担任的州司马无所事事这个机会，游山历水，对蛮荒之地的民情民俗进行了深入考察，也对自己的理想与现实状况的矛盾进行了深入的思考。

在永州这个毒蛇猛兽横行之地，柳宗元待了十年。担任十年司马，对柳宗元的仕途来说，无疑是蹉跎岁月，但对他的文学创作来说，是黄金时期。柳宗元留传下来的六百篇诗文中，有三百一十四篇创作于这一时期。

痛定思痛，他觉得政治上失败的根本原因是"道不明"，何以明道？柳宗元赞同韩愈的观点"唯古文可以传道"，所以他扛起了古文运动大旗，倾注了大量精力进行古文创作。在古文创作上，他不囿于议论，讲究以灵活多样的形式表达自己的思想。

当然，这一时期，柳宗元最伟大的创作是他的论说文，他为世人奉献了几篇石破天惊的论说——《天说》《天对》《晋论》《封建论》及《贞符》和《时令论》等。

除了论说文，柳宗元写寓言，将哲理与政见寄寓于动物拟人化的形象之中，代表作有《三戒》《临江之麋》《黔之驴》。他写传记，将对社会道德的引领与批判隐含于传记人物的言行中，代表作有《段太尉逸事传》《梓人传》《河间传》《捕蛇者说》及《种树郭橐驼传》等。他写游记，将个人的情操与精神寄托于山水之间，代表作有《至小丘西小石潭记》《钴潭记》《石涧记》等"永州八记"。

在柳宗元被贬至永州的前一年，韩愈在阳山县令任上完成了自己的哲学思考，在郴州候命的三个月里，一气呵成，完成了他的《原道》《原性》《原毁》《原人》和《原鬼》五篇重要哲学论述，形成了他的新儒学思想体系。这些文章，作为好友的柳宗元当然得以在第一时间拜读。但是，他对韩愈继承与阐发的"天命论"不敢苟同，更对韩愈的历史观持否定态度。为此，他将他的思考诉诸文字，形成了《天说》《天对》《晋论》及《封建论》等系列论作。

在这些论作中，他阐述了"天人相分"的观点，认为天地、元气、阴阳都是客观存在的自然现象，天地和阴阳都统一于元气，"合焉者三，一以统同"（《天对》），天人"其事各形不相预"（《答刘禹锡天论书》）。这种朴素的唯物主义哲学思想在当时无疑是先进的，但他的弱点在于忽视了人可以掌握自然规律，利用自然规律的特性。随后刘禹锡在响应和支持柳宗元的哲学思想时所写的《天论》一文中，就提升了认识，提出了"人天交相胜"的观点："天之所能者，生万物也；人之所能者，治万物也"，"人诚务胜乎天"（《天论》）。

更为贤明的是，柳宗元还提出了以"生人（民）之意"为动力的历史发展观，认为历史发展不取决于圣人之意，而取决于以"生人（民）之意"为基础的"势"。在论述中，他还阐明了"民意之势"才是决定历史方向的根本因素。

在一千二百多年前就能够做出如此睿智的论述，让人不得不赞叹柳宗元思辨能力之伟大。柳宗元的思想和后来的宋明理学显然格格不入，所以宋代理学家将韩愈奉为"百代文宗"，将他请进文庙，而对柳宗元则直接忽略。当然，柳宗元应庆幸生在开放的大唐。

作为诗人的柳宗元，在这一时期所创作的诗歌虽然不及古文多，但一样留下了不少经典的篇章，如《渔翁》：

> 渔翁夜傍西岩宿，晓汲清湘燃楚竹。
> 烟销日出不见人，欸乃一声山水绿。
> 回看天际下中流，岩上无心云相逐。

他所创作的山水诗，表面上看悠闲自得，实际上有抑郁不平在其中回荡。比如这首《渔翁》，前面在写渔翁闲适的生活状态，最后两句"回看天际下中流，岩上无心云相逐"则烘托出他内心的无限惆怅。他善于用简洁的语言勾勒出幽深高远的意境，使诗人的自我形象与景物形象达到高度融合。

被贬永州十年期满，柳宗元于元和十年（815）与刘禹锡一道被召回长安。但这时武元衡正出任宰相，他在"永贞革新"时期曾被柳宗元等人打击过，所以对这二人返京很是抵触。偏偏刘禹锡老先生还昂着脖子，在玄都观中题了讥讽诗，结果让武元衡等人逮住了把柄，跑到本来就对"永贞革新"派痛恨的唐宪宗面前一番搬弄，惹得唐宪宗挥手将柳宗元与刘禹锡二人再次赶出了京城。

柳宗元被贬柳州刺史，相比于永州司马有了升迁，但远离了政治中心，他实现"治天下"的理想也更加遥遥无期了。当得知刘禹锡居然被贬播州时，他终于明白武元衡等人的险恶用心——他们实际上是想将刘禹锡往死里整。考虑到刘禹锡老母年事已高的实情，他悲痛之余，毫不犹豫地提出了"以柳易播"的请求。这实际上就是一种代友慷慨赴死的举动，他的这种将友情视同生命的凛然大义，让诸多文人大臣感慨不已，最终也让唐宪宗深受感动，促使唐宪宗改派刘禹锡至条件稍好的连州任刺史。

连州与柳州同一方向，柳宗元在赴任的路上与刘禹锡一路同行至衡阳。

柳宗元《登柳州峨山》："荒山秋日午，独上意悠悠。如何望乡处，西北是融州。"

两人十二年之后再度把酒言欢，谈文说诗，探讨哲学问题，心情很是爽快。一路上，刘禹锡所表现的豁达向上精神也感染了柳宗元，是啊，人生不如意十之八九，人生苦短，既然不能兼济天下，何不在自己说了算的范围内为民做些实实在在的好事？

柳宗元释然，带着轻松的心情走马上任柳州刺史。一到柳州，他就迫不及待地调查民情，列出必须实施的几项重点工程。

柳州同韩愈后来所贬之地潮州一样，也存在着"以男女质钱，约不时赎，子本相侔，则沦为奴婢"的陋俗。柳宗元调查清楚后，立即发布政令，革除乡法，制定了一系列完整的奴婢释放制度。规定已经沦为奴婢的人，在为债主服役期间，可以按劳动时间折算工钱，工钱抵完债后，抵债人立即恢复人身自由，回家与亲人团聚。这一举措使得成百上千的奴婢得以释放，受到贫困老百姓的热烈欢迎。他的这一举措，被韩愈借鉴，韩愈后来在潮州和袁州就重点推广了这样的举措。

柳宗元通过调查，发现柳州的教育水平相当落后，于是他将兴办学堂当作自己要抓的又一项重点工程。他亲手创办了很多学堂，并且对来访的青年学子亲自教导。他还以唯物主义思想破除迷信习俗，严禁江湖巫医骗钱害人，培养有技术的郎中为百姓服务。

柳州虽然不缺水，但一到下雨，河水便混浊不堪，严重影响饮水质量。柳州百姓不知道打井汲水，要么汲取河水，要么汲取潭水，既费时费力，又不卫生。柳宗元在柳州开创性地打了几口井，让百姓喝上了干净甘甜的地下水，改变了柳州人的饮水方式。

柳州城外有大片的荒地，柳宗元组织乡间闲散劳力开荒垦地，亲自参加垦荒活动。他在城西北隅种植了两百多株柑橘树，形成了一片橘园。在他的带领下，柳州可耕种土地面积大增，柳州的经济与百姓的生活水平也因此得以提高。

柳宗元在柳州一心一意地践行他的"济民"理想，让柳州百姓的生活得到了翻天覆地的改变。人们不再卖儿卖女，不再饮用不干净的水，不再生病只知道请巫神做法事，更多的儿童走进了学堂学习文化知识。为了这些变化，柳宗元投入了大量的精力，夜以继日地处理事务。可是他的身躯已经羸弱，不堪重负。上任后的第四年，他最终累得病倒在床。

元和十四年（819），唐宪宗为迎佛骨而大赦天下。一直欣赏刘、柳才干的裴度瞅准机会，再次奏请皇上让刘、柳返京，发挥他们的才干。唐宪宗被裴度说服了，下诏调柳宗元和刘禹锡回京。然而，当诏命到达柳州时，柳宗元已于十一月初八在柳州溘然长逝，享年四十七岁。

柳宗元是个纯粹的理想主义者，一生都执着于将自己所学佐世致用，幻想着改变这个人世。他的宏大理想虽然随着"永贞革新"的失败而破灭，但在柳州，他向世人证明了自己的思想。他去世之后，当地百姓为了纪念这位给他们带来福祉的刺史，修建了罗池庙，专门供奉他的塑像。罗池庙后来更名为柳侯祠，现在已成为爱国主义教育基地。

从诗人的角度看，柳宗元的诗作以山水田园诗为主，所以后人将他列为大唐四大山水田园诗人之一。柳宗元是个气质抑郁之人，其诗不可避免带着幽怨的情感，但正是这样，后人评价他的诗深得屈原骚学之精髓，"史法骚幽并有神，柳州高咏绝嶙峋"（清·姚莹《论诗绝句》）。

时至今日，柳宗元的《小石潭记》《捕蛇者说》等古文已经成为中学教材必不可少的篇章，很多人只知道柳宗元"唐宋八大家"之一的头衔，却将他大诗人的身份忽略了。但一首《江雪》的存在，让世人无法忘却诗人柳宗元的存在：

千山鸟飞绝，万径人踪灭。

孤舟蓑笠翁，独钓寒江雪。

崔郊与李涉

顾况、韦应物那一时期，有位贡生写的一首诗，突然火遍大唐诗坛，这首诗便是《赠去婢》：

公子王孙逐后尘，绿珠垂泪滴罗巾。

侯门一入深如海，从此萧郎是路人。

这位贡生叫崔郊，在诗坛上没什么名气，仅此诗入选《全唐诗》。但这首诗从古红到今，中央电视台举办的"中华诗词大会"上，专门就这首诗考量了好几次。"侯门一入深如海，从此萧郎是路人"更是千古金句。

这首诗的背后，是一段浪漫的故事。崔郊家庭穷苦，十几岁时遭遇父母双亡的重大变故，只好寄养于姑母家中。姑母家有位婢女名唤碧莲，长得漂亮，还识文断字，弹得一手好琴。崔郊一介书生，生得眉清目秀，文质彬彬，而且读书刻苦，文采出众，于是，典型的才子佳人剧情拉开序幕。但姑母担心此事影响崔郊科举考试，狠心地将碧莲以四十万钱卖给了节度使于頔（dí）。

崔郊很不甘心，一有空就跑到于頔府外痴痴地等，希望再见碧莲一面。他苦等了多天，也没见到碧莲的身影。望着于頔那庭院深深不知深几许的阔宅，崔郊悲从中来，不禁哀叹道："侯门一入深如海啊！"

回到家中，崔郊不能释怀，仍然整天幻想着与碧莲见面。他想着想着，忽然想到一个问题：即便在节度使门口守到碧莲出来，他还能与她说得上话吗？如果好不容易守到碧莲出现，自己的一腔幽情来不及倾诉，岂不遗憾？为了解决这一遗憾，崔郊想到一个好主意，他将自己的一腔幽思浓缩成一首诗，写在了袖口上，到时候只要抬起袖子，让识文断字的碧莲看到这首诗，碧莲自然会明白他的情感。

崔郊写在袖口上的诗，便是《赠去婢》。他穿着袖口题了诗的长衫，再度来到节度使府门口守望。又一连守了好几天，碧莲的身影还是没有出现。寒食节那天，崔郊再度来到节度使府门口，心里一直暗暗地祈祷："老天爷，行行好吧，让我再见碧莲一面！"

也许是他的诚意感动了老天爷，寒食节这天，碧莲还真的从节度使府门内走了出来。崔郊一见碧莲出现，忙不迭地跑到她的面前，举起衣袖，暗示她赶紧看他题的诗。碧莲读完这首诗，泪流满面，一把抓住崔郊的衣袖，哽咽道："公子，我的心意你是明白的，可惜我身不由己……"

正哽咽间，府内有婢女叫唤："碧莲，老爷到处找你，你赶紧去书房吧！"碧莲一惊，狠心抽手，一把将崔郊题诗的袖口扯了下来，匆匆地朝深深的庭院走去。

其实于頔也很喜欢碧莲，稍有空闲便将碧莲唤来弹琴娱乐。这天见碧莲进来时面带泪痕，神情慌张，于頔很关心地问她怎么回事，碧莲不敢隐瞒，便将她与崔郊的事一五一十地向于頔讲明，并将那只题了诗的袖口递给于頔看。于頔看完这首诗，沉吟片刻，唤家丁传崔郊来府相见。

崔郊内心很是忐忑，心想：私通节度使大人的婢女，一旦被发觉，自己即便死罪能免，恐怕活罪也难逃啊！但他又不敢不去，在节度使管辖的地盘上，他一介书生想逃也逃不了啊！硬着头皮进入节度使府的崔郊，胆战心惊，汗流浃背。

谁知节度使于頔一见崔郊，便抓着他的手，哈哈大笑，道："年轻人不必胆怯，你的一句'侯门一入深如海，从此萧郎是路人'可抵四十万金啊！"说完，他命人取来碧莲的卖身契，交给崔郊，大度地笑道："现在你们有情人终成眷属了！"

崔郊被巨大的幸福砸得差点晕倒，难以置信，期期艾艾地道："大……大人，这是真……真的？"

于頔点点头道："老夫曾经贫困过、曾经苦读过、曾经年轻过，所以对具有相同经历的你，老夫设身处地一想，除了成人之美，别无所求！"

崔郊与碧莲醒过神来，对于頔一番拜谢，欢天喜地携手走出了节度使府。二人成婚之时，于頔还派人送来了丰厚的嫁妆。

于頔其实也是个文人，与韦应物、陆羽、皎然这些文化名人都有交往，而皎然上人的诗集还是请他作的序。

崔郊闹了这一出浪漫的事后，便泯灭于历史长河之中，后来怎样，已无迹可循，他仅存这一首诗流传于世。

这首诗，需要解读一下"萧郎"一词，很显然，这首诗是以"萧郎"代指"情郎"。以"萧郎"代指"情郎"，以"萧娘"代指"所恋女子"，在中唐以后的诗文中经常出现，为什么呢？目前找不到准确的出处。比较受认同的说法是，南北朝时兰陵萧氏是天下数一数二的门阀，出了个梁武帝萧衍，他是一个能文能武的风流人物，之后萧家儿郎大多风流倜傥，成了天下女子的梦中情郎，比如初唐的萧瑀，就是个诗琴书画无所不精的极品公子。在萧家门风的熏陶下，萧家小姐也大多贤淑端庄，识文断字。于是，人们以"萧郎"代指情郎，以"萧娘"代指所恋淑女。

崔郊凭一首《赠去婢》，在大唐诗坛上放了个小烟花，便泯然于众人，这种情况在大唐很正常。唐代会吟诗的人太多，不会吟诗就不能算作读书人，这么多写诗的人，写进文史的又能有几人？

写诗的人多，喜欢诗的人更多。在大唐，上自帝王公卿，下至贩夫走卒，没有人不喜欢诗的，也没有人不敬重写出好诗的诗人。闻一多先生说："一般人爱说唐诗，我却要讲'诗唐'，'诗唐'者，诗的唐朝也。"(《说唐诗》)

贩夫走卒爱诗，以现在人眼光来看有点夸张了，但如果说强盗也喜欢诗，你是不是要惊掉下巴呢？下面就讲个写诗退强盗的趣事。

李涉是中唐末期一个声名不显的诗人。长庆二年，担任太学博士的李涉前往江州（今江西九江市），看望在江州任刺史的弟弟李渤。这天夜里，他雇的船行至皖口（今安徽安庆市附近），忽遇一群打家劫舍的强盗。数十名盗贼手执刀枪，喝令他们停船。

李涉雇的小船被逼停，匪首喝问："船上载的何人？"

船夫答道："载的是李涉博士！"

匪首一听，示意部下暂停抢劫，哈哈笑道："真是李博士，我等就不劫他的财了。不过听闻他的诗才出众，如果他能给我们写一首诗，我们就放你们过去。"

躲在船舱内的李涉听见这句话，走了出来，拱手高声吟了一首诗：

暮雨潇潇江上村，绿林豪客夜知闻。

他时不用逃名姓，世上如今半是君。

这首诗通俗易懂，后两句于诙谐中讥讽世道，让匪首听了很是受用。匪首得了《井栏砂宿遇夜客》这首诗，高兴得哈哈大笑，放过了李涉的小船，还派人送上酒肉和一些钱财，作为李涉的路资。

因为得罪了权贵，李涉后来被贬镇江。既苦闷又被案牍劳心的李涉，在一个春光明媚的日子，爬上南山，来到鹤林寺，与方丈大师谈理想、谈人生，谈了一上午。谈完之后，李涉顿觉心情轻松，临走前在墙壁上题下《题鹤林寺僧舍》，表达对方丈大师的感谢：

终日昏昏醉梦间，忽闻春尽强登山。
因过竹院逢僧话，偷得浮生半日闲。

"偷得浮生半日闲"成了大忙人口中的金句。后来有位书生读了李涉的这首诗，也效仿李涉，跑到一座庄严肃穆的古寺中，找方丈大师谈理想、谈人生，谁知这位方丈大师言辞古板，像念佛经似的，弄得这位书生哈欠连天。勉强应付了一阵子，书生忍不住告辞。可这位古板的方丈学起了鹤林寺的方丈，请这位书生题诗寺壁。

面对乏味的老僧，这位书生没有任何诗兴。没有诗兴，哪来的灵感？没有灵感，哪来的好诗？没有好诗，又怎么好意思题壁？书生又不好推托，毕竟老僧也陪聊了一阵子。

书生苦思冥想，可脑子里翻来覆去就只有李涉的《题鹤林寺僧舍》，只好提笔在寺壁上抄录了一遍《题鹤林寺僧舍》，不过顺序颠倒了一下：

偷得浮生半日闲，忽闻春尽强登山。
因过竹院逢僧话，终日昏昏醉梦间。

这首诗顺序一颠倒，意思也跟着颠倒了，老僧看着这首诗，哭笑不得。至于那位书生是谁，估计是抄录的缘故，他也不好意思留名，所以只能称他为书生。

李涉《题开圣寺》："宿雨初收草木浓，群鸦飞散下堂钟。长廊无事僧归院，尽日门前独看松。"

第四篇

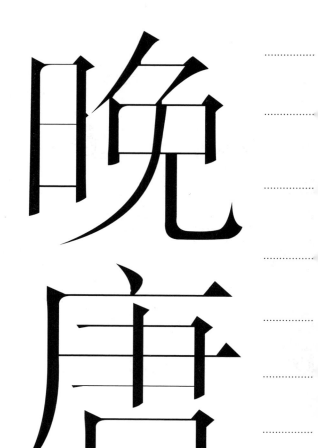

晚唐

余晖

长庆四年（824），在位仅四年的唐穆宗，因服食丹药中毒病逝，年仅三十岁。十五岁的太子李湛继位，是为唐敬宗，改年号为宝历。

唐敬宗荒诞无道的程度，比唐穆宗犹过之而无不及。他上位伊始便大兴土木，修建园林，整天吃喝玩乐，不务政事。时任左拾遗刘栖楚（贾岛第一次冲撞的那个京兆尹大人），为了劝谏他，在龙墀上叩头不止，叩得头破血流，谏言讲了一箩筐，结果是唐敬宗震惊感动之余，擢升刘栖楚为中书舍人，但一转身，他又该干吗干吗去了，一个月也不上一次朝。刘栖楚、白居易等一些忠直大臣，无法忍受敬宗的荒唐，纷纷躲到了东都洛阳。

唐敬宗是个运动达人，马球、摔跤、打猎、手搏、杂耍，无所不会、无所不精。一个项目玩一天，一个星期就过去了，所有项目轮四次，一个月就过去了，乐此不疲，哪有时间上朝。

马球、围猎这些团体项目，自己水平高，搭档也要水平高，才能玩得尽兴，可是宫廷里的宦官哪有那么高的运动水平？他不管这些，凡是与他配合不好的宦官，不是被打得半死，就是直接被拉去砍头。这样闹下去，宦官说不定会被他杀光。于是，在他当皇帝第二年（宝历二年，826年）的十二月初八，宦官苏佐明和刘克明趁着黑夜将他杀死了。

唐敬宗死了，虽然他才十八岁，但已经有了几个儿子。刘克明假传圣旨，命唐敬宗六弟李悟暂理朝政，拟打破"父位子继"的规矩，实行"兄终弟及"，拥立李悟继位。刘克明这一做法，无非是想抢权。然而，手握禁军指挥权的大宦官王守澄又岂容刘克明阴谋得逞？他带领神策军拥着唐敬宗二弟江王李涵入主大内，以"谋反"罪将刘克明等人悉数斩杀。

事后，王守澄找来翰林学士韦处厚等大臣商议，经过一番争论，最终确定拥立江王李涵继位。827年底，江王李涵改名李昂，正式继承了哥哥的皇位，改元大和，是为唐文宗。

唐文宗是一位有上进心的皇帝，一心想在自己手上"中兴唐室"。他登基不久，便对朝廷弊政进行大规模的改革。他裁减后宫，停建享乐设施，裁撤朝廷冗员，提倡勤俭节约，并勤勉朝政。裴度等大臣见文宗有如此表现，激动得热泪盈眶，大呼"太平可期"。

可"毁树容易栽树难"，大唐王朝经过安史之乱，元气大伤，一直到唐宪宗手上才有些起色，却很快被唐穆宗、唐敬宗这两个荒唐透顶的皇帝败光了。唐文宗登基时，面对的就是一个百废待兴的烂摊子。

藩镇割据问题本来在宪宗朝已经基本解决，有些藩镇虽然是表面归顺，但总体还是保持了统一稳定的局面。到了穆、敬二朝，因为皇帝无能，藩镇问题又死灰复燃，到文宗接手时，藩镇问题已经不那么容易解决了。

宦官专权问题更是愈演愈烈，穆宗、敬宗成了宦官的傀儡，敬宗甚至被宦官杀死。这样的事发生后，宦官依然没有受到惩罚，依然过着逍遥的日子。

这时候，历史上的著名"牛李党争"拉开了序幕。"牛李党争"又称"朋党之争"，起因是一次进士考试。

唐宪宗在位期间，参加吏部考试的牛僧孺、李宗闵，在考卷中批评了朝政，考官认为这二人写得好，便推荐给了唐宪宗。此事传到时任宰相李吉甫（李德裕父亲）的耳里，李吉甫得知二人揭了他的短，对他不利，便在唐宪宗面前说牛僧孺、李宗闵与考官有私人关系，属徇私舞弊。宪宗信以为真，将几个考官降职，牛僧孺与李宗闵也没得到提拔。

这件事引起庶族士子出身的朝臣愤慨，他们纷纷为牛、李二人叫屈，谴责李吉甫嫉贤妒能。迫于压力，唐宪宗于同年将李吉甫贬为淮南节度使。但这件事成了朋党之争的祸根。

唐穆宗长庆元年（821），礼部侍郎钱徽主持进士科考，右补阙杨汝士为考官。中书舍人李宗闵之婿苏巢、杨汝士之弟杨殷士及宰相裴度之子裴撰等登科，但前宰相段文昌之子落第，于是，段文昌发起对科举不公的弹劾。

穆宗询问翰林学士李德裕、元稹、李绅，三人都说段文昌举报属实。穆宗派人复试，结果原榜十四人中仅三人勉强及第。钱徽、李宗闵、杨汝士因此被贬。李宗闵、杨汝士等人怀恨在心，从此，"德裕、宗闵各分朋党，更相倾轧，垂四十年"（北宋·司马光《资治通鉴》）。

"牛李党争"一开始还是个人恩怨，后来演变成以牛僧孺、李宗闵为代表的门第卑微的庶族进士派别，与以李德裕为代表的具备"门荫"背景的士族派别之间的斗争。"朋党之争"将一大批著名诗人卷入其中，前期如元稹、李绅，后期如杜牧、李商隐。

唐文宗上位后，两党互掐。文宗干脆将两党的人逐出京城，外放地方。这样一来，朝廷到了无人可用的地步。唐文宗无奈，曾赋诗一首表达落寞的心情：

> 辇路生春草，上林花发时。
> 凭高何限意，无复侍臣知。

唐文宗面对着藩镇割据、朋党之争、宦官专权这三大痼疾，他对前两个问题采用软硬兼施的办法，使矛盾一时不得爆发。但对"宦官专权"这一问题，他深恶痛绝，决心采取武力手段铲除。

但是，铲除宦官集团的风险巨大，自唐德宗后期将禁军控制权交给宦官后，宦官集团就有了控制皇宫乃至京城的军事力量。几经曲折，唐文宗将大宦官王守澄毒杀，然后与时任宰相李训等人谋划将仇士良等宦官一举诛杀。李训等人在皇宫金吾厅后院布局，报称后院一株石榴树上有甘露降临，意图诓骗掌握禁军（神策军）军权的仇士良等宦官到场，一举扑杀。

仇士良等人先行查看石榴树时，金吾厅后院突然刮起一阵狂风，将旁边的幕帐掀起一角，暴露了里面埋伏的将士。机警的仇士良觉察到危险，立刻带手下逃回含元殿并控制唐文宗。仇士良挟持唐文宗退到宣政门内，紧闭宫门，然后派出神策军进行镇压。李训等六百多名朝臣被杀，唐文宗被软禁。这就是历史上著名的"甘露之变"。

"甘露之变"标志着唐文宗想要铲灭宦官理想的彻底破灭。之后，全国发生旱灾，唐文宗派出使者到各地祈雨，皆无果。这些事接二连三地发生，彻底摧垮了唐文宗励精图治的信心。他意志逐渐消沉，加上祖传的风疾又发作，最终于开成五年（840）正月初四，病死于太和殿，终年三十三岁。"有帝王之道，而无帝王之才"（《旧唐书·文宗本纪》），是后人对这位悲情皇帝的评价。

唐文宗薨逝，历史上最滑稽的登位大戏上演。唐文宗生前曾立长子李永为太子。李永实在是太不成器，吃喝玩乐的功夫与敬宗如出一辙，最终在后宫斗争中被唐文宗下旨赐死。唐文宗的第二个儿子在太子死后不久病死了。文宗只有两个儿子，都先他而逝，他在病重时，只好听从宰相李珏的意见，立敬宗第六子陈王李成美为皇储，但还没来得及行册封礼，文宗便匆匆离开了人世。

在弥留之际，文宗曾密旨召宰相李珏与宦官、枢密使刘弘逸等奉太子李成美监国。可是，宦官、神策军左右护军中尉仇士良、鱼弘志担心一旦李成美顺利登基，宰相奉旨监国，他们很有可能地位不保，因此置文宗圣旨于不顾，以陈王年幼多病为由，要更换太子。宰相李珏等人虽然反对，但根本无法阻止兵权在握的仇士良、鱼弘志。仇士良等人伪造圣旨，准备册立安王李溶（唐穆宗第三子、文宗之三弟）为皇太弟，并派出神策军前往十六王宅迎请李溶即皇位。

但是，最后被神策军迎入宫中，在文宗灵柩前即位的，不是安王李溶，而是颖王李瀍（chán）。这是怎么回事呢？

原来，派去十六王宅的神策军是一帮没文化的粗人，他们浩浩荡荡地来到十六王宅时，连要迎接哪位亲王都没弄清楚。仇士良得知后，立即派亲信赶过来传令。这位匆忙赶过来的宦官脑子清楚，嘴却不利索，居然大喊："迎接大的，迎接大的！"意思是迎接年长的安王李溶进宫即位，但神策军听蒙了，他们又不认识这里的王爷，怎么知道谁是大的？

就在神策军一头雾水之际，一位绝美的少妇从颖王府走了出来，来到神策军将士的面前，用清亮的嗓音完成了历史上最大的忽悠。

她说道："你们听着，'大的'说的就是颖王殿下。你们看，颖王殿下身材魁伟，连先皇都称他为'大王'。另外，颖王与你们的上司仇中尉还是生死之交，经常一块儿喝酒。拥立新君可是头等大事，你们千万要谨慎，一旦出了差错，可是要满门抄斩的！"

说完这番话，这位美少妇转身把隐藏在屏风后的颖王李瀍推了出来。众人一看，这位颖王果然生得高大魁梧、气势不凡。时间紧迫，耽误不得，神策军即刻拥李瀍上马，护送至宫内少阳院。

仇士良看到站在少阳院内的李瀍，彻底蒙了，经过一番询问才弄清原委。可是，一路上浩浩荡荡地迎了进来，再退货，再重新迎立，显然是打自己的脸。迎个王爷都能迎错，他仇士良的脸往哪儿搁？再说，颖王确实与他有点交情，仇士良只好将错就错，拥立颖王为皇太弟。

几天后，被立为皇太弟的李瀍就在哥哥灵位前即位，是为唐武宗。

唐武宗就这样被一个美少妇忽悠上了皇位，这位美少妇是谁呢？这位美少妇姓王，原来是一名歌伎，是颖王在邯郸游玩时认识的。这位王氏，歌舞冠绝一时，才学不凡，谈吐怡人，绝非一般风尘女子可比。颖王一见倾心，为她赎了身，将她娶进了王府。也就是说，王氏是颖王的一个姜女。

正是这位有胆有识的姜女，关键时刻改变了李瀍的命运，也改变了大唐的历史走向。

王氏深得武宗欢心，即位后，武宗封她为才人。封她为品位不高的才人，当然是碍于她的出身，但武宗一直对王氏宠爱有加，时不时带她去乐坊酒肆歌舞宴饮。后来，武宗病危之际，召王氏问："朕死了，你怎么办？"王氏含泪答道："臣妾愿追随陛下于九泉之下。"武宗听了，便赐她一条白绫，王氏自缢于帐前，随武宗而逝。唐宣宗即位后，赠王氏封号"贤妃"，以嘉奖她的节操。

唐武宗是唐穆宗的第五个儿子，性情豪爽刚毅，处理问题十分果断。他在位六年，干了三件大事，让大唐从崩溃的边缘又重新回到发展的正道上，史称武宗的在位期为"会昌中兴"。

武宗干的第一件大事，就是起用李德裕为宰相，坚定不移地相信和支持他。事实证明，他的这一用人决策无比正确。李德裕的才能是出类拔萃的，如果不是党争，他甚至可以与张说、张九龄这些名相相提并论。李德裕在武宗的支持下，发布了一系列有效的积极政策，裁减冗余官员、节省国库开支、肃贪廉政等，使大唐政治清明了许多，大唐有了再现雄风的势头。

武宗干的第二件大事，便是解决了文宗一直想解决却没能解决的问题——宦官专权。武宗没有像文宗那样急于求成，而是在李德裕的配合下，一步步架空宦官的权力，逼得仇士良不得不致仕。

仇士良致仕时，对其宦官党徒说了这样一番话："诸君善事天子，可否听老夫一言？你们万万不能让天子闲着，必须用各种新颖奢靡的娱乐活动使他无暇他顾。如若不然，他一有闲暇，就必定读圣贤之书，亲儒学之士。一旦他知晓前代兴亡的教训，必将心存忧惧，听取大臣的谏言，专心理政。这样一来，吾辈定然被疏远，权力与恩宠也定然被剥夺。"

这样一番令人发指的话，道出了宦官的心声，也道出了宦官专权的原则与手段，可说是宦官专权之秘籍。后世宦官奉之如圭臬，牢记仇士良的原则，将祸害朝廷的大业持续不断地进行着，一直到封建王朝覆灭。

当然，在武宗朝，小太监实施这一秘籍的效果也微乎其微，武宗玩归玩，却从来不会因玩而耽搁大事，他能做到玩物却不丧志。

武宗干的第三件大事，便是震惊历史的"会昌灭佛运动"。有唐以来，朝野盛行"崇道敬佛"之风，尤其是宪宗朝，更是大兴佛教，寺庙僧侣给国家造成了沉重负担。韩愈的《论佛骨表》文，非常犀利地指出了大兴佛教带来的危害，未被宪宗认可，他也因此差点丢了性命，但到了武宗手上，发挥了巨大的理论支撑作用。

武宗时期，全国寺院已经达到四千六百余所，兰若（居士静修之所）四万多所，僧尼更是多达二十六万余人。武宗颁发诏令，限制各地寺庙数量及僧侣人数，拆除超规寺院，超编僧侣一律还俗。此诏令发布后，全国寺院拆除了十分之九，大大缓解了国库的压力，佛教受到沉重打击，史称"会昌灭佛运动"（佛教称为"会昌法难"）。

武宗灭佛却崇道。李唐家的帝王，有两大魔咒摆脱不了，一是祖传的风疾，二是服食丹药。玄宗之后、武宗之前的帝王几乎都毙命于食丹，可是他们死不改悔。武宗也难逃这一魔咒，登基不久就偷偷命道士炼丹服食。会昌六年（846），他体内丹毒发作，无药可治，终于成仙去了。

武宗驾崩，接任皇位的不是他的儿子，也不是他的弟弟，而是他的皇叔光王李怡。这在大唐史上是头一遭，这又是怎么一回事呢？

原来，武宗驾崩时，其长子只有几岁，还是个懵懂无知的幼童，武宗的皇兄皇弟也都死绝了，"父死子继"与"兄终弟及"都行不通，于是，宦官谋划拥立唐宪宗的第十三子即武宗的十三皇叔继任皇位。皇室还有那么多皇侄、皇叔，为什么要选光王李怡？因为光王李怡呆呆傻傻，便于控制。

李怡在武宗弥留之际被立为皇太叔，"更名忱，应军国政事令权勾当"。会昌六年（846）三月二十三日，唐武宗驾崩，更名为李忱的光王即位，是为唐宣宗。

唐宣宗即位后，与之前木讷呆滞的光王形象简直判若两人，处事果敢睿智，举手投足无比自信。群臣很高兴遇到了一个明君，国家昌盛有望。宦官大跌眼镜，惶恐不安。毫无疑问，光王之前的呆傻是装的，他在韬光养晦。

皇帝心机如此深重，他们这些宦官会有好日子过吗？果不其然，唐宣宗一上台便打击宦官，削弱宦官权限，使宦官集团一时难以兴风作浪。然而，唐宣宗对武宗朝的臣子全面排斥，反其道而行之，将武宗朝的政策全面推翻，尤其是灭佛政策。他全面恢复寺庙，让佛教再度兴盛。

唐宣宗这么做，缘于他的个人私愤。据传，武宗在位期间，他遭到武宗嫌弃，饱受折磨，几次死里逃生，甚至躲到寺庙避难。上台之后，他重新崇佛，以报当年庇护之恩。

当然，唐宣宗算是大唐的贤明君主之一，他一改前几任帝王骄奢淫逸的作风，用法无私，从谏如流，恭谨节俭，惠民爱物。他重用白敏中（白居易堂弟）及令狐绹（令狐楚之子）为相，贬谪李德裕，使历经四十年的党争得以消弭。

在宣宗期间，张义潮在河西走廊一带起兵，收复了之前被吐蕃占领的沙州地区，让失去近百年的河西走廊控制权重回大唐手中。这也为宣宗的政绩大大加分。

大中十三年（859）八月七日，唐宣宗因服食丹药中毒身亡，成为大唐又一个因追求长生而短命的帝王。

唐宣宗在位十三年，大唐政局相对稳定，经济也得以恢复，史称"大中中兴"，唐宣宗也被称为"小太宗"。"复辟倒退"被称为中兴，纳谏勤政就被称为"小太宗"，主要原因是唐史的编修者皆为思想保守的保守派，对唐宣宗赞誉过度，对"永贞革新"等锐意进取的事件肆意抹黑。

其实在大中十三年（859），农民起义就开始爆发了，这跟唐宣宗并无雄才大略、采取的政策陈腐有着极大的关系。政策反反复复，给国家或地方造成的危害是难以估量的。

宣宗驾崩，宦官经过一番斗争，扶持出一个大唐历史上最昏庸的皇帝——

唐懿宗。

唐懿宗李温是宣宗皇帝的长子，但由于从小荒唐胡闹，一直不被唐宣宗喜欢，所以生前并没有立他为太子。宣宗生前喜欢的是三子夔王李滋，他在临终前托孤于宦官内枢密使王归长、马公儒等人。然而，禁军左中尉王宗实与王归长有很深的矛盾，王宗实探得内部消息，立马带神策军进宫，将王归长等人全部处死，迅速迎立李温为太子。李温改名李漼，于大中十三年（859）八月十三日登基，是为唐懿宗，改年号为咸通。

唐懿宗的荒唐，用一句话来说，就是小孩子最大的理想——想干什么干什么，想拿什么拿什么，一切全凭自己的喜好。

宰相稍微违逆他的想法，他说贬就贬；沿袭了二百多年的进士科举，他仅看贡士名单，就根据自己的爱憎搞什么"特敕赐及第"，任意圈点进士；他随意封官，连自己都搞不清封了多少官员；他公私不分，动用国库为女儿同昌公主举办奢华至极的婚礼；同昌公主因病去世，他居然将为公主诊治过的二十多名医官全部处死，还株连家属；他每日一小宴，三日一大宴，还动不动就搞声势浩大的出巡。

这么一个胡闹的皇帝，将朝政弄得乌烟瘴气。上梁不正下梁歪，官员存在的唯一目的就是捞钱，能贪则贪，贪不到的就压榨百姓。原本在武宗、宣宗手上有起色的大唐气运，在他在位的短短几年内，就被耗得一干二净。

咸通九年（868）七月，庞勋领导的边卒起义爆发。庞勋起义维持了一年零两个月后，虽被扑灭，但大唐江山已经摇摇欲坠。

咸通十四年（873）六月，胡乱折腾了十四年的唐懿宗，一命呜呼，可宦官硬是杀掉了懿宗几个有能力的皇子，将最贪玩的第五子，年仅十二岁的李俨捧上皇位。李俨登基后，改名李儇，是为唐僖宗，改年号为乾符。

唐僖宗因为年幼登基，对国事一无所知，遂将国家大事全都交给臣子。他每天所做的，就是不停地游玩。唐僖宗在玩的方面，比穆宗、敬宗更有天赋，玩什么精什么，骑术、射箭、舞槊、击剑、音律、法算、蒲博、蹴鞠、斗鸡、弈棋，他无一不精。

唐僖宗最拿手的应该是蹴鞠，也就是古代的足球。他曾对蹴鞠优人石野猪感慨道："如果设了击球进士，朕去应试，一定会获得状元！"

然而，石野猪应声答道："陛下前去应试，要是碰到尧舜当主考官，恐怕陛下就要落第了！"显然，连石野猪这样的优人，对僖宗只知玩乐、不理朝政的行为都看不下去了，还大胆巧妙地讽谏。

僖宗乾符二年（875），王仙芝、黄巢率领的农民大起义爆发。王仙芝是盐贩子出身，但黄巢是读书人出身。黄巢在懿宗年间多次参加科举考试，屡试不中。那个黑暗时期，一个庶族出身的人，想中进士，那真是难于上青天。

黄巢科举前写了《题菊花》一诗：

> 飒飒西风满院栽，蕊寒香冷蝶难来。
>
> 他年我若为青帝，报与桃花一处开。

这首诗别出心裁、独具一格，写得很霸气，入选了现在的小学课本。黄巢几次落第之后，再写菊花诗时，怨气化作杀气，杀气冲天：

> 待到秋来九月八，我花开后百花杀。
>
> 冲天香阵透长安，满城尽带黄金甲。

这首诗读来让人心惊。写完这首诗不久，黄巢拉起队伍，开始征杀长安。广明元年（880）十一月，黄巢果真杀进长安，实现了他"满城尽带黄金甲"的诺言。

黄巢攻下长安后，唐僖宗逃到成都，继续他的玩乐事业，直到中和五年

（885）正月，黄巢起义被扑灭，他才回到一片废墟的长安。这时候，农民起义虽然被扑灭，但从黄巢起义军中招安过来的朱温和李克用等人，俨然成了割据一方的诸侯，大唐王朝风雨飘摇。

光启四年（888）三月，二十七岁的唐僖宗"暴疾"而终，懿宗第七子即僖宗七弟寿王李杰被推上皇位，登基后改名李晔，是为唐昭宗。

唐昭宗上位时仅二十二岁，血气方刚，一腔热血想重整河山。可惜他有勇无谋，拿宦官开刀，宦官联合藩镇造反。他武力削藩，结果被打得四处逃窜，最终被囚禁。

唐昭宗几番失败，意志消沉，弃江山社稷于不顾，整日饮酒作乐。

光化三年（900）十一月，大宦官刘季述发动政变，将唐昭宗囚禁于少阳宫，扶太子李裕登上皇位。后来，在宰相崔胤的谋划下，左神策指挥史孙德昭带军捕杀了刘季述等人，迎唐昭宗复位。

然而，此时的朱温已经成为左右朝局的枭雄，天下无人能与之抗衡。朱温在谋士的策划下，效仿东汉末曹操"挟天子以令诸侯"，逼迫唐昭宗迁都洛阳。

天复四年（904），唐昭宗被迫来到洛阳，随后被朱温软禁。八月，唐昭宗被朱温杀害。朱温选中昭宗的第九子，年仅十三岁的辉王李柷（chù）继位，是为唐哀帝。同时，心狠手辣的朱温将唐昭宗剩余的皇子全部杀死，并大肆捕杀李唐皇室。

天祐四年（907）正月，唐哀帝被迫禅位于朱温，次年即被毒杀。

立国二百八十九年，历经二十二帝的大唐王朝，至此覆亡。朱温定国号为梁，将汴州更名为开封，定都开封府。从此，历史进入一个四分五裂的征战不休的大混乱时代——五代十国。

徐凝与张祜

叫板李白，惹恼了苏东坡

白居易很喜欢牡丹花。唐穆宗长庆三年（823）春，调任杭州刺史的白居易见春色渐深，又想起了洛阳牡丹，于是派人在杭州一带寻找，看看哪里种了牡丹。手下人一番打听，还真在杭州找到了一处种了牡丹花的地方。

种牡丹的地方是杭州开元寺，据说这株牡丹是寺僧慧澄刚从京师移植过来的，现在还用油布遮着，一般人根本无法得见花容。

白居易探得这一消息，来到开元寺。还没见到牡丹，白居易便在寺壁上发现了一首新题的诗：

题开元寺牡丹

此花南地知难种，惭愧僧闲用意栽。

海燕解怜频睥睨，胡蜂未识更徘徊。

虚生芍药徒劳妒，羞杀玫瑰不敢开。

惟有数苞红萼在，含芳只待舍人来。

后两句"惟有数苞红萼在，含芳只待舍人来"，让白居易看了特别舒服，"舍人"指的就是他，他担任中书舍人一职后，天下人皆尊称他"白舍人"。

这首诗拍马屁拍得很高明，让白居易很受用。待他看清落款写着"会稽徐凝"后，不由得会心一笑。"徐凝"这个人虽未见过面，但名字很熟——徐凝是他铁杆"粉丝"。

他被贬江州司马时，这位"粉丝"便寄过他一首诗："三条九陌花时节，万户千车看牡丹。争遣江州白司马，五年风景忆长安。"（《寄白司马》）当时他读了这首诗很感动，没想到时隔多年，徐凝居然在开元寺再次给自己留诗，这么说，徐凝不正在杭州吗？白居易赶紧让寺僧去找。

不一会儿，徐凝被寺僧请来，两人相见，都有种一见如故的感觉，再一交谈，简直相见恨晚啊！于是二人谈长安、谈牡丹、谈曾经的过往，天南海北，侃得不亦乐乎。两人相谈甚欢之际，寺僧又报有个叫张祜的年轻人来访。白居易想了想，让人请他进来。

此刻的白居易已经是家喻户晓的大诗人，是公认的文坛领袖之一，慕名求见的人很多，所以一般的人，他真的无暇接见。但白居易听过张祜的名声，也读过他写的《宫词》，从这首诗看，张祜的诗才不在徐凝之下。像这样的青年才俊，他是不会拒而不见的，他乐于提携后辈。

张祜进来之后，三人继续把酒言欢。然而，待徐凝与张祜说出来杭州的目的，白居易有些犯难了。这二人都是来拜请刺史大人举荐科举贡士的，都希望自己作为头名贡士被举荐。

在唐朝，参加进士考试也是要有资格的，这个资格就是被地方举荐为贡士。而每个地方举贡也是有名额限制的，为了公平起见，后来也实行考试，地方上的举贡考试称为会试。只是大唐的会试不像后来宋、明、清那样严格，大唐并没有"举人"这一说法，地方被举荐的贡士如果不能进士及第，那是没有任何实质性作用的。说白了，贡士就是个通过预选的考生。

但是，被举荐为头名贡士，那还是有点分量的，起码能在京城更方便干谒，更可能博取名声，尤其是得到当时名声显赫的大诗人白居易的举荐。

头名只有一个，张祜与徐凝的才气又确实不相上下，这确实让白居易犯难。白居易只好说，将二人的诗集带回去看看再做定夺。

回到府邸，白居易浏览张祜的诗集时，目光停留在《观徐州李司空猎》一诗上：

晓出郡城东，分围浅草中。

红旗开向日，白马骤迎风。

背手抽金镞，翻身控角弓。

万人齐指处，一雁落寒空。

读完这首诗，白居易拍案叫好。这首诗寥寥数笔就将围猎场面写得生动传神，尤其是最后两句，真叫绝啊！白居易暗自赞叹，这首诗写得比王摩诘的《观猎》只好不差，张祜真是俊才啊！

看完张祜的诗集，白居易再打开徐凝的诗集，一番浏览，眼光忽然发亮，略一思忖，哈哈大笑。

惹得白居易眼睛发光并哈哈大笑的，是徐凝所作的《庐山瀑布》一诗：

虚空落泉千仞直，雷奔入江不暂息。

今古长如白练飞，一条界破青山色。

这首诗写得确实不错，但这不是主要的。李白写了《望庐山瀑布》之后，没人再敢写庐山瀑布，谁敢叫板"飞流直下三千尺，疑是银河落九天"这

徐凝《庐山瀑布》："虚空落泉千仞直，雷奔入江不暂息。今古长如白练飞，一条界破青山色。"

样的诗句？徐凝偏偏敢叫板，并且写出了"今古长如白练飞，一条界破青山色"这样的佳句，这怎能不让白居易兴奋？

为什么一见有人叫板李白，白居易就兴奋？那是因为，他就是要"抑李扬杜"，他受不了李白的诗风。有了这样的动机，再加上徐凝是他的铁杆"粉丝"，白居易第二天便判徐凝第一，张祜第二。据说张祜不服，可读了徐凝的《庐山瀑布》，也只能低下高傲的头颅。

然而，这件事并没有到此为止。此事一经传开，就有人跳出来打抱不平，这个人还是个毛头小伙子。一个毛头小伙子也敢挑战诗坛泰斗？没什么不敢的，因为这个毛头小伙子叫杜牧。

杜牧当时刚刚二十岁出头，比张祜小十几岁，比白居易差一辈，得知好友张祜受到不公正待遇，他立即写了《酬张祜处士见寄长句四韵》一诗，安慰张祜的同时，向白居易质疑：

> 七子论诗谁似公，曹刘须在指挥中。
> 荐衡昔日知文举，乞火无人作蒯通。
> 北极楼台长挂梦，西江波浪远吞空。
> 可怜故国三千里，虚唱歌词满六宫。

这首诗的意思是，建安七子的诗作哪个比得上你？曹植、刘桢也当在你的指挥下。知道昔日推荐祢衡的有孔融（字文举），可叹没人再做"乞火"的蒯通。朝廷楼台常牵挂着你的梦，你门前的西江（长江）像要远吞天空。可惜你"故国三千里"的名句，白白地传唱于后宫。

杜牧替张祜叫屈，两百年后，另一个猛人则替李白申冤，这位猛人就是苏东坡。他看到徐凝叫板李白的《庐山瀑布》，怒从中来，写了一首《戏徐凝瀑布诗》：

帝遣银河一派垂，古来惟有谪仙词。

　　　飞流溅沫知多少，不与徐凝洗恶诗。

　　　苏东坡直接将徐凝的诗一竿子打到底，定为"恶诗"，徐凝这首叫板李白的诗便偃旗息鼓，渐渐没人提起，直至今日，销声匿迹了。白居易大概也不会想到，当初自己的这一举措，会造成这样一种后果。

　　　徐凝受到白居易的吹捧后，从杭州来到绍兴，干谒时任浙西观察史的元稹，再次得到元稹的赞赏。然而，来到京城后，徐凝由于不愿拜谒权贵、炫耀才华，屡考不中，一直未能进士及第。后拜谒韩愈，也没受到这位伯乐的大力举荐。难道是受元、白赏识的人，韩愈便不再力荐？个中原委，谁也说不清。

　　　几经挫折，多年蹉跎后，徐凝黯然离京。离京时，他写了一首诗作别韩愈："一生所遇唯元白，天下无人重布衣。欲别朱门泪先尽，白头游子白身归。"（《自鄂渚至河南将归江外留辞侍郎》）

　　　这首诗致谢元、白，却不提韩愈，显然是对韩愈有所怨愤。《唐诗纪事》曾引用《郡阁雅谈》的说法，说徐凝"官至侍郎"。这种说法，从这首诗及徐凝其他留世的诗来看，无疑不实。可按徐凝拜谒元、白的行为看，他"不愿拜谒权贵、炫耀才华"，又不符合他的性格逻辑。由于徐凝后来声名不显，其生平事迹已无据可查，所以他最后的结局到底怎样，也没谁说得清楚。

　　　但可以肯定的是，徐凝的才气，绝对对得起元、白的赏识，他不仅诗的水平很高，书法也曾冠绝一时，墨宝还被宋代宫廷收藏。

　　　徐凝回到江南，写出了真正的名篇《忆扬州》：

　　　萧娘脸下难胜泪，桃叶眉头易觉愁。

　　　天下三分明月夜，二分无赖是扬州。

这首诗真的是风流蕴藉，意味无穷。短短一首绝句，将扬州的"忧愁萧娘"与"俏皮明月"融合在一起，让人顿生怜意。笔者认为，这首诗比之卞之琳的《雨巷》更加回味悠长，是古代绝美的一首朦胧诗。尤其是"无赖"二字，若用现在的词来翻译，无论用什么词，似乎都无法准确表达。这首诗显然比纯写景的《庐山瀑布》要强得多。

徐凝一生，留下一百零二首诗，录入《全唐诗》，很多诗都意境高远，隽永自然，却因苏东坡的调侃而沉寂于后世，真的可惜。

徐凝暗淡收场，张祜呢？张祜无论在当时还是在后世，名气都要比徐凝大得多。张祜（约785—849），字承吉，清河（今邢台市清河县）人，家世显赫，被人称作张公子，当时就有"海内名士"之誉。在拜谒白居易之前，他就已因一首诗名动天下了。这首诗便是现在入选小学课本的《宫词》：

> 故国三千里，深宫二十年。
>
> 一声何满子，双泪落君前。

这里需要说明一下这首诗的创作背景。

唐武宗病入膏肓之际，询问一直宠爱的孟才人："朕将不久于人世，你是怎样打算的呢？"他以同样的话问过那个将他推上皇帝宝座的王才人，结果王才人在他面前自尽，现在又轮到了孟才人。

孟才人是位能歌善舞的绝代佳人，听了武宗的话，她泪流满面道："臣妾愿陪陛下共赴黄泉，现在就让我为陛下献上最后一曲吧！"说完，她唱起了极其哀怨的曲子《何满子》。唱到一半时，孟才人骤然间没了声息。侍女赶紧查看，发现孟才人已然气绝，香消玉殒于唱曲之时。

张祜听到这一传说，感伤不已，写下了《孟才人叹》：

偶因歌态咏娇颦，传唱宫中十二春。

却为一声何满子，下泉须吊旧才人。

写完这首悼亡诗，伤感的张祜由此及彼，悲悯起深宫中的诸多女子，又写了那首千古传唱的《宫词》。

读者一定会好奇，这两首诗里出现的"何满子"，到底是什么曲子？

其实，何满是个人名。这位叫"何满"的人，是唐玄宗开元年间的一位歌星，因犯罪被判了死刑。何满知道玄宗喜爱音律，便献上他创作的曲子以请求赎死。这首曲子哀怨悲伤，由四首诗八个韵部组成，一经唱出，就会让听众肝肠寸断。后人便将这首由何满创作的曲子称作《何满子》。

至于何满献上这首曲子后，有没有被免死，白居易说没有，元稹却说有。这两个人的注解居然截然相反。开元年间距"元白"活跃之时，也不过五六十年，真相就莫衷一是。

张祜在白居易那里虽然被判了个第二，但好歹也取得了考进士的资格。可让人大跌眼镜的是，这位张公子执拗得很，一心钻研诗词，不习科举文章。像这样的人，又怎么能进士及第呢？

张祜要想做官，唯一的出路就是靠重臣推荐，皇帝以"名士"名义破格录用。也许正是这个原因，张祜并没有像徐凝那样在京城蹉跎，他直接进入了令狐楚的幕府，成了令狐楚的幕僚。令狐楚对他格外器重，不久就专门写了封荐表，将他的诗集附上，呈送当时的皇帝唐穆宗。

唐穆宗特别相信元稹，将元稹请来，询问道："以爱卿看来，写《宫词》的张祜才能如何？"

元稹答道："这种诗属雕虫小技，大丈夫不会像他那么写，如果皇上奖掖他，恐怕无益于风化。"

唐穆宗一想，也是啊，将宫女写得那么凄惨，对皇室不大好，那就算了吧！

就这样，元稹的一句话就让张祜一生的梦想彻夜破灭。李贺被拒进士考试，是因为元稹背后捣鼓，那只是推测，没有真凭实据，但张祜这次被他毁了前程是实事，《唐才子传》写到张祜时，直接批评元稹妒贤嫉能。

张祜得知这一结果，苦笑自嘲："贺知章口徒劳说，孟浩然身更不疑。"[《寓怀寄苏州刘郎中（时以天平公荐罢归）》]

自此，张祜便以处士自诩，再也没有当官的想法，一心要做"职业诗人"。张祜吟诗特别专心，不容别人打扰。妻儿在他吟诗之时，如果叫他，他是绝对不会答应的，事后会怒道："我正口内生花，难道还有时间理你们？"

吟诗可以吟出好诗，但不一定能吟出金钱，吟出生活。好在张祜的那个小老弟杜牧待他极优厚，动不动就资助他，再加祖上家底也丰厚，所以张祜可以心安理得地做"职业诗人"。

张祜失意，寓居淮南，如孟浩然一般浪迹江湖。漂泊至金陵时，他吟出了名篇《题金陵渡》：

金陵津渡小山楼，一宿行人自可愁。

潮落夜江斜月里，两三星火是瓜州。

这首诗写得苍凉落寞，品味这首诗，即便在你掩卷之后，那种孤寂也难从心中挥去，比之"月落乌啼霜满天，江枫渔火对愁眠"，更加感人。

张祜与李涉也是好友，李涉将张祜这首诗抄了下来，钉在墙上，反复吟哦，并自称"新钉张生一首诗，自馀吟著皆无味"（《岳阳别张祜》）。

唐朝的淮南道是以扬州为首府的，张祜经常在扬州出现，他晚年写了《纵游淮南》一诗，从很特别的角度赞美扬州：

十里长街市井连，月明桥上看神仙。

人生只合扬州死，禅智山光好墓田。

　　这首诗催生了"玩在杭州，吃在广州，死在扬州"的俗语。为什么说"死在扬州"？很多人感到莫名其妙，其实就是被张祜这首诗忽悠的。

　　大中年间（约849年），张祜果然死在了扬州辖区内的丹阳，实现了他"人生只合扬州死"的愿望，因此有人说这首诗是诗谶。

　　张祜一生诗作颇丰，有三百四十九首诗被《全唐诗》收录。

杜牧

大和元年（827），唐文宗登基，特将进士科举放到东都洛阳开考。吏部侍郎崔郾将赴洛阳主持科考，临行前，各路亲朋好友及同僚在城郊设宴为他饯行。宴席进行到一半，一位老学究骑着一头毛驴，施施然到来。

崔郾一见，赶紧起身相迎，因为这位老学究叫吴武陵，不是一般人，他是太学博士，更是德高望重的清流名士，是文章大家柳宗元的生前好友。

吴老先生见崔侍郎迎了过来，将他拉到一旁，神秘兮兮地道："皇上登基，急需人才辅佐。崔大人担负为皇上遴选人才之重任，乃是众望所归。我老了，没办法为朝廷排难解忧，但我为你引荐一位贤才，怎么样？"

崔郾很吃惊，因为作为清流名士的吴老先生，从来不曾推荐人，一般学子根本不入他的法眼，怎么今天他突然帮人干谒啦？

吴老先生笑了笑，道："前些日子，我偶然之间发现太学生情绪激昂地讨论一篇文章，拿过来一看，是《阿房宫赋》，我读完这篇文章，是老泪纵横啊，因为我知道，我朝的一位不世出的天才，已经横空出世了！"

崔郾被吴老先生喷得直发愣，吴老先生拍了拍他的肩，道："你这位侍郎大人任务繁重，日理万机，恐怕也没闲暇浏览这篇文章。这样吧，我读，你听，而后你就知道我所言之虚实！"

说完，吴老先生取出文稿，摇头晃脑地诵读了起来。吴老先生刚读完，崔郾便抢过他手中的文章，激动道："这真是一篇难得的好赋，我要带回去仔细研读！"

吴老先生呵呵笑道："我为大人推荐的便是此赋作者杜牧，他将参加你主持的这届科举。怎么样，头名状元非他莫属吧？"

崔郾顿时面露难色，道："状元已有人选了！"

吴老先生失望地道："那就第二名吧！"

崔郾摇了摇头，吴老先生不高兴地道："那就第五名算了！"

见崔侍郎还是犹豫，吴老先生生气地道："今科是什么好年景？我就不信天下还有五个比杜牧更有才之人，如果不行，你就将那篇赋还给我！"

说完，吴老先生伸手要那文稿，崔郾苦笑了一声，收起文稿，拱手道："依了老先生就是了！"

吴武陵这才心不甘情不愿地离开。

回到宴席上，有同僚问吴博士所来何事，崔郾回答说，吴老推荐一学子为进士第五名。那人忙追问是谁，崔郾答道："杜牧！"旁边立刻有人接口道："我听说过此人，才气确实无与伦比，但又听说此人不拘小节，喜欢出入烟花风月场所，依此看来，此人人品不甚端正。"

崔郾摇了摇头，道："既然是吴博士推荐的，我也应承了，哪怕是个屠夫酒贩，我也不好更改啊！"

第二年也就是大和二年（828），杜牧果然高中进士。

《唐才子传》记载的这个故事，可靠性存疑。杜牧才华横溢不假，风流成性也不假，但假就假在未考中进士之前，就有人说他风流。那时候的杜牧还是个挥斥方遒的阳光青年。

杜牧与李商隐是大唐诗坛继李白、杜甫、白居易之后崛起的两座并立高峰，二人出生在晚唐，后人称二人为"小李杜"。

李白与李商隐有没有关系，暂且不论，但杜牧与杜甫还真有点关系，两人都称是魏晋名将杜预之后，应该属于同根不同枝。

1

杜牧（803—852），字牧之，号樊川居士，京兆万年（今陕西西安市）人。杜牧是个含着金钥匙出生的人。祖父杜佑，是个财政奇才，在德宗朝就出任宰相，"永贞革新"时，出任度支盐铁使，掌管全国财政税收，王叔文挂职他的副手。他政治头脑非常清醒，处世非常圆滑，并没有加入"王叔文集团"，所以唐宪宗上台后，搞"二王八司马"事件时，并没有处分他，反而对他极其倚重，让他当了近十年的司徒，并封其为岐国公，还将自己的女儿岐阳公主下嫁给了他的嫡长孙。杜佑在杜牧十岁那年才去世，活了七十八岁。

杜牧父辈也都官至六品以上，父亲杜从郁官至尚书驾部员外郎。杜牧在家族兄弟中排行十三，所以人称"杜十三"。杜家在杜牧这一辈更加显赫。他的一位堂兄杜悰是附马，官至太傅、检校左仆射。他的另一位堂兄杜愔官至义成节度使、兵部尚书。杜悰与李商隐还是表兄弟，所以杜牧与李商隐之间也沾亲带故，两人相识并成为好友是顺理成章的事。

生在这么一个钟鸣鼎食的官宦人家，杜牧也特别引以为豪，写诗炫耀："旧第开朱门，长安城中央。第中无一物，万卷书满堂。家集二百编，上下驰皇王。"（《冬至日寄小侄阿宜诗》）

炫耀起家庭来，杜牧与自称"吾祖诗冠古""诗是吾家事"的杜甫还真像，眉飞色舞得没边儿。

生在这样的家庭，杜牧还勤奋读书，胸怀慷慨之志，实属难得。杜牧自懂事起，就目睹藩镇割据之弊病，每每想起便慷慨激昂，恨不能以一己之力平复藩镇。为此，他苦读《孙子兵法》，还写过十三篇《孙子兵法》注解和心得。唐宪宗讨伐藩镇时，他撰写过许多策论咨文。特别是有一次献平虏计，宰相李德裕采用后，还大获成功。

人们不禁有疑问，按说杜牧应该受到李德裕的重用啊，为什么后来李德裕不重用他，反而还打压他呢？从史料来看，李德裕的父亲李吉甫还与杜佑是朋友，也就是说李德裕家与杜牧家还是世交。

其实，杜牧祖父杜佑是反战派，反对武力讨伐藩镇。但李吉甫与李德裕是强硬派，杜牧也属强硬派，可杜牧的伯父及堂兄杜悰，与杜佑是一脉相承，尤其是那个驸马爷杜悰，就是个纨绔子弟，没什么才华，身居高位却坚决反战，与"牛党"另一首领李宗闵坚定地站在一起，处处给李德裕使绊子。李德裕对杜悰愤怒至极，拿他无可奈何，谁让他是唐宪宗的女婿呢。杜悰是杜家的嫡长孙，杜牧是小"十三"，既然李德裕与杜悰是死敌，他会提携杜悰的小弟吗？

话说杜牧二十二岁那年（824年），大唐历史上最会胡闹的皇帝唐敬宗即位。这位十五六岁的小皇帝玩得昏天黑地，时间一长，觉得老是在皇宫里玩也不新鲜，便突发奇想，要到骊山去旅游。想法一出，大臣都吓坏了，纷纷劝阻道："自从周幽王以来，凡是游幸骊山的帝王都没啥好下场啊！吞并六国的秦始皇葬在骊山，强大的国家二世而亡；本朝盛极一时的玄宗皇帝在骊山修行宫，没多久安禄山就造反了。陛下千万要以史为鉴啊！"

这位小皇帝一听，更来劲儿了，说道："骊山这么凶险啊？那太好玩了，朕一定要去，验证一下你们所说的话！"他义无反顾地去了，留下一帮老臣大眼瞪小眼。

这个闹剧传到了小杜公子的耳中，小杜公子怒不可遏，可他只能气呼呼地在园子里乱转悠，拍着胸口，对自己说消消气、消消气。转悠来转悠去，一腔怒气化作写文章骂人的冲动，于是，他挥笔疾书，一气呵成，写就了一篇借古讽今的议论文《阿房宫赋》。

"秦人不暇自哀，而后人哀之。后人哀之而不鉴之，亦使后人而复哀后人也！"杜牧发出振聋发聩的呐喊。可惜小皇帝根本就听不到，即便听得到，他也懒得理睬。

这篇《阿房宫赋》对当时的皇帝不起作用，但时至今日，每个学生都必须熟读。

写《阿房宫赋》时，杜牧才二十三岁。二十五岁时，他又写下了长篇五言古诗《感怀诗》，充分表达了自己的政治见解和治世理想。一篇赋、一首诗，广为传唱，杜牧成了无人不知的大才子。

吴武陵会不遗余力地推介杜牧，原因很简单，杜牧是太学学子，是他的学生。

杜牧高中进士后，按照惯例，与同科进士一起到洛阳曲江游玩。曲江是洛阳最热闹的场所，尤其是进士张榜后的春天，岸上人头攒动，江上百舸争流。有人写诗赞叹这里的盛景："江头数顷杏花开，车马争先尽此来。欲待无人连夜看，黄昏树树满尘埃。"（姚合《杏园》）

新科进士小杜公子来到这里，顾盼生辉，举手投足间充分展现他的"才"情，引得沿途少男羡慕嫉妒恨、少女吃吃而笑。

杜牧一行三五人，在路人仰慕的目光中走进了曲江一座寺院，正巧碰见一位僧人在打坐。这位僧人对这一群鲜衣怒马、意气风发的新科进士，居然视而不见。小杜公子有点不高兴了，于是上前搭讪。才子与高僧的禅语对答一直是文坛佳话，他也想在现场留下一段文坛佳话。

打坐的僧人被小杜公子打搅后，不咸不淡地问道："公子何人？"

小杜公子得意扬扬地整了整衣裳、捋了捋袖子，答道："杜牧便是在下！"这句话的本意是，我叫杜牧，你应该吓得往上一跳吧！

谁知那位僧人依然端坐，面色平静，淡然视之。那意思分明是，杜牧又是何人？

小杜公子内心的沾沾自喜瞬间冻成冰块。良久，小杜公子自觉无趣，讪讪然离去。

临离寺院，怅然无限的小杜公子在寺壁上题诗一首：

> 北阙南山是故乡，两枝仙桂一时芳。
> 休公都不知名姓，始觉禅门气味长。

杜牧进士及第后，同年就考取了吏部主持的"贤良方正直言谏科"，被授弘文馆校书郎、试左武卫兵曹参军。

这次考试过程中，发生了一件震动朝野的大事——新科进士刘蕡（fén）在考试时提交了一篇言辞十分犀利的策论，针砭宦官乱政弊端。这篇策论引起朝野的极大关注，大家争相传阅，主考官冯宿甚至评价，这篇策论堪比汉代晁错与董仲舒的策论。然而，这篇策论触怒了大宦官王守澄。他气急败坏地大骂刘蕡并给朝臣施压，结果吏部不敢录取刘蕡。该年"贤良方正直言谏科"一共录取了十二人，杜牧与裴度的儿子裴休在列，就是没有语惊天下的刘蕡。

录取结果一出，天下文士一片哗然，已被录取的李郃甚至对杜牧等同科士子怒道："刘蕡下第，我辈登科，诸位能不羞愧？"他继而上书唐文宗，称自己的策论远远不及刘蕡的策论，要求将自己的名额让给刘蕡。然而，他的上书被宰相扣压了下来，当权宰相迫于压力，将此事大事化小，小事化了。

可怜刘蕡官没做上，最终还被宦官迫害致死。

慷慨激昂的小杜公子在干吗呢？怎么没见他发声？小杜公子或许有冲动，但被兄长按住了。他被自己的兄长告诫，不得参与朝廷纷争。他被迫待在家中，静观其变，躲过了这一场风波。

这一时期，"牛李党争"已悄然拉开了序幕，杜牧这样的小官，自然不在其列，但是杜悰加入了牛僧孺、李宗闵一党，结果杜牧也被家族势力裹挟到了"牛党"一边。

不久，李宗闵、牛僧孺二人入相。李德裕领兵与吐蕃作战，却因党争而失利。

其实，杜牧的志向一直与李德裕一致，却出于家族缘故，不得不与牛僧孺结善。这一时期的他好生苦恼，这种苦恼还不能说，导致的结果是，小杜公子纨绔子弟的劣根性爆发，他跑到烟花风月场所寻欢作乐去了。

杜家见杜牧在京城有点胡闹，便在他中进士八个月之后，找吏部将他调到江西观察使幕府去锻炼。江西观察使是沈传师，治所在洪州（南昌）。沈家与杜家为世交，沈传师自然对小杜公子格外照顾，辟召他为江西团练巡官。沈传师与弟弟沈述师都是文学爱好者，沈述师与李贺是好朋友，李贺病逝后，就是他为李贺的文稿筹款出集的，也是他请名动天下的杜牧为《李贺文集》撰写的序。

杜牧来到洪州，无亲无故，经常往沈述师家跑，听歌赏舞，蹭吃蹭喝。他看上了沈述师家的小歌女张好好。可惜沈述师特别喜欢这位小歌女，他发现杜牧有了勾搭的苗头，抢先一步将这个小歌女纳为小妾，让杜牧空有羡鱼之情。不过，这也为日后《张好好诗》的出炉埋下了伏笔。

大和七年（833），唐文宗将牛僧孺赶下宰相位，起用李德裕为相。牛僧孺调任淮南节度使，辟召杜牧到自己幕下担任推官一职，杜牧欣然上任。他赴淮南节度使幕府，还挂了个京衔"监察御史里正"（助理监察御史）。这种待遇，估计只有他这个根基很深的官宦子弟才能享有。

淮南节度使衙落在扬州，那可是个一等一的好地方啊，美女如云，烟花四散。杜牧到了扬州，就像老鼠掉进了米缸里。闲暇之余，他偷偷钻进烟花场所寻欢作乐。牛僧孺知道后，怕他惹是生非，真的闹出事来，不好向杜家交代，只好派一队人马天天暗中保护这位小杜公子。

在扬州舒舒服服地玩了两年后，小杜公子监察御史里正的职务转正了，要回京城履行监察御史职。牛僧孺为他饯行，席间，语重心长地告诫道："贤侄才气非凡，前途不可限量。但放纵于风月场所，一对身体有害，二对清誉有碍，还是节制一点儿的好。"

杜牧自我感觉保密工作做得不错，便讪笑道："多谢大人指教，但下官一直洁身自好，这一点还不至于让大人操心！"

牛僧孺见杜牧睁着眼睛说瞎话，哈哈大笑，唤书童捧来一只小书箱，让杜牧自己打开看看。杜牧忐忑不安地打开书箱一看，里面竟然全是保护他的人写的情况报告。

杜牧看了几份，脸红到耳根，起身下拜，感谢牛僧孺两年来对自己的默默照顾。后来，牛僧孺去世，杜牧为他撰写了墓志铭。

离开扬州后，杜牧写下了《遣怀》一诗：

落魄江南载酒行，楚腰肠断掌中轻。

十年一觉扬州梦，赢得青楼薄幸名。

2

大和九年（835）八月，三十三岁的杜牧升任监察御史，分司东都洛阳。"分司东都洛阳"是说他这个监察御史并不是在长安办公，而是在洛阳办公。唐朝有三个首都（也有五京说法，但凤翔、成都只是临时都城，没有得到广泛认同）：西京长安、东都洛阳、北都晋阳（太原）。武则天改唐为周，定都洛阳，虽然后来唐玄宗回迁长安，但洛阳一直保留着一套官僚机构。后来明朝也向唐朝学习，迁都北京，在南京也一直保留着一套官僚机构。

陪都的这些官僚机构一般都是失势官僚养老的地方，可杜牧年纪轻轻，刚刚得到提拔，为什么会分司东都呢？

看看接下来京城发生的事，就会找到答案。

大和九年（835）十一月，都城长安发生了"甘露之变"，本想一举铲除宦官势力的唐文宗，被以仇士良为首的宦官集团软禁。接着，仇士良四处抓捕反对宦官势力的官员，杀了六七百个朝臣。杜牧不在长安，幸运地躲过了这一劫。也许有人说这是偶然，是杜牧运气好。但笔者想说的是，偶然与运气好的背后，是我们看不见的势力。

实际上，此时杜牧的两个堂兄长杜悰与杜惰，正左右逢源，官运亨通。他们家的小"十三"，早就有所防范。这一偶然的结果，恰恰是杜家实力的证明。杜牧在洛阳没有受到"甘露之变"风波的冲击，却看到了朝局之波谲云诡，他的内心备受煎熬，乃至失望沮丧。

在如此复杂的背景下，尽管有文韬武略，又能起到什么作用呢？如果不是家族的管束和庇护，一个在二十三岁就写出《阿房宫赋》这样振聋发聩的文章的人，肯定会与刘蕡一样，慷慨激昂地针砭时弊，但结果呢？毫无疑问，也会与刘蕡一样，落得被冤惨死的下场。想想这些，杜牧直冒冷汗，内心的憋屈又无处发泄，所以干脆又跑大街、钻小巷，寻花问柳喝酒去了。

杜牧发现了一家别致的酒肆，冷清却很雅致，便一头钻了进去。找了个雅座，他喊了声"店家上酒"，便欣赏起室内陈设来。

不一会儿，一句清亮的声音响起："公子请慢用！"

杜牧回头一瞧，一位风韵犹存的美少妇正在他面前放置酒壶、酒樽。只瞧了一眼，他忽然愣住了，眼前的美少妇似曾相识。

他没有回神之际，放置完酒具的美少妇抬起了头，将目光投向了他。四目相对，刹那间万籁俱寂，时间停滞。

两人几乎同时惊呼："怎么是你？"

这个"你",一个是杜牧眼中的风韵虽在却已面带沧桑的张好好;一个是张好好眼中风流倜傥却华发早生的小杜公子。

接下来的对话,笔者无须赘述。要交代的是,那位江西观察使沈传师调回朝廷任吏部侍郎,在一年前病逝,沈家没落,纳张好好为妾的沈述师不知所终。张好好此刻的身份是这家酒肆的老板娘。

杜牧回去后,彻夜难眠,连夜写下了一首五言长诗《张好好诗》。这首诗先是写与张好好认识的经过,全方位地渲染了张好好十三岁那年的明媚容貌和动人歌喉,接着写她被沈述师聘娶的豪华场景。接着转换到他们酒肆见面的情景及对话。至于张好好为什么会流落洛阳当垆卖酒,杜牧只字未提。接下来,杜牧写张好好"怪我苦何事,少年垂白须。朋游今在否,落拓更能无",但后面又一跳而过,写自己"门馆恸哭后,水云愁景初"。意思是,他哭悼了沈公后,水天尽染秋色。接着以"斜日挂衰柳,凉风生座隅。洒尽满襟泪,短歌聊一书"四句结束了全篇。

这首诗虽然清丽,却欲语还休,给人一种遮遮掩掩的感觉。同样的题材,白居易的《琵琶行》就写得酣畅淋漓,琵琶女的身世、自己的感叹,都写得十分透彻。是杜牧的才气不够,不会写、写不出来吗?显然不是,《阿房宫赋》写得那么出色,写这种诗肯定是小菜一碟。那为什么会写成这样,导致这首诗根本没法与《琵琶行》相提并论呢?自然是张好好有说不得的苦衷,杜牧更有苦衷说不得。

不过,这首诗也从侧面反映了张好好的善良,她不像一般流落风尘的女子,遇见故朋好友大倒苦水,反而"怪我苦何事",一句话就将她温柔体贴的一面充分展现。据说,杜牧病逝长安后,张好好专程赶至他的墓前哭祭,更有甚者,说张好好自绝于小杜坟前。

杜牧一气呵成写的《张好好诗帖》,不仅文笔清秀,而且书法飘逸。此诗帖也让人们见识了杜牧在书法方面的才气,使他在书法史上占有一席之

唐·杜牧｜张好好诗帖（局部）｜现藏故宫博物院

晚唐·余晖

地。更值得庆幸的是，杜牧手书的《张好好诗帖》一直流传下来，保存完好，现藏故宫博物院。

当然，杜牧写《张好好诗》的目的，是对张好好这样命途多舛的弱女子寄予同情。深入了解杜牧，就会发现他有"贾宝玉"一样的情结，对天下女子尤其是命运悲苦的女子寄予极大的同情。在写《张好好诗》之前，杜牧就写过一首在当时就广为传唱的《杜秋娘诗》。

杜秋娘原本是金陵的绝美歌女，能联诗作曲。她的一首《金缕衣》，流传至今，仍是金句：

劝君莫惜金缕衣，劝君惜取少年时。

花开堪折直须折，莫待无花空折枝。

就是这样一位才色双绝的女子，命运却跌宕悲苦。先是被镇海节度使李锜纳为小妾，李锜起兵对抗朝廷兵败被杀，杜秋娘作为罪臣家属被送入后宫为奴，继续充当歌舞姬。唐宪宗听了杜秋娘唱的一曲《金缕衣》，又将杜秋娘纳为秋妃。杜秋娘甚得宪宗恩宠，还被宪宗指定为皇子李凑的养母。后来李凑卷入权力之争被废，杜秋娘受牵连被逐出皇宫，回了老家金陵。

大和七年（833），杜牧因公至金陵，恰巧碰见了杜秋娘。曾经风光无限的杜秋娘，此时又老又穷。杜牧感到心酸，提笔写下了《杜秋娘诗》。此诗一出，世人争相传唱。李商隐写诗赞曰："杜牧司勋字牧之，清秋一首杜秋诗。"（《赠司勋杜十三员外》）

杜牧对女子的同情，当然不局限于歌女，他还写过如《题木兰庙》《题桃花夫人庙》等为史上女子感慨，如《题村舍》等为村女的苦难代言的诗。一首《秋夕》诗，更是因为隐含对宫女凄凉命运的同情而成为千古传唱：

银烛秋光冷画屏，轻罗小扇扑流萤。

天阶夜色凉如水，坐看牵牛织女星。

在洛阳任监察御史，只要不刻意挑事，也就没事。杜牧在家族兄长的谆谆告诫下，自然也不惹事，所以也就清闲。其间，他四处凭吊古迹，写出了别具特色的怀古诗。

也不知是在监察御史岗位上工作不出色，还是别的什么原因，开成二年（837），杜牧被调入宣徽观察使崔郸幕下，做了宣州团练判官。

宣州离湖州较近，小杜公子上任不久，听说湖州美女如云，便到湖州去玩。湖州刺史崔君素知道小杜公子的爱好，为了表示自己的盛情，在招待杜牧时，将本州所有名妓召唤来，供他挑选。小杜公子看了又看，有些遗憾地道："美是美，可不够尽善尽美。"

崔君素有些发蒙，张大嘴看着杜牧，心想：这位大爷到底什么意思？

杜牧道："我希望能在江边举行一次竞渡活动，让全湖州的人都来观看。到时候我在人群中慢慢找，希望我能找到意中人！"

如果不了解杜牧背景的人，肯定以为他得了失心疯，一个小小的团练判官居然给堂堂的湖州刺史提这样的要求，凭什么？不凭什么，就凭他是名动天下的大诗人，就凭他一个堂兄任驸马都尉、京兆尹，一个堂兄任兵部尚书。

崔刺史果然按杜牧的要求办了一场赛龙舟活动。当天，活动现场人头攒动，大姑娘小媳妇全都赶来看热闹。杜牧坐着船，沿岸一路看了过去，可惜一直看到傍晚，也没看到合适的。船都要靠岸了，一个乡村妇人领着一位十几岁的小女孩儿，忽然进入他的视野。杜牧仔细看了一会儿，激动地道："这个小女孩儿真是国色天香啊，先前那些人等于虚有其表啊！"

有人将这母女接到船上谈话。母女二人一听杜牧要定亲，顿时有些害怕。杜牧笑道："又不是马上就娶，现在只是定下个迎娶的日期。"

听了这样的话，母女二人才放下心来。妇人道："什么时候娶？若是将来失信了，怎么办呢？"

杜牧道："不到十年，我必然来这里做郡守，那时候迎娶。如果十年不来，就按你们自己的意思嫁人吧！"妇人立刻同意，杜牧便给了贵重的聘礼。就这样，在常人眼里看起来有些癫狂的杜牧，心满意足地回去了。

开成四年（839），杜牧调回长安任左补阙、史馆修撰。第二年升任膳部员外郎。开成五年（840），文宗薨，武宗登基，杜牧迁任比部员外郎。会昌二年（842），武宗重用李德裕为相，牛党失势，杜牧被外放黄州任刺史。

担任地方长官，杜牧终于可以发挥一些才干。他兴利除弊，关心人民疾苦，受到了地方人民的爱戴。在黄州，他写下了著名的怀古诗《赤壁》：

> 折戟沉沙铁未销，自将磨洗认前朝。
>
> 东风不与周郎便，铜雀春深锁二乔。

杜牧的这首诗，从字面上看，有贬损周瑜之意，让人以为他狂傲无边。其实他只是用这种方式来宣泄自己一肚子军事才华得不到重用的苦恼。笔者再次强调，如果不"知人论世"，怎么读得出诗里的"话外话"？

会昌四年（844）九月，杜牧迁任池州刺史。这时候他最想迁的是湖州刺史，自离开湖州后，他就一直惦记"不到十年，我必然来这里做郡守"这句话。但此刻掌权的是李德裕，他的家族也没能力让他随意调动。到池州的第二年初春，杜牧写下了那首脍炙人口的《清明》：

> 清明时节雨纷纷，路上行人欲断魂。
>
> 借问酒家何处有，牧童遥指杏花村。

这首诗直接将池州杏花村打造成"千古第一诗村",后世各地为争"杏花村"所有权,打起了官司。尤其是山西汾阳,硬说这首诗写的就是他们产酒的杏花村。其实,杜牧一生没到过山西汾阳,而且,唐代的山西汾阳,清明时节有烟雨、有杏花吗?

这首诗一直存疑,不一定是杜牧所写,因为他的《樊川文集》中没有这首诗,有人考证可能是宋人伪托之作。杜牧在池州确实写了不少诗,如《秋浦途中》《南陵道中》《九日齐山登高》《登池州九峰楼寄张祜》等。

在池州,杜牧还留下一个传说。据这一传说,稍晚一点儿的诗人杜荀鹤就是他的儿子。

杜牧在池州待了两年,调任睦州(今浙江建德市)刺史。这时,唐武宗开始了"会昌灭佛"运动。杜牧是这一运动的支持者,后来在《杭州新造南亭记》中,他详叙了武宗灭佛之事。在睦州,他写了一首著名的七绝《江南春》,对佛教进行了讥讽:

千里莺啼绿映红,水村山郭酒旗风。

南朝四百八十寺,多少楼台烟雨中。

会昌六年(846),武宗薨,唐宣宗登基,改年号为大中。唐宣宗打击李党,起用牛党,杜牧遂于第二年调回京城,任司勋员外郎、史馆修撰。

大中三年(849),杜牧要求外放任湖州刺史。他的理由是京官俸禄低,难以养家糊口。他的这一请求被吏部打了回来,不过吏部马上给他升了官,任吏部员外郎。可这家伙还是吵,一连上了三道启,吏部只好放任他到湖州任刺史。

杜牧到湖州上任时,是大中四年(850)秋,此时他已经四十八岁了,离他当年来湖州已经过去了十三年。杜牧到了湖州就派人将那母女二人请来，可是，那位妇人带着三个孩子出现在他面前。杜牧顿时明白了一切，生气地道："你当初答应将女儿许配给我，现在你违背了承诺，为什么？"

那位妇人道："当初约定的是十年之内，可十年过了，你都没来，我只好将女儿嫁了！"

杜牧取出盟约，重新看了一遍，喟然长叹，然后送了许多礼物给那妇人，让她回去好好过日子。这件事让他内心很受伤，为此，他提笔写下《怅诗》：

自是寻春去校迟，不须惆怅怨芳时。

狂风落尽深红色，绿叶成阴子满枝。

好不容易跑到湖州，却得到这么一个结果，杜牧想着赶紧离开伤心地。一年后，他果真被调回京城，升任考功郎中、知制诰。第二年，他迁任中书舍人。

这时候的杜牧，心灰意懒，似乎看破了尘世，重修了祖上的樊川别馆，开始在这里过起了半隐居的生活。大中六年（852），杜牧病重，许是知道自己大限将至，亲自操刀为自己写了一篇墓志铭。他自己的墓志铭写得平淡无奇，毫无大家风范。写完墓志铭，这位踟蹰了一辈子的大才子，居然焚烧起自己的文稿，一生所作诗文只留下十之二三。

这年冬天，桀骜的大诗人杜牧，看着漫天飞舞的雪花，说了声"真干净"，悄然地闭上了眼，永远离开了让他无奈的尘世。

杜牧去世后，其外甥裴延翰整理编辑了《樊川文集》，收其诗文四百五十篇。后经人增补外集一卷、别集一卷，共收诗歌一百七十余首。

作为诗人，杜牧无论在当时，还是在后世，都赢得了极高的声誉。唐人及宋、明诗评家评他的诗"情致豪迈""雄姿英发""风格俊爽"，很好地总结了他的诗歌特点。

杜牧的诗，从题材来看，最受欢迎的是三大类别。

一是咏史绝句，这类诗以构思新颖、意味隽永见长。除了《赤壁》，还有广为传诵的《过华清宫》：

> 长安回望绣成堆，山顶千门次第开。
> 一骑红尘妃子笑，无人知是荔枝来。

这首诗寓议于叙的写法，巧妙而又深刻，耐人寻味，充分展现了杜牧的才华。其实，读他的每一首咏史诗，都会有回味无穷的感觉。

二是写景抒情绝句，情韵俱佳。除了《江南春》，还有《泊秦淮》：

> 烟笼寒水月笼沙，夜泊秦淮近酒家。
> 商女不知亡国恨，隔江犹唱后庭花。

诗人善于用凝练的语言勾勒鲜明的景物意象，把悠远的情思寄托在具体的画面之中。如《赠别》之一：

> 多情却似总无情，惟觉樽前笑不成。
> 蜡烛有心还惜别，替人垂泪到天明。

此诗借用蜡烛形象，将一对情人离别的情感渲染得感人至深。

当然，杜牧的写景抒情诗中最著名的当数《山行》：

> 远上寒山石径斜，白云生处有人家。
>
> 停车坐爱枫林晚，霜叶红于二月花。

这首诗中的"生"字，有的版本作"深"字，"生"与"深"历来争议不断。笔者认为，"生"字更能表现白云飘飘，忽隐忽现的"人家"景象，意境更加悠远。若用"深"字，试问"白云深处"，能看得见"人家"吗？即便想象，那也缺少缥缈动感，所以"生"字最生动，最贴切。

三是对妇女不幸命运的描写的诗，前文已叙，此处不赘。

杜牧在《献诗启》中说："某苦心为诗，本求高绝。"事实上，他一生创作的诗歌都践行了他的志向，尤其是他的七言绝句，无论哪一首，细细品读，口有余香。

当然杜牧展现的才华不仅在诗歌上，其古文、辞赋也十分优秀，对后人的创作具有重大影响。

杜牧被不明就里的人贴上"风流才子"的标签，这是有失偏颇的。杜牧风流，却绝不下流。

他首先是一位关注国计民生、富有见识才略的有志、有为之士。面对晚唐藩镇割据、外族侵略、宦官专政、朋党纷争、国势日微的政治局面，年轻时的杜牧忧心如焚，不停地写策论，写战略咨文，更写作了警醒世人的《阿房宫赋》。只是由于家族影响，他身不由己地卷入朋党之争，虽不想参与党争，但在强大的势力面前，只能默默屈服。他所有的才略被党争的旋涡搅成泡沫，内心的无奈与苦闷无处诉说，所以他"少年垂白须"，自称"落拓江湖失意人"。即便是这样，杜牧从未放弃对民生、对朝局的关注，晚年病重，他听到张义潮起兵收复河西走廊后，欢欣鼓舞，还写长诗歌颂。

杜牧一直是个不被理解的悲情大诗人，或许只有同时代的大诗人李商隐对他有真正的了解。李商隐曾写诗赠杜牧：

杜牧《山行》："远上寒山石径斜，白云生处有人家。停车坐爱枫林晚，霜叶红于二月花。"

杜司勋

高楼风雨感斯文，短翼差池不及群。

刻意伤春复伤别，人间惟有杜司勋。

一句"刻意伤春复伤别"，说明李商隐读懂了杜牧诗中隐含的苦楚。

李商隐

憧憬剪烛西窗，你成了最痛的追忆

弄清了典故，了解了诗人的特性，熟悉了历史背景，唐诗其实并不复杂，很容易读懂。但是，有个人写的一类诗是个例外，即便弄懂一切，你还是说不清、道不明。这个人就是李商隐，这类诗就是他的"无题诗"。

先来欣赏他最著名的"拎不清"诗《锦瑟》（以诗句起首两字为题，也属无题诗的一种）：

> 锦瑟无端五十弦，一弦一柱思华年。
>
> 庄生晓梦迷蝴蝶，望帝春心托杜鹃。
>
> 沧海月明珠有泪，蓝田日暖玉生烟。
>
> 此情可待成追忆，只是当时已惘然。

这首诗没有一个生僻字，好读得很，但是读完了，你能告诉我他写的是什么意思吗？

这首诗每一句都解释得清楚，但合在一起就不知所云。到目前为止，就没有一个人能解释得清这首诗到底写的是什么，但并不妨碍这首诗成为史上最受追捧的诗之一。

锦瑟无端五十弦　锦瑟应该是二十五弦，为什么"无端五十弦"呢？这里先说个"湘灵鼓瑟"的典故。传说舜帝在南巡途中逝世，葬于苍梧山。他的妃子娥皇与女英前来奔丧，行至湘水边，两人过不了江，只能隔岸望着苍梧山方向痛哭。哭了三天三夜，眼里流出的不再是泪，而是血，最后二人投江殉情。二人的血泪沾在岸边的竹子上，形成独一无二的湘妃竹。两人投江后，天帝怜悯，封她们为湘水女神，也称湘灵。湘灵时常于湘水之上鼓瑟，她们鼓的瑟为五十弦，音调凄切激越，直透云霄，上达天庭。连天帝听了她们的瑟音都感到心酸，于是便命她们将瑟改为二十五弦。这样，湘灵的瑟音就低沉了很多，再也不能惊扰天帝了。

说完这个典故，麻烦就来了，有人说"无端五十弦"的意思是锦瑟断了，二十五弦变五十弦，隐含"断弦、续弦之意"，所以这是悼亡诗。有人说他写的就是湘灵神瑟五十弦，表达凄美相思。"无端"的解释，前一种说法是断了一截，所以没有另一端。后面一种说法是"无缘无故"，意思是锦瑟无缘无故有五十弦，暗指神瑟。

一弦一柱思华年　这句直白，就是抚摩着瑟的弦和柱，边数边思忆往昔。

庄生晓梦迷蝴蝶　这里用了"庄周梦蝶"的典故。庄子大清早躺在床上思考他梦见蝴蝶的问题："到底是庄周梦到自己变成蝴蝶，还是蝴蝶梦到自己变成庄周了呢？"这是个非常深奥的哲学问题："我是真实存在的吗？"两千多年后，法国哲学家笛卡儿回答道："我思故我在！"诗人用这一句表达的显然是人生虚幻之伤感。

望帝春心托杜鹃　望帝是传说中的古蜀国君，名叫杜宇，后来被迫退隐，所以杜宇死后魂魄寄附于杜鹃鸟，每每暮春，哀怨啼鸣，直至口中啼血。白居易《琵琶行》中就有句："杜鹃啼血猿哀鸣。"事实上，杜鹃啼叫时露出的上颚及舌头为鲜红色，古人误以为啼血。"杜鹃啼血"虽不科学但很文艺，所以一直被人们引用表现凄惨哀怨。

沧海月明珠有泪　古代传说夜明珠是海里鲛人的眼泪滴到蚌内，蚌向月张开，让月光滋养其内鲛人泪水，最终化成的。鲛人应该就是西方传说中的美人鱼。鲛人所织的绡称为"鲛绡"，其特点是"入水不濡"。陆游的《钗头凤》词中有"泪痕红浥鲛绡透"句，就是说泪水将鲛绡湿透了来渲染自己的悲伤。这一句诗呈现的画面是"一轮明月悬于苍茫的大海之上，蚌张开贝壳，里面的夜明珠还沾着鲛人的泪"。诗人显然是用此句烘托一种凄美的意境。

蓝田日暖玉生烟　蓝田是盛产美玉的地方，据说蓝田美玉在红日之下可以发出朦胧的光芒，这种光芒忽隐忽现，让人感觉玉被红日照耀生烟。这是一种不可捉摸的朦胧美，可望而不可置于眉睫之前。这句诗似乎在暗示美好的东西总是那么缥缈不定。

此情可待成追忆，只是当时已惘然　这些情景可期待成为现实时，却又成了追忆，只是当时内心一片惘然。

逐句解析，大体如此。但将一个个没有明确逻辑关系的意象放在一起，又做何解呢？从古代的朱彝尊到现代的钱锺书，诸多大家都在解析，众说纷纭，莫衷一是。有悼亡说，有恋情说，有自况寄托说，有听瑟曲说，还有编诗集自序说。这首诗隐去了所要表达的具体本事，唯一可以确定的是那种弥漫于诗中的浓烈的迷惘伤感的情思。

笔者认为，李商隐或许写的就是一种梦境，梦到了湘灵神瑟，梦到了庄周躺在床上想蝴蝶，梦到了杜鹃啼血，梦到了沧海明珠，梦到了美玉生烟，一觉醒来，想追忆梦中的景象，却一片惘然。无逻辑的梦幻，才是最合理的解释。真没想到，现代朦胧诗"蒙太奇"式的写法居然源于李商隐，毫无疑问，李商隐是中国朦胧诗的鼻祖。

当然，这首诗写得确实如梦如幻，但李商隐不仅这一首诗让人读得云里雾里，他的无题诗有十五首，以句首二字为题的"准无题诗"三十首，这些诗都有隐去具体本事的特征，隐晦难解。所以，这是李商隐独创的一种写法，我们不能以偏概全，简单臆想。笔者更倾向于钱锺书先生总结的编诗集自序说。

其实，李商隐的大部分诗都是可读性较强的，唯独写爱情的这一类诗才写得这么朦胧，这么晦涩，这是为什么呢？我们就带着这一问题，走进李商隐的人生，寻找答案。

1

李商隐（约813—约858），字义山，号玉溪生，又号樊南生，祖籍怀州河内（今河南沁阳市），祖辈迁至荥阳（今河南荥阳市）。

李商隐曾自称与皇室同宗，但与李白一样，并没有官方属籍文件证明。而《唐诗纪实》中说他是开国名将李勣的后代。其实与皇室同宗也好，是李勣后代也罢，这些说法都不能给李商隐带来任何实质性的利益，他的家族就是个小官宦人家，他的远祖最高官职也只是县令，父亲李嗣虽是进士出身，也只官至七品。

李商隐三岁左右，其父李嗣赴浙江幕府任职，他便随父赴浙江。十岁时，其父病逝，他和母亲、弟弟、妹妹回到荥阳，生活陷入贫困，要靠亲戚接济度日。李商隐是长子，小小年纪便承担起撑持门户的重任。从这时候起，他时常替乡邻抄书写信，替人舂米，挣钱补贴家用。

李商隐启蒙源自父亲，返乡后随一位上过太学的堂叔受经习文。他"五岁诵经书，七岁弄笔砚"，至十六岁时便因写得一手秀丽工楷和一手好文章而名动乡里。

早年的贫苦生活对李商隐的性格和思想观念影响较大。贫困导致他有强烈的自强心，他对早日当官和光宗耀祖有非常强的渴望，同时，因为贫苦，他对骨肉亲情格外注重，这也是他日后多愁善感、对爱执着的性格成因。此外，由于出身贫寒又才气不凡，他养成了清高、敏感、忧郁的性格。

大和三年（829），李商隐移家洛阳，有了接触退居洛阳的文豪官宦的机会。李商隐写了《才论》和《圣论》两篇古文，持这两篇文章拜谒了白居易和令狐楚。这两位德高望重的前辈，对他的才华大加赞赏，大力向文人士大夫推介，使李商隐在文坛崭露头角，逐渐积攒了名气。

令狐楚对他十分器重，让他与儿子令狐绹交往，共同游学。李商隐之前一直研习古文，骈文底子较差，而令狐楚是当世数一数二的骈文大家，令狐楚亲自教授他骈文章奏之学，资助他生活。后来，令狐楚又聘他担任幕僚，随自己前往郓州、太原等地历练。一句话，令狐楚待他跟亲儿子一样，而李商隐也在私下称令狐楚为"四丈"。

白居易对李商隐的赞赏更为夸张，居然说："我死后，得为尔儿足矣！"就是说，"我要是死后能投胎做你儿子就心满意足了"。这个说法有点吓人，但李商隐后来真将自己的大儿子取名"白老"，可惜这个儿子粗鄙迟钝，没有半点儿诗情。李商隐的损友温庭筠曾拍着那个叫"白老"的孩子，调侃道："你若是白乐天转世，岂不是辱没了他的名声吗？"幸好李商隐生的第二个儿子天资聪颖，叫衮师，温庭筠拍着这个孩子的脑袋，笑道："你家衮师才是白乐天转世啊！"

白居易与李商隐相识时已经半隐半退，对李商隐的发展提供不了帮助，只能想办法在经济上给予资助。为了不伤李商隐的自尊，又让他得到实惠，白居易刻意交代家人，让李商隐给自己写墓志铭，并奉赠大额润笔费。白居易去世后，白家遵遗嘱，请李商隐写了墓志铭，也奉送了一大笔资费，但李商隐写的白居易墓志铭并不出彩，对白居易诗歌上的成就并没有太多赞誉，也不知是他对白居易的诗不太看重还是什么别的原因，这也从侧面反映了李商隐孤傲清高而情商堪忧的事实。

有了令狐楚与白居易的推介，李商隐很快就在洛阳通过了府试，取得了参加进士考试的资格，这时候，他才十八九岁。名气有了，生活也有了保障，他也将开启任何文人的必由之路——进京参加进士科考。

可是，就在他动身赴长安赶考的前一个月，一直帮他料理家务的邻家女荷花突然得了重病。这位小名叫荷花的邻家女，其实是李商隐的初恋情人，两人情投意合，感情深厚。荷花除了帮他照顾母亲与弟弟、妹妹，还经常陪他到洛阳四周游览，是个不可多得的贤妻良母型的好姑娘。李商隐本打算考中进士后就将她娶进门，谁知就在他动身前，荷花染疾卧床不起。

李商隐心急如焚，天天守在荷花的床前煎药喂药，然而，苦命的荷花扛不过病魔的侵扰，最终在秋季的一个明月之夜，含笑于李商隐怀中逝去。

李商隐悲恸欲绝，写下了《赠荷花》，给荷花送别：

世间花叶不相伦，花入金盆叶作尘。

惟有绿荷红菡萏，卷舒开合任天真。

此花此叶常相映，翠减红衰愁杀人。

葬了荷花，李商隐心痛难忍，来到洛阳曲江旁，看着曲江里枯败的荷叶，悲从中来，又写下《暮秋独游曲江》：

荷叶生时春恨生，荷叶枯时秋恨成。

深知身在情长在，怅望江头江水声。

第一次参加进士科考就带着如此悲伤的心情，李商隐自然难以考好。第二年春放榜，他果然落榜。但第一次进士考试落榜对他的打击并不大，他觉得落榜是准备得不够充分，自己也还年轻，机会有的是，所以他并不沮丧，回到洛阳后继续苦读备考。

两年之后，李商隐与好友兼损友温庭筠一道再赴长安赶考。两人途中歇于李商隐的堂兄家。动身前夕，李商隐的堂侄李让山将他拉到一旁，递给他一个非常漂亮的衣带结，说是有位姑娘以此结，请他为她作一首诗。李商隐问怎么回事，李让山便一五一十地讲了一个让他心动的故事。

原来李商隐到李让山家后，李让山便讨得他的诗卷学习，这天李让山正在家门口摇头晃脑地诵吟李商隐新作的一首诗：

竹坞无尘水槛清，相思迢递隔重城。

秋阴不散霜飞晚，留得枯荷听雨声。

这首《宿骆氏亭寄怀崔雍崔衮》是寄给好友的，是友情诗，但后人一直将它当作情诗读。《红楼梦》中林黛玉与香菱谈诗时，曾说不喜欢李商隐的诗，却独爱"留得枯荷听雨声"一句。

李让山诵吟时，一位绝色姑娘正路过，听到如此优美的诗句，便停了下来，忍不住赞叹道："真是好诗！"

李让山抬头一看，见是离家不远的一位富商的女儿柳枝，便笑道："姑娘也觉得好？"

柳枝点头道："真的好，只不知此诗为何人所作？"

李让山得意地道："我家小叔叔李商隐所作！"

柳枝沉吟片刻，解下身上的衣带打了个结，递给李让山道："请将此结转交令叔，帮我求首诗可好？"

李让山也老大不小了，也懂得点儿事，连忙点头道："好好好，明天我就介绍叔叔与你相见！"

听了李让山的讲述，李商隐怦然心动，答应了柳枝的要求。

第二天，李让山带着李商隐一起假装从柳枝家门口路过。柳枝立于门前，远远看见二人后便招手让李让山过来，而后微笑道："那位就是令叔？果然一表人才。请你叔侄二人三日后来我家做客，小女子自当焚香相待。"李让山兴致勃勃地跑回去转告。

李商隐远远打量柳枝，见她身姿婀娜，不由得暗自高兴。听了李让山的转告，李商隐盘算了一下，自己与温庭筠约好四天后动身，时间来得及，如果能谈一场突如其来的恋爱，那真是天赐良缘，所以李商隐毫不犹豫地答应了。

三天之后的清晨，李商隐一觉醒来，正准备起床梳洗打扮去赴柳枝之约时，蓦然发现同室的温庭筠不见了，温庭筠本人与行李不见了，连自己的行装也都不见了。李商隐四处寻找，却发现桌子上留了一张字条，上面写道："我去也，快来追！"

李商隐哭笑不得，这个"温八叉"不搞点儿恶作剧都不得安分！怎么办？毕竟科考才是大事，与柳枝的事还只是一场没有开始的约会，那就回来再向柳枝说明缘由并道歉吧！

于是，李商隐就放了柳枝的鸽子，追随温庭筠而去。李商隐一路狂奔，终于赶上了温庭筠，将他埋怨了一通。温庭筠却哈哈大笑道："天涯何处无芳草，何必单恋一枝花！"气得李商隐恨不能一巴掌拍死这个丑损友。

到了长安，将要开考，李让山也赶了过来，告诉了李商隐一个消息：柳枝前阵子被东诸侯娶走了！李商隐大半天才缓过神，真是欲哭问苍天啊！这一刻，他才明白，有些人错过了便永远不在，茫茫人海，月老的红线就这么断了。

李商隐是个多愁善感的人，他很长一段时间都对柳枝难以忘怀，后来就写了《柳枝五首》组诗，并用很长的序言记录这段昙花一现的美好情感。

也不知是不是情绪又受到影响的缘故，李商隐这次科考又一次落第。至于那个温庭筠，就更别说了，他的才华绝不亚于李商隐，但是他那长相能将主考官吓跑，他要是能考中，那才叫奇了怪了。

这次科考之后，李商隐二十岁出头了，为了生计，他应召进入令狐楚的幕府，随令狐楚辗转于郓州和上都（太原）。

不久，他结识了刘蕡。李商隐对刘蕡无畏直谏充满了敬意，这一点从他写给刘蕡的诗中可见一斑。刘蕡被迫害致死后，李商隐一连写了《哭刘蕡》《哭刘司户二首》《哭刘司户蕡》等诗，为刘蕡鸣冤，将一腔怒火烧向宦官、烧向权贵、烧向帝王，展现了一个文人不畏权势的凛然正气。

唐文宗大和九年（835）十一月，"甘露之变"爆发，李商隐目睹朝官大量被杀，义愤填膺，写出了《重有感》及《行次西郊一百韵》等政治诗，愤怒声讨宦官罪行，称颂反对宦官专权的将领，热切期望天下太平。不久，令狐楚奉调入京，李商隐失去了太原幕府的工作。

在回家途中，对朝局失望的李商隐来到玉阳山学道。这一日，他在山上闲逛时，天空忽然下起了蒙蒙细雨，雨虽不大，但没有带伞的李商隐有些狼狈。正在着急时，石阶旁的一处精舍中转出一位身着道袍的道姑，撑起一把油纸伞，递到他的手中。

李商隐愣了愣，接过油纸伞，目光落在了道姑身上。那道姑素雅端庄，一身宽大的道袍在风中微拂，一种出尘脱世的仙气将李商隐震撼得瞠目结舌。那一刻，他忘了风雨，忘了时光，直到那道姑嫣然一笑，低首离开，他才失魂落魄地在雨中撑着油纸伞，拾阶独行。

这位道姑名唤宋华阳，多情的李商隐对她一见倾心。宋华阳实际上是陪公主在此修道的宫女，玉阳道观据说是玄宗时期玉真公主所建。对出家修行的道姑一见倾心，但道姑未必动心啊，没关系，李商隐有撒手锏。他的撒手锏自然是写诗。李商隐就写了一首最擅长的《无题》诗，连同油纸伞

可是，在一片嘈杂声中，李商隐已拱手飘然离去。

2

春暖花开时，进士科举放榜，李商隐终于榜上有名。这一年是开成二年（837），他二十五岁。进士及第对李商隐来说，无疑是天大的喜讯，然而，还没高兴多久，一个噩耗便传来——他一生中最重要的恩人令狐楚将不久于人世。

李商隐能够高中进士，其实是有令狐楚施加影响的成分。晚唐时期，科举考试已经一片黑暗，有势力的官宦子弟进士及第轻而易举，没势力的庶士要想进士及第却比登天还难。比如李商隐的同学令狐绹其实早在七年前就高中进士，而才气胜过令狐绹的李商隐一再落第。这一次考试前，令狐楚与令狐绹都为李商隐大力举荐，这才使他有了及第的机会。

李商隐来到令狐府中，令狐楚交给他一个重要的任务，那就是替他撰写遗表——这不是普通的遗书，而是要上呈皇帝的政治遗言。其实令狐楚是骈文大家，那时大唐文坛公认的"三绝"是杜甫的诗，韩愈的古文，令狐楚的骈文。然而，令狐楚并没有亲自写，也没让儿子令狐绹代写，而是让李商隐执笔，足见令狐楚在世之时对李商隐是何等信任与看重。

这年末，令狐楚病逝，李商隐帮助料理后事，尽门生的孝心。

料理完令狐楚的后事，李商隐接受泾原节度使王茂元的邀请，赶去泾州（今甘肃泾县）成为王茂元的幕僚。让人没想到的是，王茂元欣赏李商隐，欣赏到要将亲生女儿嫁给他。

此时的李商隐已经二十五六岁了，到了急需成婚的年纪，节度使嫁女给自己，这么好的事到哪儿去找？未假深思，李商隐便成了王茂元的乘龙快婿。然而，这么完美的事将李商隐推向了无边的党争旋涡。

王茂元与李德裕交好，是李德裕的坚定支持者，尽管他不参与党争，但

"牛党"认定王茂元是事实上的李党。李商隐成了王茂元的女婿，等于向世人宣布自己加入了"李党"。这让令狐绹等人愤怒异常，因为李商隐的老师令狐楚是"牛党"的支持者，令狐绹本人更是"牛党"的重要成员。在令狐绹等人的眼里，李商隐这么做，无疑就是背叛，是忘恩负义。从此，令狐绹等"牛党"成员与他划清界限，一有机会就对他进行打击。

杜牧虽然被党争旋涡卷袭得无可奈何，但因家族的保护，他明面上并没有被划入任何党派。可怜的李商隐因成为别人的女婿变成了"姥姥不疼、舅舅不亲的孩子"，"牛党"要打击报复他，可"李党"认为他是"牛党"出身，同样排挤踩抑他。

李商隐是欲哭无泪啊，他可从来没想过要加入某个阵营。他是有自己独立的政治主张的人，在令狐楚幕府时，他就一直赞成李德裕的举政措施，可是婚姻让他进入了两难境地。但李商隐并不因此生悔，因为夫人王晏媄是个不可多得的贤妻，他在外备受欺凌时，她给予他心灵的慰藉，给予他家的温暖，让他享受到生活的幸福。所以后来，无论漂泊于何地，李商隐始终以思念妻子的幸福来抵挡外来的打击，使自己能够挺过精神上的折磨。

开成三年（838），李商隐参加吏部的授官考试，心高气傲的他报考的是最难的博学宏词科，却落选了。第二年，他再次参加博学宏词科考试，得以通过，可仅被授予秘书省校书郎一职，不久又被调任弘农（今河南宝灵市）县尉。

在弘农县尉任上，李商隐因替死囚减刑（"活狱"）之事，遭到上司陕虢观察使孙简不留情面的责骂，李商隐一气之下，以请长假的方式辞职。但孙简不几日就调走了，接任的姚合极力劝慰他，使他留了下来。

县尉的职责是催税收租、抓捕犯罪、维护治安，这对具有浪漫主义情怀的大诗人李商隐来说，既不擅长，也无兴趣，所以最终他还是递交了辞职报告并得到了批准，罢官回家闲居。

其实，李商隐这时候在官场还是有不错的人脉的，比如他自己的岳丈，比如他自己的表兄杜惊及杜家。但杜家是"牛党"阵营，而岳丈是"李党"阵营，他真的没办法两边投靠，所以李商隐干脆谁都不倚仗，两边都不甚来往。这是史料记载的他与杜牧家来往不多的原因，也是他辞职后没再去老丈人幕府的原因。

开成五年（840），唐文宗薨，唐武宗即位，开始重用李德裕。在家闲居两年的李商隐，大概是在老丈人的帮助下，又于会昌二年（842）出仕，返回秘书省任秘书正字，这一职位比第一次授予的校书郎一职还低。但李商隐看到了希望，因为这时候与他政治主张一致的李德裕已经统领朝纲，他踌躇满志，积极写文支持李德裕，期待有朝一日被重用。

可是，命运再次跟他开了个玩笑，他的母亲去世了，按照礼制，他不得不回家守孝三年。这次变故对李商隐的政治生涯的打击是致命的，这意味着年届而立的李商隐不得不放弃仕途进步的最好机会。但从小孤苦、注重亲情的李商隐并不懊悔，母亲一人将他们带大，他对母亲的感恩和敬爱，绝不是仕途得失所能取代的。

中了进士当了官，对家道衰微的李家来说，已经算是光耀门楣的了。作为长子的李商隐不满足于此，还利用守孝这段时间，将父亲和其他亲属的墓葬迁回故乡的家族墓园中，以尽维护家族荣誉的责任。守孝待制期间，李商隐淡化了对政治生涯的兴趣和期许，有时还从事农耕，声称自己"渴望有农夫望岁之志"，还模仿陶渊明风格写起了田园诗，这也反映了他对党争政治厌倦的情绪。

会昌三年（843），李商隐的岳丈王茂元在代表中央讨伐藩镇叛乱的过程中病故。这对仕途本就坎坷的李商隐来说，无疑是雪上加霜，虽然王茂元在世时未给李商隐仕途升迁提供多大帮助，但只要他在，毕竟还可以成为李商隐的政治背景，现在王茂元去世了，李商隐在仕途上更成了踽踽独行的背包客。

会昌五年（845）十月，李商隐结束了守孝，重新回到秘书省。但李德裕富有成效的举措已经到了晚期，提拔重用李商隐的机会已逝。会昌六年（846）三月，武宗病逝，唐宣宗李忱即位。一朝天子一朝臣，宣宗对武宗厌憎，对武宗朝所有的事一概推翻，反其道而行之，尤其是对宰相班底，更是一上台就全部拆散。他起用"牛党"的白敏中（白居易堂弟）为新一任宰相，将李德裕一贬再贬，最终将他贬死在崖州。这样，持续四十多年的党争，最终以"牛党"取得最后的胜利而告终。唐宣宗对令狐楚尤为怀念，将令狐绹从湖州刺史升任为知制诰，其后更拜他为相。

在这种大背景下，被归为"李党"的李商隐尽管官职卑微得不值得排挤，但从此他在仕途想要获得出人头地的机会，更是难上加难了。因此，唐宣宗上台不久，大中元年（847），他的朋友、迁任桂管观察使的郑亚邀请他赴桂林任职时，他毫不犹豫地离开京城，加入了郑亚幕府。

其实郑亚的南迁也是"牛党"清洗计划的一部分，李商隐主动跟随一位被贬官员，说明他对落败的"李党"抱有同情，让"牛党"更加确信他就是"李党"，但李商隐已经不在乎这些了。

作为幕僚，李商隐远赴五千里之外的南方任职，自然只能只身前往。第一次离开妻子王晏媄，多愁善感的李商隐备感孤独。在桂林寓所，他写了一首《端居》表达自己对爱妻的思念：

> 远书归梦两悠悠，只有空床敌素秋。
> 阶下青苔与红树，雨中寥落月中愁。

根据《唐才子传》记载，李商隐廉介可畏，在桂管观察使幕府时，李商隐曾作为观察史特派代表到广州督察，有位富商偷偷贿赂他，结果被他严词拒绝。富商惶恐地道："此事天知地知你知我知而已！"李商隐正色道：

"我自性格确立起，就知道公心不可交易，并不是怕别人知道什么！"

可是，李商隐在桂林就职不到一年，郑亚就再次被贬为循州刺史，失去了自带幕府的权力，李商隐也随之失去工作。大中二年（848）秋，他只得返回到长安。

回到长安的李商隐失去了官职，失去了俸禄，生活陷入困顿，在重阳节那天，他去找已经任知制诰的老同学令狐绹，希望能得到他的帮助。李商隐来到令狐府，令狐绹不在家。望着曾经熟悉的令狐府内的陈设，想着之前几次写信给令狐绹都没有收到回复的冷遇，又想到令狐楚老师已去世十年多，李商隐感慨万千，就在客厅壁上题了一首诗：

九日

曾共山翁把酒时，霜天白菊绕阶墀。

十年泉下无消息，九日樽前有所思。

不学汉臣栽苜蓿，空教楚客咏江蓠。

郎君官贵施行马，东阁无因再得窥。

题完这首诗，李商隐怅然离去。

令狐绹回来看到这首暗讽自己不顾友情的诗，先是惆怅了好一阵子，但一想起李商隐的背叛行为，又不由得怒火中烧，待命人铲去这首诗时，又发现诗中带有"楚"字名讳，他又不能做这种忤逆之事。令狐绹恼怒之下，干脆命家人将题诗厅封了起来，永不开启。李商隐与令狐绹友谊的小船彻底翻沉了。

在得不到令狐绹帮助的情况下，李商隐只好再去吏部参加考试求官。他这一次考得了盩厔县尉一职。这一职位，白居易刚入仕途时担任过。具有讽刺意味的是，十年前他就担任过县尉，蹉跎十年，他又回到了县尉职。

一个考取过博学宏词科的进士，在没有犯错被贬的情况下，混了十年仍混得个县尉，这在大唐官场恐怕也是头一遭。

在盩厔县尉任上没多久，李商隐被调回京城任太学博士。据说这还是令狐绹忽然心中惭愧，暗中给予帮助的结果。大中三年（849）九月，李商隐得到武宁军节度使卢弘止的邀请，前往武宁军驻地徐州任职。卢弘止是一位能力很强的官员，对李商隐非常欣赏，如果卢弘止仕途顺利，李商隐在仕途可能还有最后一线机会。遗憾的是，卢弘止于大中五年（851）春病故，李商隐不得不再谋出路。好在被任命为西川节度使的柳仲郢向他发出入幕邀请，李商隐转道赴川。

自从随郑亚南下，李商隐一直漂泊不定，与夫人王晏媄聚少离多。就在李商隐转道赴川的时候，王夫人得了重疾，油尽灯枯之际，王晏媄好想自己那个多愁善感的丈夫陪在身边，然而皓月星空，音信杳杳，她甚至不知自己的丈夫当时身处何地。想起当初二人新婚宴尔，共剪西窗烛花的情景，王晏媄拼尽最后一点儿力气，给李商隐写了一封书信。这封书信发出不久，王晏媄含泪而逝，这时候是大中五年（851）的春夏之交。

李商隐接到王晏媄写的最后一封书信时，已经是秋季，他正在秋雨连绵中穿行三峡。王晏媄在书信中问他何时归来，并说会等他再次西窗剪烛。读完爱妻简短的书信，李商隐心中充满了温馨，饱含深情地写下了那首著名的《夜雨寄北》：

> 君问归期未有期，巴山夜雨涨秋池。
>
> 何当共剪西窗烛，却话巴山夜雨时。

当这封诗信寄出的时候，他根本没想到自己的那个"君"其实早已远赴九泉。

到了四川的梓州幕府，他才接到另一封家书，才知道与自己结婚十二年的妻子已经离开人世。那一刻，他的心彻底空了。他没有哭，只是跑到附近的一座寺庙内要求剃度出家，想以晨钟暮鼓度余生。但是，在节度使和方丈的劝导下，李商隐最终放弃了出家的念头。

自此，李商隐内心平淡如水，彻底失去了追求仕途升迁的动力。就这样，李商隐在梓州郁郁寡欢地工作了四年，他的身心此时已经极度疲惫，四十岁出头的他华发早生，显现出迅速衰老的迹象。其间，他留给世人一首催人泪下的悼亡诗《悼伤后赴东蜀辟至散关遇雪》：

> 剑外从军远，无家与寄衣。
>
> 散关三尺雪，回梦旧鸳机。

这首诗中，明知已经无家的李商隐却做有家之想，诗以血泪写成，令人不忍卒读。

大中九年（855），柳仲郢被调回京城任职，出于照顾，他给李商隐安排了一个盐铁推官的职位。这个职位虽然品阶较低，但待遇比较丰厚。李商隐在这个职位上干了两三年，自觉身体状况越来越差，于大中十一年（857）罢官回家闲居。

第二年仲秋，李商隐听着园中树上的蝉鸣，忧愤之情难以平复，挥笔写下了那首著名的抒怀诗《蝉》：

> 本以高难饱，徒劳恨费声。
>
> 五更疏欲断，一树碧无情。
>
> 薄宦梗犹泛，故园芜已平。
>
> 烦君最相警，我亦举家清。

可以说，李商隐将一生之怨灌注在了这首诗中。这年冬天，望着窗外一株脱了衣裳的枣树，另一株还是脱了衣裳的枣树，李商隐无奈地摇了摇头，艰难地闭上了双眼，与这个让他纠结一生的尘世永别了。这一年是大中十二年（858），李商隐年仅四十六岁。

李商隐去世后，他的好友崔珏肝肠寸断，写下了《哭李商隐》：

> 虚负凌云万丈才，一生襟抱未曾开。
>
> 鸟啼花落人何在，竹死桐枯凤不来。
>
> 良马足因无主踠，旧交心为绝弦哀。
>
> 九泉莫叹三光隔，又送文星入夜台。

"虚负凌云万丈才，一生襟抱未曾开"可以说是对李商隐一生的最好总结。

李商隐是晚唐最重要、最著名的诗人，他流传下来的诗歌有六百多首，其中二十二首被选入《唐诗三百首》，排在杜甫、王维、李白之后，位居第四。可时至今日，提起李商隐，人们的印象似乎只停留在情诗上，只知他是写情诗的高手，对他其他诗的成就所知甚少。

李商隐的确是写情诗写得最好的诗人，但他的诗歌题材广泛，情诗只占其诗歌的六分之一，将李商隐仅仅与情诗联系在一起，说他是艳情诗人，显然是以偏概全。从诗歌题材看，李商隐的诗分为政治咏史诗、抒怀和咏物诗、爱情无题诗、应酬唱和诗等四大类。

李商隐的政治咏史诗留存一百多首，其中《韩碑》《行次西郊作一百韵》《随师东》《有感二首》等是比较重要的作品，最脍炙人口的是《贾生》：

> 宣室求贤访逐臣，贾生才调更无伦。
>
> 可怜夜半虚前席，不问苍生问鬼神。

抒怀咏物诗，如《安定城楼》《春日寄怀》《杜工部蜀中离席》等是流传较广的诗作。最脍炙人口的除了《蝉》，还有《乐游原》：

> 向晚意不适，驱车登古原。
> 夕阳无限好，只是近黄昏。

这首小诗似乎成了大唐王朝的谶言，也成为大唐诗坛的谶言，曾经强大的大唐，曾经繁荣的诗坛，过去那么辉煌，只可惜已经日薄西山了！

李商隐的爱情无题诗，也有近百首，这一类别的诗，也是李商隐诗中最得后人推崇的，可以说篇篇都是精品，金句频出，影响深远。

应酬唱和诗这类诗中，写给令狐绹的几首最引人注目，《东还》最脍炙人口。

从形式上看，李商隐的诗歌成就最高的是近体诗，尤其是七言律绝。他是继杜甫之后唐代七律发展史上的第二座里程碑。

李商隐写诗是博采众长，化为己用。他的诗继承了杜甫锤炼谨严、沉郁顿挫的特色，又融合了齐梁诗的浓艳色彩、李贺诗的幻想象征手法，形成了深情绵邈、绮丽精工的独特风格。他悲怆哀怨的情思和香草美人的寄托手法源于屈原；他诗歌意旨的遥深、归趣难求的风格与阮籍相通；他的长篇古体，雄放奇崛又近于韩愈；他还有少数诗歌清新流丽、纯用白描，脱胎于六朝民歌。李商隐善于熔百家于一炉，故能自成一家。

李商隐的诗对后世影响重大，宋朝出现了专门宗法李商隐的"西昆体"。元曲大家元好问感慨道："诗家总爱西昆好，独恨无人作郑笺。"（《论诗三十首·十二》）

李商隐在骈文方面也取得了卓越的成就，他与同时期骈文写得最好的温庭筠、段成式齐名，三人在家族的排行都是"十六"，后人将这三人的骈体文合称"三十六"体。后人还将擅写情诗的温庭筠与他合称"温李"。

纵览大唐诗人，最杰出的浪漫主义者有三人，一个是李白，一个是李贺，最后一个是李商隐。只不过李白代表洒脱豪放，李贺代表奇崛瑰丽，而李商隐代表悲情哀怨。

温庭筠

我很丑，也不温柔，为何你一直暗恋我

写李商隐时，笔者提及他的损友温庭筠，单论诗才，温庭筠可能稍逊于李商隐，但论全才，温庭筠可能在所有大唐诗人中鲜有匹敌者，甚至可以与王维一较高低。论才思敏捷程度，温庭筠也是大唐诗人中数一数二的存在，甚至不亚于李白。但这家伙一生放荡不羁，损人无数，可以称为"促狭鬼"。由于名声太差，他自己仕途黯淡事小，还连累儿子被考官嫌弃、屡试不第。

温庭筠（约812—约866），本名岐，字飞卿，太原祁（今山西祁县）人，是唐初宰相温彦博之后。温家是显赫的官宦人家。温庭筠曾祖母是唐睿宗李旦第五女凉国公主，其祖母是唐玄宗之女宋国公主，其祖父温西华官至秘书监，其族叔温造官至兵部侍郎、礼部尚书。温庭筠的父亲温场在他八岁时就已去世，兄弟姐妹四人随母生活。温庭筠这一支非嫡长系，并没有受到温家多大福荫。

唐穆宗长庆四年（824），温庭筠父亲的好友段文昌升任刑部尚书，对他家施以援手，带他至杜陵与其子段成式结伴共读。

温庭筠长得很丑，被人起绰号"温钟馗"，可他资质聪慧得让人瞠目结舌，年纪轻轻便词赋兼工，还特别精通音律，据说有弦的他都会弹，有孔的他都会吹。但是，温庭筠沾上了纨绔子弟的坏毛病，放荡不羁，还到处促狭人。

温庭筠本名"岐"，为什么后来改名"庭筠"呢？

据说他十几岁时就通过了乡举考试，随段文昌父子客住江淮一带。温家朋友姚勖（xù）这时恰好任扬子留后，温庭筠便跑到他府上去玩。姚勖给了他不少钱，谁知这家伙拿着这些钱跑去吃喝嫖赌。姚勖知道后，大发雷霆，将温庭筠鞭挞一顿，将他逐出扬州。这样一来，温岐不但受辱，还背上狎邪的名声。为了不影响进士科举，温岐只好改名为温庭筠。

但事情到此并没有结束，温庭筠依然放荡，进士考试屡考不中，他的姐姐认定是姚勖坏了他的名声，对姚勖满腔怨恨。温庭筠的姐夫是江浙高官，一次，姚勖至温庭筠姐夫家商量事情，他姐姐冲进客厅，指着姚勖一顿臭骂，将弟弟温庭筠屡考不中的原因归到姚勖头上，硬说是他彻底败坏了她弟弟的名声。姚勖又惊又怒，回到家后，郁闷至极，结果一病不起，命归黄泉。

这件事说明温庭筠有才无行，官宦子弟家教不严。

唐文宗大和九年（835），段文昌在西川去世，温庭筠告别段成式，离开西川寓居长安，准备参加进士科考。

温庭筠到了长安，参加了几场诗会，以才气引起了轰动，一时间京师人士争相与他结交。飘飘然的温庭筠立马和公卿无赖子弟裴诚（裴度之子）、令狐滈（令狐绹之子）之流混在了一起，整日不修边幅、饮酒赌博、寻花问柳，很快就赢得了浪荡子的坏名声，让官场名宿对之嗤之以鼻。

温庭筠满不在乎，参加进士考试，考诗赋科时，别人还在苦思冥想，他便早早交了卷。考诗赋有一定的程式，一般作八韵诗赋。进考场时，每个考生领三根大蜡烛，点燃后，三根大蜡烛连着烧完，就是考试结束，考生必须交卷。当时有人作对联说：三条烛尽，烧残士子之心；八韵赋成，惊破试官之胆。

在大唐的诗赋科举试中，很多人三烛烧尽还八韵未成。可温庭筠就有这个本事，一条烛烧到一半，他便八韵书成。考官问他怎么这么快，他说我一叉手便成一韵，叉手八次，八韵便成。考官大为惊讶，让他再试一次看看，温庭筠当着考官的面，叉手一次，韵成一次，连叉八次，一首完整的八韵诗赋真的完成了，后写的诗赋与先交的诗赋韵部完全不同，意境也大相径庭。考官惊叹："你真是个温八叉！"于是，温庭筠又获得了"温八叉"的绰号。

才思如此敏捷，照说应该是朝廷不可多得的人才啊，可是考官向主考官汇报后，主考官以一句"不能临民之浪荡子"评语，将温庭筠彻底打入冷宫。

进士放榜，温庭筠自然是榜上无名。像他这样一个放荡不羁的人，没有哪个主考官敢圈点他中进士。

温庭筠连考几次不中，便破罐子破摔，居然公开贴小广告，收钱代考当枪手。据说此后每每考试，找他代吟八韵诗的人都不少，每场他还都能代多人，所以又得了"救数人"的绰号。

后来轮到沈询（沈传师之子）主考，沈询明确告诉他，知道他在作弊，所以将他考座周围用帘子遮住。温庭筠生气之下，在三根蜡烛燃尽之前，写了千言诗递给沈询，告诉他就这样自己还口授了八名考生，气得沈询直翻白眼。

代考进士事小，温庭筠居然还替进士代考博学宏词科。《旧唐书》记载，唐宣宗大中九年（855）三月举行的博学宏词科考试，有十五名进士竞争三个名额，京兆尹柳熹之子柳翰高中。

没有考中的进士愤然上告御史台，说考题泄露，有人代考。唐宣宗得到御史台提交的弹劾奏章后大怒，让御史台彻查。彻查的结果是主考官裴谂确实泄题给柳翰，柳翰花钱托温庭筠作了诗赋。柳翰这家伙估计也是与温庭筠一路货色，还到处炫耀代考的事，让没考中的人抓住了把柄。事实调查清楚后，裴谂等主考官员被处罚，柳翰资格被取消，但温庭筠没有受到任何影响。

温庭筠在京城科举考场胡闹，那些官员为什么不处罚他呢？因为他奶奶是公主，也算是皇亲国戚，而他自己以前还跟唐文宗有过一段交往。另外，温家在朝官员也不少，根基比较深厚，再加上他才气大、名头响亮，一般官员还真得罪不起他。

又不能录取他，又不能驱赶他，温庭筠的存在真的让主考官头疼。后来，据说中书舍人裴坦（裴度之子）起草了一道敕文："乡贡进士温庭筠早随计吏，夙著雄名，徒负不羁之才，罕有适时之用。放骚人于湘浦，移贾谊于长沙，尚有前席之期，未爽抽毫之思，可随州随县尉。"（唐·裴庭裕《东观奏记》）你温庭筠确实有才，但你空有才干，不吸取屈原、贾谊的教训，所以你只好去随州当县尉锻炼。

李商隐中了进士后，混了十几年才混个县尉。温庭筠在京城一番闹腾，闹腾得朝廷官员没办法，却闹得个县尉职务，这就是大唐晚期庶族与士族的区别。这些官员是被温庭筠闹腾怕了，变相地赶他出京城。

当然，这件事的背后还有其他原因。温庭筠被逐，除了搅扰考场，更大的原因是这家伙"促狭"。

唐宣宗登基后，经常微服私访。一次私访中，唐宣宗遇到了温庭筠。温庭筠见这人昂首阔步、气度不凡，心中便有了捉弄他的想法。

温庭筠拦下唐宣宗，问道："我见阁下气度不凡，你莫非出任过司马、长史类的官？"

唐宣宗有点高兴，心想，自己微服私访都被人看出气度来，说明自己确实气度华美。但是司马、长史之类的官也太小了吧？再说，这类官还大多为贬官，于是，唐宣宗摇头道："非也！"他望着温庭筠，昂首向上，意思是往上猜。

谁知眼前的丑家伙嘿嘿一笑，道："那阁下莫非当过参军、主簿、县尉这类的大官？"

唐宣宗愣了半晌，才反应过来，敢情这家伙是在捉弄自己呀！唐宣宗立即沉下脸，道："也不是！"他说完，拂袖而去。可那丑家伙在他身后哈哈大笑。

捉弄唐宣宗，因为不认识，倒情有可原。但一而再，再而三地奚落令狐绹，就有点过分了。

温庭筠由于与令狐绹的儿子结为狐朋狗友，便经常去令狐绹家的书馆。令狐绹一开始待这位相貌不扬却才气颇高的温庭筠也非常热情，给了他不少钱物。

令狐绹担任唐宣宗的宰相后，感觉令狐家族人少势微，只要姓令狐的人来投，他便热情相待、尽力帮衬，以至于有个姓胡的人听说与宰相同姓大有好处，就在自己的姓前加个令字，以"令胡"冒充"令狐"来投靠令狐绹。温庭筠听说此事，写诗调侃道："自从元老登庸后，天下诸胡悉带铃。"（《戏令狐相》）弄得令狐绹尴尬不已。

调侃还只是小事，作为宰相的令狐绹还不至于恼恨上温庭筠。但是，接下来发生的事，别说令狐绹受不了，估计只要是个人，都会受不了。

一天，唐宣宗写了"金步摇"一词，一时想不出对仗的词，便向令狐绹求教。令狐绹一时也想不出，就让人请来温庭筠。温庭筠来到现场，略一思忖便对出了"玉条脱"一词。

一直被困扰的难题居然被来人瞬间解开，唐宣宗自然是喜出望外，高兴之下，重赏了温庭筠。

在一旁的令狐绹一时不知"玉条脱"是什么东西，典故出自何处，二人出了皇宫，令狐绹赶紧问温庭筠"玉条脱"的来由。

"玉条脱"是一种不太常见的女子臂饰，类似手镯，对仗同为女子首饰的"金步摇"，是既工整，又自然。温庭筠解释"玉条脱"是何物后，嘿嘿笑道："这个典故出自《南华经》，并不生僻嘛！相爷公务繁忙之余，应该多读点儿书，省得别人说'中书省内坐将军'啊！"

令狐绹听了温庭筠的讥语，心中羞愧，回家找来《南华经》，从头读到尾读了两三遍，也没找到"玉条脱"三个字。令狐绹一想，这家伙肯定是在促狭自己，又想到这家伙之前的讥讽，不由得恼羞成怒，心里彻底厌恶起温庭筠来。

《南华经》其实就是《庄子》，因唐玄宗曾追赠庄子为南华真人，所以从玄宗时起，后人常称《庄子》一书为《南华真经》或《南华经》。《南华经》里确实没有"玉条脱"一词，这个词出自南朝梁陶弘景的《华阳隐居真诰》。也不知道温庭筠是故意的，还是记错了，反正这件事算是将令狐绹彻底得罪了。

不过，这件事当时知道的人不多，令狐绹还没有与温庭筠彻底翻脸，紧接着发生的一件事，终于使令狐绹与温庭筠彻底交恶了。

晚唐时期，词曲已经逐渐盛行，唐宣宗也是个"文青"，特别喜欢《菩萨蛮》。令狐绹投其所好，想给唐宣宗献上一首好词。他写诗不赖，但词不大会写，因为写词还要精通音律，而温庭筠恰恰是这方面的高手，所以他就请温庭筠代写一首《菩萨蛮》词。

令狐绹请他代写之前，一再叮嘱保密，当然钱是肯定不会少给的。温庭筠代令狐绹写了一首《菩萨蛮》词：

> 小山重叠金明灭，鬓云欲度香腮雪。懒起画蛾眉，弄妆梳洗迟。
>
> 照花前后镜，花面交相映。新帖绣罗襦，双双金鹧鸪。

令狐绹将这首词献上，唐宣宗是龙颜大悦，夸赞了令狐绹一番，让令狐绹心花怒放。

然而，当得知这首词被皇上喜爱，温庭筠在一次与朋友私宴时，趁着酒兴，将这首词是自己代写的事情抖了出去，让京城官宦皆知，使令狐绹颜面尽失。

几件事加在一起，即便令狐绹度量再大，宰相肚里能撑船，恐怕也撑不过这样的羞辱吧？接下来令狐绹自然是要寻机打击温庭筠了。

唐宣宗得知《菩萨蛮》的作者是温庭筠，再加上之前的对词解困，欣赏起温庭筠的才气，想钦点他为甲等进士。唐宣宗找令狐绹来商量时，令狐绹说："温庭筠才气虽高，为人却佻脱，喜欢促狭人，无温良恭俭之品德。这样的人中进士做官之后，恐怕有损我朝之形象。"

唐宣宗听了"促狭"二字，蓦然想起自己微服私访，被人促狭的事，这一想不要紧，忽然想起促狭他的那个丑文士，好像就是给自己对词解困的温庭筠。唐宣宗也认定令狐绹所说在理，点头道："读书人当以德为先，文章为末技。温飞卿德行既无，诗词再好，又有何用！"

为进一步打击温庭筠，令狐绹将唐宣宗的这句话宣扬了出去。考官得到这句话，越发不敢录取温庭筠。温庭筠考来考去，只落得个不断落第的下场。

温庭筠后来也知道自己一再落第的原因，在《题李羽故里》诗中写道："终知此恨销难尽，孤负华阳第一篇。"

但温庭筠与令狐绹之间的恩怨并未就此结束。

温庭筠被放任随县县尉时，温家的朋友徐商正好当山南东道节度使，署地在襄阳，而随县就是山南东道下属州县，于是徐商便将温庭筠调入节度使幕府任巡官。温庭筠在山南东道节度使幕府任巡官，一直任到唐宣宗病逝，唐懿宗上台。

唐懿宗上台后，令狐绹被外放淮南节度使，徐商入相。这时候，温庭筠转入荆南节度使萧邺幕府任职。荆南节度使署地在江陵。

唐懿宗咸通四年（863），温庭筠在荆南节度使幕府任职期间，到扬州去办事，而这时候令狐绹已调任淮南节度使，署地在扬州。温庭筠当然知道令狐绹就在扬州，但他恼恨令狐绹当年对自己的踩抑，所以也不上门拜谒。

到了扬州，温庭筠自然是要到青楼内花天酒地一番，结果被巡逻的兵卒胖揍了一顿，甚至将他的牙齿都打掉了。温庭筠这才跑到令狐绹府上告状。

令狐绚传唤来巡卒，欲打他板子替温庭筠出气，但那巡卒反告温庭筠的丑恶行径，还夸大其词，让温庭筠颜面扫地。

在唐朝，巡卒辱打一个朝廷命官，是一件犯法的事，但令狐绚没有法办巡卒，仅仅让巡卒道歉。温庭筠当然不服，就闹了起来。令狐绚不理睬他，温庭筠就跑到京城告状。这件事闹得沸沸扬扬，而他的朋友徐商这时候正好担任宰相，就安排御史台认真调查此事，结果证实巡卒确有诬陷之词，吏部便把他安排到国子监任助教，予以安慰。

有人说这是令狐绚为了打击温庭筠而刻意设的局，但温庭筠放荡如此，难道就不是咎由自取？

五十二岁的温庭筠任国子监助教后，回想起当年科考不公之事，就搞了个以正风气的考试张榜动作。他将考生的成绩按文采判定等级，张榜公布优等的文章三十篇，让所有人监督评判。

这种清正风气的做法虽然传为美谈，但对当时已由权贵把控的科举考试是个挑战，换句话说，他又得罪了权贵阶层。他所评定的优等文章中，多有针砭时事、斥责腐败之文，他还在这些文章后面大力点评称赞。这些举动自然又引起当权者的愤怒。

咸通六年（865），徐商卒，接任的宰相杨收很讨厌温庭筠。咸通七年（866），温庭筠再次被贬为方城（今河南方城县）尉。

在赴任方城尉的途中，佻脱一生的温庭筠，写下了一首悲凉的绝唱《商山早行》：

晨起动征铎，客行悲故乡。

鸡声茅店月，人迹板桥霜。

槲叶落山路，枳花明驿墙。

因思杜陵梦，凫雁满回塘。

这首诗的金句"鸡声茅店月，人迹板桥霜"纯用名词组成，却将旅人早起的悲凉意境渲染得感人至深，这是唐诗少有的写法，后来很多人去模仿，却无人能超越，连苏东坡也不得不叹为绝唱。

刚到方城，温庭筠便收到了女弟子鱼幼薇的一封信和一首诗。通过这封信，他才得知自己的女弟子已被逼出家当了道姑，改名"鱼玄机"。通过鱼玄机写给他的《冬夜寄温飞卿》这首诗，他才知女弟子一直暗恋自己。那一刻，温庭筠才知道自己当年为女弟子所做的一切，都是个错误，这个错误可能毁了鱼玄机一生，也毁了自己的真爱。

鱼幼薇是他十多年前混迹长安烟柳巷时遇到的穷苦女孩儿。见她才思敏捷，温庭筠遂收为弟子，给予她生活上的资助，不遗余力地教导她诗文，使她成为名动京城的才女。

后来，温庭筠发现女弟子对自己无限依恋，囿于师生伦理的束缚，选择了逃避，并且将鱼幼薇许配给当时的状元李亿为妾。没想到，女弟子居然被李亿发妻逼迫出家，当了道姑。

五十五岁的温庭筠在接到鱼玄机的书信后，郁愤成疾，不久便于方城悄然离世。

他离世后的第五年，暗恋他的鱼玄机，因失手打死婢女而被官府处死。

温庭筠生前恐怕不会想到，自己的胡闹居然会影响儿子温宪的一生。温宪很好地遗传了温庭筠的才思，却摒弃了父亲的轻佻，为人处世沉稳厚道，被后世称为"咸通十哲"之一。但温宪年轻时参加进士科举，也屡试不第，因为主考官郑延昌素来厌恶温庭筠。

温宪一直考到将近五十岁，都没考中进士，于是在长安崇庆寺题了一首哀怨七绝诗：

十口沟隍待一身，半年千里绝音尘。

鬓毛如雪心如死，犹作长安下第人。

也许是温庭筠死后显灵，一次，郑延昌到崇庆寺上香时居然看到了这首诗。读完这首诗，他内心震颤，对自己过去有失公允的做法深感不安。此时的郑延昌已官至宰相，回到府邸，郑延昌找来次年的主考官赵崇，对他道："当年我主考时，因为温宪是温庭筠的儿子而没录取他，今天，我读到温宪题于崇庆寺的一首七绝诗，深有感触，希望你明年能留意一下他。"

宰相大人发话，主考官赵崇自然要格外留意，于是，在第二年科考中，温宪终于进士及第。那已是唐昭宗龙纪元年（889）的事，温宪已经整整五十岁了。

温庭筠被人贴上"无行文人"的标签，但他的才气是毋庸置疑的。他同李商隐一道，被称"温李"诗派，其大部分诗以描写歌伎舞女、艳情逸乐为主，虽然有讥讽意味，却形成了一种绮艳柔美的诗风，反映了那个即将崩溃的时代里追求享乐和追求形式美的病态的社会心理，如《织锦词》《夜宴谣》《舞衣曲》《水仙谣》《照影曲》等。

当然，温庭筠不仅写了这些绮丽华藻的诗，还有清新流畅、感情激切的一类诗，除了《商山早行》，还有《过陈琳墓》：

> 曾于青史见遗文，今日飘蓬过古坟。
> 词客有灵应识我，霸才无主独怜君。
> 石麟埋没藏春草，铜雀荒凉对暮云。
> 莫怪临风倍惆怅，欲将书剑学从军。

温庭筠的咏史怀古佳作，还有《苏武庙》《过五丈原》等。

温庭筠在文学上更重要的贡献，是词的创作，被称为"花间词派"的鼻祖。

　　除了诗词俱佳、精通音律，温庭筠的书法亦精妙。董其昌《画禅室随笔》卷一《题温飞卿书》说："湖阴曲，温飞卿书，似平原而遒媚有态，米元章从此入门。"意思是，《湖阴曲》帖是温庭筠所书，像颜真卿书体，却遒劲而不失媚美、摇曳生姿，米芾正是由这个帖子入了书法之门。可惜温庭筠的书法作品今已失传。

　　"凤凰诏下虽沾命，鹦鹉才高却累身。"（《送温庭筠尉方城》）这是温庭筠同时期诗人纪唐夫叹他一生的诗句，也是本节的结束语。

韦庄、韩偓与郑谷

烟花散尽，独留在黑暗中悲吟

杜牧、李商隐及温庭筠等大诗人，在大唐余晖中绽放过灿烂的烟花后，历史舞台上的大唐歌剧便缓缓落下帷幕。晚一辈的诗人，在大幕落下的阴影中，在最动乱、最悲惨、最黑暗的时代中挣扎。在历史巨轮的碾压下，他们的家国情怀被碾压得粉碎，即便有济世情怀，他们也无处释放，只能发出感时伤怀的悲吟。没办法，人生最大的悲哀莫过于生错时代。

这群诗人中，吟唱得最清丽的当数韦庄。

韦庄（约836—910），字端己，京兆杜陵（今陕西西安市长安区）人，是韦应物的四世孙。韦庄的籍贯"杜陵"已在本书出现多次。杜甫自称"杜陵布衣""少陵遗老"，后人还称他为"杜少陵"，韦应物青少年时曾横行杜陵。叙说韦庄之前，有必要解释一下"杜陵"的典故。

汉朝建都长安，皇帝陵墓也建在离长安城不远处，其中最出名的为"五陵"——高帝长陵、惠帝安陵、景帝阳陵、武帝茂陵、昭帝平陵。这些陵墓四周，在汉朝时就迁入了大量贵胄、名绅，几经发展，五陵一带形成一批豪门望族。

李白与杜甫诗中出现的"五陵豪"，就是代指居长安城外"五陵"附近的名门望族子弟。而杜陵是汉宣帝的陵寝之地，位于长安城南。在汉代，高官韦玄成和杜延年就迁于杜陵附近，发展到后来，就形成两大家族。韦应物与韦庄属于韦家世族，杜甫与杜牧属于杜家世族。韦家世族居住的地方叫"韦曲"，杜家世族居住的地方叫"杜曲"。韦曲与杜曲相隔不过五里。到了唐代，韦、杜两家都发展成为顶级世族。有唐一代，韦家就出过十七位宰相，还有一个中宗的皇后韦后。杜家也出了八位宰相和诸多驸马。

杜陵东南十余里，有一座小陵，是汉宣帝之许皇后陵地，被称为"少陵"，在少陵边有一片起于韦曲的平川，曾是樊哙封地，所以叫樊川。杜甫曾在少陵旁居住过十年，所以称"杜少陵"，杜牧晚年居的别业位于樊川，所以称"杜樊川"。樊川和杜曲之间有个桃溪堡，崔护那个"人面桃花"的故事，就发生在这里。

城南韦、杜两家在唐朝时都很显赫，所以当时有俗语称"城南韦杜，去天尺五"。

韦庄虽出身显赫的韦家世族，可到他这一脉时，家境已经贫寒。不过，正如前面讲过的，韦应物虽一生贫寒，但树立了雅正的家风，其后代都受益于雅正家风的传承，苦读诗书，才识不凡，都小有成就。韦庄自然也是一位饱学之士。

可惜韦庄一直考到四十六岁都未考中进士。四十六岁那年，韦庄仍然留在京城备考。黄巢军杀入长安，唐僖宗逃至成都，他困在了都城之中。

在长安城内，韦庄目睹了烧杀掳掠的惨景。杜甫当年被安禄山叛军押至长安城内，目睹血流成河、尸骨成山的场景，写了《哀江头》《哀王孙》等纪实诗，记叙当时的惨状。而韦庄以一颗悲天悯人之心，写下了《秦妇吟》这首长达二百三十八句，一千六百六十六字的长篇叙事诗。

诗人结合自己在长安城内和逃离长安城后奔赴洛阳途中的所见所闻，借一个命运悲苦的"秦妇"之口，向世人描述了战争造成的人间炼狱般的凄惨景象，揭露了黄巢军烧杀抢掠的现实，也通过一位"乞浆老翁"之口，控诉了官军劫杀百姓的罪恶行径。

全诗内容丰富，叙述得法，层次分明，是一首杰出的叙事诗。这首诗写成之后，广为流传，韦庄也凭这首诗获得了"秦妇吟秀才"的称号。

因诗中有"内库烧为锦绣灰，天街踏尽公卿骨"这样触目惊心的诗句和对官兵掠杀百姓罪行的揭露，韦庄后来整理诗集《浣花集》，并没有将此诗录入，导致此诗失传一千多年。从宋至清，人们都听闻《秦妇吟》之名，不见其文。直到 20 世纪初，人们从敦煌石窟的藏书中发现了《秦妇吟》抄写本，才使这首诗重见天日。

这一长篇叙事诗，由于内容问题，一直没有得到公允的评价，但事实上，这一翔实并客观地反映当时社会现实的鸿篇巨制，其历史意义与文学价值，远比白居易的《琵琶行》和《长恨歌》重大，甚至可以比肩杜甫所有的写实诗。相信有朝一日，《秦妇吟》会得到应有的评价，那时，韦庄在文学史上的地位必将大幅提升。

韦庄经历了这场战乱，一路流徙辗转至婺州（今浙江丽水市）隐居避乱。在客居金陵时，他写下了怀古佳作《台城》：

江雨霏霏江草齐，六朝如梦鸟空啼。

无情最是台城柳，依旧烟笼十里堤。

台城原是三国东吴的后苑城，东晋成帝在此基础上建成皇宫。从东晋到宋、齐、梁、陈，台城一直是尚书台和皇宫所在地，所以韦庄感慨"六朝如梦鸟空啼"，尾联"无情最是台城柳，依旧烟笼十里堤"，朦胧地表达了诗人伤时伤世却无可奈何的情绪。

在婺州隐居了近十年，待黄巢之乱平息，韦庄不愿读书入仕的家风在自己身上终结，便于乾宁元年（894），毅然出山赴京，参加进士科举。幸运的是，已经五十九岁的他终于进士及第。

考中进士后，韦庄被授予左拾遗一职，但并没有得到唐昭宗的赏识。天复元年（901），韦庄入蜀，进入西川节度使王建幕府。朱温篡唐建梁，大唐气数已尽，韦庄率众人于成都大哭三天，之后协助王建建立了前蜀政权，与前梁抗争。韦庄官至前蜀宰相，于武成三年（910）病逝于成都花林坊，享年七十五岁。

韦庄一生著诗词颇丰，现存诗三百余首，词五十余首。作为词人，他与温庭筠并称"温韦"，是花间派又一重要词人。作为诗人，他与韩偓、罗隐并称"华岳三峰"。韦庄的诗除了写实题材的，怀古咏史及羁旅写景题材的也多有涉及。他对现实的感慨虽然比较深广，但并不过分低沉，其诗风清丽婉曲，如《长安旧里》：

满目墙匡春草深，伤时伤事更伤心。

车轮马迹今何在，十二玉楼无处寻。

这首诗就充分反映了作为大唐遗民的韦庄，眼见大唐王朝崩溃时内心的悲哀与惆怅。

与韦庄、罗隐并称"华岳三峰"的韩偓，是"温李诗派"的重要诗人。

韩偓（842—923），字致尧，小名冬郎，京兆万年（今陕西西安市）人。他十岁时和家人一起为姨夫送行，即席赋诗一首，词句颇有老成之风，令满座惊叹。他的姨夫更是欣喜无比，过了好几天还追吟小韩偓的"连宵侍坐徘徊久"之句。他深感此子前途不可限量，写了两首七绝诗称赞小韩偓的诗才，其一是：

十岁裁诗走马成，冷灰残烛动离情。

桐花万里丹山路，雏凤清于老凤声。

用"桐花万里丹山路，雏凤清于老凤声"赞誉后辈，寓意高远，极其典雅。《红梦楼》中北静王向贾政夸贾宝玉，曾引用此诗句。

能写出如此精彩诗句的韩偓的姨夫到底是谁呢？其实，我们看到"冷灰残烛"这样的词时，就很容易猜到他是谁了。不错，他就是李商隐。这首诗就是《韩冬郎即席为诗相送一座尽惊他日余方追吟连宵侍坐裴回久之句有老成之风因成二绝寄酬兼呈畏之员外·其一》。

让李商隐大加赞誉的韩偓，确实没令他失望，成年后发扬"温李"诗风，成为晚唐诗坛最有影响力的诗人之一。

然而，韩偓参加进士科举考试之艰难，比韦庄稍好一点儿，他一直考到龙纪元年（889）也就是他四十八岁时，才进士及第。不过，进入仕途后，他升迁还是比较顺利的，十年不到便做到了翰林学士之位。唐昭宗时，由于反对朱温，韩偓被贬濮州司马，随后愤而辞官，南下入闽隐居，自号玉山樵人。其间朝廷两度征召他复职，但他对把持朝政的朱温的阴险品行深为不齿，也对其残忍本性深为恐惧，拒绝了征召。

事实证明，韩偓拒召是明智的。唐昭宗在朱温的威逼下，迁都洛阳，不久就被朱温谋杀。之后，朱温又将屠刀举向忠唐的大臣，将朝中重臣三十余人杀死于白马驿，史称"白马之祸"。朱温还听从谋士李振的建议，将这些平时自诩为"清流"的文士大臣的尸首，丢进黄河之中，意思是要让这些"清流"文人永远沉浸于"浊流"。

韩偓拒召逃过了被杀抛尸的厄运。唐亡，韩偓以"天涯烈士"自许，表明自己忠于李唐王朝的决心，于923年左右客死于闽地。

韩偓一生，诗作颇丰，有《韩内翰别集》和艳诗《香奁集》存世。韩偓诗中感时伤乱之作颇多，几乎是以编年史的方式再现了大唐王朝由衰而亡的过程。他喜欢用近体诗，尤其是七律诗写事，纪事与抒怀相结合，继承了杜甫、李商隐的传统，但境界不够阔大浑厚。

如《自沙县抵龙溪县，值泉州军过后，村落皆空，因有一绝》：

> 水自潺湲日自斜，尽无鸡犬有鸣鸦。
>
> 千村万落如寒食，不见人烟空见花。

韩偓的艳诗对后世的影响较大，李清照就将他的《懒起》和《偶见》化用为千古名词《如梦令·昨夜雨疏风骤》和《点绛唇·蹴罢秋千》。我们选《懒起》和《如梦令·昨夜雨疏风骤》对比赏析一下。

懒起

> 百舌唤朝眠，春心动几般。
>
> 枕痕霞黯澹，泪粉玉阑珊。
>
> 笼绣香烟歇，屏山烛焰残。
>
> 暖嫌罗袜窄，瘦觉锦衣宽。
>
> 昨夜三更雨，今朝一阵寒。
>
> 海棠花在否，侧卧卷帘看。

韩偓实际上是借这种艳体诗，表达一种面对无情命运无可奈何的自怜自艾的情绪。但是，由于轻薄香艳，有一种萎靡颓废之气，并没有得到后世的推崇。

李清照化用后的《如梦令·昨夜雨疏风骤》：

> 昨夜雨疏风骤，浓睡不消残酒。
>
> 试问卷帘人，却道海棠依旧。
>
> 知否，知否？应是绿肥红瘦。

一个女性词人如此写，既显得娇憨可爱，又突出惜春之心，大受后人追捧，成为千古绝唱。

但韩偓一个大老爷们儿写《懒起》这样的诗，就给人一种病态感，更何况《懒起》这首诗的前八句确实堆砌，如果仅剩后面四句，笔者认为，既清丽又隽永，不失为一首好诗。李清照恰恰改写的就是这四句。

韩偓十岁时被李商隐称赞，而小他九岁的郑谷，在七岁时就被诗人兼诗评家司空图抚背称赞"当为一代风骚主"，可见郑谷又是一个神童。

郑谷（约851—约910），字守愚，袁州（今江西宜春市）人。其父郑史任永州刺史时，郑家与司空图同住一个大院子中。司空图见七岁的郑谷聪明伶俐，十分喜欢他。有一次，他在院中漫步碰见小郑谷，就逗他："听说你这么小年纪就能吟诗，不知道你读没读过我的诗？"

小郑谷立即点头道："读过！"

司空图继续逗他："那你觉得我的诗写得怎样呢？"

小郑谷认真地道："写得不错，尤其是您的《曲江晚望》中的'村南斜日闲回首，一对鸳鸯落渡头'这两句，写得大有深意，非常好！"

小郑谷话还没说完，司空图的眼睛就差点瞪掉了。过了好长时间，司空图才回过神来，抚着小郑谷的背，感叹道："孩子啊，你将来必定会在文坛上独领风骚啊！"这个被长辈赞叹的小郑谷，与韩偓一样，没有辜负长辈的期望，日后真的成为独领风骚的大诗人。

郑谷的科举之路也很艰辛，考了十六年，于光启三年（887）才考取进士。他中进士那年，三十七岁了，比韩偓稍好一些。不过，他的仕途比韩偓差了不少，先是出任鄠县县尉，后升任都官郎中。

在唐昭宗被逼迁都洛阳时，郑谷在宜春籍高僧虚中的指点下，辞官归隐老家宜春。大唐于907年被灭后，他忧郁成疾，不久即病逝于家中，享年六十岁。司空图在大唐灭亡后，更是绝食而亡。

▶ 司空图《偶题》："水榭花繁处，春晴日午前。鸟窥临槛镜，马过隔墙鞭。"

郑谷的成名作是《鹧鸪》：

> 暖戏烟芜锦翼齐，品流应得近山鸡。
> 雨昏青草湖边过，花落黄陵庙里啼。
> 游子乍闻征袖湿，佳人才唱翠眉低。
> 相呼相应湘江阔，苦竹丛深日向西。

这首以描写鹧鸪啼鸣烘托游子思乡之情的诗，一经面世就广为传唱，为郑谷赢得了诗名，还为他带来了"郑鹧鸪"的绰号。

有一次，郑谷参加一个宴会，主人特意安排歌女演唱这首诗，向他致敬。郑谷听后，即席赋诗一首答谢：

席上贻歌者
> 花月楼台近九衢，清歌一曲倒金壶。
> 座中亦有江南客，莫向春风唱鹧鸪。

这首诗是对歌女说，我们在座的有江南客人，就不要再唱"鹧鸪"词了，免得我们又思乡。谁知歌女得了这首诗，非常喜欢，又将这首诗传唱开了，使得"郑鹧鸪"的绰号更加响亮。

郑谷除了以"郑鹧鸪"的绰号享誉诗坛，还留下"一字之师"的美谈。

晚唐诗僧齐己久闻郑谷诗名，十分仰慕，带着诗作登门拜谒求教。郑谷仔细翻阅齐己诗卷，读到了一首《早梅》：

> 万木冻欲折，孤根暖独回。
> 前村深雪里，昨夜数枝开。

风递幽香出，禽窥素艳来。

明年如应律，先发望春台。

这首诗是齐己最得意的诗作之一，郑谷也觉得写得不错，但斟酌了片刻，还是说道："梅开数枝就不是早梅了。若改为'一枝'则更准确，不知大师以为如何？"

齐己听罢，思忖一番，大为折服，躬身下拜道："先生真是贫僧的一字之师啊！"

这件事不胫而走，又传成诗坛佳话，郑谷获得了"一字师"的盛名。成语"一字之师"就此诞生。

其实，郑谷由于后半生适逢乱世而流离奔走，其诗大部分还是以反映社会动乱、感时伤怀为主，如《长安感兴》：

徒劳悲丧乱，自古戒繁华。

落日狐兔径，近年公相家。

可悲闻玉笛，不见走香车。

寂寞墙匡里，春阴挫杏花。

郑谷一生作诗不下千首，编有《云台集》等文集，但佚失较多，《全唐诗》录其诗三百多首。郑谷诗名盛于唐末，其诗特点是通俗易晓，不俚而切，但总体格调不高。到宋初时，其诗作为教习蒙童之用，但后世影响渐衰，诗名也随之减弱，以至于现在已经很少有人提及其人其诗。

韦庄、韩偓与郑谷等这批诗人，身经丧乱，救时无方，连安居生活也不可得，流离道路，以避祸自全。他们是一群看见烟花散尽，无奈面对黑暗独自悲吟的人，伤时伤世更伤心，这就是生错时代的悲哀。

郑谷《蜀中赏海棠》："浓淡芳春满蜀乡，半随风雨断莺肠。浣花溪上堪惆怅，子美无心为发扬。"

罗隐

一千多年后被称为唐朝的鲁迅

唐末，除了韦庄、韩偓、郑谷这些伤时伤世的伤情诗人，还有一批针砭现实、讽刺朝政的写实诗人，其中以罗隐、皮日休、杜荀鹤等名气最大，对晚唐诗歌的贡献也最大。这三人中，罗隐年龄最长，留下的故事最多，创造的耳熟能详的金句也最多，如"时来天地皆同力，运去英雄不自由""家财不为子孙谋""今朝有酒今朝醉""任是无情也动人"等。

现代人编撰的古代文学史中，罗隐的地位并不高。可在唐末五代时期，罗隐的名气极盛，甚至盖过杜甫、白居易等诗人。尤其在民间，罗隐甚至被神话，时至今日，江浙一带还有关于罗隐的神话故事在流传。

传说罗隐的父亲是个农民，夏日上山守护庄稼时，被一个化成美女的老虎精迷上了。此事被他哥哥发觉，哥哥将老虎精脱在草棚外的虎皮偷走，压于粪缸之下。老虎精没了虎皮，再也不能恢复原形，遂同罗父相偕回家，结为夫妇，生下罗隐。

后来妯娌间发生争吵，嫂子一气之下将虎皮从粪缸之下挖出来，扔到老虎精面前。老虎精狂怒之下，就地一滚，变回老虎，将嫂嫂、哥哥、丈夫全都咬死，正要咬孩子的时候，老祖母急忙用谷箩罩住孩子，并用拐杖敲打老虎的额头，厉声骂道："畜生，难道连自己的亲生骨肉都要咬吗？"那虎精顿时眼中涌泪，大吼一声，出门狂奔而去。这孩子是隐藏在箩筐里才活下来的，所以被取名为"罗隐"。

罗隐成了孤儿，和祖母相依为命，日子过得很艰难，经常向左邻右舍借米借盐度日。借的次数多了，还有借无还，邻居就不肯借了。罗隐祖母是个心地褊狭之人，借东西碰壁，她都记恨，而且常常在上灶切菜时唠叨："跟张三借，张三不借，一遭；跟李四借，李四不借，又是一遭！"灶司菩萨耳朵有点背，罗隐祖母说"一遭"，他听为"一刀"。听的次数多了，灶司菩萨心里有点发毛，这个老奶奶天天絮叨"一刀一刀"的，她孙子要是当了皇帝，听了老太太的话，那要杀多少人？于是他赶紧上奏玉帝。玉帝一听，也慌了，本来安排好罗隐下界当个仁慈皇帝的，这么说，罗隐岂不是要成为暴君？所以玉帝赶紧派雷公菩萨下界拆罗隐的龙骨。

雷公在拆罗隐龙骨时，罗隐痛得满地打滚。祖母见了，急忙叫罗隐咬住了马桶盖。结果，罗隐一身龙骨被拆光，只因为嘴咬着马桶盖，雷公嫌脏，便没拆他的嘴巴骨。因此，罗隐便剩下一张说什么应什么的"圣旨口"。这也是世人传说罗隐是"讨饭骨头圣旨口"的来由。

民间的传说荒唐搞笑，但至少说明罗隐在百姓心目中就是个天生不凡的存在，同时形象地表达了罗隐的两个特征。

罗隐（833—910），字昭谏，杭州新城（今杭州市富阳区新登镇）人。罗隐原名"横"，字昭谏，这样名字合在一起才说得通，才寓意卓尔不凡。"横"空出世，通过上谏"执大柄而定是非"（罗隐《谗书·重序》），这才是他名字的本意。然而，"十上不第"后，面对有心报国却无力回天的现实，他扼腕长叹，愤而改名为"隐"。

罗隐原名字取得那么不凡，说明他绝不是个农家子弟。在古代，普通农户家能出个识文断字的人就不错了，要出个大诗人，简直就是天方夜谭。

历数古代文人，哪有什么农家子弟出身？不是官宦世家，最起码也是个富裕地主阶层。同样，罗隐也出身一个官宦世家，只不过祖上包括他的父亲都是小官僚，并不显赫。但罗氏家族在当地也算是个大家族，家族同一辈中，当时就出了罗隐、罗虬、罗邺三个公认的青年才俊，被当地人称为"三罗"。

和韦庄、韩偓等人一样，罗隐的大半生都耗在科举考试上。大中十三年（859），二十七岁的罗隐在江西南康通过解举，取得参加进士考试资格，然后在江陵拜见荆南节度使白敏中，希望得到他的举荐。然而，白敏中已经失势，罗隐得了白敏中的举荐也没有用，一连考了七次都落榜。后来他又断断续续考了几年，考了十多次，屡败屡战，屡战屡败，自称"十二三年就试期"，史称"十上不第"。

虽然在京城十几年连续落榜，但他还是以诗打出了名气，他的才气也得到了广泛的认可，更得到了令狐绹的欣赏。当时京城有人将他与前辈诗人温庭筠、李商隐合称"三才子"。

据说令狐绹的儿子令狐滈考中进士后，罗隐写诗相贺。令狐绹读到罗隐的贺诗，非常高兴，对儿子说："你进士及第我都不怎么高兴，我最高兴的是你得到了罗公的诗一篇啊！"

可见当时罗隐在公卿大臣中的名气也是极盛的。既然这样，他为什么总是屡考屡落第呢？原因有两个版本。

版本一，唐昭宗非常欣赏罗隐的诗文，想以甲科进士录取罗隐。但有大臣上奏："罗隐虽然有才，可为人轻狂，明皇这样圣德，还横遭他讥讽诽谤；如果让他当了官，朝廷里的将相臣僚，岂不都要被他侮辱个遍？"昭宗问罗隐写了什么讥谤之词，这个大臣举了罗隐的《华清宫》一诗：

楼殿层层佳气多，开元时节好笙歌。

也知道德胜尧舜，争奈杨妃解笑何！

这个大臣将这首诗剖析了一遍。唐昭宗听了这位大臣的解说，罢了起用罗隐的念头。

这是《唐才子传》记载的版本。如果这一版本成立，显然这位大臣是个妒贤嫉能的佞臣。唐朝可没兴过文字狱，白居易写《长恨歌》没事，杜牧赤裸裸地讥讽"一骑红尘妃子笑，无人知是荔枝来"也没事，怎么到了罗隐化用两位前辈的诗，还带一句"也知道德胜尧舜"这样拍马屁的话，就有事，就成了恶意讥谤了呢？

只怪罗隐生错了时代，生在那个佞臣当道，不将大唐整垮不罢休的年代。

版本二，黄巢起义被平定后，朝廷严重缺乏人才，有大臣建议让名闻天下的罗隐入仕，宰相韦贻范就给大家讲了个小故事，说他有一次曾与罗隐同乘一条渡船，听见船夫对罗隐说："咱们这条船上可坐有朝廷的大人哦！"

谁知罗隐回了一句："什么大人不大人的？我用脚夹笔写的文章，都能顶得上好几个这样的大人！"

韦贻范说到这儿，笑问道："诸位大人，要是罗隐入朝当了官，我们在他眼里可能连秕糠都算不上，请问你们还愿意推举吗？"

一席话让提议的人瞠目结舌，自然没人再想推荐这个恃才傲物的家伙。

这是《唐诗纪事》里的版本，如果这个版本成立，说明罗隐性格确实狂傲，偏偏又遇到了一位肚子里撑不了船的宰相，他只能自认倒霉。

罗隐确实是一位比较激愤、动不动就写诗嘲讽的文人，但这也是在他"十上不第"之后的事了。

文人皆欣赏他的讽刺小诗《雪》：

尽道丰年瑞，丰年事若何。

长安有贫者，为瑞不宜多。

实际上，罗隐写得最深刻的讥讽诗当数《感弄猴人赐朱绂》：

十二三年就试期，五湖烟月奈相违。
何如学取孙供奉，一笑君王便着绯。

这首诗的背景是，广明元年（880），黄巢军队进攻长安时，唐僖宗不是召集文武共商救亡图存大计，而是带着一个耍猴的艺人和一群猴，早早地逃往四川成都。那群猴子也确实善解人意，不但善于扮出各种怪相逗唐僖宗开心，还会像臣僚一样随朝站班。僖宗一高兴就赏赐耍猴艺人一袭红色朝服，也就是诗中说的"赐朱绂"，封这个艺人四品官衔，号称"孙供奉"。这个"孙"与孙悟空的"孙"是一个意思，都是指"猢狲"的"狲"。

你说这个唐僖宗是不是荒唐透顶？大唐江山在这个嬉戏一生的皇帝手中，不崩溃才怪呢！不过，我们也不得不佩服古代文人，这个名叫李儇的昏君死后，居然想出个"僖宗"的庙号来称呼。"僖"是什么意思？就是"嬉戏"，他们不好责骂皇帝，却变着法子让他的庙号带着被调侃的意味。

罗隐通过这首诗表达的意思是，自己考进士考了十多年，倒不如一个江湖耍猴艺人！这首诗在对比深刻的自我调侃中冷冷讥讽昏庸的僖宗，可以说是犀利无匹。

这种犀利无匹的讥讽，在罗隐的杂文集《谗书》中体现得更加直接。其中的《说天鸡》《汉武山呼》《三闾大夫意》《叙二狂生》《梅先生碑》等篇，都是嬉笑怒骂，涉笔成趣，展示了他对现实的强烈批判精神和杰出的讽刺才能。尤其是《英雄之言》一文，通过刘邦、项羽二人的两句所谓"英雄之言"，深刻地揭露了那些自诩为救民于水火的英雄的帝王之强盗本质，文章还向最高统治者发出警告："意彼未必无退逊之心、正廉之节，盖以视其靡曼骄崇，然后生其谋耳。"

《谗书》是罗隐"愤懑不平之言，不遇于当世而无所以泄其怒之所作"（方回《谗书跋》），目的是"警当世而诫将来"。

罗隐的《谗书》与皮日休的《皮子文薮》、陆龟蒙的《笠泽丛书》，共同掀起了晚唐古文的另类——小品文的高潮。鲁迅先生在《小品文的危机》中说："唐末诗风衰落，而小品放了光辉。"鲁迅先生于 20 世纪 30 年代创作了大量的杂文，嬉笑怒骂皆文章，显然受到晚唐这三位小品文大家的影响。

罗隐身受不公，敢于发出抗争与激愤之言，同时以老百姓都能听得懂的语言写成诗，讥讽权贵。他的诗不仅仅表达了个人观点，更多的是反映了百姓的心声，百姓甚至认为罗隐就是他们的发声人，所以他成为民间最受欢迎的诗人。

而民间流传他是"讨饭骨头圣旨口"，则是对他坎坷身世的同情和对他所发之声的绝对赞同，正因为如此，我们才说"讨饭骨头圣旨口"的神话传说高度契合了他的个性特征。

民间硬是将罗隐神化成老虎精所生，又反映他的什么特征呢？下面这则故事就能说明。

罗隐为了考中进士，不得不四处行卷。他年轻时通过关系行卷于宰相郑畋（tián）。郑畋翻开罗隐的诗集，读到《筹笔驿》后，大加赞赏：

抛掷南阳为主忧，北征东讨尽良筹。

时来天地皆同力，运去英雄不自由。

千里山河轻孺子，两朝冠剑恨谯周。

唯余岩下多情水，犹解年年傍驿流。

"筹笔驿"是三国时期诸葛亮北伐中原的一个重要驿站，罗隐来到这里凭吊，写下了这首反映诸葛亮和蜀国往事的怀古诗。

李商隐此前也写过《筹笔驿》诗，是传世佳作。珠玉在前，罗隐还写同样的题材，勇气可嘉。罗隐的这首诗诗味十足，对诸葛亮殚精竭虑却敌不过时运的结果发出感慨，反映出罗隐的黄老思想。这首诗并不逊于李商隐的《筹笔驿》，"时来天地皆同力，运去英雄不自由"这两句感慨，成了千古金句。

郑畋读完这首诗，击节叫好，女儿正好路过，进来一探究竟。郑大小姐是个秀外慧中的才女，难得听父亲夸行卷之诗，便借阅了罗隐的这卷诗集。谁知，第二天还诗集给父亲时，郑大小姐像得了魔怔似的，边走边低吟"任是无情也动人"，"张华谩出如丹语，不及刘侯一纸书"……

郑畋看出端倪，笑着问："要不我将罗生请来一见？"郑大小姐羞涩地点头同意。

郑大小姐边走边吟的正是罗隐的诗：

牡丹花

似共东风别有因，绛罗高卷不胜春。

若教解语应倾国，任是无情亦动人。

芍药与君为近侍，芙蓉何处避芳尘。

可怜韩令功成后，辜负秾华过此身。

这首诗有两个典故要解释。

唐玄宗曾经在宫中太液池畔宴请皇亲国戚，当时池中千百株白莲齐放，形成绝美的景色，群臣驻足欣赏，啧啧称赞。唐玄宗见此情景，哈哈大笑，忽然指着杨贵妃得意地道："白莲虽美，比我这解语花如何？""解语花"的本意是会说话的花。众人自然大拍马屁："娘娘国色天香，远胜白莲！"这样一来，一个形容温柔又会说话的美女的典故"解语花"就诞生了。

《红楼梦》中第十九回的回目是"情切切良宵花解语　意绵绵静日玉生香"，里面就用"花解语"代指温柔又会说话的袭人。

"可怜韩令功成后，辜负秾华过此身"这两句，背景引用了唐宪宗时期中书令韩弘平藩回京后，看到自己府邸中养着娇艳的牡丹花，为了不玩物丧志，便命人全部砍去的故事。

郑畋为了让女儿见一见罗隐，特意安排了一场宴会，请罗隐出席。

郑大小姐学卓文君于帘幕后窥视。哪知郑大小姐窥视片刻，失望得差点放声大哭。她原想着能写出如此优美诗句的人，一定会同司马相如一般，风流倜傥，谈吐不凡，谁知罗隐不但相貌丑陋，还言行迂腐拘谨。郑大小姐心中的憧憬如冰块掉落，碎成一地。伤心欲绝的郑大小姐回到闺房，将罗隐的诗集悄悄烧了，再也不吟罗隐诗作。

这个故事反映了罗隐的又一特征，也就是民间传说的，罗隐有"虎相"，长得奇丑。

温庭筠长得丑，却有女人缘，他的花间词让诸多女子唱得神痴意迷。可罗隐长得丑事小，说起话来还尖酸刻薄，面对女子，更不解风情，这样一个人，怎能得女人喜欢？

罗隐过钟陵时，被一个才艺双绝的妓女讥诮了一下，立马写下《赠妓云英》一诗反讥并自嘲：

> 钟陵醉别十余春，重见云英掌上身。
>
> 我未成名君未嫁，可能俱是不如人。

这首诗的背景是，十多年前罗隐进京赶考，路过钟陵时，在朋友宴会上与这位名叫云英的妓女相识。十多年后，罗隐再过钟陵，恰巧又在宴席上碰见云英。云英问了他一句："罗秀才尚未脱白乎？"这一句话戳中了罗隐心里的痛点，激起了他的满腔义愤，于是他直接将未考取功名与妓女未嫁的原因对等起来，进行调侃，讥讽得既深刻，又让人为之心酸。这首诗一出，立即成了落榜文人和平民百姓津津乐道的趣诗。

罗隐"十上不第"后，曾于咸通十二年（871）通过湖南观察使于瑰获得衡阳县主簿一职，但由于性格耿介，与县令搞不好关系，没几个月，他便辞职东归。这之后，他又去京城一带游荡，继续从事考进士的大业，直到广明元年（880），黄巢军队占据了长江以北，他北上无望，才同杜荀鹤等人同隐九华山。光启三年（887），已经五十五岁的罗隐对科举考试和时局彻底失望了，返回江东，欲投杭州刺史钱镠（liú）幕下。

在投钱镠之前，罗隐将自己的一首诗当信寄了过去，想先看看钱镠的反应。这首诗便是郑大小姐也喜欢的《句》：

> 夏窗七叶连阴暗，赖家桥上滴河边。
> 细看月轮真有意，已知青桂近嫦娥。
> 一个祢衡容不得，思量黄祖谩英雄。
> 张华谩出如丹语，不及刘侯一纸书。
> 山雨霏微宿上亭，雨中因想雨淋铃。
> 老僧斋罢关门睡，不管波涛四面生。

给钱镠寄这首诗，重点当然不在郑大小姐喜欢的两句诗"张华谩出如丹语，不及刘侯一纸书"，而在于"一个祢衡容不得，思量黄祖谩英雄"这两句。钱镠收到罗隐的这首诗，知道名满天下的大才子罗隐已经有了回乡归附自己的意图，大喜过望，即回复："仲宣远托刘荆州，盖因乱世；夫子乐为鲁司寇，只为故乡。"

罗隐收到钱镠的回复，老泪纵横，因为钱镠不但将他比作王粲（字仲宣），还比作孔子。罗隐感慨自己漂泊一生，终于碰到了知遇之人，于是带着感恩之心追随了钱镠。

这个钱镠是值得罗隐追随的，他也是个了不起的人物。在罗隐的协助下，他先是平定董昌叛乱，升任镇海节度使，而后又平定吴越其他势力，最终被封为吴越王。

天祐四年（907），朱温篡唐自立，国号"大梁"。罗隐激愤异常，当即劝说钱镠兴兵讨伐。钱镠大为惊讶，他一直以为罗隐因没有得到李唐朝廷重用而心怀怨恨，没想到唐亡时，他居然如此悲愤，这一刻他才真正理解罗隐，虽然对李唐朝廷责之深、讥之辛，但其实他对李唐王朝乃至整个国家是痛之切。

钱镠很敬佩罗隐的忠义，但拒绝了他的劝说。钱镠向所有幕僚阐述了他"休兵息民"的治国理念，将群僚说得心悦诚服。钱镠"休兵息民"的仁政也一以贯之地在吴越实施。

五代十国时期，中原战乱，生灵涂炭，吴越一直和平发展，欣欣向荣，成为天下最富足的地方。直到北宋时期，钱镠的孙子钱俶（chù）主动归附宋朝，让吴越之地无一人因战争而死亡。

钱家这种以吴越人民生命福祉为重，不计较王室虚名的做法，令吴越人民感恩戴德。时至今日，吴越人民还在赞美钱家的功德。钱家最终也是善有善报，逐渐发展成吴越第一家族，后世能人贤才辈出，近代更是涌现了钱玄同、钱锺书、钱学森、钱伟长、钱三强等一大批著名人物。

罗隐在吴越国时，朱梁曾以谏议大夫官职征召他，被他断然拒绝了。后来钱镠表授他吴越国给事中一职。后梁开平三年（909），罗隐病逝，享年七十八岁。

罗隐的思想属道家，曾著《太平两同书》阐述他的"太平匡济术"，这一思想对钱镠的执政理念产生了重要的影响。吴越地区能够躲过七八十年的战争之厄，罗隐的思想功不可没，所以吴越地区人民将罗隐神化成"文曲星"下凡，以示对这位千古才子的敬仰。

罗隐诗歌最大的成就，是以百姓喜闻乐见的口语化语言写讥讽诗，他本人一生端正刚猛，后人称他为"唐朝的鲁迅"。

皮日休与杜荀鹤

一个加入了起义军，一个当了五日翰林

皮日休（约834—约883），字袭美，一字逸少，复州竟陵（今湖北天门市）人，一说襄阳人。年轻时曾隐居襄阳鹿门山，自号鹿门子。孟浩然也曾隐居鹿门山。皮日休没有追随前辈孟浩然的散淡，而是自带强烈的现实批判精神。

皮日休出身寒微，甚至亲自参加过农耕，所以他对农民抱有极大的同情。皮日休是中唐乐府运动的继承者，他的早期诗歌就以乐府诗为主，反映民间疾苦，对现实进行讽喻。前期代表作有《三羞诗》三首和《正乐府》十首。皮日休还写作了一批杂文，借古喻今，表现出明显的叛逆色彩。

咸通七年（866），时年三十二岁的皮日休被州官推荐到京城参加进士科举。他在城东南的永崇里才住了十来天，文名便传遍长安。然而，他为人耿介，并没有四处行卷，没有得到引荐，所以他这次科举考试自然不第。

落榜的皮日休吸取教训，回家后将自己的诗文编撰成文集，定名为"皮子文薮"。第二年（867年），他带着文集到京城行卷于公卿。

时任礼部侍郎郑愚读了皮日休的文集，对他的才学非常欣赏。然而，在主持进士科举时，郑愚在现场看到皮日休本人后有点失望。皮日休长相难看，一只眼皮下耷，让人感觉他只长了一目。

郑愚当着皮日休的面感慨："你学富五车，却怎么就只长有一目呢？"

皮日休立即回答："侍郎大人不可因一'目'而废二'目'啊！"

现场的考生听了皮日休的话，对他敢于在考场怼主考官的胆识十分钦佩。郑愚受了皮日休的怼，心里虽然不高兴，但若因此而不录取他，恐怕也会引起学子的非议。斟酌再三，郑愚以末名位次录取了皮日休。

皮日休中进士后，因其貌不扬，并没有通过吏部的选拔考试，只好东游苏州，在苏州刺史府谋得一份幕僚差事。这时候，他结识了情趣相投的陆龟蒙。

陆龟蒙是官宦世家子弟，先祖是唐玄宗前期名相陆象先。陆龟蒙举进士不第，隐居家乡甫里，过着耕读生活，自号天随子、江湖散人等。陆龟蒙也是一位诗人、小品文大家，著有《笠泽丛书》，其诗继承了韩愈诗派的博奥险怪诗风，写景咏物，愤慨世事，忧念民生。

皮日休与陆龟蒙结交后，相互诗词唱和，颇具中唐"元白"的意味，后世将二人称作"皮陆"。"皮陆"的唱和诗，主要是歌咏苏州一带山水的诗，间杂着一些借古讥今的怀古诗。

咸通十一年（870），皮日休入京担任太常博士，不久出任毗陵副使。僖宗乾符五年（878），黄巢起义军下江浙，皮日休被俘后加入黄巢起义军。黄巢入长安称帝，皮日休任翰林学士。黄巢兵败后，皮日休不知所终。

皮日休的死因有多种说法，较多的说法是为黄巢所杀。

据说黄巢称帝后，为了宣扬自己是上天授意主宰人间，命皮日休作一谶语诗用于宣传。皮日休以黄巢姓名写了一首五言谶诗：

> 欲知圣人姓，田八二十一。
>
> 欲知圣人名，果头三屈律。

皮日休《闲夜酒醒》："醒来山月高，孤枕群书里。酒渴漫思茶，山童呼不起。"

谁知黄巢看了这首诗，立马翻脸，因为他头部丑陋，头发难以遮挡鬈毛，他觉得"果头三屈律"是在讥讽他，一怒之下，便命人杀了皮日休。

《唐诗纪事》《唐才子传》等都是这种说法。其实，这种说法很不靠谱。

黄巢并不是胸无点墨的莽夫。他曾经也是举子，参加过进士考试，只因屡考屡败，愤怒之下组织一批盐民参加了起义军。他写的两首菊花诗，惊世骇俗，不同凡响。

题菊花

飒飒西风满院栽，蕊寒香冷蝶难来。

他年我若为青帝，报与桃花一处开。

菊花

待到秋来九月八，我花开后百花杀。

冲天香阵透长安，满城尽带黄金甲。

这两首诗从气势、格调、用词方面来说，远远高于那些低吟浅唱的文人诗。黄巢如果真的要作谶诗，以他的文辞能力，完全可以自己创作，没必要让皮日休代劳。再说，真的让皮日休代劳，皮日休会胡诌出那样不伦不类的诗吗？显然，这种说法是牵强附会、故意捏造之词。黄巢不见得仁慈，但不会无知到这种地步。

另一种说法是南宋陆游《老学庵笔记》引《该闻录》记载，称皮日休"巢败被诛"。而根据《宿州志》记载，皮日休是在黄巢兵败后，流寓宿州以终，墓在濉（suī）溪北岸。这两种说法都符合常理。

还有一种说法，是皮日休在黄巢兵败后，逃奔吴越，依钱镠"官太常博士、赠礼部尚书。这是北宋尹洙《大理丞皮子良墓志》中的说法，皮子良是皮日休的曾孙。

无论如何，有一点可以肯定，皮日休加入黄巢起义军，是自愿的。他生前留下的诗文，说明他是一个具有一定反抗性和战斗性的文人。

如《咏蟹》：

未游沧海早知名，有骨还从肉上生。

莫道无心畏雷电，海龙王处也横行。

这首诗借物喻志，赞颂一种敢于蔑视强权的叛逆精神。

对胆小怕事、明哲保身的人，皮日休以《嘲归仁绍龟诗》严加嘲讽：

硬骨残形知几秋，尸骸终是不风流。

顽皮死后钻须遍，都为平生不出头。

在杂文中，皮日休更是大声疾呼："尧舜大圣也，民且谤之；后之王天下，有不为尧舜之行者，则民扼其吭，捽其首，辱而逐之，折而族之，不为甚矣。"（《原谤》）

由此可知，皮日休与那些反映民间疾苦却只想达到讽喻君王的乐府诗人不同，他更加激进，甚至号召人民推翻暴君，这是有唐以来唯一一个敢发如此言论之人。由此推断，他加入黄巢起义军，与其说是被迫，还不如说是主动。

皮日休与陆龟蒙的杂文比罗隐更进步，两人并不沉溺于自我泄愤，而是针砭社会丑恶现象，落笔于民生。鲁迅先生在《小品文的危机》中说道："唐末诗风衰落，而小品放了光辉。但罗隐的《谗书》，几乎全部是抗争和愤激之谈；皮日休和陆龟蒙自以为隐士，别人也称之为隐士，而看他们在《皮子文薮》和《笠泽丛书》中的小品文，并没有忘记天下，正是一榻（塌）胡（糊）涂的泥塘里的光彩和锋镝。"

皮日休的身世，在大唐诗人中算寒微的，但还有一个出身比他更寒微的诗人，这个诗人就是杜荀鹤。

杜荀鹤（约846—约907），字彦之，自号九华山人，池州石埭（今安徽石台县）人。杜荀鹤的父亲杜筠只是长林乡里正，杜荀鹤的出身应该说是卑微了。

据计有功的《唐诗纪事》记载，杜牧在唐武宗会昌末年任池州刺史时，其妾程氏身怀有孕，被杜妻所逐，遂嫁长林乡里正杜筠而生荀鹤。也就是说，杜荀鹤其实就是杜牧的儿子。南宋周必大在《二老堂诗话》中驳斥了这种说法，认为这是编造的谎言。杜荀鹤也一直自言"寒族"，撇清自己与杜牧的关系。

杜荀鹤出身寒微，却很有才情，年纪轻轻便名动一方。像他这样的寒士，人生最大的理想当然是考中进士，跻身官场，光耀门楣。然而，在那个腐败黑暗的时代，仅有才情而无势力，要想考中进士，那是绝无可能的。杜荀鹤"三族不当路，长年犹布衣"（《寄从叔》），"空有篇章传海内，更无亲族在朝中"（《投从叔补阙》），为了跨进官场的门槛，他只能卑躬屈膝，四处干谒。

杜荀鹤干谒过池州、明州、江州、潭州、衡州的刺史，也向朝官名流献过诗，这些诗大都诉说自己的才干与所处的困境，歌颂对方功德，希望这些官员提携自己。然而，即便得到这些官员的推荐，杜荀鹤依然考了好几次都落第。逢黄巢起义，杜荀鹤只得心不甘情不愿地回归九华山，与罗隐等名士暂时隐居。

黄巢起义被镇压后，杜荀鹤再度北上，干谒权贵。这一次，他跑到大梁，冒着生命危险，干谒权势熏天的梁王朱温。

杜荀鹤献《时世行》十首于朱温，他在诗中天真地提出"省徭役、薄赋敛"的主张，结果是石沉大海。他旅寄僧寺，朱温一个叫敬翔的部下，劝说他"稍削古风，即可进身"（后蜀·何光远《鉴诫录》），于是杜荀鹤又上《颂德诗》三十首取悦朱温。

　　杜荀鹤将颂诗托人转呈朱温时，表达了想见梁王一面的想法。但是，相关官员将他的请求转达朱温后，朱温好像没听到一样，既不拒绝，也不回复。这让杜荀鹤陷入了进退两难之地。原来朱温脾气暴虐，他想见一个人，人若不在，便追究有关官员责任，甚至当场杀人，杜荀鹤只好待在大梁僧寺中苦等。他一连等了好几个月，也没有等到朱温的召见。

　　就在杜荀鹤后悔不迭的时候，朱温忽然下令召见他。杜荀鹤来到梁王大殿时，朱温起身相迎道："听闻秀才名久矣！"杜荀鹤急忙欲跪拜，朱温摇手道："秀才不必行跪拜礼。"

　　杜荀鹤刚坐下，朱温忽问左右道："好像下雨了？"左右出去探看后回禀，确实下雨了，很奇怪，天空下的还是无云雨。

　　朱温笑道："秀才见过无云雨吗？我听说这叫'天哭'，也不知是何征兆？"

　　左右听朱温这么一说，一个个大惊失色，生怕朱温又要生气杀人。

　　杜荀鹤也吓得双腿发颤，战战兢兢地道："山人虽未见过无云雨，但山人认为此乃吉祥之兆。"

　　朱温听了，哈哈大笑道："那就请秀才以无云雨为题，赋诗一首如何？"

　　杜荀鹤立即起身，提笔赋诗：

同是乾坤事不同，雨丝飞洒日轮中。

若教阴朗长相似，争表梁王造化功。

意思是说梁王有造化，所以天都下无云雨来表功。这样的吹捧，自然是能获得阴谋篡位的朱温之欢心。朱温看了这首诗，不仅为他表荐礼部，还赠送了不少财物。

获得朱温的推荐，杜荀鹤果然于大顺二年（891）以第八名的位次进士及第，这一年，他已四十六岁。或许是"无云雨"诗传到了朝廷官员的耳中，诸多大臣鄙夷杜荀鹤的人品，再加上朝局混乱，所以中了进士的杜荀鹤并没有谋得一官半职，只得回家闲居。

宣州刺史田頵（jūn）很重视杜荀鹤，聘他为从事。天复三年（903），田頵起兵叛杨行密，派他到大梁联络朱温。结果，杜荀鹤到大梁时，田頵已经兵败身死。留在大梁的杜荀鹤，因祸得福，被朱温表荐为翰林学士、主客员外郎。

一生热衷于功名利禄的杜荀鹤，终于获得了一个六品官职和清贵的翰林学士头衔，可惜他是个天生的苦命读书人，获官职没几天就病逝了，被人调侃为"五日翰林"。

杜荀鹤出身卑微，接触的是社会最底层，由于受儒家思想影响，他自觉秉承杜甫写实讽喻的精神，关注民间疾苦，为百姓苦难呐喊。但也正是因为出身卑微，杜荀鹤又格外热衷追求功名利禄。他是在批判社会和巴结权贵的矛盾中度过一生的。他的诗也因此分为两大分类，一类是写实讽喻的律诗，一类是巴结权贵的献诗及宫词。

杜荀鹤的讽喻诗很独特，他没有采用乐府诗的形式，而是采用近体律诗的形式，写所见所闻之现实，语言浅显自然，不用典故，不用藻饰，却能"变俗为雅，极事物之情"（《唐才子传》）。

如《乱后逢村叟》：

经乱衰翁居破村，村中何事不伤魂。

因供寨木无桑柘，为著乡兵绝子孙。

　　还似平宁征赋税，未尝州县略安存。

　　至今鸡犬皆星散，日落前山独倚门。

　　这首诗将一个村落衰败到只剩一个老人独倚门的惨景，客观地呈现在读者面前，指明民不聊生的原因，矛头直指官府，可谓批判犀利。

　　杜荀鹤留存的三百多首诗中，讽喻律诗占了一大半，所以，说他是唐末著名的现实批判诗人并不为过。

　　杜荀鹤的献媚诗没什么价值，但他的宫词诗《春宫怨》被后人推为"唐人宫词第一"：

　　早被婵娟误，欲妆临镜慵。

　　承恩不在貌，教妾若为容。

　　风暖鸟声碎，日高花影重。

　　年年越溪女，相忆采芙蓉。

　　"风暖鸟声碎，日高花影重"一联受到后人追捧，人称"杜诗三百首，惟在一联中"（南宋·胡仔《苕溪渔隐丛话》）。

　　对于杜荀鹤的诗，后人评价分歧较大，南宋严羽在《沧浪诗话》中将他的诗独列为杜荀鹤体，但另一些评论家则讥斥他的诗鄙俚近俗，是"晚唐之下者，是下净优人口中语"（明·杨慎《升庵诗话》）。

　　实际上，杜荀鹤的近体诗可以说是独具一格的，被后人负面评价，根本原因在于他"晚节投靠朱温，壮志清名，中道而废，为时论所惋惜"（后蜀·何光远《鉴诫录》）。

▶ 杜荀鹤《马上行》："五里复五里，去时无住时。日将家渐远，犹恨马行迟。"

李冶、薛涛、刘采春和鱼玄机

盛开时节，为何凋零

大唐诗人层出不穷，众星闪耀，构成了璀璨的诗歌星空。在全民爱诗、全民吟诗的大唐，有没有女性诗人存在呢？据专家考证，大唐二百九十年间，出现了二百零七位女诗人。其中，以李冶、薛涛、刘采春、鱼玄机四人最为著名，后人将四人并称"唐代四大女诗人"。她们没有李白、杜甫等男性诗人那样光芒四射，但也散发着独特的光芒。

1 "女中诗豪"李冶

李冶（？—784），字季兰，浙江乌程（今浙江湖州市吴兴区）人。李冶容貌俊美，天赋极高，属于"弱龄早慧"的神童。据《唐诗纪事》记载，她五六岁时已能出口成诗，曾吟《咏蔷薇》一诗，其中有"经时未架却，心绪乱纵横"句。因"架"与"嫁"谐音，其父据此预言她"必为失行妇"，在她十岁时送她出家当了女道士。

这种所谓的"诗谶"的故事，有后人编造之嫌，但李冶成年后，的确可称为风流女冠（女道士雅称）。

李冶在道观长大，容姿秀美脱俗，又善弹琴，工翰墨，尤其以诗才敏捷而闻名，当时江南一带名士皆与她交往。其中就有诗僧皎然上人、茶圣陆羽（陆鸿渐）、大诗人刘长卿。李冶还与朱放、韩揆、阎伯钧、萧叔子等情意绵绵，成为江南一带有名的社交之花。

李冶无拘无束，宕逸纵情，绝没有人们印象中古代女子的扭怩，连刘长卿这样的狂傲之人都称她为"女中诗豪"。

皎然和尚是一位唐僧式的人物，长得眉清目秀，仪表堂堂。李冶第一次见到皎然，就对他动了心，对他以诗词挑逗。但皎然是个真正的出家人，心静如水，对李冶的风情万种视而不见，写下了《答李季兰》：

> 天女来相试，将花欲染衣。
> 禅心竟不起，还捧旧花归。

李冶早年写过一首脍炙人口的诗《八至》：

> 至近至远东西，至深至浅清溪。
> 至高至明日月，至亲至疏夫妻。

一个出家人写这么一首勘破夫妻关系的诗，令人咋舌。当然，作为女性诗人，李冶写情、写相思的诗更多，也更加动人。如《相思怨》：

> 人道海水深，不抵相思半。
> 海水尚有涯，相思渺无畔。
> 携琴上高楼，楼虚月华满。
> 弹著相思曲，弦肠一时断。

又如《明月夜留别》：

离人无语月无声，明月有光人有情。
别后相思人似月，云间水上到层城。

李冶写情、写相思，写得奔放，毫无小女儿家的羞涩之态，这是刘长卿称她"女中诗豪"的原因。

李冶在江南一带的名气太大，传到了特别喜欢诗词的唐德宗耳中。唐德宗毫不犹豫地将她召入宫中。

泾原兵变时，乱军占领长安，唐德宗仓皇出逃，朱泚称帝。德宗逃得匆忙，宫女没来得及撤出，李冶便被叛军捕获。

这次叛乱中，张掖郡王段秀实、严巨川等大臣都被堵在长安城内。朱泚拉段秀实支持自己，被段秀实以笏板击得头破血流，朱泚一怒之下将他杀了。严巨川被迫臣服，写了一首诗："烟尘忽起犯中原，自古临危贵道存。手持礼器空垂泪，心忆明君不敢言。"（《建中四年十月感事》）他以这首诗表达自己内心的不甘和忠于唐室的决心。

李冶为了保住性命，也写了一首诗，却是献媚朱泚的，其中有"九有徒□归夏禹，八方神气助神尧……闻道乾坤再含育，生灵何处不逍遥"之句，居然将朱泚比作禹与尧。

如果朱泚是禹尧，那德宗岂不是夏桀之流了？唐德宗平了叛乱，回到长安，看到这样的诗句，愤怒地责备李冶："你纵然不能学段秀实，总可以学严巨川吧？为何献媚逆贼如此悖逆不道的诗呢？"责备完，唐德宗命人将李冶推出去乱棍打死。一代名媛就此香消玉殒。

李冶曾有《李季兰集》一卷，今已失传，仅存诗十六首。高仲武评论她"士有百行，女惟四德。季兰则不然，形气既雌，诗意亦荡。自鲍照以下，罕有其伦"，"上方班姬则不足，下比韩英则有余。不以迟暮，亦一俊妪"（《中兴间气集》）。清代诗评家陆昶对她的评价相当高，说她"笔力矫亢，词气清洒，落落名士之风，不似出女人手"（《历朝名媛诗词》）。

2 "女中文妖"薛涛

薛涛（约768—832），字洪度，京兆长安（今陕西西安市）人。除了被称为"唐代四大女诗人之一"，她还与卓文君、花蕊夫人、黄娥并称"蜀中四大才女"。

《名媛诗归》云："涛八九岁知音律，其父一日坐庭中，指井梧示之曰，'庭除一古桐，耸干入云中'，令涛续之，即应声曰'枝迎南北鸟，叶送往来风'。父愀然久之。"可见其才思之敏捷。其父讶异她的才华，更觉得这是不祥之兆，恐其女今后沦为迎来送往的风尘女子。

薛涛父亲薛郧原是一名京官，为人正直，敢于说话，结果得罪了当朝权贵而被贬谪四川。一家人跋山涉水，从繁华的京城长安搬到了遥远的成都。没过几年，他又因出使南诏沾染了瘴疠而命丧黄泉。

那时薛涛年仅十四岁。母女的生活立刻陷入困境。薛涛不得已，凭借"容姿既丽"和"通音律，善辩慧，工诗赋"，在十六岁加入乐籍，成了一名官伎。

那时的官员往往都是科举出身，文化素质高，要让他们看得上眼，不仅需要美貌，更需要才艺、辞令和见识，而这正是薛涛的长项。她与当时许多著名诗人都有来往，其中不乏白居易、张籍、王建、刘禹锡、杜牧、张祐等诗坛领袖。

薛涛一生作诗五百多首，但大多散佚，仅存九十余首，收于《锦江集》中。

贞元元年（785），中书令韦皋出任剑南西川节度使。在一次酒宴中，韦皋让薛涛即席赋诗，薛涛神态从容地拿过纸笔，一首《谒巫山庙》提笔而就：

薛涛像

517

朝朝夜夜阳台下，为雨为云楚国亡。

惆怅庙前多少柳，春来空斗画眉长。

　　这首诗完全不像出自一个小女子之手。韦皋看罢，拍案叫绝，对她大加赞赏，薛涛借此声名鹊起。从此，帅府中每有盛宴，薛涛成为侍宴的不二人选，她很快就成了韦皋身边的红人。

　　随着接触的增多，韦皋就让她参与一些案牍工作。这些事对于薛涛来说，不过是小菜一碟，她写起公文来，不但富于文采，而且细致认真，很少出错。韦皋感觉大材小用，有一天，他突发奇想，要向朝廷打报告，拟奏请唐德宗授薛涛以秘书省校书郎官衔（一说为武元衡所奏）。

　　"校书郎"的主要工作是公文撰写和典校藏书，虽然官阶仅为从九品，但这项工作的门槛很高。按规定，只有进士出身的人才有资格担当此职。白居易、王昌龄、李商隐、杜牧等人都是从这个职位上做起的，历史上还从来没有一个女子担任过校书郎。格于旧例，朝廷未能同意韦皋的要求，薛涛未能实现封官的愿望，但后人都称她为"女校书"。

　　由此可知韦皋对薛涛极其宠信，薛涛不免有些恃宠而骄。前来四川的官员为了求见韦皋，多走薛涛的后门，纷纷给她送礼行贿，而薛涛"性亦狂逸"，你敢送我就敢收。不过，她并不爱钱，收下之后一文不留，全部上交。虽然如此，她闹出的动静还是太大了，这让韦皋十分不满，一怒之下，下令将她发配松州（今四川松潘县），以示惩罚。

　　松州地处西南边陲，人烟稀少，兵荒马乱。走在如此荒凉的路上，薛涛内心非常恐惧。她用诗记录下自己的感受："闻道边城苦，而今到始知。却将门下曲，唱与陇头儿。"（《罚赴边有怀上韦令公二首》）她开始后悔自己的轻率与张扬，于是将那种感触诉诸笔端，写下了动人的《十离诗》。

　　元和四年（809）三月，当时如日中天的诗人元稹，以监察御史的身份，奉命出使西川。他久闻薛涛的芳名，所以到蜀地后，特地约她在梓州相见。薛涛与元稹一见面，就被这位年仅三十一岁的诗人俊朗的外貌和出色的才情吸引。

薛涛的爱情之火一经燃烧，就极为炽烈。尽管她已经步入中年，但那种前所未有的震撼与激情告诉她，这个男人就是她梦寐以求的人。于是，她不顾一切，如同飞蛾扑火般将自己投身爱的烈焰中。第二天，她满怀真情地写下了《池上双鸟》，表现出一副柔情万种的小女子神态：

双栖绿池上，朝暮共飞还。

更忆将雏日，同心莲叶间。

迟来的爱情让薛涛感受到了从未有过的幸福，两个人流连在锦江边上，相伴于蜀山青川。那段时光，是薛涛一生最快乐的日子。然而，幸福总是短暂的，这年七月，元稹调离川地，任职洛阳，细算起来，他们在一起的日子不过三个月。

分别已不可避免，薛涛十分无奈。那时薛涛已经四十二岁，芳华已至秋暮，元稹只有三十一岁，又是一个放纵多情的人，聪明如她，是明白自己和元稹之间的关系的。露水情缘，朝生暮死，何必反复纠缠？

令她欣慰的是，她很快就收到了元稹寄来的书信，其中同样寄托着一份深情。信中，是元稹的《寄赠薛涛》诗：

锦江滑腻蛾眉秀，幻出文君与薛涛。

言语巧偷鹦鹉舌，文章分得凤凰毛。

纷纷辞客多停笔，个个公卿欲梦刀。

别后相思隔烟水，菖蒲花发五云高。

劳燕分飞，两情远隔，此时能够寄托她相思之情的，唯有一首首诗了。

薛涛写情诗，不但在乎言辞的柔美，还对写诗的信笺格外讲究。她喜欢写四言绝句，律诗也常常只写八句，因此经常嫌平时写诗的纸幅太大。于是，她对当地造纸的工艺加以改造，将纸染成桃红色，裁成精巧的窄笺，此笺特别适合书写情书，人称"薛涛笺"。

可惜，元稹是个用智而不是用心去谈恋爱的人。才子多情也花心，但薛涛对他的思念还是刻骨铭心的。她朝思暮想，满怀的幽怨与渴盼，汇聚成了流传千古的名诗《春望词四首》：

> 花开不同赏，花落不同悲。
> 欲问相思处，花开花落时。

> 揽草结同心，将以遗知音。
> 春愁正断绝，春鸟复哀吟。

> 风花日将老，佳期犹渺渺。
> 不结同心人，空结同心草。

> 那堪花满枝，翻作两相思。
> 玉箸垂朝镜，春风知不知。

其实，这时候元稹与原配夫人韦氏感情很好，元稹的岳父还是朝廷大员。如果与薛涛再纠缠下去，元稹势必会身败名裂。这种情况下，元稹的好友白居易出面，写下了《赠薛涛》诗：

峨眉山势接云霓，欲逐刘郎北路迷。

若似剡中容易到，春风犹隔武陵溪。

"峨眉山势"似引元稹的"峨眉秀"喻涛之句。"欲逐刘郎"，引刘晨、阮肇入天台遇仙的故事。不曰刘郎逐仙女，反曰仙女逐刘郎，乃讽涛之属意于元稹。然后以"若似剡中容易到，春风犹隔武陵溪"劝阻薛涛不要再与元稹纠缠。

收到白居易的诗，薛涛冷静地断了这场情缘。两人年龄悬殊，三十一岁正是男人的风华岁月，而薛涛即便风韵犹存，毕竟大了十一岁。更重要的是，薛涛乐籍出身，相当于一个风尘女子，对元稹的仕途只有副作用，没有正能量。对于这些，薛涛也能想明白，并不后悔，很坦然，没有一般小女子那种一失恋便寻死觅活的做派。

只是，从此她脱下了极为喜爱的红裙，换上了一袭灰色的道袍，她的人生从炽烈走向了淡然，浣花溪旁仍然车马喧嚣，人来人往，但她的内心坚守着一方净土。

人生垂暮，薛涛逐渐厌倦了世间的繁华与喧嚣。她在《段相国游武担寺，病不能从，题寄》中写道：

消瘦翻堪见令公，落花无那恨东风。

侬心犹道青春在，羞看飞蓬石镜中。

心意已懒的薛涛离开了浣花溪，移居到碧鸡坊（今成都金丝街附近），筑起了一座吟诗楼，独自度过了最后的时光。

大和六年（832）夏，六十五岁的薛涛安详地闭上了双眼。第二年，曾任宰相的段文昌亲手为她题写了墓志铭，墓碑上写着"西川女校书薛涛洪度之墓"。

薛涛在当时诗名隆盛，被时人称为"女中文妖"，是作诗最多的大唐女诗人，同时她的书法也受到时人追捧。薛涛的字，无女子之气，笔力峻激，其行书妙处，得王羲之法，颇有卫夫人之风采。

薛涛命途多舛，除了留下精美的诗句和无奈的爱情故事，还留下诸多与之相关的趣闻逸事和遗迹。

韦令孔雀　贞元元年（785），韦皋镇蜀之初，南越献孔雀一只，韦皋依薛涛的意愿，于使宅开池设笼以栖之。至大和五年（831）秋，孔雀死。次年夏，薛涛亦卒。一些诗词中提到的"韦令孔雀"，指的就是这段史话。

薛涛井　旧名玉女津，乃因井傍锦江，源出江泉，又经沙砾过滤，古井水清澈甘冽。传薛涛造笺系自此井取水。明朝人确取此井之水造纸，且为贡品。清朝时，地方官员建吟诗楼、浣花亭于井右。

薛涛酒　附近人汲取薛涛井水酿酒，酒味甘美，取名薛涛酒。

薛涛墓　位于成都望江楼公园西北角的竹林深处。旁种桃花、翠竹，以纪念这位杰出的女诗人。其墓墙为方、墓为圆，寓意女诗人在天地中安息，永为世人凭吊。

3　"女中歌伶"刘采春

刘采春，生卒年不详，有史书记载她比薛涛小十五岁左右，是中唐时期的江南女艺人。淮甸（今江苏淮安、淮阴一带）人，一说越州（今浙江绍兴市）人。她擅长参军戏，又会唱歌。

参军戏本是一种调笑性的诙谐剧，是唐代盛行的一种滑稽表演，类似今日的相声。最开始由两人搭档，一人揶揄戏耍另一人，有如相声的一个逗哏，一个捧哏。后来发展为多人表演，但演员都是男子。

刘采春以一女子演参军戏，这在唐代已属罕见，她又打破了参军戏一味

刘采春像 ◀

以言词相戏弄的旧形式，而以歌唱加入表演。据说，她的嗓音婉转动人，歌声响遏行云，余音绕梁不绝。

刘采春有一个优伶之家，她的丈夫周季崇、丈夫的兄弟周季南、她的女儿周德华，都是职业优伶，他们共同组成了一个家庭戏班，在江浙一带名声很响。当时在吴越一带，只要刘采春的《啰唝曲》响起，"闺妇、行人莫不涟泣"（清·高士奇《天禄识馀·啰唝曲》）。

啰唝曲六首

不喜秦淮水，生憎江上船。载儿夫婿去，经岁又经年。

借问东园柳，枯来得几年。自无枝叶分，莫恐太阳偏。

莫作商人妇，金钗当卜钱。朝朝江口望，错认几人船。

那年离别日，只道住桐庐。桐庐人不见，今得广州书。

昨日胜今日，今年老去年。黄河清有日，白发黑无缘。

昨日北风寒，牵船浦里安。潮来打缆断，摇橹始知难。

时任越州刺史、浙东观察使（820—829年）的元稹，看过刘采春的演出，对她大加赞赏，写下了《赠刘采春》一诗：

新妆巧样画双蛾，谩裏常州透额罗。

正面偷匀光滑笏，缓行轻踏破纹波。

言辞雅措风流足，举止低回秀媚多。

更有恼人肠断处，选词能唱望夫歌。

这首诗不仅夸了她的神态容貌，还特别赞赏她"选词能唱望夫歌"，"望夫歌"即《啰唝曲》，在《全唐诗》中录存有六首。

至于《啰唝曲》是刘采春自己的创作，还是翻唱的民歌，就不得而知了。相关资料说刘采春唱的《啰唝曲》有一百二十首之多，现在见到的也就是《全唐诗》里的六首。所以，严格地说，刘采春只是一个通俗歌手，列入"唐代四大女诗人"有点凑数。

元稹碰到"举止低回秀媚多"的刘采春，自然是要演绎出才子佳人的风流韵事。据说，元稹将刘采春纳入府中，充当侍妾。但他离开越州升任京官时，又将刘采春抛弃了。

元稹有个风流癖好，喜欢用文字记录相好的女子。元稹年轻时与表妹偷情，写了《莺莺传》；与薛涛热恋时，他写了《寄赠薛涛》诗；再后来与刘采春恋爱，元稹写了《赠刘采春》诗。

刘采春在元稹离开越州后就销声匿迹了，有人说她被元稹抛弃，遭丈夫及家人嫌弃，投河自尽了，也有人说她流落市井，凄惨终老。

4 "女中诗圣"鱼玄机

鱼玄机（约844—约871），原名鱼幼薇，字蕙兰，出生于长安鄠（hù）杜县（今陕西西安市鄠邑区）。父亲是个庶族读书人，应该是个私塾先生，所以在鱼幼薇年仅五岁时，便带她至下邽就学。没想到，鱼幼薇真是人如其名——蕙质兰心，天性聪慧，才思敏捷，好读书，喜属文，随着年龄增长，人也出落得花容月貌。

可惜，鱼幼薇不足十岁时，其父病逝，她随母流落长安烟花柳巷，在青楼帮人洗衣勉强糊口。由于她有咏絮之才，经常与逛青楼的文人应酬唱和，再加上她年纪小小便已姿色倾国，遂在文化圈内声名鹊起。

这时候，混迹于烟花柳巷的温庭筠也闻名而至。温庭筠见鱼幼薇年纪幼小就广受追捧，难以置信，便以"江边柳"为题考校鱼幼薇。

年少的鱼幼薇略一思忖，挥毫写出了《赋得江边柳》：

鱼玄机像

翠色连荒岸，烟姿入远楼。

影铺秋水面，花落钓人头。

根老藏鱼窟，枝低系客舟。

潇潇风雨夜，惊梦复添愁。

　　温庭筠读罢此诗，大为赞叹："小小年纪便有如此文才，你将来的成就定不在薛校书之下。"

　　见鱼幼薇聪明伶俐，温庭筠心生爱怜，遂收她为弟子，既教她诗文音律，又照顾她们母女生活。

　　时间就这么慢慢过去，等到温庭筠被贬出京任城尉时，十三岁的鱼幼薇忽然觉得心里空落落的，她体会到一种难舍难分的情感，那一刻她才明白，自己原来已经爱上了大自己三十九岁的老师。

　　鱼幼薇寄给自己的老师一首情诗《早秋》：

嫩菊含新彩，远山闲夕烟。

凉风惊绿树，清韵入朱弦。

思妇机中锦，征人塞外天。

雁飞鱼在水，书信若为传？

　　温庭筠读了这首诗，讶然失色。他虽风流，却深受儒家伦理的束缚，绝不敢逾越师生鸿沟。他回复了一首《早秋山居》，婉拒了鱼幼薇，决定给女弟子找一个可以托付终身的男人。

　　鱼幼薇是个才女，嫁于平常俗人，自然会辱没了她，但她又沦落于烟花柳巷，想嫁给一个官绅文士做正妻，也几无可能。温庭筠左思右想，决定将她嫁给青年才俊当小妾。于是，他将鱼幼薇介绍给了当时的状元李亿，让李亿纳鱼幼薇为妾。

李亿是个大才子，与才色俱佳的鱼幼薇是珠联璧合。两人成亲后，由于兴趣相投，格外恩爱，引起了李亿正妻的极大不满。李亿正妻寻衅滋事，将鱼幼薇毒打一顿，还将她赶出了家门。

李亿正妻是官宦世家，家族势力庞大，李亿也不敢得罪，只好将鱼幼薇送到咸宜观当道姑。他承诺鱼幼薇，在三年之内做通正妻的思想工作，接她回家。

鱼幼薇出家当道姑后，更名为鱼玄机。从此，诗坛上就有了鱼玄机的名号。

鱼玄机对李亿一往情深，在等待的岁月里，写下许多怀念丈夫的诗，期盼能早日团聚。可是，漫长的三年之约到期后，李亿杳无音信。绝望的鱼玄机愤然写下了《赠邻女》，寄给李亿：

> 羞日遮罗袖，愁春懒起妆。
>
> 易求无价宝，难得有心郎。
>
> 枕上潜垂泪，花间暗断肠。
>
> 自能窥宋玉，何必恨王昌。

鱼玄机愤慨于"难得有心郎"，并发出"自能窥宋玉，何必恨王昌"的宣言，表明自己将不再为李亿守身，自寻意中人。

这之后，鱼玄机东游寻亲，到荆州，到鄂州，一路上写诗给自己的老师，抒发自己悲苦郁闷的情怀。四处漂泊的温庭筠爱莫能助，只能以诗相和，安慰自己的学生那颗受伤的心。

东游寻亲没寻着，鱼玄机重回长安咸宜观。此时已经不再相信爱情的鱼玄机，索性与文士墨客谑浪，以至于艳名远播，成了风流之士争相求狎的对象。

几年之后，一天，她在外出回来时，怀疑婢女绿翘与自己相好的私通，愤怒之下，失手打死了绿翘，被京兆尹温璋抓进了大牢。

温璋是温庭筠的族弟，可惜温庭筠在鱼玄机被捕之前已然去世。咸通十二年（871），鱼玄机最终被温璋处死。一代才女鱼玄机，被处死时年仅二十七岁。

鱼玄机的诗现存五十首，是大唐存诗数量仅次于薛涛的女诗人。后人对她的诗评价甚高，称为"才媛中之诗圣"。到了现代，更多的人对她的生平事迹感兴趣，写鱼玄机题材的论文、小说一度成了热门。

大唐诗人还有一个特殊群体：诗僧。这一群体虽为出家人，但具备较高的文学素养，对人生、对社会有独特的认知，他们以诗为载体表达独立思想，是影响甚广的独特的诗人群体。有唐以来的诗僧，以王梵志、寒山、可朋、皎然、无可、齐己、贯休最为出名，诗作风格迥异。

1 白话诗僧

诗僧中最具特色的当数白话诗僧。他们以口语入诗，表达禅意或道德箴言，教诫诸学道者，在当时及后世都产生了重大的影响。这一风格诗歌的开创者是王梵志。

王梵志，隋末至唐初在世，卫州黎阳（今河南浚县）人，原名梵天。生卒年、字号、生平、家世均不详。王梵志的诗歌，以说理议论为主，多据佛理教义劝诫世人行善止恶，对世态人情多讽刺和揶揄，对社会问题间或涉及。其诗语言浅近，通俗幽默，常寓生活哲理于嘲谐、戏谑之间，在当时有相当大的影响，对初唐盛行的典雅骈丽的诗风有一定的冲击作用。

王梵志原有诗集，但已佚，有今人整理本《王梵志诗校辑》存世，收其诗三百四十八首。

王梵志以俗语俚词入诗，开创了白话诗派，在民间流传甚广，之后的诗僧所作的白话禅诗以及民间的"打油诗"，或多或少受其影响。我们选其代表诗做解读。

其一：

> 梵志翻着袜，人皆道是错。
> 乍可剌你眼，不可隐我脚。

王梵志的诗大多有感于日常生活琐事，而归结到某种生活真谛，具有禅理式的机趣。这首诗就是从穿袜子说起，凡袜皆有正反两面，外面光滑美观，里面粗糙。通常人们都将光滑美观的一面穿在外面，宁可脚不舒服，也要外观漂亮。"梵志"反其道而行之，别人看着漂不漂亮不重要，重要的是自己的脚要舒服。其实袜子的作用就是让脚舒服，"翻着袜"才是正确的，那些舍本求末的"皆道是错"的人，才真错了。以小见大，这首诗嘲讽了俗人图慕虚荣、不求效果的处事作风。

这么一解释，是不是感觉王梵志这种追求自我真性的舒放品性，契合如今"走自己的路，让别人说去吧"的言论？

其二：

> 我有一方便，价值百匹练。
> 相打长伏弱，至死不入县。

这首小诗，乍一看是佛家偈语，教人与世无争、息事宁人、消灾弭祸。但诗中用"长伏"与"至死"二词，其实是有讥讽当政不公的意思。

其三：

城外土馒头，馅草在城里。

一人吃一个，莫嫌没滋味。

其四：

世无百年人，强作千年调。

打铁作门限，鬼见拍手笑。

王梵志的诗多无题，这两首诗的内容都是肯定死亡的必然、生命的短暂，很具"黑色幽默"特色。宋代范成大将这两首诗的意思铸为一联："纵有千年铁门槛，终须一个土馒头。"（《重九日行营寿藏之地》）《红楼梦》中的"铁槛寺""馒头庵"，也源于此。

王梵志在当时诗名较大，但生平无史料记载，民间故事及各种杂谈、话本，将他神化，称他为林木所生、菩萨化身，一度有人怀疑他是否真实存在。时隔千年，敦煌佛窟出土了一篇祭文，证实了王梵志确有其人，也证实了其籍贯是黎阳。

据胡适、郑振铎、张锡厚等人考证，王梵志生活在6世纪末至7世纪中下叶，享年八十有余。他生于殷富之家，幼年时生活富裕闲适，读过儒家经典和诗书。隋末战乱，导致他家道中衰，仅剩薄田十亩。为家计生活，他农忙种田，农闲外出经商。唐初，繁重的赋税和天灾，致使王梵志家产彻底破败。他穷困潦倒，被迫做雇工、帮工。他还做过监铸官，但任期未满便被革职。

他育有五男二女，但子女不孝，使他晚年生活无着落，甚至衣不蔽体、食不果腹，被迫沿街乞讨。五十多岁时，王梵志皈依佛门，寻求解脱。这之后，他四处募化求斋，过着漂泊不定的生活。也是从这时起，他创作了大量的白话诗。王梵志历尽沧桑，饱经忧患，这是他看穿世态炎凉，以诗劝诫世人的深厚的生活基础。

继承王梵志衣钵，促使白话诗具有更大影响的是诗僧寒山和拾得。

大名鼎鼎的"姑苏城外寒山寺"，其实就是以诗僧寒山的号命名的寺院。

寒山的诗风与王梵志一脉相承，也是口语体的白话诗。据说，寒山生前写了六百多首诗，留存下来的有三百多首，被编为《寒山子诗皐》一卷，收录在《全唐诗》中。

寒山的诗"有工语，有率语，有庄语，有谐语"（《四库全书总目提要·寒山诗集提要》），在诗歌艺术上比王梵志的诗提高甚多。

如《杳杳寒山道》：

晚唐·余晖

> 杳杳寒山道，落落冷涧滨。
>
> 啾啾常有鸟，寂寂更无人。
>
> 淅淅风吹面，纷纷雪积身。
>
> 朝朝不见日，岁岁不知春。

这首诗通篇句首用叠字，增加了韵律美，更形象地渲染了寂冷的环境，烘托出一个出尘脱俗、无欲无求的得道高僧形象。

寒山生卒年不详，字、名均不详，长安（今陕西西安市）人，出身官宦之家。因多次投考不第，无颜回乡，寒山三十多岁时寓居浙江天台山，出家为僧，享年一百多岁。

据说寒山隐于天台山寒岩，以桦树皮作帽，破衣木屐，喜欢与儿童嬉戏，言语无度。寒山常至天台国清寺，与寺僧丰干、拾得为友，将寺院残余饭菜倒进竹筒，背回寒岩维持生活。

寒山经常在山林间题诗作偈，其诗通俗，表现山林逸趣与佛教思想，蕴含人生哲理，讥讽时态，同情贫民。这位富有神话色彩的僧人的诗歌，最早的传播者是道士，唐人的志怪小说将他写成仙道下凡。

到了宋代，寒山被佛家认为是文殊菩萨再世。其诗于元代传入朝鲜、日本，被译成日、英、法文。之后，寒山的诗越来越受世人追捧，广为流传。清代雍正皇帝将寒山与拾得一起封为"和合二圣"，二人成了老百姓膜拜的婚姻神和爱神。更离奇的是，到了20世纪60年代，美国嬉皮士将寒山奉为祖师爷。

寒山好讽谤唱偈，每有篇句，即题于石间树上。其诗有鲜明的乐府民歌风格，通俗易懂，机趣盎然。正如他自己所写："有人笑我诗，我诗合典雅。不烦郑氏笺，岂用毛公解。"

至晚唐时期，僧人可朋又汲取了白话诗的精髓，写出独具风格的禅语诗，成为当时最著名的诗僧之一。

可朋自号醉髡，丹稷县（四川省中部）人，是后蜀大臣兼著名词人欧阳炯的朋友。与诗僧齐己、贯休结为诗友，互有唱和。

一年夏日，应时任丹棱县令欧阳炯之邀，可朋至寺外依林亭参加诗会。入得依林亭，但见亭中置一圆桌，桌上摆满了美味佳肴。众友寒暄之后，纷纷落座，唯独可朋凝视山外碧野，入神不语。众友疑惑，随其目光望去，只见田野之中有数十农夫正赤着背，在烈日的炙烤下蔓秧。

可朋回首长叹一声，赋诗一首，是为《耕田鼓》：

农舍田头鼓，王孙筵上鼓。

击鼓兮皆为鼓，一何乐兮一何苦。

上有烈日，下有焦土。

愿我天翁，降之以雨。

令桑麻熟，仓箱富。

不饥不寒，上下一般。

欧阳炯听了此诗，满面愧色，命随从撤去酒筵。事后，人们将依林亭改名为"善讽亭"。

可朋一生写诗千余首，这首《耕田鼓》震惊当朝，被史学家写进了《十国春秋》。可朋原有《玉垒集》十卷，收平生诗作千余首，可惜已佚，仅存诗四首于《全唐诗》。

2　超然诗僧

出家的僧人，普遍心态应该是离尘出世、超然物外。在诗歌中最能反映这一心态的诗僧，是皎然、无可和齐己。

皎然（约720—803），俗姓谢，字清昼，吴兴（今浙江湖州市）人，自称南朝宋谢灵运十世孙。前文多次提及皎然，可见他在中唐时期是极有影响力的文化名人。他是大书法家颜真卿、茶圣陆羽、大诗人刘长卿、韦应物等当时文化名流的挚友，更是刘禹锡的诗词老师。

皎然的诗，最具僧人淡泊尘事、超凡脱俗的襟怀，从诗歌情调上看，他是最接近陶渊明的诗人。

如《寻陆鸿渐不遇》：

> 移家虽带郭，野径入桑麻。
>
> 近种篱边菊，秋来未著花。
>
> 扣门无犬吠，欲去问西家。
>
> 报道山中去，归时每日斜。

陆鸿渐即茶圣陆羽。这首诗语言简淡，情调闲适，通过陆羽的居家环境和邻居的问答来反映一种隐者风范，可以说是陶渊明"结庐在人境，而无车马喧"的具象版。

皎然精研佛典，对子史经书也都精通，是一位博学高僧，深受时人钦敬。皎然多才多艺，作诗的同时对诗歌理论进行研究，写成了具有影响力的诗歌理论著作《诗式》。他对茶道、茶理的研究，助力陆羽写就了《茶经》。此外，他"琴棋书画"样样精通，被时人称为"江南名僧"。

无可，俗姓贾，名区，范阳（今河北涿州市）人，是贾岛的堂弟。他与贾岛屡试不第，流落京城，为了生计，听了堂兄贾岛的话，一起到青龙寺落发为僧。贾岛当了假和尚，但无可成了真和尚。

无可一生遍访名山大川，精研佛法，在诗歌方面也颇为精通，与当时的诗人张籍、姚合、马戴等相互唱和。他名气虽不及贾岛，但也算是比较著名的诗僧。

无可的诗于淡然中见真情。他居庐山西林寺时，想起与从兄贾岛困顿长安的时光，写下《秋寄从兄贾岛》：

暝虫喧暮色，默思坐西林。

听雨寒更彻，开门落叶深。

昔因京邑病，并起洞庭心。

亦是吾兄事，迟回共至今。

或许是受无可上人这首诗的感染，贾岛之后在千里之外的长安吟出了千古名句"秋风生渭水，落叶满长安"。

前文提及齐己拜晚唐诗人郑谷为"一字师"的事。齐己（863—937），出家前俗名胡德生，晚年自号"衡岳沙门"，谭州益阳（今湖南宁乡市）人。

齐己的诗以咏物为主，清润素雅，含蓄隽永。其中以《早梅》最为著名。

前文已经解读过，此处不赘。

3 豪放诗僧

贯休（832—912），俗姓姜，字德隐，婺州兰溪（今浙江兰溪市）人。贯休七岁出家和安寺，日读经书千字，过目不忘。成年后，贯休诗才卓绝，书画非凡，晚年因有诗句"一瓶一钵垂垂老，万水千山得得来"传诵一时，时人称为"得得和尚"。

贯休生活在大唐末年。当时社会动荡，兵祸四起，为了寻得一方安宁之所，得知诗友罗隐被吴越王钱镠厚待后，他也有了投奔的念头，便写了一首诗"投诗问路"。这首诗，便是备受推崇的《献钱尚父》：

> 贵逼人来不自由，龙骧凤翥势难收。
>
> 满堂花醉三千客，一剑霜寒十四州。
>
> 鼓角揭天嘉气冷，风涛动地海山秋。
>
> 东南永作金天柱，谁羡当时万户侯？

这首诗写得豪气干云，不像出自一个四大皆空的和尚之手。尤其是"一剑霜寒十四州"这句，气冲斗牛，成了现在很多武侠和玄幻作者最爱引用的名句。

钱镠读了这首诗，自然是十分喜欢，赞叹不已。吟哦良久，他忽然觉得"十四州"气场还不够强大，无法体现其称霸天下的宏伟志向，于是托人传话给贯休："此诗甚好，若大师将'十四州'改为'四十州'，孤必将厚供。"

脾气火暴的贯休听到这样的话，勃然大怒道："州既难添，诗亦难改。"他又吟诗一首，让人传给钱镠：

不羡荣华不惧威，添州改字总难依。

闲云野鹤无常住，何处江天不可飞？

吟罢这首诗，贯休大袖一甩，飘然而去。

或许正是如此，《唐才子传》一书评价他："一条直气，海内无双，意度高竦，学问丛脞，天赋敏速之才，笔吐猛锐之气。"

贯休离开吴越，辗转来到荆州。荆南节度使成汭（ruì）一开始对贯休还比较客气，安置他在龙兴寺住。后逢成汭寿辰，祝寿献诗者众，其幕僚郑准因对贯休诗才嫉妒，刻意将贯休的献诗评为第三，让贯休备感屈辱。不久，成汭向贯休讨教书法技艺，贯休借机讥讽成汭，成汭恼怒，将贯休逐出江陵，解送至公安县安置。

此时，弟子劝贯休入蜀避灾，贯休辗转来到蜀地。前蜀高祖王建对贯休十分敬重，为贯休修建了龙华道场，请他入驻，并频加赏赐，封他为"龙楼待诏""明因辨果功德大师""翔麟殿引驾、内供奉""三教玄逸大师""禅月大师"等，让贯休的才能得以充分发挥。

贯休一生，诗作颇丰，有诗集《禅月集》存世。除此之外，贯休的书法比肩怀素、高闲等书法高僧，绘画在中国绘画史上也享有极高声誉。他的传世代表作《十六罗汉图》，历代摹本众多。

附 录

大唐重要诗人年表

王绩（585—644）

字无功，绛州龙门人。王勃叔祖，自号"五斗先生"，五言律诗奠基人。

卢照邻（约636—695）

字升之，号幽忧子，幽州范阳人。"初唐四杰"之一，擅长七言歌行，代表作《长安古意》。

骆宾王（约638—约684）

字观光，婺州义乌人。"初唐四杰"之一，擅长七言歌行与五言古诗。

杜审言（约645—708）

字必简，祖籍襄阳，迁居巩县。杜甫的祖父。擅长五律，律诗确立者之一。

王勃（650—676）

字子安，绛州龙门人。"初唐四杰"之一，五言律诗成熟的代表人物。

杨炯（650—695）

华州华阴人。"初唐四杰"之一，擅长五言古诗及五言律诗。

宋之问（656—712）

字延清，汾州隰城人。律诗确立者之一。

沈佺期（656—714）

字云卿，相州内黄人。与宋之问并称"沈宋"。律诗确立者之一，使律诗篇章确定，平仄对仗规范化。

陈子昂（约659—700）

字伯玉，梓州射洪人。提倡建安风骨，为扭转诗坛风气做出重大贡献，人称"诗骨"。

贺知章（约659—约744）

字季真，越州永兴人。状元。擅七绝，是李白的伯乐。

张说（667—730）

字道济，一字说之，洛阳人。与苏颋并称"燕许大手笔"。

张九龄（678—740）

字子寿，韶州曲江人。人称"诗中君子"。

王之涣（688—742）

字季凌，祖籍晋阳。"四大边塞诗人"之一。

孟浩然（689—740）

名浩，字浩然，襄州襄阳人。布衣诗人，人称"诗星"。与王维合称"王孟"，又与王维、韦应物、柳宗元并称大唐"四大山水田园诗人"，以写五古及五律为主。

王昌龄（698—757）

字少伯，河东晋阳人。人称"七绝圣手""诗家天子"。"四大边塞诗人"之一，与李白共同成为七绝诗的标杆。

王维（701—约761）

字摩诘，太原祁人。大唐山水诗派的旗帜，人称"诗佛"。少有的全才，南宗山水画之祖，精通音律，自创多首乐曲。诗作以五言律诗、五绝为主。

李白（701—762）

字太白。人称"诗仙""谪仙人"，诗作以古诗歌行体及七绝为主。

高适（704—765）

字达夫，渤海蓨人。"四大边塞诗人"之一。诗作歌行体为主，诗风雄浑豪放。

杜甫（712—770）

字子美，祖籍襄阳，出生于巩县。人称"诗圣"，诸体皆备，唐诗之集大成者。

岑参（715—770）

荆州江陵人。"四大边塞诗人"之一，七言歌行诗最出色，诗风雄奇瑰丽，生动夸张。

元结（719—772）

字次山，鲁县人。以新体乐府和古体诗创作为主。

顾况（725？—815？）

字逋翁，苏州人。戏谑诗人，诗的形式直取《诗经》及古乐府。

刘长卿（725？—791？）

字文房，祖籍宣城。自诩"五言长城"。

韦应物（737—792）

字义博，京兆长安人。唐代"四大山水田园诗人"之一。

孟郊（751—815）

字东野，湖州武康人。人称"诗囚"，与韩愈合称"韩孟"，"郊寒岛瘦"是苏轼对他与贾岛诗风的评价。

张籍（766—830）

字文昌，和州乌江人。以写新乐府诗为主，与王建合称"张王乐府"。

王建（766—835）

字仲初，颍川人。与张籍同窗。以写新乐府诗为主，与张籍合称"张王乐府"。

韩愈（768—824）

字退之，河阳人。"韩孟诗派"发起人，唐宋八大家之首，有"文起八代之衰，而道济天下之溺"之誉。

白居易（772—846）

字乐天，号香山居士，出生于河南新郑。人称"诗魔""诗王"，与元稹共同倡导新乐府运动。

刘禹锡（772—842）

字梦得，祖籍洛阳，出生于嘉兴。人称"诗豪"。

李绅（772—846）

字公垂，出生于湖州乌程。新乐府诗运动的重要成员。

柳宗元（773—819）

字子厚，祖籍河东，出生于长安。唐代"四大山水田园诗人"之一，唐宋八大家之一。

元稹（779—831）

字微之，洛阳人。与白居易合称"元白"，新乐府运动的发起者之一。

贾岛（779—843）

字阆仙，幽州范阳人。人称"诗奴"。

张祜（约785—849）

字承吉，清河人。以五绝、七绝闻名于世。

李贺（790—817）

字长吉，河南福昌人。皇族，人称"诗鬼"之称，与李白、李商隐合称"唐代三李"。

杜牧（803—852）

字牧之，京兆万年人。七绝、怀古诗冠绝古今。

温庭筠（约812—约866）

字飞卿，太原祁人。才思敏捷，人称"温八叉"。写诗与李商隐合称"温李"，写词与韦庄合称"温韦"，是"花间派"鼻祖。

李商隐（约813—约858）

字义山，祖籍怀州河内，迁至荥阳。七律、七绝诗都取得极高成就，"无题"诗独树一帜，与杜牧合称"小李杜"。

罗隐（833—910）

字昭谏，杭州人，以讥讽诗和杂文见长。

皮日休（约834—约883）

字袭美，复州竟陵人。激愤诗人，写杂文与陆龟蒙并称"皮陆"。

附录

韦庄（约 836—910）

字端己，京兆杜陵人。韦应物四世孙。晚唐伤时诗人代表，写词与温庭筠并称"温韦"。

韩偓（842—923）

字致尧，京兆万年人。李商隐外甥。"温李诗派"重要人物。

杜荀鹤（约 846—约 907）

字彦之，池州石埭人。以律诗形式写讽喻诗。